U0404293

目录

第五章　文学学士学位和文学硕士学位

文学学士

荣誉学士学位

根据 2008 年 5 月 21 日第一号动议修订

获得方式

1. 候选人应通过如下方式获得荣誉学位考试中的荣誉资格：名列该考试优等生名册中某一等级，或该优等生名册中"被宣布应获得荣誉学位"栏之下，或获得校务理事会的承认。现代与中世纪语言荣誉学位考试第一部分 A 的荣誉，若非经校务理事会承认而获得，则仅能依照该荣誉学位相关规章的要求而获得。

2. 在完成规定数量学期的学习后，学生将有资格获得文学学士学位，前提是他或她不早于该学位所要求全部学期的倒数第二个学期，按如下要求获得了荣誉。

(a) 在任何荣誉学位考试第二部分(综合考试第二部分除外)获得荣誉，前提是，如某一荣誉学位考试第二部分中的某场考试对于上次获得荣誉后一年和两年参加该考试的候选人有不同的要求，则该学生已满足对于"两年"候选人的要求；或

(b) 在任何荣誉学位考试中的第二部分 A 或第二部分 B 获得荣誉；或

(c) 在语言学荣誉学位考试(旧规章)，或管理学荣誉学位考试中，若考试对于上次获得荣誉后一年和两年参加该考试的候选人有不同的要求，则执行与以上(a)项中所列同样的条款；或

(d) 在任意两个荣誉考试中获得荣誉，但学生在如下两个荣誉考试中获得荣誉，不适用于本条款：

(i) 两个第一部分 A；

(ii) 相同或不同的荣誉学位考试中的第一部分 A 和第一部分 B；

(iii) 以下考试的任意两项：考古学及人类学荣誉学位考试第一部分，经

济学荣誉学位考试第一部分，历史学和艺术学荣誉学位考试第一部分，政治学、心理学和社会学荣誉学位考试第一部分，社会和政治科学荣誉学位考试第一部分以及神学和宗教研究荣誉学位考试第一部分；

(iv) 以上(iii)中所列的任一项考试以及其他荣誉学位考试中的第一部分 A 或第一部分 B；

(v) 化学工程荣誉学位考试第一部分以及另一荣誉学位考试第一部分 A 或第一部分 B；

(e) 在任意三个荣誉学位考试中获得荣誉；

(f) 对附属学生，若在附属学生规章或任何荣誉学位考试规章中有相关规定，则依照执行。

3. 在完成规定数量学期的学习后，[1]早于文学学士学位所要求的全部学期的倒数第二个学期获得第 2 条中规定之荣誉的学生，在下列情形下，将有资格获得相应的学位：

(a) 若不早于该学位所要求的全部学期的倒数第二个学期，他或她通过了以下考试中的一个：

(i) 法学硕士考试，前提是选择获得法学硕士学位的学生没有同时获得文学学士学位的资格；

(ii) 音乐学士考试，前提是选择获得音乐学士的学生没有同时获得文学学士学位的资格；

(iii) 某一哲学硕士学位(一年制)考试，前提是选择获得哲学硕士的学生没有同时获得文学学士学位的资格；

或

学习证明

(b) 若学生所在独立学院院长或其辅导员，根据一位或多位该时期教授过该学生课程的大学或独立学院教师的证明，提供他或她参与了相应的学习，并已在自其上次获得荣誉后的学期内均按要求参加了相应学习的证明。这样的证明不可适用于四个以上的学期，并且仅在该学生为获得该学位所就读的最后一个完整学期结束前第十天之前签署方可有效。

4. 为执行第 2 条，希望获得文学学士学位的学生需在相应考试中获得荣誉，尽管该考试的优等生名册在学位授予大会第一天前尚未公布，若该考试的主考官在咨询相关的考官后，已在大会前足够时间通知教务长，某一学生一定会名列优等生列表中的某一等级或“被宣布应获得荣誉学位”栏之下，他或她在相应的大会中应有资格获得该学位。

5. 为执行第 3 条(b)而提交的证明须在相应学期的完整学期结束前送

① 参见章程 B 第三章第 5 条、第 7 条至第 9 条。

达教务长处。其证明于完整学期结束后送交教务长处的学生，若该证明被接受，应支付1英镑的费用。

普通文学士学位

1. 根据本规章，若未首先成为某一荣誉考试、某一资格考试，或荣誉学位资格考试的候选人，任何学生均不可成为普通文学士学位的候选人。（基本条件）

2. 已通过三门普通考试并已住校九个学期的学生有资格申请普通文学士学位。（学位要求）

3. 任何学生在其第三个住校学期结束前均不得被认定为已通过了多于一门的普通考试，在其第六个住校学期结束前不得被认定为已通过了多于两门的普通考试。（注册）

4. 以下人员将被认定为已通过一门普通考试：（普通考试计数）

(a) 已名列某一门普通考试或荣誉学位资格考试通过者名单的学生；

(b) 已名列某一语种的现代与中世纪语言荣誉学位考试第一部分A(优等生名册)的学生；

(c) 已在其第一个住校学期后的第一、第二或第三个住校学期，或在其第四个住校学期后的第一、第二或第三个住校学期(若该学生已参加过一次普通考试)的荣誉考试中获得荣誉的学生；

(d) 作为某一荣誉考试的候选人，在如下时间未能获得荣誉，但考官已对其普通文学士学位给予承认的学生：

(i) 在其第一个住校学期后的第一、第二或第三个住校学期；或

(ii) 在其第四个住校学期后的第一、第二或第三个住校学期(若该学生已参加过一次普通考试)；或

(iii) 在其第七个住校学期后的第一、第二或第三个住校学期(若该学生已参加过两次普通考试)。

5. 以下人员将被认定为已通过两门普通考试：

(a) 尚未参加过普通考试且在其第四个住校学期后的第一、第二或第三个住校学期在荣誉考试中获得荣誉的学生；

(b) 作为某一荣誉考试的候选人，在如下时间未能获得荣誉，但考官已对其普通文学士学位给予承认的学生：

(i) 在其第四个住校学期后的第一、第二或第三个住校学期(若该学生尚未参加过普通考试)；或

(ii) 在其第七个住校学期后的第一、第二或第三个住校学期(若该学生尚未参加过普通考试)；或仅参加过一次普通考试。

资格考试或荣誉学位资格考试的认定

6. 若候选人的辅导员提出申请，且考官亦如此建议，校务理事会可认定一位在资格考试或荣誉学位资格考试中未及格的学生通过一门普通考试。若该资格考试属于古典学荣誉学位考试第一部分A或东方研究荣誉学位考试第一部分，校务理事会应说明候选人获得该允许的作品(使用的)语种。

7. 若一名学生在校务理事会(根据考试候选人资格认定第2条)许可他或她为获得普通文学士学位而参加的任意荣誉考试中，或在校务理事会根据相关学部委员会或类似权威机构的建议，为某一特定学生核准的荣誉考试试卷组合中至少已经达到了普通文学士学位所要求的标准，则他或她应被认定为已通过了一门普通考试。同时，依照校务理事会的决议，以上表现可被认定为相当于通过了两门普通考试。

考官关于所给予的承认的公告

8. 考官根据以上第4条(d)和5(b)，对其给予承认的候选人的名字应附在相关考试的优等生名册之后的如下标题下：

为普通文学士给予承认

对于古典学荣誉学位考试，现代与中世纪语言荣誉学位考试，东方研究荣誉学位考试，自然科学荣誉学位考试，或医学和兽医学荣誉学位考试(优等生名册中)公布于该标题下的候选人姓名，应附括号并在其中标注候选人获得该承认的科目。

由校务理事会(给予的承认)

9. 校务理事会根据第6条给予承认的候选人的姓名应由教务长单独公布。

文学硕士[①]

1. 文学学士在其第一个住校学期结束后的六年以后，且自其获得文学学士学位已至少两年之时，可获得文学硕士学位。

2. 文学硕士学位可授予给担任校长一职者。

3. 文学硕士学位可授予任何根据章程B第三章第6条而有资格获得该学位的人员，前提是他或她：

(a) 已被录取为大学成员；

(b) 已年满24周岁(除非就特定案例校务理事会认为适宜给予此条款的豁免)；

(c) 担任以下一个或多个职位：

---

① 本章所述文学硕士为Master of Arts(M. A.)，剑桥大学的M. A.为荣誉学位，参见条例2，Ⅱ相关章节内容。——译者注

(i) 独立学院院长；

(ii) 某一独立学院的院士(非荣誉院士)；

(iii) 大学职员；

(iv) 章程J第7条中特别指定的大学出版社的职位；

(v) 在为执行章程B第三章第6条而指定的某一大学机构中，大学为执行章程A第三章7(e)而核准的任命；[①]

前提是若相关人员担任以上(c)(ii)至(v)中说明的某个职位，且在其初次被任用或选举时未说明将任职直至退休，则他或她须已连续担任该职位或任意以上职位的组合连续达三年以上。

4. 候选人或其代表提出的文学硕士学位申请，根据规章B第三章第6条，应说明：

(a) 候选人的全名和出生日期；

(b) 如有，其曾经被许可或核准加入的独立学院的名称；

(c) 候选人担任的大学职员、独立学院院长、独立学院院士或其他职位或任命；

并应送交教务长。

① 为执行章程B第三章第6条，大学已指定地方考试委员会。

第六章 研究生

研究生入学一般规章

根据2007年11月21日第五号动议和2008年1月16日第一号动议修订

入学申请

1. 研究生入学申请应送交研究生教育委员会秘书。

2. 每份申请应包括：

(a) 一份陈述，包括申请人希望参加的研究课程或学习课程，他或她希望开始就读的日期，以及他或她想要成为其候选人的学位或其他资格证书(如有)；

(b) 一份完整的研究生申请表格连同其他研究生教育委员会可能要求的陈述和证明；

(c) 校务理事会和学部总委员会根据研究生教育委员会的建议所规定的申请费用。

3. 在特殊情况下，非大学或类似机构的毕业生，只要所提交的一般学历证明满足研究生教育委员会的要求，亦可被录取为研究生。

4. 研究生教育委员会秘书应将每份研究生入学申请通报给相关学部的学位委员会秘书，或其他经核准的与申请人选择的课程联系最紧密的机构，前提是研究生教育委员会根据以上第3条做出的核准不受本规章的限制且研究生教育委员会秘书认为实验室或其他机构提供了合适的住处(如有这样的要求)。学位委员会应评阅申请材料并应将其意见通报给研究生教育委员会秘书。若学位委员会达成一致意见否决某一申请，则该申请失败，秘书应如实通知申请人。若学位委员会同意建议通过某一申请，其建议将被最终决定申请通过与否的研究生教育委员会纳入考虑。若研究生教育委员会批准了某个申请，那么该申请人的姓名将被列入研究生登记簿。

研究生教育委员会不应批准一个研究生入学申请，除非：

(a) 研究生教育委员会认为申请人能在大学或其他研究生教育委员会和学位委员会规定的地点较为适宜地学习其所申请的课程；并且

(b) 研究生教育委员会认为申请者对于其所申请的课程已有足够的资格和充分的准备。

在拒绝一个学位委员会建议核准的申请前，研究生教育委员会应给予学位委员会所任命的一位代表一次机会以解释学位委员会给出该建议的理由。

5. 在考虑学位委员会的建议后，研究生教育委员会应决定每位申请人被录取为研究生的条件，他或她被录取的学期，以及他或她注册成为某一学位或其他资格证书候选人的条件。在拒绝学位委员会关于某个学生可注册为某一学位候选人的建议之前，研究生教育委员会应给予学位委员会任命的一位代表一次机会以解释学位委员会给出该建议的理由。研究生教育委员会在考虑了学位委员会的推荐后，有权：

(a) 改变一名学生的入学条件和他或她注册为某学位或其他资格证书候选人的条件；

(b) 将一名曾注册为哲学博士学位候选人或工程博士学位候选人的学生注册为理学硕士或文学硕士(M. Litt.)[①]学位候选人。将一名曾注册为工程博士学位候选人的学生，注册为哲学博士学位候选人；

(c) 将一名曾注册为哲学博士、理学硕士或文学硕士(M. Litt.)学位候选人，但在其身为其中某学位候选人期间尚未提交学位论文的学生，注册为哲学硕士学位候选人。同时可允许该学生将其哲学博士、理学硕士或文学硕士(M. Litt.)学位课程学习的不超过三个学期计入其作为哲学硕士候选人的学习时间；

(d) 注册一名已经核准可获得哲学硕士学位的研究生成为哲学博士学位、理学硕士或文学硕士(M. Litt.)学位候选人，并且允许这样的学生将由研究生教育委员会根据哲学博士、理学硕士和文学硕士(M. Litt.)学位规章决定的学期数计入其作为哲学博士学位、理学硕士或文学硕士(M. Litt.)学位候选人的学习时间；

(e) 注册一名已经核准可获得研修硕士(M. St.)学位或教育学硕士学位的，或已获得以上学位的研究生，为哲学博士学位、理学硕士学位或文学硕士(M. Litt.)学位候选人，并且允许这样的学生将其研修硕士(M. St.)学位或教育学硕士学位课程学习的不超过三个学期，或其哲学博士学位、理学硕士学位或文学硕士(M. Litt.)学位非全日制学习的不超过五个学期计入其作为哲学博士学位、理学硕士学位或文学硕士(M. Litt.)学位候选人的学习时间；

(f) 自其被录取为研究生的学期或其后的学期起，将某一研究或学习课

① 此处的文学硕士是指 Master of Letters(M. Litt.)。参见哲学博士学位、理学硕士学位和文学硕士学位规章。——译者注

程的候选人，注册为某一特定学位或其他资格证书的候选人；以及

(g) 决定学生研究或学习课程的任意学期不计入其哲学博士学位、工程博士学位、理学硕士学位、文学硕士(M. Litt.)学位、哲学硕士学位或其他资格证书要求的学习时间。

以上各项的条件是，在行使上述(a)至(g)款所赋予的权力时如与学位委员会的建议相违背，研究生教育委员会应给予学位委员会所任命的一位代表一次机会以解释学位委员会给出该建议的理由。

录取

6. 若非哲学博士、工程博士、理学硕士和文学硕士(M. Litt.)学位规章中第1条(d)和第2条中提到的特殊情况，研究生录取须在其正式进入一个独立学院和入学之后方可正式生效。

奖励或奖学金

7. 研究生不得被认定为任何面向本科生的大学学生奖学金、奖学金、奖项、奖章，或类似奖励的候选人。对其他奖励，为执行有关候选人入校时间的规章，一名非大学研究生的学生被录取为研究生的学期，应被计算为他或她的第十个在校学期，并且，根据哲学博士、理学硕士和文学硕士(M. Litt.)学位规章中第2条，或根据工程博士学位规章中的第3条，由校务理事会给予学生承认的学期数，应在执行本规章计算学生在校学期数时予以承认。任何学生根据哲学博士、理学硕士和文学硕士(M. Litt.)学位规章中第1条(c)中的规定开始休学的学期，或任何根据哲学硕士学位规章中第5条的规定开始休学的学期，除非研究生教育委员会另有决定，将不被予以承认。

修读课程要求

8. 每位研究生都应参加：

(a) 经过研究生教育委员会和建议其入学的学位委员会核准的研究课程，或经上述委员会同意由其他学位委员会核准，并由相关学位委员会任命的导师指导研究课程，同时遵守学位委员会为此做出的所有特殊规定；或

(b) 工程博士学位规章中规定的进修或研究课程；或

(c) 哲学硕士学位相应专门规章中规定的，经研究生教育委员会和相关学位委员会核准，由相关学位委员会任命的导师指导的高级研讨课程，同时遵守学位委员会为此做出的所有特殊规定；

(d) 大学文凭或证书规章中规定的，或为完成其他大学或相似机构的学位或其他资格证书一部分的研究课程或学习课程。

学位委员会应就其对所管理研究生的一般监督工作向研究生教育委员会负责。学位委员会应向研究生教育委员会秘书和导师通报全部导师的任命，研究生教育委员会有权就学位委员会的任何任命提出反对意见。

每位导师每年应至少一次向研究生教育委员会秘书送交关于其所指导的所有学生学习情况的书面报告，以便其通报相关学位委员会。该报告应按如下时间送交：

(i) 若所指导的学生是研究生，则在复活节学期；

(ii) 若所指导的学生注册为哲学硕士学位候选人或须首先为研究生文凭的候选人，则在米迦勒学期；

(iii) 如导师发现学生没有在他或她的学习中取得令人满意的进步，或不能满足为他或她制定的条件，或不能达到学位或资格证书的标准，则可在任何时间提交。

进阶考试

9. 相关学位委员会应有权要求研究生参加一场其设定的进阶考试。该考试的时间应不晚于学生注册成为研究生后的第二个学期的假期结束前，或为研究生教育委员会决定的时间。对于注册为哲学博士、文学硕士（M. Litt.）或理学硕士在职学位的候选人，这一进阶考试应不晚于其正式注册后的第四个学期。根据本规章研究生教育委员会应在考虑学位委员会的建议后决定进阶考试前的多少个（如有）学期应计入哲学博士、理学硕士和文学硕士（M. Litt.）学位规章中第1条或哲学硕士学位规章中第4条的要求的学习时间。

考官有责任就考试向学位委员会提交书面报告。学位委员会应将该报告转交研究生教育委员会秘书。

支付给非剑桥大学雇员的考官的酬金（不包括不享受学校津贴的副讲师）应在学位委员会的建议下由研究生教育委员会决定。

10. 研究生教育委员会有权剥夺任何人的研究生资格：

(a) 若他或她不再是某一独立学院的成员；

(b) 若他或她成为研究生后未能支付学费；

(c) 若学位委员会和研究生教育委员会认为，第9条中提及的进阶考试报告显示该候选人没有资格继续他或她的课程学习；

(d) 若在完成三个学期（若注册为全日制学生）或五个学期（若注册为非全日制学生）的学习后，他或她没有注册为任何一个学位的候选人，前提是研究生教育委员会就此已和学位委员会达成一致意见；

(e) 若学位委员会同意研究生教育委员会的关于以下情况的意见：

(i) 学生没有努力到使之满意的程度；

(ii) 学生没有满足为其指定的要求；

(iii) 学生被认为显示出不能达到他或她可能成为候选人的理学硕士、文学硕士（M. Litt.）、哲学硕士学位或其他资格证书的标准。

费用

11. (a) 在距离大学教堂10英里内居住的，或在大学内工作，或按照哲学博士、理学硕士和文学硕士（M. Litt.）学位规章中第4条和第5条或工程博士学位规章中第2条(a)或哲学硕士学位规章中第4条的规定工作的研究生应按照学费规章中第11条的规定，为直至（且包括）其为哲学博士、文学硕士(M. Litt.)、理学硕士学位提交学位论文或修订版学位论文的学期,或者其完成哲学硕士学位或其可能注册为候选人的其他资格证书所要求的学期缴纳学费。

(b) 注册参加某一相同资格证书的全日制或非全日制的研究生,应缴纳相同的学费。[①]

(c) 至少40%全职工作于学校某机构[②]的人一旦被录取为研究生并注册为哲学博士、文学硕士(M. Litt.)或理学硕士学位候选人或以论文和口试考核的哲学硕士学位候选人,或研究生证书的候选人,在其继续被学校雇用的任何学期,他或她只需要支付本国学生和欧盟学生学费标准(标准D)的三分之一。

(d) 尽管有(a)或(b)款的规定,在某些特殊情况和相关学位委员会的建议下,对刚刚完成其注册成为候选人的学位或其他资格证书所要求的研究或课程学习学期和住校学期的学生(并且他或她既不是学校员工,也不在距离大学教堂10英里范围内居住),研究生教育委员会可要求其为直至(且包括)其提交学位论文或修订版学位论文的学期,或者其完成哲学硕士学位或其注册为候选人的其他资格证书所要求的学期缴纳每学期50英镑的费用。

(e) 研究生教育委员会根据相关学位委员会的建议,可以经济困难或其他其认为适宜的理由,为某一个特定的学生减免(a)或(d)款规定的费用。

(f) 若一名学生的学习课程要求他或她有一段在相关机构的指导课教学经历,研究生教育委员会可在学位委员会的建议下减免(a)款规定的费用。

因疾病给予的承认

12. 若一个哲学硕士学位考生或其他文凭或资格证书的候选人的辅导员向研究生教育委员会提供足够的证据证明该学生因病或因其他重大原因不能准备或参加考试,尽管与相关规章相冲突,研究生教育委员会有权做出以下决定:

(a) 核准其获得该学位或资格证书,而无需参加进一步的考试,条件是只有在相关学位委员会判定他或她已参加了大部分的考试后,他或她方可获得核准;或

(b) 允许候选人在研究生教育委员会咨询相关学位委员会后选定的时间和条件下参加考试或补考。

---

① 对于在五年内完成哲学博士学位的非全日制学生或在十个学期内完成文学硕士或理学硕士学位的研究生,其每学期的学费应为全日制学生的60%。对于C学制的哲学硕士候选人,学费应在其录取之日确定,并可按年度分期付款方式分两年支付。

② 这里所说的机构是在校务理事会和学部总委员会监督下的机构。候选人须持有与学校签订的雇用合同方有资格减免学费。若他或她在取得学位前不再被大学雇用,则他或她应为剩余的课程时间交纳相应的费用。本条暂不适用于独立学院、大学出版社和剑桥考试委员会的雇员。

在以上决定做出后的一个月内，候选人可向研究生教育委员会秘书提交书面拒绝意见。

证明

13. 希望成为其他大学或类似机构某一学位或资格证书候选人的研究生，可向研究生教育委员会提出申请，要求为其在大学内的任何不少于两个学期的学习时间，提供他或她已按要求在该时期从事学习的证明，前提是，其导师认为可提供一份课程记录陈述。这份证书应由研究生教育委员会秘书签署。每一份由研究生教育委员会秘书签发的证书、信件、陈述或文件都需支付 7 英镑。

14. 费用应依照如下规定支付给研究生导师：

(a) 费用不能支付给章程附录 J 中所列的大学雇员，以及同样符合章程 D 第二章第 5 条为附录 J 所列大学职员制定的条件，可以离职学习的大学雇员。

(b) 以上述(a)为条件，

(i) 第 11 条(a)或(d)中涉及的学生应向监督他或她的导师每学期缴纳 55 英镑的费用；

(ii) 在相关学位委员会的要求下，研究生教育委员会可为符合哲学博士、理学硕士和文学硕士学位规章中第 1 条(b)或符合工程博士学位规章中第 2 条(a)或符合哲学硕士学位规章中第 4 条的研究生向其辅导员每学期缴纳 55 英镑费用；

(iii) 当享受根据第 11 条(e)做出的学费减免的当事人未完成他或她注册或已申请注册成为其候选人的学位或其他资格证书的要求时，其导师应被支付每学期 55 英镑的费用；

(iv) 当享受根据第 11 条(e)做出的学费减免的当事人已完成了他或她注册或已申请注册成为其候选人的学位或其他资格证书所要求的研究课程学习及住校学期时，研究生教育委员会应决定涉及该学生的费用是否需支付给其导师。

研究生资格证书考试结果的审查

根据 2008 年 2 月 6 日第二号动议修订

1. 以下规章适用于本规章附录中所列的任何大学考试，并且仅限于候选人未能通过其参加的资格证书考试的情况。

2. 研究生教育委员会有权就学位和其他资格证书的任何考试，驳回相关学位委员会提交的关于某一候选人的建议或决定，以供学位委员会做进一步考虑。

3. 研究生教育委员会应考虑由任何候选人或其代表提出的关于当次考试的申诉意见，这些意见仅在研究生教育委员会秘书向该学生通告考试结果之日起6个月内收到时方可予以受理。根据本条，研究生教育委员会应就依据本条提出的任何申诉意见咨询相关学位委员会。

4. 在考虑第3条中候选人或其代表提出的申诉后，若研究生教育委员会认为候选人所参加的考试完全正常因而该申诉不符合事实，研究生教育委员会应如实通知该候选人。若研究生教育委员会认为候选人所参加的考试存在问题，他们在咨询相关学位委员会之后，有权将这个申诉意见递交给根据第6条组成的审查委员会。

审查委员会

5. 在通知候选人第4条中所述的结果后，研究生教育委员会应将候选人或其代表提出的申诉意见递交给根据第6条组成的审查委员会，这些意见须在研究生教育委员会秘书向该学生通告考试结果之日起6个月内收到方可予以受理。

委员资格

6. 根据本规章被任命的审查委员会应由以下人员组成：

(a) 校长，或一名就此事项任命的代理，作为主席；

(b) 两名学部总委员会任命的人员。

学部总委员会应成立一组愿意担任审查委员会成员的摄政院成员，该组成员应为12人，每年米迦勒学期任命四名成员，自下一个1月1日起任职3年。当申诉意见被研究生教育委员会递交至审查委员会时，学部总委员会应任命两名成员组成审查委员会专案组。在从小组中选择成员任命其为审查委员会成员时，学部总委员会应排除任何之前曾参与该案的人员。被任命为审查委员会成员的人员应任职至该案结束。

7. 学术秘书，或由其任命的代理应行使审查委员会秘书的责任。

8. 本规章所称的“申诉人”指提交申诉的学生或其代表。

9. 审查委员会秘书应告知申诉人本案审查委员会成员的名单。如有正当理由，申诉人有权就任何一名成员的资格提出反对意见。校长应就任何此类反对做出裁决，他或她的决定即最终裁决。若校长支持某一此类反对，其他人员将被任命以代替被反对的人员。

申诉理由

10. 审查委员会应审阅任何根据第4条或第5条的规定提交的，其认为据如下一条或多条理由构成申诉的意见：

(a) 存在考官不知情的与考试直接相关的(不包括候选人课程相关的)重要事实；

(b) 考试过程中有程序性违规行为，且其性质构成对若违规行为未发生考官是否会做出同样结论的合理怀疑；

(c) 考试过程中有明显的歧视、偏袒或不公正评判的证据。

若审查委员会认为申诉不满足以上任一条理由，他们可驳回该申诉并视具体情况通知申诉人和研究生教育委员会。

11. 当其申诉将被审查委员会受理时，申诉人应提供其申诉的全文陈述以及该申诉的依据，并于审查委员会规定的日期前送达。审查委员会应确定听证会的日期和时间，申诉人有资格出席该听证会并由不多于两位顾问陪同。两位顾问均应为研究生会的职员、剑桥大学学生会中的休假职员或摄政院成员。其中一位顾问应被许可作为申诉人的代表并代表其发言。

12. 任何审查委员会收到的，第 11 条中所述的申诉陈述应可供下列组织或人员浏览：

(a) 研究生教育委员会；

(b) 相关学位委员会；

(c) 相关的考官；

(d) 其他审查委员会指定的任何人员。

以上几类人员均应有机会就该申诉向审查委员会提交一份书面陈述。这样的陈述可包括考官的报告或其摘录。审查委员会在其认为适宜的条件下有权请其他人员或团体撰写陈述。

13. 根据第 12 条提交给审查委员会的陈述应可供申诉人以及该条中其他类别的人员浏览并获得就其发表评论的机会。

审查委员会的裁决

14. 审查委员会应审阅根据第 4 条或第 5 条提交的申诉或意见，并有权驳回，或在其认为合理的情况下：

(a) 要求研究生教育委员会或相关学位委员会重新考虑其之前对该案的决定；

(b) 要求考官重新考查该候选人；

(c) 若候选人未参加过口试，要求考官主持一次口试；

(d) 若候选人参加过口试，要求考官再主持一次口试；

(e) 允许候选人提交一份修改版的学位论文、专题论文或练习供原考官评阅；

(f) 要求学位委员会任命一位或多位额外考官就该候选人提交的作品撰写独立的报告；

(g) 要求学位委员会任命新的考官代替原考官，并许可该候选人：

(i) 由新考官重新考核，或

(ii) 提交一份修改版的学位论文、专题论文或练习供新考官评阅；

(h) 要求考官[原考官或根据以上(g)新任命的考官，视情况而定]重新设计一套考卷或其他练习，以供候选人在审查委员会指定的安排下参加考试。

15. 审查委员会秘书应就委员会的决定及其理由向申诉人以及规章(12)中所述的其他各类人员发出书面通知。

16. 审查委员会就某一案例的决定应为最终裁决。

临时规章

17. 以上规章适用于在1994年10月1日当天或之后举办的考试。根据本规章,考试应被视为举办于:(a) 若考试包括笔试,则在第一场笔试举办之日;(b) 其他考试形式下,在相关机构收到候选人的论文或其他作品之日。

附　　录

上述规定适用的考试

神学学士学位考试

兽医学博士学位考试

哲学博士学位考试

专门规章规定的哲学博士学位考试

工程博士学位考试

理学硕士学位考试

文学硕士学位(M. Litt.)考试

〈研究硕士学位〉[①](M. Res.)考试

哲学硕士学位考试

研修硕士学位(M. St.)考试

研究生证书考试

以下方向文凭考试:

- 经济学
- 法律
- 国际法

① 经校务理事会同意,在由2008年7月16日第五号动议核准的章程修订案中插入尖括号中的文字,并自章程修订案获核准后的首个10月1日起生效。

第七章　学位、文凭及其他资格证书

本章所列条例由学部总委员会制定

工商管理硕士学位

经公示修订(2007—2008 学年《通讯》,第 991 页)

1. 工商管理硕士考试的候选人须经工商管理学学部学位委员会核准,该委员会应为每一位候选人指定其候选人资格开始的时间。（候选人资格）

2. 学位委员会可核准其认为符合要求的、根据其学习经历有资格参加管理学研究生课程学习的学生为工商管理硕士考试候选人。

3. 第 2 条中的申请应在申请人希望其获得候选人资格的日期之前的 3 月 31 日之前送交学位委员会秘书,委员会有权审阅该日期后提交的申请材料。

4. 工商管理硕士考试学习课程应包括工商管理学的如下方面:基本技能及实用知识,组织整合,所在环境中的组织。根据候选人的选择,课程应由以下某一类课程组成:（学习课程）

(a) 一年制课程

为期一学年的课程,包含三个住校学期。

(b) 两年制综合课程

为期两学年的课程,包含三个住校学期以及不少于一年的监导自修和在一个或一个以上的工商管理学学部委员会为此款之执行而认可的组织中的工作经历。

(c) [开放式课程]〈 高级工商管理硕士课程〉①

为期两年的,包含一定数量课程单元和项目作业的课程,应包括[不少于 200 小时]〈不少于 300 小时〉②的校内指导课以及不少于 120 小时的学部

① 尖括号中的文字于 2009 年 9 月 1 日生效,代替方括号中的文字。

② 同上注。

委员会规定的开放式学习。

任何学生的姓名均不可出现在工商管理硕士考试通过者的名单中，除非贾奇商学院(Judge Institute of Management)院长认为该学生已按要求参加了这些课程。

5. 任何学生均不可重复多次参加工商管理硕士考试或该考试中的任何一个部分。

考试

6. 工商管理硕士考试应包括以下三部分：

(a) 笔试

三场笔试，每场三个小时，由学部委员会规定。

(b) 课程作业

此类课程作业可由学部委员会临时布置。

(c) 项目作业

一个或一个以上的，依照学部委员会规定的形式提交和评估的项目作业的报告。

考官有权就以上任何或全部(a)至(c)三部分考试对候选人进行口试。

补充规章

7. 工商管理学学部委员会有权制定补充规章，规定考试考查的范围和方式，有权在其认为适宜的情况下修订这些补充规章，同时应就任何变更发布相应的公告。

主考官和评审官

8. 学部委员会应提名其认为足够数量的主考官和评审官，其中须包括一名评议会驻校会员作为主考官。

优等生名册

9. 考试通过者的姓名，应根据其选择的课程类型，列在“一年制课程”、“两年制综合课程”和[“开放式课程”]〈“高级工商管理硕士课程”〉[①]等不同的优等生名册中。每个优等生名册中的候选人姓名应按字母顺序排列在单一等级中。主考官应将全部候选人的分数通报给教务长。

费用

10. 参加工商管理硕士考试的学习课程时，学生应每学年支付相应的学费(包括不在剑桥时期的费用)。

11. 在完成规定数量学期[②]或学时的学习后，在工商管理硕士考试中及格的学生有资格获得工商管理硕士学位。

与研究课程的关系

12. 已参加工商管理硕士考试的学生，没有资格将其作为该考试候选人的全部或部分时间计入哲学博士、理学硕士或文学硕士(M. Litt.)的研究课程时间。

① 尖括号中的文字于2009年9月1日生效，代替方括号中的文字。

② 参见章程B第三章第5条。

神学学位

牧职神学学士

经公示修订(2007—2008学年《通讯》,第264页、538页和729页)

1. 牧职神学学士学位可授予:

(a) 已在该学位第一和第二次考试中及格的候选人;

(b) 已完成规定数量学期学习的候选人;[1]

(c) 根据第19条和25的规定,已向考官提交一份合格的牧师研究领域代表作品的候选人。

限制

2. 已获得或有资格获得神学学士学位的学生,除非由校务理事会因学生辅导员提出申请特别许可,不应成为任何荣誉考试的候选人。在考虑申请时,校务理事会应关注附属学生的特殊权利。根据本规章获得许可的学生,不应在任何荣誉学位考试中参加等同于或实质上重叠于他或她已在牧职神学资格考试或第一或第二次神学学士学位考试中参加过的考试。

考试

3. 牧职神学方向应有资格考试,以及第一和第二次神学学士学位考试。资格考试和第一次学位考试通过者名单应按字母顺序排在单一等级中。第二次学位考试通过者的名单应按字母顺序排在三个等级中。在排定第二次学位考试优等生名册时,考官应考虑到候选人在资格考试和第一次学位考试中的表现。

候选人资格

4. 若一名学生已满足大学条例中规定的录取入学的考试要求,并且已在剑桥神学联盟的会员机构[2]参加了一年的课程学习,他或她即可成为资格考试的候选人。

5. 以第7条中的规定为前提,一名学生可成为第一次学位考试的候选人,若他或她:

(a) 已在资格考试中及格;并且

(b) 已被录取并已作为大学成员攻读神学学士学位满两个学期。

前提是自该学生作为大学成员的第一个住校学期起尚不足三个完全学期,并且神学部学部委员会有权在特定的情况下,根据学部总委员会的核准,豁免对某一学生(a)项中的要求。

---

① 参见章程B第三章第5条。

② 剑桥神学联盟包括以下成员:里德雷神学院、卫斯理神学院、维斯科特神学院、威斯敏斯特神学院、玛格丽特·波福特神学院、东正教研究学会以及东区牧职课程。

6. 以第7条的规定为前提，一名学生可成为第二次学位考试的候选人，若他或她：

(a) 已在第一次学位考试中及格；并且

(b) 已作为大学成员攻读神学学士学位满五个学期。

条件是自该学生作为大学成员的第一个住校学期起尚不足九个完整学期。

7. (a) 神学部学部委员会有权给予已在监督下，经学部委员会核准在校外工作不少于八周的学生以不多于一个学期的承认。

(b) 根据本条的规定，希望离校一定时间的学生应向学部委员会申请核准其计划。此类申请应在该生计划离校的前一学年的完整复活节学期第一天之前送交学部委员会秘书。

(c) 根据本条承认的一个学期可计入以上第5条和第6条中要求的时间，但不能计入章程B第三章5(b)中要求的时间。

8. 在同一学期，任何学生均不可同时成为第一和第二次学位考试的候选人，或成为其中任意考试候选人的同时亦为大学某一荣誉学位考试的候选人。任何曾为第一或第二次考试候选人的学生均不可再次成为同一考试的候选人。

考官和评审官

9. 学部委员会应为此三类考试提名其认为足够数量的考官，并有权提名一名或多名评审官在任意科目中协助考官。评审官应为考官指定予其的考试或考试中某部分提供考题建议，应为候选人在该考试或考试中某部分的回答打分，并应就候选人在考试中的表现向考官提出建议。评审官可被召集出席考官会议以提供咨询和建议，但无权投票。

10. 考官应考虑到候选人在一场附加考试，或在两场任意可被看做附加考试的考试中较差一场中的作答，原则是对候选人有利。考官不可因候选人未参加附加考试而将候选人从任意等级中除名。

补充规章

11. 神学部学部委员会有权制定补充规章，以定义或限制全部或任何科目的考试，以及修订、更改或撤销这些规章，同时应就任何更改发布相应的公告。

变动科目

12. 学部委员会应在相关考试之前的第二个学年结束前就该学年度任何可能变动科目的考试发布公告，但学部委员会有权在有正当理由并且确信没有学生为考试所做的准备将因此受到负面影响的前提下，于公告发布后对此做出修订。

课程作业

13. 学部委员会应在不晚于每年完整米迦勒学期第一天在神学部以及剑桥神学联盟的会员机构以公告方式公布候选人为下一学年举办的考试应着手准备的课程作业的详情。

14. 牧职神学学士资格考试及第一和第二次神学学士学位考试的考试科目应按如下方式分为A至D组。每个考试应被指定为完整考试或标准考试；在以下列表中，星号标记的考试应为标准考试。

考试方案

A　组

考试1. 圣经希伯来语概论
考试2. 初级希伯来语（神学和宗教学研究荣誉学位考试的A1A部分）
考试3. 新约希腊语概论
考试4. 新约希腊语（神学和宗教学研究荣誉学位考试的A1B部分）
考试5. 旧约概论
考试6. 新约概论
考试7. 基督教神学概论
考试8. 教会史概论

B　组

考试9. 教牧神学和教牧实践
考试10. 基督教圣经精读
*考试11. 基督教教义
考试12. 早期教会的信仰与实践
考试13. 基督教历史的改革和复兴
考试14. 西方世界中的基督教文化

C　组

考试15. 圣经释义
*考试16. 旧约高级研习
*考试17. 新约高级研习
*考试18. 基督教传道会研究
*考试19. 基督教伦理
*考试20. 历史语境中的基督教灵性
*考试21. 牧职神学专题研究
考试22. 基督教教义专题

D　组

考试 23. 基督教教义高级研究

考试 24. 基督教历史中的分裂、冲突和统一

考试 25. 相遇的犹太教、基督教和伊斯兰教

*考试 26. 基督教崇拜的类型

*考试 27. 由学部委员会指定的特别科目

*考试 28. 由学部委员会指定的另一科目

15. (a) 完整考试应由一个持续三小时的考试,或一个持续两小时的考试和一篇小论文(混合模式),或两篇小论文,或对考试 9 而言,一个持续一小时的考试、不少于一小时的口试及一篇小论文组成。学部委员会应通过补充规章说明在每一考试中使用上述三种考核模式中的哪一种。

(b) 标准考试应由一个持续两小时的考试或一篇小论文组成。学部委员会应通过补充规章说明在每一标准考试中使用上述这些评定模式中的哪一种。

(c) 资格考试、第一次学位考试、第二次学位考试的候选人不可在每项考试中参加两门以上的成绩评定完全取决于小论文的完整考试(或相当数量的完整考试和标准考试)。

(d) 所有根据上述(a)或(b)中描述的可选评定模式而提交的论文,长度均不应超过 3000 字,题目应从学部委员会在不晚于完整米迦勒学期第一天公布的题目列表中自行选择。论文应为打字稿,语言为英语,并按照学部委员会的具体安排在复活节学期期中之前提交至学部委员会秘书。所提交的论文超过 3000 字的候选人有可能受到考官的惩罚。

16. (a) 每位参加有不同可选科目考试的候选人应在其考试报名表上注明其计划参加考试的科目。

(b) 在批准任意考试 21、27 和 28 中的某一科目时,学部委员会可规定相关的候选人不可参加(或已参加过)另一内容被视为与该科目重叠的考试。

17. 以第 20 条的规定为前提,资格考试的候选人应参加考试 5、6、7 和 8,以及另一门从 A 组中选择的考试。

第一次学位考试

18. 第一次学位考试的候选人应参加四门从 B 组和 C 组中选择的完整考试(或相当数量的完整考试和标准考试);候选人根据其意愿,可从考试 1—4 中选择一个他或她尚未参加过的语言考试作为一门附加考试,条件是:

(i) 在资格考试中参加了考试 1 的候选人不可参加考试 2;

(ii) 在资格考试中参加了考试 3 的候选人不可参加考试 4;

（iii）已通过资格考试的候选人或已通过学部委员会认为与资格考试中考试5和6具有相当范围和学术水准的包含圣经研究内容课程的候选人，不可参加考试10；

（iv）候选人不可为考试16或17提交与考试15内容一致的内容；

（v）未通过资格考试根据第5条（b）获得第一次学位考试资格的候选人须从考试1—4中选择其一作为附加语言考试，除非该候选人已通过一个学部委员会认为具备相当水准的圣经语言课程。

第二次学位考试

19．第二次学位考试的候选人应：

（a）按第23条和第24条中的详细说明，参加四门从C组和D组中选择的完整考试（或相当数量的完整考试和标准考试）；或三门从C组和D组中选择的完整考试（或相当数量的完整考试和标准考试）并提交一篇学位论文；

（b）按第25条中的详细说明，提交牧师研究领域的代表作品。

条件是：

（i）候选人不应参加任何其在第一次学位考试中已参加过的完整考试或标准考试；

（ii）候选人不可为考试16或17提交与考试15内容一致的内容（无论是作为第一还是第二次学位考试的一部分）。

豁免

20．若候选人可证明他或她已在其他地方完成过相关科目的相当水准的学习，学部委员会有权豁免候选人参加第17条中规定的任一考试的要求。获得此项豁免权的候选人应根据学部委员会的要求参加另一门考试作为替代。

21．候选人只可参加一次考试21，不管是在第一次学位考试还是第二次学位考试中。专题研究可为与牧职神学相关的任何主题，但是在核准某一特定主题时，学部委员会可规定相关的候选人不可参加（或已参加过）某一考试或某一考试中的指定科目。

22．（a）根据第18条和第19条规定希望参加考试21的候选人应提交一份申请，其中包括拟选的专题研究的题目以及在考试中参加某科目考试的方案。申请应在该考试开始前的米迦勒学期期中前提交给学部委员会秘书。

（b）候选人须不迟于每个完整米迦勒学期期末获得学部委员会对选题题目的核准。一旦学部委员会核准该题目，若没有学部委员会的进一步核准，该题目以及候选人的考试方案不得再做出变更。

学位论文

23．在学部委员会许可的条件下，第二次学位考试的候选人可提交一份主题经学部委员会核准的学位论文以代替根据第19条他或她应参加的任何一门完整考试。学位论文的主题可以是与任何B、C或D组中完整考试或标准考试中的科目相关的主题，但是在核准特定主题时，学部委员会应规定该候选人不可参加（或已参加）某一考试或某一考试中的指定科目。任何候选人均不可提交多于一份的学位论文。

24. (a) 根据第19条的规定希望提交学位论文的候选人应提交一份申请，其中包括学位论文的选题以及关于将在考试中参加某科目考试的方案。申请应在该考试开始前的米迦勒学期期中前提交给学部委员会秘书。

(b) 候选人须不迟于每个完整米迦勒学期期末获得学部委员会对选题题目的核准。一旦学部委员会核准该题目，若没有学部委员会的进一步核准，该题目以及候选人的考试方案不得再做出变更。

(c) 学位论文应为打字稿，且应在8000至10000字之间(包括脚注，但不包括参考文献)。候选人需证明学位论文的原创性且其中不包含在任何实质程度上已为类似目的使用过的内容。提交超过10000字学位论文的候选人有可能受到考官的惩罚。

(d) 学位论文应按照学部委员会核准的具体安排，在该考试举办之前的复活节学期期中之前提交给学部委员会秘书。

牧师研究

25. 候选人根据第19条(b)的规定拟提交的牧师研究领域的代表作品应当在第一和第二次学位考试的课程期间着手撰写。应由第二次学位考试的考官按照学部委员会指定的方式评估。代表作品应在复活节学期期中之前提交给学部委员会秘书。考官对其代表作品不满意的候选人可向学部委员会申请对考试的该部分进行重新评估；此类许可不可授予一次以上。若考生根据本条之规定获得重新评估的许可，则评估应在考官要求的额外作品基础上进行，并且应在上次评估后的一年内完成，除非得到学部委员会的特别许可。

补充规章

经公示修订(2007—2008学年《通讯》，第729页)

A 组

考试1.《圣经》希伯来语概论

这一考试包括(i) 关于希伯来语语法及句法的基本原理，(ii) 将由学部委员会规定的文本中引用的段落从希伯来语翻译为英语并做文本批评。

这一考试将通过第15条(a)中说明的持续三小时的考试考查。

考试 2. 初级希伯来语(神学和宗教学研究荣誉学位考试的 A1A 考试)

这一考试将通过第 15 条(a)中说明的持续三小时的考试考查。

考试 3.《新约》希腊语概论

这一考试包括(i) 关于《新约》希腊语语法及句法的基本原理,(ii) 将由学部委员会规定的文本中引用的段落从希腊语翻译为英语并做文本批评。

这一考试将通过第 15 条(a)中说明的持续三小时的考试考查。

考试 4.《新约》希腊语(神学和宗教学研究荣誉学位考试的 A1B 考试)

这一考试将通过第 15 条(a)中说明的持续三小时的考试考查。

考试 5.《旧约》概论

这一考试的课程将参照《圣经》批评学的方法以及《旧约》在基督教神学和牧职中的应用,提供对《旧约》这一文献的概要介绍及其产生和传播的历史背景。

这一考试将通过第 15 条(a)中说明的持续三小时的考试考查。

考试 6. 新约概论

这一考试的课程将参照学部委员会规定的英文文本提供对《新约》神学和文献的概要介绍及其历史和文化背景。

这一考试将通过第 15 条(a)中说明的持续三小时的考试考查。

考试 7. 基督教神学概论

这一考试关注基督教中关于上帝教义的研究,并特别关注经典教义以及"三位一体"教义自新约时代至今在教堂和文化中被阐释的主要方式。因此,涉及基督教神学内容和方法的主要问题将会被涉及。

这一考试将通过第 15 条(a)中说明的混合评估模式考查。

考试 8. 教会史概论

这一考试通过考查 18 至 20 世纪的复兴、传教以及社会复兴运动向学生介绍教会史的研究。

这一考试将通过第 15 条(a)中说明的混合评估模式考查。

B　组

考试 9. 教牧神学和教牧实践

这一考试关注教牧神学学科,对社会科学在神学中的角色给予批判的关注。它将借鉴集体心理学、咨询和管理学理论的观点,并将其运用到神学框架中。它将涉及神学模式的反思性实践中的聆听、谈判、沉思和助长。

这一考试将通过第 15 条(a)中说明的特殊模式考查。

考试 10. 基督教《圣经》精读

这一考试向学生介绍《旧约》和《新约》的关键研究。它将所选的《圣经》文献放入其所在的历史和文化语境中，同时关注其主题和神学意义。

这一考试将通过第 15 条(a)中说明的持续三小时的考试考查。

*考试 11. 基督教教义[1]

这一考试将通过展示经典教义，其历史形式，在传统中的发展以及现代阐释方式来思考基督教信仰的若干主要信条。

这一考试将通过第 15 条(b)中说明的持续两小时的考试考查。

考试 12. 早期教会的信仰与实践

这一考试关注教会产生后最初六个世纪中的基督教生活、思想、教牧实践以及祷告等。这一考试定位于向学生介绍基督教发展的历史、政治、哲学和社会语境的重要性以增强他们对牧师及传教背景的批判意识。

这一考试将通过第 15 条(a)中说明的混合评估模式考查。

考试 13. 基督教历史的改革和复兴

这一考试透过新教及天主教改革的视角关注基督教传统中的改革和复兴，以更深刻地理解这些变化如何与教会和国家、社会和文化以及个人相联系。

这一考试将通过第 15 条(a)中说明的论文模式考查。

考试 14. 西方世界中的基督教文化

这一考试关注形象在基督教神学、崇拜、文化以及传教中所扮演的角色。

这一考试将通过第 15 条(a)中说明的论文模式考查。

C 组

考试 15.《圣经》释义

这一考试将对学部委员会指定选本中的《旧约》和《新约》的一篇或多篇文本提供深入的研习。它将关注文本的释义、神学理论，以及在基督教信仰和实践中运用这些文本时的相关问题。文本研习以英语进行。

这一考试将通过第 15 条(a)中说明的论文模式考查。

*考试 16.《旧约》高级研习[2]

这一考试将对学部委员会指定选本中的《旧约》的一篇或多篇文本或一个或多个主题提供深入的研习。它将关注相关《旧约》材料的背景、内容、神学理论、阐释，以及在基督教信仰和实践中运用这些材料时的相关问题。文

① 本考试为标准考试。

② 同上注。

本研习可用英语或希伯来语进行。

这一考试将通过第 15 条(b)中说明的持续两小时的考试考查。

* 考试 17.《新约》高级研习[①]

这一考试将对学部委员会指定选本中的《新约》的一篇或多篇文本或一个或多个主题提供深入的研习。它将关注相关新约材料的背景、内容、神学理论、阐释，以及在基督教信仰和实践中运用这些材料时的相关问题。文本研习可用英语或希腊语进行。

这一考试将通过第 15 条(b)中说明的持续两小时的考试考查。

* 考试 18. 基督教传道会研究[②]

这一考试旨在帮助学生将基督教传教研究中的核心问题和讨论与他们自己的经历和未来的传教生涯相联系。特别强调基督教、文化以及学习世界各地教堂的经验。

这一考试将通过第 15 条(b)中说明的论文模式考查。

* 考试 19. 基督教伦理[③]

这一考试将关注基督教伦理学中的理论与实践，以及在基督教传授、教牧和基督式生活中，有关道德思考、欣赏和评价等方面已发展成熟并广为认知的惯例。

这一考试将通过第 15 条(b)中说明的论文模式考查。

* 考试 20. 历史语境中的基督教灵性[④]

这一考试将关注与基督教灵性相关的主要历史主题。

这一考试将通过第 15 条(b)中说明的论文模式考查。

* 考试 21. 牧职神学专题研究[⑤]

这一考试将关注牧职神学某一方面的特别研究，在米迦勒学期结束前经学部委员会核准面向所有候选人开放。

这一考试将通过第 15 条(b)中说明的论文模式考查。

考试 22. 基督教教义专题

这一考试由学部委员会不时指定的三个主题组成(22A，22B，22C)，考试中，候选人可从中选取不多于两个作答。每个主题都将被视为标准考试。

这一考试将通过第 15 条(b)中说明的论文模式考查。

---

① 本考试为标准考试。
② 同上注。
③ 同上注。
④ 同上注。
⑤ 同上注。

D　组

考试 23. 基督教教义高级研究

这一考试将从学部委员会指定的科目中选择的基督教神学中某一专门领域提供深入研习。候选人可在一年中从最多四个专门领域中选择其一。

这一考试将通过第 15 条(a)中说明的混合评估模式考查。

考试 24. 基督教历史中的分裂、冲突和统一

这一考试将要求从学部委员会不时指定的主题列表中选择四个主题进行学习。被选主题应是基督教历史上的分裂和分离期以及调节教区关系的典型。

这一考试将通过第 15 条(a)中说明的混合评估模式考查。

考试 25. 相遇的犹太教、基督教和伊斯兰教

这一考试将关注对犹太教和伊斯兰教研究的介绍，因而学生可通过接触两种宗教以他们自己的方式理解这些信仰并就基督教徒与犹太人和穆斯林的关系以及相关的神学问题进行思考。

这一考试将通过第 15 条(a)中说明的混合评估模式考查。

* 考试 26. 基督教崇拜的类型[①]

这一考试将通过历史、神学以及现象学角度对圣餐、基督徒入门圣事以及布道的思考，探索上帝是如何被邂逅的以及信众如何因崇拜而形成。

这一考试将通过第 15 条(b)中说明的持续两小时的考试考查。

* 考试 27. 由学部委员会指定的特别科目[②]

这一考试将关注学部委员会指定的某一特殊科目。

这一考试将通过第 15 条(b)中说明的论文模式考查。

* 考试 28. 由学部委员会指定的另一科目[③]

这一考试将关注学部委员会指定的另一特殊科目。

这一考试将通过第 15 条(b)中说明的论文模式考查。

神 学 学 士

1. 为获得神学学士学位，候选人须就其对如下一个或多个科目的知识的重要贡献给出证明：《圣经》释义、批评或历史；基督教信仰的实质和基础；

① 本考试为标准考试。

② 同上注。

③ 同上注。

教义神学；与基督教相关的其他宗教的研究；基督教会的历史、古迹或文献；宗教哲学；或其他经神学部学位委员会核准的与基督教神学相关的科目。

2. 任何剑桥大学的研究生并且：

候选人资格

(a) 自其在大学获得第一个学位起已满至少五年；或

(b) 自其在某一其他大学获得第一个学位起已满至少五年并且：(i) 已担任大学行政职务或担任某独立学院院长或院士职位，并且(ii) 根据章程 B 第三章第 6 条的规定获得文学硕士学位(M. A.)或通过学历互认取得大学某一学位的人，均可成为大学的神学学士学位候选人。

申请方法

3. 本学位的候选人应以书面形式向研究生教育委员会秘书提出申请，并应就他或她藉以申请学位的作品做出说明，作品可为：(a) 一本或多本已发表的著作；或(b) 为此目的而专门撰写的学位论文；或(c) 以上两者的组合。申请者应随申请向基金会提交 360 英镑，以及以上(a)，(b)或(c)中说明的作品一式两份。研究生教育委员会在学位委员会意见一致的情况下，可允许候选人仅提交一份作品。所有提交的作品均应有相应的声明以说明该作品是否及在何种程度上与该候选人已提交过的作品内容相同，或该作品正在提交以获得本大学或其他任何大学或相似机构的学位或文凭或其他资格证书。同时，作品除引文外，以及在特殊情况下学位委员会已允许候选人以其他语言提交材料时，语言应为英语。

初审

4. 每份申请均应由研究生教育委员会秘书转交学位委员会，学位委员会应对这些申请做初步的审阅并决定提交的作品初步看来是否具有获得该学位的资格，学位委员会可指派一名评审官协助其执行此项工作。学位委员会也应以候选人拥有足够的基督教神学知识作为合格标准。

5. 若学位委员会认为提交的作品初步看来即不符合获得该学位的资格，委员会应将该决定通报给研究生教育委员会秘书，并分别附上持赞成意见和反对意见的到会委员的姓名。秘书应将学位委员会的决定通报候选人。在这样的情况下，候选人根据第 3 条提交的 360 英镑中的 288 英镑应予以返还。

评议

6. 若学位委员会认为提交的作品初步看来即符合获得该学位的资格，他们应任命不少于两人作为评议人。每位评议人应就候选人申请中指定的作品提交一份独立的书面报告；这些报告应作为机密文件处理。

7. 提交学位论文的候选人，根据学位委员会的自行决定，可被要求参加一次口试。

核准(授予)学位

8. 若在审阅评议人的报告后学位委员会认为候选人的作品符合本学位

的必要标准，记有到场人员及投票双方[①]姓名的学位委员会就此做出的决定，应与评议人的报告一起，通报给研究生教育委员会秘书。学位委员会的主席应公布经核准获得神学学士学位候选人的名单。

9. 若在审阅评议人的报告后学位委员会认为候选人的作品并未达到本学位的必要标准，记有到场人员及投票双方姓名的学位委员会就此做出的决定，应与评议人的报告一起，通报给研究生教育委员会秘书。秘书应将学位委员会的决定通报候选人。

候选人不应在场

10. 学位候选人在学位委员会或研究生教育委员会审议其申请时均不应在场。

学位论文的打印

11. 若候选人以全部或部分尚未事先打印的学位论文申请，则在该论文打印前不得授予学位，但根据第12条的规定，学位委员会有权豁免候选人这一要求。未经学位委员会主席的许可，提交打印版学位论文的候选人将不得任意修改或增补该论文。

图书馆留存拷贝

12. 以学位论文全文或部分文字申请学位的候选人应确保其论文的打印版或打字版已收录在大学图书馆中。在满足本项要求前，任何情况下均不可授予学位。[②]

13. 每位评议人应获得135英镑的酬金。根据第4条被任命的评审官应获得42英镑的酬金。若一位评审官继而被任命为评议人，其42英镑的酬金应从他或她作为评议人而获得的135英镑酬金中支出。研究生教育委员会可核准报销评议人在其工作执行中发生的合理费用。

14. 获得本学位不需缴纳任何费用。

神学博士

候选人资格

1. 为获得神学博士学位，候选人须就其对如下一个或多个科目的知识的原创性贡献作为其水平优异的证明：《圣经》释义、批评或历史；基督教信仰的实质和基础；教义神学；与基督教相关的其他宗教的研究；基督教会的历史、古迹或文献；宗教哲学；或其他经神学部学位委员会核准的与基督教神学相关的科目。

2. 任何剑桥大学的研究生并且：

(a) 自其获得神学学士学位起已满至少三年；或

(b) 自其在大学中获得第一个学位起已满至少十二年；或

---

① 即赞成方和反对方。——校者注

② 本项要求已得到执行的证明应在毕业之日前送达教务长处。

(c) 自其在某一其他大学获得第一个学位起已满至少十二年并且：(i) 已担任大学行政职务或担任某独立学院院长或院士职位，并且(ii) 根据章程B第三章第6条的规定获得文学硕士学位(M. A.)或通过学历互认取得大学某一学位的人均可成为大学的神学博士学位候选人。

申请方式

3. 本学位的候选人应以书面形式向研究生教育委员会秘书提出申请，并应提供一份不多于五百字的关于这些作品涵盖的研究领域的摘要，就他或她藉以申请学位的作品做出说明。申请者应随申请向基金会提交582英镑，以及上述申请一式两份。研究生教育委员会秘书在学位委员会意见一致的情况下，可允许候选人仅提交一份副本。所有提交的作品均应有相应的声明以说明该作品是否及在何种程度上与该候选人已提交过的作品内容相同，或该作品正在提交以获得本大学或其他任何大学或相似机构的学位或文凭或其他资格证书。同时，作品除引文外，以及在特殊情况下学位委员会已允许候选人以其他语言提交材料时，语言应为英语。

4. 每份申请均应由研究生教育委员会秘书转交学位委员会，学位委员会应对这些申请做初步的审阅并决定提交的作品初步看来是否具有获得该学位的资格，学位委员会可指派一名评审官协助其执行此项工作。

5. 在审阅第2条(b)和(c)规定的候选人的申请时，学位委员会应以如下要求为合格标准：

(a) 候选人拥有相当的基督教神学知识；

(b) 当为连续提交神学学士学位和神学博士学位要求的作品时，提交的作品的质量和数量不得低于对第2条(a)规定之候选人的要求。

评议

6. 若学位委员会认为提交的作品初步看来即不符合获得该学位的资格，委员会应将该决定通报给研究生教育委员会秘书，并分别附上持赞成意见和反对意见的到会委员的姓名。秘书应将学位委员会的决定通报候选人。在这样的情况下，候选人根据第3条提交的582英镑中的510英镑应予以返还。

7. 若学位委员会认为提交的作品初步看来即符合获得该学位的资格，他们应任命不少于两人作为评议人。每位评议人应就候选人申请中指定的作品提交一份独立的书面报告；这些报告应作为机密文件处理。

核准(授予)学位

8. 若在审阅评议人的报告后学位委员会认为候选人的作品符合本学位的必要标准，记有到场人员及投票双方姓名的学位委员会就此做出的决定，应与评议人的报告一起，通报给研究生教育委员会秘书。

9. 若研究生教育委员会在收到如上通报后决定授予学位，学部委员会秘书应公布经核准获得神学博士学位的候选人的名单。以上的决议须经学部委员会八名成员在会议上一致投票同意并宣布方可生效。

10. 若在审阅评议人的报告后学位委员会认为候选人的作品并未达到本学位的必要标准，记有到场人员及投票双方姓名的学位委员会就此做出的决定，应与评议人的报告一起，通报给研究生教育委员会秘书。秘书应将学位委员会的决定通报候选人。

候选人不应在场

11. 学位候选人在学位委员会或研究生教育委员会审议其申请时均不应在场。

支付款项

12. 每位评议人应获得175英镑的酬金。根据第4条被任命的评审官应获得42英镑的酬金。若一位评审官继而被任命为评议人，其42英镑的酬金应从他或她作为评议人而获得的175英镑酬金中支出。研究生教育委员会可核准报销评议人在其工作执行中发生的合理费用。

13. 获得本学位不需缴纳任何费用。

教育学硕士学位

经公示修订(2007—2008学年《通讯》，第439页)

候选人

1. 教育学硕士考试的候选人须经教育学学部委员会核准，该委员会应为每一位候选人指定其候选人资格开始的时间。

2. 学部委员会可核准其认为符合要求的、根据其学习经历有资格参加教育学研究生课程学习的学生为教育学硕士考试候选人。

3. 第2条中的申请应在申请人希望其获得候选人资格的日期之前的3月31日之前送交学部委员会秘书，委员会有权审阅该日期后提交的申请材料。

修读课程条件

4. 教育学硕士考试的候选人应在教育学学部委员会指派的导师的指导下，在大学中参加为期两学年的课程学习。学部委员会可允许候选人休学不超过六个学期，这些学期不可计入本规章要求的任何学习时间。任何学生的姓名均不可出现在教育学硕士考试通过者的名单中，除非教育学系主任认为该学生已参加了学习课程并勤奋用功。

导师报告

5. 每位导师每学期应就其指导的每位攻读教育学硕士学位的学生的学习情况向学部委员会秘书至少提交一份书面报告。

科目公布

6. 教育学学部委员会应在每年复活节学期结束前宣布下下一年课程将要覆盖的科目，但其后学部委员会有权在有正当理由并且确信没有学生为考试所做的准备将受到负面影响时做出修正。

补充规章

7. 教育学学部委员会有权制定补充规章，规定考试考查的范围和方式，有权在其认为适宜的情况下修订这些补充规章，同时应就任何变更发布相应的公告。

8. 学部委员会应在每个学年提名其认为足够数量的考官和评审官，其中须包括一名评议会驻校会员作为主考官。

考官和评审官

9. 根据候选人的选择，教育学硕士学位考试应由如下的方案 A 或方案 B 组成：

教育学硕士学位考试

方案 A

考试为一篇所属科目经学部委员会核准的，不超过 30000 字（不包括脚注、表格、附录和参考文献）的论文。

考试可包括关于论文及其相关知识领域的一次口试，但考官们可酌情取消口试要求。

方案 B

考试为：

(i) 一篇所属科目经学部委员会核准的 15000 至 20000 字之间（不包括脚注、表格、附录和参考文献）的论文；

(ii) 两篇主题经学部委员会核准且属学部委员会确定的研究领域的 6000 至 6500 字的小论文。

考试应包括关于以上论文和小论文及其相关知识领域的一次口试，但考官们可酌情取消口试要求。

10. 考试不及格的候选人可向学部委员会申请许可其提交一份修改版的论文或一份小论文，前提是：

(a) 除非考官明确推荐，否则本许可不得准予；

(b) 若本许可被准予，修改版的论文应在原论文提交的下下个完整米迦勒学期第一天之前提交；

(c) 候选人不得根据本条规定而多次提交修改版论文。

11. 考试及格者名单将按字母顺序排在同一等级中。

优等生名册

12. 在大学学习以通过教育学硕士考试课程期间，候选人应为每个学期支付相应的学费。

费用

13. 顺利完成课程并通过教育学硕士学位考试的学生有资格获得教育学硕士学位。

14. 已参加教育学硕士学位考试，并于其后注册成为攻读哲学博士、理学硕士或文学硕士学位的学生，可申请免除学位第 1 条(a)中规定的研究学期的要求。

与研究课程的关系

15. 尽管有第 4 条的规定，教育学学部委员会有权允许已达到一定标准的候选人参加为期一学年的教育学硕士学位课程学习。

工程学位

工程硕士

在完成规定数量学期的学习后,[①]在化学工程荣誉学位考试第二部分B,或在电子和信息科学荣誉学位考试第二部分,或在工程学荣誉学位考试第二部分,或在制造工程荣誉学位考试第二部分,获得荣誉的学生将有资格获得工程硕士学位。

工程博士

1. 为获得工程博士学位,候选人应被要求合格完成一系列该学位的训练课程并提供其在工程研究领域的重要原创性贡献的证明。

修读课程的条件

2. 根据以下(a)至(c)的要求,注册攻读工程博士学位的研究生应在大学内,或研究生教育委员会和相关学位委员会规定的其他此类地点于监督下从事至少十二个学期的训练和研究课程。

学期数应自学生注册成为该学位候选人的学期算起并连续计算,除非该生根据以下(b)款之规定被允许休学,或除非研究生教育委员会认为该生的某些学期根据规定不应被允许计算。

(a) 研究生教育委员会在考虑相关学位委员会的建议之后,可允许一位研究生利用其攻读该学位的除三个学期以外的全部学期,或更少的学期,在学位委员会和研究生教育委员会核准的情形下在校外工作。

(b) 因疾病或其他充分理由,研究生教育委员会在考虑相关学位委员会的建议之后,可允许一位研究生休学一个或多个学期。这些学期数仅可计入研究生入学一般规章中第7条要求的学习时间,而不可计入本规章规定的其他任何学习时间。

(c) 有资格但尚未获得某一学科研究生证书(作为工程博士的准备)的学生,其作为该证书候选人的时间中的不超过三个学期可被允许计入其攻读工程博士学位的学习时间。

特许的申请

以上(a)至(c)款描述的权利的申请应以书面形式呈送给研究生教育委员会秘书,同时应提供申请者辅导员的书面意见。

---

① 参见章程B第三章第5条。

3. 根据研究生教育委员会的建议，校务理事会可就研究生在入学前在校内所完成的工作，给予其不超过三个学期的承认（若学生的入学因充分理由延迟）。这些学期可计入章程B第三章5(a)中对工程博士学位全日制学习时间的要求（最少三个学期）。

4. 研究生教育委员会在考虑经学生辅导员支持的申请后，可因疾病或其他重大原因，给予一位研究生一到两个研究学期的承认以满足第2条的要求。因此而获准的学期，学生应按照研究生入学一般规章中第11条的规定缴纳一定的费用。

要求

5. 为注册成为本学位的候选人，研究生必须向研究生教育委员会和相关学位委员会说明他或她已在大学内或为此目的已核准的其他地点完成此类课程作业，从而满足研究生教育委员会和学位委员会的要求。

监督

6. 训练及研究课程应在研究生教育委员会和相关学位委员会的监督安排下进行。研究生教育委员会和学位委员会应确认学生在校外工作期间，其适当的监督以及学生情况的报告安排是到位的。

工程博士学位考试

7. 工程博士学位考试应由如下部分组成：

(a) 研究生教育委员会和相关学位委员会指定的课程作业；

(b) 按照第8条至第9条的规定，候选人应提交有关经核准的研究课程成果的学位论文；经研究生教育委员会和相关学位委员会的特别许可，候选人可提交一份相当水准的代表作以代替学位论文；

(c) 关于学位论文所属科目及其相关知识领域的一次口试，但在特别的条件下，经相关学位委员会的建议，研究生教育委员会可取消这一口试。

学位论文

8. 候选人应在他或她希望完成第2条要求的学期的第一天和注册为本学位候选人之后的第十二学期后的假期的最后一天之间提交其学位论文。在研究生教育委员会许可的情况下，论文可推迟提交。校务理事会根据第3条承认的学期应计入本规章所述的学期数。

9. 在提交学位论文时，候选人应在前言部分概括地并在注释及参考文献中具体说明其获取的信息的来源，说明其通过它们获得帮助的程度，并声明论文中为原创部分的内容。同时应声明其提交的论文并非实质等同于任何他们已为其他学位、文凭或资格证书而提交的论文。论文除引文外，语言应为英语。每个学位委员会均有权规定学生所提交的学位论文的篇幅限制。候选人还应提交一份负责监督其工作的机构提供的、证明候选人工作执行情况的声明。

10. 每位候选人应将学位论文一式两份，随同第9条中说明的声明，以及三份长度约为300字的摘要，送交研究生教育委员会秘书，秘书应把论文及两份摘要转交相关的学位委员会秘书。在特殊情况下，研究生教育委员会在咨询学位委员会的建议后，可允许候选人仅提交一份学位论文。学位论文将提交给学位委员会任命的两位考官评阅。考官均不得为候选人的导师。每位考官应就该论文向学位委员会提交一份独立报告。两位考官应共同主持第 7 条(c)中说明的口试，并应签署一份联合考试结果证书。若考官无法就其观点达成一致或学位委员会或研究生教育委员会因其他原因需要听取关于所提交论文价值的进一步意见，研究生教育委员会可另任命一位或多位额外考官，任命多于一位的考官时须经研究生教育委员会许可。每一位额外考官也应就学位论文向学位委员会提交一份独立报告。

11. 若候选人未通过第 7 条(c)中规定的口试，学位委员会可允许候选人由同样的考官重考。这样的许可应通报研究生教育委员会秘书，并不得超过一次。除第 12 条规定的酬金外，每位考官均应额外获得 42 英镑的酬金，并可按照相关规章中的规定申请报销差旅费。

向考官支付的款项

12. 每位考官均应从基金会获得一份酬金。若考官参与了第 7 条(c)规定的口试，酬金应为 135 英镑，若没有，无论是因为研究生教育委员会在学位委员会的建议下取消了口试或任何其他原因，则酬金应为 100 英镑。在研究生教育委员会说明的条件下，若居所距离圣玛丽教堂超过十英里，或口试、考官协调会在剑桥外举行，考官可申请报销差旅费。委员会也可核准报销考官在其工作执行中发生的合理费用。考官可按照校务理事会财务委员会规定的标准申请津贴，条件是考官因执行此项工作而需离开其平时的居住地点一天或一夜。被要求赴剑桥外参加口试的候选人的差旅费可依照研究生教育委员会规定的标准全部或部分地支付；此时候选人也可以申请财务委员会规定标准的津贴，申请条件与考官相同。

核准(授予)工程博士学位

13. 若在审阅第 7 条中说明的考官关于考试的报告后，学位委员会认为学生已达到工程博士学位所要求的标准，记有到场人员及投票双方姓名的学位委员会就此做出的决定，应与考官的报告一起，通报给研究生教育委员会。若研究生教育委员会在接到以上通报后在至少有委员会五名成员到场的会议上决定授予该候选人工程博士学位，研究生教育委员会秘书应发布关于核准授予该考生该学位的公告。

修改版学位论文

14. 若在审阅考官关于考试的报告后，学位委员会认为学生的学位论文尚未达到工程博士学位所要求的标准，学位委员会可在至少有研究生教育委员会五名成员到场的会议上宣布许可该生提交一份修改版的学位论文，如没有学位委员会明确推荐，本许可不得给予。学位委员会传递此推荐意见的通报应当包括记有到场人员及投票双方姓名的学位委员会就此做出的决定，考官的报告应随同送达。一位学生仅可提交一次修改版论文。

15. 若在审阅考官关于考试的报告后，学位委员会认为学生的学位论文尚未达到工程博士学位所要求的标准，但已达到理学硕士所要求的标准，记有到场人员及投票双方姓名的学位委员会就此做出的决定，应与考官的报告一起，通报给研究生教育委员会。若研究生教育委员会在接到以上通报后在至少有委员会五名成员到场的会议上决定，可以适当地核准授予该候选人较低的学位，委员会秘书应询问候选人是否愿意被授予理学硕士学位。若秘书在候选人的候选资格被确定的学期或假期的下一个学期结束前收到他或她对此的同意意见，研究生教育委员会可核准授予该候选人该学位，秘书应就该核准发布公告。研究生教育委员会如认为有特殊情况，也可在较迟的日期接受候选人的同意意见。

核准(授予)理学硕士学位作为替代

16. 研究生教育委员会是学位委员会通报其候选人可被授予工程博士学位或理学硕士学位或可提交修改版学位论文等所有建议的决策机构。研究生教育委员会在学位委员会建议授予某学位前，不得核准授予某候选人该学位；在发布拒绝授予学位的建议前，他们应给予学位委员会所任命的一位代表一次机会以解释学位委员会给出该建议的理由。

决策机构

17. 若在审阅考官关于考试的报告后，学位委员会认为学生的论文尚未达到任何学位所要求的标准，而且未建议该候选人提交一份修改版的论文，记有到场人员及投票双方姓名的学位委员会就此做出的决定，应与考官的报告一起，通报给研究生教育委员会。研究生教育委员会秘书应向候选人通报以上决定。

通知未通过的候选人

18. 在获得学位前，学生应当按研究生教育委员会指定的形式在研究生教育委员会秘书处留存一份其学位论文及两份摘要。秘书应将论文及一份摘要留存于大学图书馆，以便参考和馆际借阅，除非研究生教育委员会决定在某一段时间内，论文及其摘要仅供作者及作者签署书面许可的人员参考。摘要是否可供复印及出版须经研究生教育委员会酌情决定。

图书馆留存拷贝

金融学硕士学位

根据2007年11月14日第一号动议修订；

经公示修订(2007—2008学年《通讯》，878页)

1. 金融学硕士考试的候选人须经工商管理学学部学位委员会核准。

候选人资格

2. 学位委员会可核准其认为符合要求的、根据其学习经历有资格参加金融学研究生课程学习的学生为金融学硕士考试候选人。

University Statutes

3. 第2条中的申请应在申请人希望其获得候选人资格的日期之前的3月31日之前送交学位委员会秘书，委员会有权审阅该日期后提交的申请材料。

4. 金融学硕士考试的候选人应在大学中参加为期三个学期的学习课程。

5. 工商管理学学部学位委员会应在每学年复活节学期结束前公布下一学年金融学的科目列表。列表应分为两组，第一组（核心科目）和第二组（专题科目）。

考试

6. 金融学硕士考试应包括以下三部分：

(a) 笔试

笔试，每门三小时，由工商管理学学部学部委员会规定。每位候选人应被要求参加不少于两门的第一组中科目的笔试。

(b) 课程作业

此类型的课程作业由学部委员会规定。

(c) 项目作业

一个或一个以上的项目作业，要求按照学部委员会规定的形式提交。

考官有权就以上任何或全部(a)至(c)三部分考试要求候选人参加口试。

补充规章

7. 学部委员会有权制定补充规章，规定考试考查的范围和方式，有权在其认为适宜的情况下修订这些补充规章，同时应就任何变更发布相应的公告。

考官和评审官

8. 学部委员会应提名其认为足够数量的考官和评审官，其中须包括一名评议会驻校会员作为主考官。

优等生名册

9. 考试通过者的姓名应按字母顺序排列在单一等级中。主考官应将全部候选人的分数通报给教务长。

费用

10. 参加金融学硕士考试的学习课程时，学生应每学年支付相应的学费。

11. 完成所有规定课程并在金融学硕士考试中及格的学生有资格获得金融学硕士学位。

与研究课程的关系

12. 已参加金融学硕士考试的学生，没有资格将其作为该考试候选人的全部或部分时间计入哲学博士、理学硕士或文学硕士（M. Litt.）的研究课程时间。

法学学位

法学硕士学位

法学硕士考试

经公示修订(2007—2008学年《通讯》,第1046页)

考试方案

1. 法学硕士考试应包括法学部学部委员会指定的不超过三十五个科目,其中可包括一篇研讨论文,仅通过论文方式考核,以上科目应至少包括四门属于以下领域的科目:

商法

欧洲法

国际法

2. (a) 在每年复活节学期结束前,学部委员会应宣布下一学年考试的规定科目,并应就每一科目考试的形式发布公告,其应为:

(i) 一个持续三小时的笔试;或

(ii) 一个持续两小时的笔试以及提交一份不超过7000字(包括脚注、附录但不包括参考文献)的小论文,主题应在该科目领域内并经学部委员会核准;

对任何学部委员会规定的科目,候选人均有从以上考试形式(i)和(ii)中选择的自由。

(b) 同时,学部委员会应规定并发布公告,哪些科目将仅通过考试考查。

(c) 同时,若研讨论文是第1条中规定的下一学年的科目之一,学部委员会应规定并发布公告,哪些课程(不超过六门)该学年度将举办研讨班。

3. (a) 学部委员会应有权限制候选人对科目以及对笔试中问题的选择;任何此类的限制均应在考试的前一个完整米迦勒学期的第二个星期五前宣布。

(b) 第2条(c)规定的课程应于相关课程开设的学年之前的长假结束前在《通讯》上公布。对于以上规定的任何课程,学部委员会均有权以在该课程已开始的学年的完整米迦勒学期的前三周在《通讯》发布公告的形式撤销。每位选修以上被撤销课程的候选人均应收到学部委员会秘书关于课程撤销的通知。

4. (a) 每位候选人均应参加：

(i) 第 2 条(a)指定的四门科目的考试；或

(ii) 第 2 条(a)指定的三门科目的考试，并提交一篇论文以代替第 2 条(a)指定的而非第 2 条(b)指定的科目的考试，前提是该论文的题目已被核准并符合第 9 条的要求；或

(iii) 在研讨论文开设的年份，第 2 条(a)指定的三门科目以及研讨论文，条件是作为研讨论文的题目已被核准并符合第 9 条的要求。

(b) 根据第 4 条(a)(ii)或(a)(iii)条规定提交的论文应按照第 9 条和第 10 条所规定的方式提交。

要求

5. 法学硕士考试的候选人：

(a) 须经法学部学位委员会核准，该委员会应为每一位候选人指定其候选人资格开始的时间；而且

(b) 应在大学中参加为期三个学期的、学位委员会指定的学习课程。

一名学生即使没有满足本规章(a)和(b)的要求，仍然有资格成为法学硕士考试的候选人，若他或她获得文学士学位并且：

(i) 在 1980 年前的法学荣誉学位考试第一部分或 1989 年前的法学荣誉学位考试第一部分 B 或第二部分获得荣誉或达到了荣誉标准；或

(ii) 在 1987 年 10 月 1 日前获得律师资格或当选为英格兰、威尔士或爱尔兰的初级律师，或在苏格兰当选为辩护律师，或法律代理。

6. 学位委员会可核准其认为符合要求的、根据其法律学习经历有资格参加高级法律研究生课程学习的学生为法学硕士考试候选人。

在给出核准时委员会可要求一名学生：

(a) 在其已参加或将要参加的考试中达到他们认为合适的等级；

(b) 在委员会规定的特定一年成为法学硕士考试候选人。

7. 根据第 6 条的规定获得其候选人资格的候选人，在考试举办时已至少住校两个学期，则可成为法学硕士考试的候选人。

限制

8. 任何学生均不得多次成为法学硕士考试的候选人，或在同一学期内成为法学硕士考试的候选人同时成为其他大学考试的候选人。

研讨小论文或研讨论文

9. (a) 希望提交第 2 条(a)(ii)中说明的研讨小论文或第 4 条(a)(ii)或(iii)中说明的研讨论文的候选人应将该小论文或研讨论文的选题与其拟在法学硕士考试中参加的科目的声明一同，于考试前一个完整米迦勒学期的第三个周五前提交给学部委员会秘书。

(b) 候选人只有在学部委员会核准其题目后才可提交上述小论文或研讨论文。学部委员会应在考试前一个完整米迦勒学期的第三个周五后尽可能快地，并在任何情况下最迟不晚于该完整米迦勒学期期末核准或驳回候

选人的提交该小论文或研讨论文的申请。学部委员会应即时将该决定通报候选人。

(c) 学部委员会只有在认为候选人为第 4 条(a)(ii)中说明的论文选定的题目属于第 2 条(c)中说明的该学年的科目范围时,方可核准该题目。

(d) 学部委员会只有在认为候选人为第 4 条(a)(iii)中说明的论文选定的题目属于第 2 条(c)中说明的该学年的研讨课程的范围时,方可核准该题目。

(e) 在不损害学部委员会其他任何权力的情况下,委员会在分别考虑申请以论文代替某一特定考试的人数,和参加某一研讨课程的候选人人数的情况下,可驳回候选人关于提交第 4 条(a)(ii)或(iii)中说明的论文的申请。

(f) 除在特殊情况下,若候选人为第 4 条(a)(ii)或(iii)中说明的论文选定的题目在该候选人参加的该学年法学硕士考试的任一科目的范围内时,学部委员会不可核准该题目。

(g) 一旦学部委员会核准了某一小论文或论文的题目,若没有学部委员会的进一步核准,该题目以及候选人参考科目的方案均不得再做出变更。

(h) 法学硕士考试的候选人应在该考试前的 5 月 1 日前将他或她计划提交的小论文或论文提交给学部委员会秘书。在此日期后提交论文的候选人将受到法学硕士考试考官的惩罚。

(i) 任何提交的小论文或论文均应为计算机打印稿或打字稿。

10. 根据第 4 条(a)(ii)或(iii)提交的论文:

(a) 其前言部分应为由候选人签名的一份声明,表明该论文除在前言中说明的部分,均为其未在他人协助下独立完成的作品,以及该论文在该学年内完成;并且

(b) 应包含关于该论文引用内容出处的陈述或脚注,包括候选人已经或正在向任何大学或类似机构提交以获得任何其他学位、文凭或类似资格证书的任何书面作品。

没有学部委员会的许可,论文不可超过 18000 字(包括脚注、附录但不包括参考文献)。这样的许可应于第 9 条(h)说明的日期的十四天前申请。学部委员会有权指定论文的主题为第 1 条中说明的领域中的某一个科目。

11. 根据第 2 条(a)(ii)提交小论文或根据第 4 条(a)(ii)或(iii)提交论文的候选人可被要求参加关于小论文或论文的口试。

12. 法学硕士考试通过者的姓名应被排列在三个等级中,其中第二个等级应分为两部分。第一和第三等级中的姓名以及第二等级每个部分中的姓

名应按字母顺序排列。第一等级中表现特别优秀的学生，其姓名后应附以特优标记。优等生名册应指出通过了包括至少三个科目或两个科目及一篇第1条规定其领域的论文的考试的候选人。在任何候选人参加考试组合(包括任何被指定属于以上第10条规定的特定领域的论文)的案例中，根据以下规定，优等生名册应该指出该候选人已通过两个或多个属于第1条规定的领域的科目中的某一个科目，候选人可将他或她希望考官指出其通过的科目告知考官。任何此类通知应以信件形式于该候选人参加法学硕士考试的复活节学期的5月1日前送交学部委员会秘书。若候选人按照以上规定给出通知，并在足够数量的考试(包括论文)中及格，优等生名册应当指出他或她以该方式通过了考试。若一位有资格行使此权利的候选人并没有根据以上规定给出通知，优等生名册应：(a) 若候选人被列入第1条中规定的某一领域并及格，指出他或她以该方式通过了考试；或(b) 若候选人被列入第1条中规定的两个或多个领域且及格，指出他或她已通过这些考试，考试顺序按字母顺序排列。

考官

13. 法学硕士考试的考官应由法学部学部委员会提名，但若有国际法方向的候选人，其中一位考官应为休厄尔教授或其提名的一位代理。学部委员会应提名其认为足够数量的考官。开设第2条(c)所述的讨论课程的讲师若不是考官，则应为法学硕士的评审官并根据其对候选人论文的评定向考官提交一份关于每位候选人在其课程中成绩的报告(相当于考试中某一科目的分数)。法学荣誉学位考试规章中关于评审官任命和职责的相关条款在必要的变通后应适用于法学硕士考试。

评审官

法学硕士学位

条件

14. 在完成规定数量学期的学习后，[1]通过法学硕士考试的学生将有资格获得法学硕士学位。如果该学生的法学硕士学位考试课程学习时间已包括了文学士学位所需要的学期，并且若该生选择获得后一项学位，他或她将没有资格同时获得法学硕士学位。

15. 在已获得文学士学位之后成为法学硕士考试候选人但在完成该学位所有要求后尚未为其任何学期缴纳学费的学生应为法学硕士考试支付60英镑的费用，但这样的学生在获得法学硕士学位或文学硕士学位时不需再支付费用。

---

① 参见章程B第三章第5条。

法学博士

1. 为获得法学博士学位，候选人须就其对法学或法学研究的促进做出的原创性贡献作为其水平优异的证明。

候选人资格

2. 任何剑桥大学的研究生并且：

(a) 自其在剑桥大学获得第一个学位起已满至少八年；或

(b) 自其在某一其他大学获得第一个学位起已满至少八年并且：(i) 已担任大学行政职务或担任某独立学院院长或院士职位，并且(ii) 根据章程 B 第三章第 6 条的规定获得文学硕士学位(M. A.)或通过学历互认取得大学某一学位的人均可成为大学的法学博士学位候选人。

3. 本学位的候选人应以书面形式向研究生教育委员会秘书提出申请，并应提供一份不多于五百字的关于这些作品涵盖的研究领域的摘要，就他或她藉以申请学位的作品做出说明。申请者应随申请向基金会提交 582 英镑，以及上述申请一式两份。研究生教育委员会秘书在学位委员会意见一致的情况下，可允许候选人仅提交一份副本。作品除引文外，以及在特殊情况下法学部学位委员会已允许候选人以其他语言提交材料时，语言应为英语。提交的材料的相当一部分应当已发表，其余部分须为打印稿或打字稿。

申请方式

4. 每份申请均应由研究生教育委员会秘书转交法学部学位委员会，学位委员会应对这些申请做初步的审阅并决定提交的作品初步看来是否具有获得该学位的资格，学位委员会可指派一名评审官协助其执行此项工作。

初审

5. 若学位委员会认为提交的作品初步看来即不符合获得该学位的资格，委员会应将该决定通报给研究生教育委员会秘书，并分别附上持赞成意见和反对意见的到会委员的姓名。秘书应将学位委员会的决定通报候选人。在这样的情况下，候选人根据第 3 条提交的 582 英镑中的 510 英镑应予以返还。

6. 若学位委员会认为提交的作品初步看来即符合获得该学位的资格，他们应任命不少于两人作为评议人。每位评议人应就候选人申请中指定的作品提交一份独立的书面报告；这些报告应作为机密文件处理。

评议

7. 若在审阅评议人的报告后学位委员会认为候选人的作品符合本学位的必要标准，记有到场人员及投票双方姓名的学位委员会就此做出的决定，应与评议人的报告一起，通报给研究生教育委员会秘书。

8. 若研究生教育委员会在收到如上通报后决定授予学位，研究生教育委员会秘书应公布经核准获得法学博士学位的候选人的名单。以上的决议须经研究生教育委员会八名成员在会议上一致投票同意并宣布方可生效。

核准(授予)学位

9．若在审阅评议人的报告后学位委员会认为候选人的作品并未达到本学位的必要标准，记有到场人员及投票双方姓名的学位委员会就此做出的决定，应与评议人的报告一起，通报给研究生教育委员会秘书。秘书应将学位委员会的决定通报候选人。

候选人不应在场

10．学位候选人在学位委员会或研究生教育委员会审议其申请时均不应在场。

支付款项

11．每位评议人应获得175英镑的酬金。根据第4条被任命的评审官应获得42英镑的酬金。若一位评审官继而被任命为评议人，其42英镑的酬金应从他或她作为评议人而获得的175英镑酬金中支出。研究生教育委员会可核准报销评议人在其工作执行中发生的合理费用。

12．获得本学位不需缴纳任何费用。

医学和外科学学位

医学学士和外科学学士

新　规　章[①]

（修订版规章）

医学学士和外科学学士

修订版规章

1．本规章，即医学学士和外科学学士修订版规章，适用于：

（a）在2003年9月1日至2004年12月31日期间开始其临床课程的学生；以及

（b）在2002年9月1日至2004年12月31日期间开始其临床课程，已在大学内从事基础医学学习不超过两年的学生。[②]

2．在完成规定数量学期的学习后，[③]按照本规章已通过医学学士结业考试第一部分和第二部分的学生有资格申请医学学士学位和外科学学士学位，其学位的缩写应为M. B.，B. Chir.。

① 本规章上次印于2004年版《章程及条例》，第422页；旧规章上次印于1998年版《章程及条例》，第434页。

② 也就是已经以附属学生身份参加了医学及兽医学荣誉学位考试第一部分A和第一部分B。

③ 参见章程B第三章第5条和第9条。临床医学学习年开始前的学习学期或被承认的学期可计入本项所要求的学习时间。

3. 在本规章中，除另有说明： 定义

(a) 学部委员会指临床医学院学部委员会；

(b) 钦定讲座教授指钦定医学讲座教授；

(c) 指导课指在大学内或其他地点进行的指导课和实践教学；

(d) 核准课程指一门经临床医学院学部委员会为执行本规章而核准的课程；

(e) 基础医学学习年指学生参加任何本规章附录 B 中核准课程的不少于三个学期的任一年；

(f) 临床指导课核准课程指在大学或在医院、一般医疗实习基地或其他经学部委员会为本规章之施行而核准的与大学合作的机构中举办的，并经学部委员会核准为与医学学士结业考试某一部分相对应的下列科目内的课程或见习：

第一部分：病理学和传染病学。

第二部分：产科学和妇科医学、内科学、外科学、儿科学、精神病学、临床药理学和治疗学、老年人护理、放射医学、麻醉学、全科医学、社区医学、伦理学以及法医学。

(g) 临床医学学习年是指学生全天参加第 3 条(f)所述的临床教学核准课程的一段连续十二个月的时间(包括不超过六周的假期)；根据本款，连续参与此类课程少于十二个月(包括假期)应被记做部分临床学习年；

(h) 证明指：

(i) 在第 3 条(e)所述的基础医学学习阶段，由大学相关学科的职员，或在其他大学学习的情形下，由相关大学负责人签署的证明；

(ii) 在第 3 条(g)所述的临床医学学习阶段，医学教育处主任或其授权的另一位负责人签署的证明；

(i) 合格参加指学部委员会认为合格的出勤；

(j) 合格表现指医学教育处主任或其授权的其他负责人认为合格的表现；

(k) 医学学士/医学博士项目学生指已经学部委员会核准在大学内参加研究和临床指导课程，继而已被研究生教育委员会认可为研究生的学生；

(l) 剑桥研究生课程学生指拥有剑桥或其他知名大学荣誉学位并已经学部委员会核准参加四年制临床指导课程(剑桥医学研究生课程)的学生；

(m) 医学生注册簿是指注册有被视为适合从事医学的学生姓名的名录。若一名学生被认为不适合接触病人，他或她将可能被临时或永久地从注册簿中除名。在校务理事会、学部总委员会以及医疗实践上诉特别法庭的管理下，注册簿由生物及临床医学院学部委员会委托医疗实践适合性

(Fitness for Medical Practice Committee)委员会保管。

考试

4．医学学士和外科学学士应通过第二次学位考试及学位结业考试，在本规章中称为第二次医学学士考试和医学学士结业考试。

补充规章

5．学部委员会在咨询其他相关机构后，有权制定补充规章以规定第二次医学学士考试和医学学士结业考试的全部或任意部分、科目、试卷及形式，并应就此类补充规章的任何变更发布相应的公告。

指导课证明

6．如本规章要求参加其所规定的任何一门考试科目的候选人提供有关指导课或其他任何事项的证明，候选人提出考试申请的时间不应早于教务长收到该证明的日期，或证明最后部分提交的日期。

医学预科要求

7．除非已达到大学的医学预科要求，任何学生均不得成为第二次医学学士考试中任何科目的候选人。医学预科要求应由学部委员会制定，并应在本规章的附录 A 中说明；学部委员会有权在其认为适当的情况下修订该表。

8．如果学部委员会认为一名学生已达到其认定的合格标准，则学部委员会有权给予该学生相应的全部或部分医学预科要求的豁免。

第二次医学学士考试

9．第二次医学学士考试的科目应为如下所列：

疾病生物学(BOD)

人体功能结构(FAB)

体内平衡(HOM)

人类生殖(HR)

医学科学基础概论(ISBM)

药物作用机制(MODA)

医疗社会学(MSOC)

分子医学(MIMS)

神经生物学与人类行为(NHB)

医疗初步 (PFP)

(修订版规章)

参加剑桥医学研究生课程的候选人无须参加医疗初步(PFP)科目考试。

(a) 疾病生物学(BOD)、人体功能结构(FAB)、体内平衡(HOM)、分子医学(MIMS)、药物作用机制(MODA)、神经生物学与人类行为(NHB)等科目的考试应各由一个为时一小时的，包含若干必答简答题(第一部分)的笔试和一个为时两小时的实际操作考试(第二部分)组成。

(b) 人类生殖(HR)科目的考试应由一个为时一小时的，包含若干必答简答题(第一部分)的笔试和一个为时一小时的实际操作考试(第二部分)组成。

(c) 医疗社会学(MSOC)科目的考试应由一个为时一小时的笔试组成。

(d) 医学科学基础概论(ISBM)科目的考试应由一个为时四十五分钟的笔试组成。

(e) 医疗初步(PFP)科目的各类考试要求候选人提交由其本人完成的、经临床医学院学部委员会咨询生物科学学院学部委员会后指定的相应课程作业的记录。

10. 第二次医学学士考试应按如下方式举办:

(a) 疾病生物学(BOD)、人体功能结构(FAB)、体内平衡(HOM)、人类生殖(HR)、分子医学(MIMS)、药物作用机制(MODA)、神经生物学与人类行为(NHB)的考试应按如下方式每年举办两次:

(i) 每年复活节学期举办医学和兽医学荣誉学位考试第一部分 A 和第一部分 B 考试的日期;①

(ii) 自每年九月,米迦勒学期前的第二个星期一开始。

(b) 医学科学基础概论(ISBM)和医疗社会学(MSOC)的考试应于完整四旬斋学期的最后一天和米迦勒学期前的第二个星期一各举办一次。

(c) 医疗初步(PFP)科目的课程作业记录应依照临床医学院学部委员会咨询生物科学学院学部委员会后核准的具体安排提交。

11. 第二次医学学士考试的候选人应按时参加与考试科目相对应的核准指导课程的学习。为此目的而认定的核准课程应列于本规章附录 C 中;学部委员会有权在其认为适当的情况下修订该表。学部委员会有权为此目的核准由剑桥之外的某一大学开设的课程,或在特殊的情况下,取消此项要求。已达到此项要求并由某一独立学院向教务长证明其确实为该独立学院入学申请候选人的尚未入学的学生,也可参加第二次医学学士考试。

任何没有出现在医学生注册簿中的学生均不能成为第二次医学学士考试任一科目的候选人。

豁免

12. (a) 学部委员会有权给予非剑桥大学的临床医学生的候选人以全部或部分第二次医学学士考试科目要求的豁免,前提是该候选人符合第 11 条中的规定,并已达到了学部委员会规定的剑桥之外的某一大学考试中相关科目的合格标准。

(b) 学部委员会应尽早将已获得全部或部分第二次医学学士考试科目豁免资格以及已达到第 12 条(a)中要求的候选人名单通知教务长。

13. 在第二次医学学士考试中的任何科目中不及格的候选人均可参加

---

① 在这一场第二次医学学士考试中,第一部分和第二部分的试题为医学和兽医学荣誉学位考试中相应科目第一部分 A 和第一部分 B 的试题。参见该荣誉学位考试第 15 条和第 20 条。

重考，但经学部委员会在特殊情况下的特别许可除外。

(a) 在除医疗初步(PFP)科目外的其他科目中不及格的学生在其第一次参加该考试九个月之后将不再有重考资格；

(b) 其为医疗初步(PFP)任何课程提交的课程作业报告均不合格的学生将被要求于该学年结束前提交一份该课程报告的修改版；

(c) 任何学生均不得超过两次成为任何科目(考试)的候选人。

医学学士结业考试

14. 医学学士结业考试应由两部分组成，第一部分和第二部分；第二部分又分为五个组成部分。第一部分应在四旬斋学期和十二月举行，第二部分应在六月和十二月举行。考试委员会应在咨询学部委员会后于复活节学期前公布下一年每个考试的时间。

15. 医学学士结业考试的各部分应由以下组成部分构成：

第一部分：两门笔试(其中一门两小时，另一门两小时二十分钟)，以及实际操作考试。考官为判定成绩，可酌情以口试方式考查任何候选人。

第二部分：三门笔试(其中两门三个小时，另一门两个小时)，以及两项临床考试。

为达到合格的标准，学生应给出在妇科病人的骨盆检查中有良好表现的证明。

16. 在参加医学学士结业考试的任一部分之前，学生应：

(a) 给出已合格完成三年基础医学学习的证明或给出已合格完成剑桥医学研究生课程前十八个月学习的证明；并且

(b) 已通过第二次医学学士考试的所有科目；并且

(c) 已获得学部委员会认为适宜的某一学位，若学生在剑桥大学参加其基础医学学习，这是指剑桥大学的某一学位，在其他情况下，指剑桥以外的其他大学的某一学位。

任何没有出现在医学生注册簿中的学生均不能成为医学学士结业考试任一部分的候选人。

17. 计划成为医学学士结业考试任一部分的候选人的学生应出示其合格出勤相应的临床指导课核准课程的证明。以下情形，除非经学部委员会在特殊情况下的许可，并根据其决定的其他条件，某一临床指导课程在为满足医学学士结业考试要求时无效：

(a) 若这一课程在该学生完成其第二次医学学士考试的一个月之前开始；或在该生第一次参加该考试或为获得该考试任一科目豁免而参加的相关考试的八年后开始；或

(b) 若这一课程在学生获得以上第16条(c)中要求的学位之前开始。

18. (a) 根据以下(d)(ii)以及以下第20条的规定，医学学士结业考试的第一部分和第二部分应分开举行；

(b) 一名学生在已开始其临床学习课程十四个月之后才可首次成为第一部分考试的候选人；

(c) 第一次成为第二部分考试候选人的学生应参加考试的所有组成部分；

(d) 一名学生不得成为第二部分考试的候选人除非：

(i) 他或她已在剑桥大学或其他地方完成了三年的基础医学学习，并在剑桥大学完成了两年零两个月的临床学习或提供其合格完成剑桥医学研究生课程前十八个月学习的证明；或

(ii) 该学生已通过第一部分考试或在特殊情况下已经学部委员会许可可同时成为第一部分考试和第二部分考试的候选人；

(e) 除非在特殊情况下经学部委员会特别许可，任何学生不得在开始其临床课程学习三年之后才首次成为第一部分考试的候选人，任何学生不得在开始其临床课程学习五年之后才首次成为第二部分考试的候选人。

医学学士/医学博士项目

19. 以下条款适用于医学学士/医学博士项目学生：

(a) 除非已在剑桥大学或其他地方完成了三年的基础医学学习，并在剑桥大学完成了一年零八个月的临床学习以及其他学部委员会指定的非全日制临床学习，学生不得首次成为第二部分考试的候选人；

(b) 除非在特殊情况下经学部委员会特殊许可，学生不得在开始其课程学习八年之后才首次成为第二部分考试的候选人。

重考

20. 若一名学生首次参加考试，未能通过第一部分考试、第二部分考试或第二部分考试中某一组成部分，在学部委员会规定的情况下，他或她将有机会参加重考：

(修订版规章)

(a) 参加第二部分重考的候选人：

(i) 应已通过第一部分考试，除非在特殊情况下他或她获得学部委员会的许可可同时参加第一部分考试和第二部分考试或同时参加第一部分考试和第二部分考试中某一组成部分的考试；

(ii) 应参加第二部分考试中所有组成部分的考试，除非他或她已通过某一组成部分的考试；

(b) 除非在特殊情况下经学部委员会特殊许可，候选人在其第一次获得该部分或该组成部分考试候选人资格的两年后，将不再有参加任何部分或任何组成部分考试重考的资格；

(c) 除非在特殊情况下经学部委员会特殊许可，若候选人在第一次获得某一部分或某一组成部分考试资格后，第二次仍未能通过考试，他或她将不再有资格参加该部分或组成部分的考试。

21. 因重要原因，学部委员会可要求学生延迟参加结业考试直至其得到学部委员会参加考试的许可。

考官

22. 考官任命应遵循如下安排：

(a) 学部委员会应为第二次医学学士考试的每个科目提名考试所需的一名高级考官以及若干名考官和评审官；但第二次医学学士考试该科目的考试时间如第 10 条(a)(i)[1]所述时，考官应为医学及兽医学荣誉学位考试中相应科目的考官。

(b) 为执行本规章，钦定讲座教授应为医学学士结业考试所有部分的考官且为主考官，在提名钦定讲座教授时，身为摄政院成员的任何一位在医学方面符合条件的或任何一位医学博士均可被任命为钦定讲座教授的代理者。此外，学部委员会应为医学学士结业考试第一部分和第二部分中所有组成部分的考试提名其认为数量足够的一名高级考官以及若干名考官。这些考官应在其被任命的下一年任职。

23. 学部委员会应在每一年任命其认为足够数量的案例收集员和助理收集员，这些被任命的人员应不少于三位并且应包括一位产科及妇科医生，一位内科医生和一位外科医生。案例收集员和助理收集员应为医学学士结业考试第二部分可能的需要而邀请一定数量的病人协助，并做出相应的安排。学部委员会应为每个临床考试任命其认为数量足够的临床评审官，这些评审官应向考官提供他们认定的成绩和评定。

24. 所有考试的考官和评审官应注意如下事项：

(a) 考官应对该科目或该节笔试中的试题及实际操作考试(如有)共同负责；

(b) 除非其作答已至少经两位考官或评审官审阅，任何候选人均不应被评定为在该科目或该节中不及格；

(c) 每个科目或每一节的两位考官或评审官应同时参与并出席该科目或该节内的每一位候选人的口试或临床考试，并均应对其给予的分数负责。

优等生名册

25. 第二次医学学士考试中每个科目，以及医学学士结业考试每个部分的优等生名册应分别公布。在这几份名单中，优等生的姓名应按字母顺序排列。医学学士结业考试第二部分的名单上应标出候选人已通过的该考试中的具体组成部分。当候选人初次参加医学学士结业考试的第一部分或第二部分时，若其成绩突出，可在第一部分或第二部分的名册中以特优标记进行标识。

26. 主考官应将其负责的，参加某一考试部分、考试部分的节或科目考

[1] 这是指第二次医学学士考试的试题同为医学及兽医学荣誉学位考试中相关科目的试题。

试的全部候选人的成绩通报给教务长。教务长应将学生的成绩和其他认为有必要的信息[①]，通报给其导师或其他独立学院指定的人员，以便其转达给学生。

临时规章

27. 尽管有第13条的规定，任何1996年9月30日前的第二次医学学士考试任何科目的候选人，若在第二次医学学士考试中的该科目或任何其他科目中不及格，根据当时执行的规章应有资格参加重考。

28. 尽管有以上规章中条款的规定，

(a) 任何2000年9月30日前的第二次医学学士考试任何科目的候选人，若在第二次医学学士考试中的该科目或任何其他科目中不及格，根据其首次成为该科目候选人时执行的规章应有资格参加重考；

(b) 联合豁免委员会有权决定哪些豁免应授予于2000年9月30日前已在医学和兽医学荣誉学位考试任一部分中或自然科学荣誉学位考试中获得荣誉，但在该日期前并未通过第二次医学学士考试或获得该考试豁免的学生。

29. 尽管有以上条款的规定，任何2003年9月30日前医学学士结业考试任何部分的候选人，若在任何部分或部分的小节不及格，根据当时执行的规章应有资格参加重考。

30. 尽管有第14条的规定，学部委员会可在咨询考试委员会后宣布，任一年中第一部分和第二部分中的笔试组成部分的额外场次。学部委员会应就这样的附加场次及时给出相应公告，以确保任何候选人均不会因此受到负面影响。

附　录　A
医学预科要求

普通教育证书优等水平和普通中等教育证书(GCE A和GCSE)

1. 本附录中提及的优等(Advanced)和初级优等(Advanced Subsidiary)是指由英格兰、威尔士和北爱尔兰相关管理部门(在三地分别为QCA、ACCAC和CCEA)认可的一个考试机构颁发的普通教育证书(GCE)中的相应等级。普通中等教育证书(GCSE)是指由英格兰、威尔士和北爱尔兰相关管理部门(在三地分别为QCA、ACCAC和CCEA)认可的一个考试机构颁发的证书

① 关于考试成绩披露的规章，请参见第226页(此页码为英文原文页码)。

中的A、B或C等。

核定等值

2. 根据本附录,以下应被看做与普通教育证书优等等值:

(a) 以A、B、C或D等通过苏格兰学历管理委员会全国课程优等高级考试;

(b) 以A、B或C等通过苏格兰学历管理委员会全国课程高级考试;

(c) 以5等或以上通过国际高中文凭课程某一科目高级水平考试;

(d) 在威尔士中学优等文凭中获得普通教育证书(GCE)优等。

3. 根据本附录,以下应被看做与普通教育证书初级优等等值:

(a) 以5等或以上通过国际高中文凭课程某一科目标准水平考试。

4. 根据本附录,以下应被看做与普通中等教育证书等值:

(a) 以普通水平(A、B或C等)通过经儿童、学校和家庭部认证的考试机构组织的普通教育证书考试;

(b) 以1、2或3等通过苏格兰学历管理委员会标准等级考试;

(c) 以A、B或C等通过国际普通中等教育证书考试;

(d) 以5等或以上通过国际高中文凭课程某一科目标准水平考试。

(修订版规章)

5. 通过在国外由当地考试机构主办的相同科目的学历考试,若该考试语言为英语,则应根据其达到的水平考虑其等值性。

医学预科要求

6. 医学预科要求包括A、B两部分。

(a) 一名学生若已达到了临床医学院学部委员会认可的入学考试要求的标准,或已通过普通中等教育证书的下列科目或学部委员会核准认定的等值科目,即可被视为达到A部分的要求:

(i) 物理;

(ii) 生物;

(iii) 数学;

前提是

① 通过双科科学考试可替代以上(i)和(ii)中的通过要求;

② 以优等或初级优等通过可替代以上(i),(ii)和(iii)中对于普通中等教育证书的通过要求;

③ 开放式大学科学基础课程的一学分可替代以上(i)和(ii)中对于普通中等教育证书的通过要求。

(b) 一名学生若已在下列科目或学部委员会核准认定等值科目中以优等或初级优等通过普通教育证书,则达到B部分的要求:

(i) 化学；

(ii) 以下科目中的至少两科：物理、生物、数学；

前提是

① 其中至少有一个科目以优等通过；

② 入学的其他考试要求得到遵守。[1]

(c) 一名学生若已在自然科学荣誉学位考试第一部分A获得荣誉或达到相应的标准，则应被看做已达到B部分的要求。

(d) 为执行此医学预科要求，一名已获得剑桥或某一知名大学荣誉学位的学生，若已通过临床医学院学部委员会核准的入学考试，则应被看做已满足此要求。

附 录 B
医学预科学习

以下是为执行第3条(e)而核准的课程：

(i) 第二次医学学士考试课程[2]，或经核准授予该考试豁免的课程；

(ii) 医学和兽医学荣誉学位考试第一部分A和第一部分B或第二部分课程；

(iii) 自然科学荣誉学位考试任一部分的课程；

(iv) 考古学与人类学荣誉学位考试中第二部分A或第二部分B的考古学课程；

(v) 考古学与人类学荣誉学位考试中第二部分A或第二部分B的生物人类学课程；

(vi) 考古学与人类学荣誉学位考试中第二部分A或第二部分B的社会人类学课程，条件是学生为该荣誉学位考试选择的考试科目中包括考试S7，并选择医学人类学；

(vii) 计算机科学荣誉学位考试任一部分的课程；

(viii) 工程学荣誉学位考试第一部分A的课程；

(ix) 地理学荣誉学位考试第二部分的课程，条件是学生为该荣誉学位考试选择的考试科目中包括考试3和9；

(x) 法学荣誉学位考试第一部分B的课程，条件是学生为该荣誉学位考

① 参见第171页(此页码为英文原文页码)。

② 根据第11条为此审定的课程可包含一个剑桥以外的大学开设的，被看做符合临床医学院学部委员会规定的标准的课程。

试选择的考试科目中包括考试21、23、24中的至少两个，或已在该考试或其他考试中参加法学荣誉学位考试的考试2、3、4、10、11和25；

(xi) 管理学研究荣誉学位考试课程；

(xii) 数学荣誉学位考试第一部分A中方案(b)(数学和计算机科学)的课程；

(xiii) 哲学荣誉学位考试第一部分B的课程，条件是学生为该荣誉学位考试选择的考试科目中包括考试9，以及考试1、2、3、6、8中的四个(选择实验心理学作为专题方案的学生在医学和兽医学荣誉学位考试第一部分B中B组中不可参加考试8)；

(xiv) 哲学荣誉学位考试第二部分的课程，条件是学生为该荣誉学位考试选择的考试科目中包括考试3和6；

(xv) 社会和政治科学荣誉学位考试第二部分A中方案(b)的课程，或根据第21条，社会和政治科学荣誉学位考试第二部分B的课程，条件是学生为该荣誉学位考试选择的考试科目中包括考试Psy. 1—6，Int. 1—6中的至少三个；

(xvi) 麻省理工学院的核准课程；

(xvii) 任何学部委员会在考虑医学总委员会的指导，为实施本规章认可的课程，其在规模上类似于以上(iii)至(xv)款中所述的课程，不论其是否在剑桥大学开设。

附　录　C

第二次医学学士考试的核准指导课程

除作为第二次医学学士考试科目专题准备而开设的课程，以下课程已经临床医学院学部委员会核准为与第二次医学学士考试中一定科目相对应的指导课程。

第二次医学学士考试科目		自然科学荣誉学位考试科目
疾病生物学		自然科学荣誉学位考试第一部分B病理学
	或	自然科学荣誉学位考试第二部分病理学
药物作用机制		自然科学荣誉学位考试第一部分B药理学
	或	自然科学荣誉学位考试第二部分药理学
分子医学		自然科学荣誉学位考试第一部分B生物化学和分子生物学

	或	自然科学荣誉学位考试第二部分生物化学
体内平衡		自然科学荣誉学位考试第一部分A生理学或生物体
	或	自然科学荣誉学位考试第一部分B生理学

补充规章

第二次医学学士考试

疾病生物学(BOD)

疾病生物学的考试将从异常生物学的视角进行考查。它包括活细胞、组织和器官结构中可能出现的变体及其功能，以及寄生虫、细菌和病毒生物学。第一节由与讲义相关的若干必答简答题组成。第二节由两小时的包括实验室作业以及关于实际问题和问题解决的试题的实际操作考试组成。

人体功能结构(FAB)

第一节由关于组织解剖、器官生成、局部解剖、功能和应用解剖学的若干必答简答题组成。第二节由两小时的涵盖类似领域的实际操作考试组成。

体内平衡(HOM)

第一节由关于神经和神经肌肉传递、肌肉、自主神经系统、心血管系统、呼吸、肾、盐水平衡、消化、吸收以及体温调节的若干机读题和必答简答题组成。第二节由关于实验生理学和组织学实际操作的问题组成。

人类生殖(HR)

第一节由若干必答简答题组成。第二节由关于实际操作的问题组成。

医学科学基础概论(ISBM)

医学科学基础概论课程考试由若干必答简答题或机读题组成。

药物作用机制(MODA)

第一节部分或全部地由必答简答题组成，考查药物对生物体和哺乳类动物的整体作用，以及药物与细胞、亚细胞和分子水平的作用模式。第二节由实际操作考试组成，包括数据处理和问题解决，实验室操作不在考查之列。有关统计程序基础知识的问题在考试的两部分考题中均可能出现。

医疗社会学(MSOC)

笔试将考查医疗社会学的知识。

分子医学(MIMS)

考试将考查分子医学课程讲义中包含的知识及对其的理解。第一节由若干与课程相关的必答简答题组成。第二节由关于实际操作的问题组成，包括数据分析和处理。

(修订版规章)

神经生物学与人类行为(NHB)

神经生物学与人类行为的考试将考查中枢神经系统的结构和功能，以及感觉器官、神经解剖学、实验心理学及其医学应用的相关知识。特定主题将包括神经药理学、习得和记忆、认知和信息处理、智力和发展、情感及其生理学基础以及社会心理学。第一节部分或全部地由若干必答简答题组成。在第二节中，候选人将被考查关于神经解剖学和实验神经生理学实际操作的相关知识，其中可能包含有关统计程序基础知识的问题。

医疗初步 (PFP)

每位候选人应就临床医学院学部委员会指定的每一类型的医疗初步向考官提交书面作品。

医学学士结业考试

第一部分

本考试关注病理学原理对人类疾病的应用。它涵盖了形态学、实验和临床病理学，包括组织病理学、血液学、微生物学、病理化学、免疫学以及遗传学。本考试包括三份试卷，一份由多部分客观题组成，一份由问答题组成，另一份由实际数据分析组成。

第二部分

本部分的考试将关注医学及外科学的原理和实践以及临床药理学和治疗学、全科医学、公共卫生学、儿科学以及其他课程所涵盖的内科及外科分支学科。本考试的目的在于综合考查候选人的内科及外科知识和经验；他或她将其知识和经验应用于病人管理的能力；他或她与病人有效沟通及尊重他们自主权的能力；以及他或她在临床医学中有关伦理问题的经验等。

考试将由涉及考查课程所有方面的五个组成部分构成：组成部分 1 由不少于 100 个涵盖事实性知识以及临床应用的多项选择题组成。组成部分 2 由不少于 25 个涵盖应用临床问题解决技巧知识的扩展配对题组成。组成部分3由不少于5个涵盖书面沟通技巧、伦理以及临床医学法律知识的简答题组成。组成部分4和5是考查学生临床成绩的临床考试。组成部分4由不少于10个涵盖临床病史采集、临床推理和人际沟通技巧知识的题目组成。组成部分5由不少于18个涵盖临床检查和实际操作技巧知识的题目组成。

医学学士和外科学学士

新课程规章

新课程规章

经公示修订(2007—2008学年《通讯》,第857页)

1. 本规章,即医学学士和外科学学士新课程规章,适用于2005年9月1日后开始其临床课程的学生。

2. 在完成规定数量学期的学习后,[①]已根据本规章规定的通过医学学士结业考试第一部分、第二部分及第三部分的学生将有资格申请医学学士和外科学学士学位,其学位的缩写应为M. B., B. Chir.。

定义

3. 在本规章中,除另有说明:

(a) 学部委员会指临床医学院学部委员会;

(b) 钦定讲座教授指钦定医学讲座教授;

(c) 指导课指在大学内或其他地点进行的指导课和实践教学;

(d) 核准课程指一门经临床医学院学部委员会为执行本规章而核准的课程;

(e) 临床指导课核准课程指在大学或在医院、一般医疗实习基地或其他经学部委员会为本规章之施行而核准的与大学合作的机构中举办的,并经学部委员会核准为与医学学士结业考试某一部分相对应的下列科目内的课程或见习:

第一部分:病理学

第二部分:临床儿科学和临床妇产科学

第三部分:医学和外科学及临床药理学和治疗学,全科医学,公共卫生学,儿科学,妇产科学,伦理学及法学,以及其他课程所涵盖的医学和外科学的分支学科。

(f) 临床医学学习年是指学生全天参加第3条(e)所述的临床教学核准课程的一段连续十二个月的时间(包括不超过七周的假期);

---

① 参见章程B第三章第5条和第9条;临床医学学习年开始前的学期或被承认的学期可计入本项所要求的学习时间。

(g) 证明指：

(i) 在其他大学学习的情形下，由相关大学负责人签署的证明；

(ii) 在第3条(f)所述的临床医学学习阶段，医学教育处主任或其授权的另一位负责人签署的证明；

(h) 合格完成指该生已在一次考试中表现合格或已提交了一份临床医学院学部委员会认为合格的作品，学部委员会应在每年四旬斋学期在《通讯》上发表声明以简要说明合格完成的要求；

(i) 合格表现指医学教育处主任或其授权的其他负责人认为合格的表现；

(j) 医学学士/医学博士项目学生指已经学部委员会核准在大学内参加研究和临床指导课程，继而已被研究生教育委员会认可为研究生的学生；

(k) 剑桥研究生课程学生指拥有剑桥或其他知名大学荣誉学位并已经学部委员会核准参加四年制课程(剑桥医学研究生课程)的学生；

(l) 医学生注册簿是指注册有被视为适合从事医学的学生姓名的名录。若一名学生被认为不适合接触病人，他或她将可能被临时或永久地从注册簿中除名。在校务理事会、学部总委员会以及医疗实践上诉特别法庭的管理下，注册簿由生物及临床医学院学部委员会委托医疗实践适合性委员会保管。

考试

4. 医学学士和外科学学士应通过第二次学位考试及学位结业考试，在本规章中称为第二次医学学士考试和医学学士结业考试。

补充规章

5. 学部委员会在咨询其他相关机构后，有权制定补充规章以规定第二次医学学士考试和医学学士结业考试的全部或任意部分、科目、试卷及形式，并应就此类补充规章的任何变更发布相应的公告。

指导课证明

6. 本规章要求参加其所规定的任何一门考试科目的候选人提供有关指导课或其他任何事项的证明，候选人提出考试申请的时间不应早于教务长收到提交的该证明的日期。

医学预科要求

7. 除非已达到大学的医学预科要求，任何学生均不得成为第二次医学学士考试中任何科目的候选人。医学预科要求应由学部委员会制定，并应在本规章的附录A中说明；学部委员会有权在其认为适当的情况下修订该表。

8. 如果学部委员会认为一名学生已达到其认定的合格标准，则学部委员会有权给予该学生相应的全部或部分医学预科要求的豁免。

(新课程规章)第二次医学学士考试

9. 第二次医学学士考试的科目应为如下所列：

疾病生物学(BOD)

人体功能结构(FAB)

体内平衡(HOM)

人类生殖(HR)

医学科学基础概论(ISBM)

药物作用机制(MODA)

分子医学(MIMS)

神经生物学与人类行为(NHB)

医疗初步 (PFP)

健康与疾病的社会环境(SCHI)

参加剑桥医学研究生课程的候选人无需参加医疗初步(PFP)科目考试。

(a) 疾病生物学(BOD)、人体功能结构(FAB)、体内平衡(HOM)、分子医学(MIMS)、药物作用机制(MODA)、神经生物学与人类行为(NHB)等科目的考试应各由一个为时一小时的,包含若干必答简答题(第一部分)的笔试和一个为时两小时的实际操作考试(第二部分)组成。

(b) 人类生殖(HR)科目的考试应由一个为时一小时的,包含若干必答简答题(第一部分)的笔试和一个为时一小时的实际操作考试(第二部分)组成。

(c) 健康与疾病的社会环境(SCHI)科目的考试应由一个为时一小时的笔试组成。

(d) 医学科学基础概论(ISBM)科目的考试应由一个为时四十五分钟的笔试组成。

(e) 医疗初步 (PFP)科目的各类考试要求候选人提交由其本人完成的、经临床医学院学部委员会咨询生物科学学院学部委员会后指定的相应课程作业的记录。

10. 第二次医学学士考试应按如下方式举办:

(a) 疾病生物学(BOD)、人体功能结构(FAB)、体内平衡(HOM)、人类生殖(HR)、分子医学(MIMS)、药物作用机制(MODA)、神经生物学与人类行为(NHB)的考试应按如下方式每年举办两次:

(i) 每年复活节学期举办医学和兽医学荣誉学位考试第一部分 A 和第一部分 B 考试的日期[1];

(ii) 自每年九月,米迦勒学期前的第二个星期一开始。

(b) 医学科学基础概论(ISBM)和健康与疾病的社会环境(SCHI)的考试应于完整四旬斋学期的最后一天和米迦勒学期前的第二个星期一各举办一次。

[1] 在这一场第二次医学学士考试中,第一部分、第二部分的试题为医学和兽医学荣誉学位考试中相应科目第一部分 A 和第一部分 B 的试题。参见该荣誉学位考试第 15 条和第 20 条。

(c) 医疗初步（PFP）科目的课程作业记录应依照临床医学院学部委员会咨询生物科学学院学部委员会后核准的具体安排提交。

11. 第二次医学学士考试的候选人应按时参加与考试科目相对应的核准指导课程的学习。为此目的而认定的核准课程应列于本规章附录B中；学部委员会有权在其认为适当的情况下修订该表。学部委员会有权为此目的核准由剑桥之外的某一大学开设的课程，或在特殊的情况下，取消此项要求。已达到此项要求并由某一独立学院向教务长证明其确实为该独立学院入学申请候选人的尚未入学的学生，也可参加第二次医学学士考试。

任何没有出现在医学生注册簿中的学生均不能成为第二次医学学士考试任一科目的候选人。

豁免

12. (a) 学部委员会有权给予非剑桥大学的临床医学生的候选人以全部或部分第二次医学学士考试科目要求的豁免，前提是该候选人符合第11条中的规定，并已达到了学部委员会规定的剑桥之外的某一大学考试中相关科目的合格标准。

(b) 学部委员会应尽早将已获得全部或部分第二次医学学士考试科目豁免资格以及已达到第12条(a)中要求的候选人名单通知教务长。

新课程规章

13. 在第二次医学学士考试中的任何科目中不及格的候选人均可参加重考，但经学部委员会在特殊情况下的特别许可除外。

(a) 在除医疗初步(PFP)科目外的其他科目中不及格的学生在其第一次参加该考试九个月之后将不再有重考资格；

(b) 其为医疗初步(PFP)任何课程提交的课程作业报告均不合格的学生将被要求于该学年结束前提交一份该课程报告的修改版；

(c) 任何学生均不得超过两次成为任何科目(考试)的候选人。

医学学士结业考试

14. 医学学士结业考试应由三部分组成，第一部分、第二部分和第三部分；第二部分分成两个组成部分，第三部分分成五个组成部分。所有考试部分均应在复活节学期举行。第一部分和第二部分也可在其后的一个米迦勒学期举行；第三部分的笔试组成部分也可在七月举行。考试委员会应在咨询学部委员会后于复活节学期前公布下一年每个考试的时间。

15. 医学学士结业考试的各部分应由以下组成部分构成：

第一部分：两门笔试（其中一门两小时，另一门两小时二十分钟），以及实际操作考试。考官为判定成绩，可酌情以口试方式考查任何候选人。

第二部分：两项临床考试。

第三部分：三门笔试（其中两门三个小时，另一门两个小时），以及两项临床考试。医学学士结业考试的候选人资格受以下第16条至第21条规定的限制和制约。

16. 在参加医学学士结业考试的任一部分之前，学生应：

(a) 已以通过第二次医学学士考试所有科目的方式完成该考试；并且

(b) 已获得学部委员会认为适宜的某一学位。

任何没有出现在医学生注册簿中的学生均不能成为医学学士结业考试任一部分的候选人。

17. 计划成为医学学士结业考试任一部分的候选人的学生应出示其合格出勤相应的临床指导课核准课程的证明。以下情形，除非经学部委员会在特殊情况下的许可，并根据其决定的其他条件，某一临床指导课程在为满足医学学士结业考试要求时无效：

(a) 若这一课程在该学生完成其第二次医学学士考试的一个月之前开始；或在该生第一次参加该考试或为获得该考试任一科目豁免而参加的相关考试的八年后开始；或

(b) 若这一课程在学生获得以上第 16 条(b)中要求的学位之前开始。

18. 未能合格完成临床指导课核准课程的任意部分的学生，以及临床医学院学部委员会核准重考的学生，将不得参加下一门临床指导课程。

19. (a) 根据以下(d)(ii)以及以下第 21 条的规定，医学学士结业考试的第一部分和第二部分应同时举行；

(b) 一名学生在已开始其临床学习课程十八个月之后才可首次成为第一部分或第二部分考试的候选人；

(c) 第一次成为第二部分或第三部分考试候选人的学生应参加考试的所有组成部分；

(d) 一名学生不得成为第三部分考试的候选人，除非：

(i) 他或她已在剑桥大学完成了两年零八个月的临床学习；或

(ii) 该学生已通过第一部分和第二部分考试或在特殊情况下已经学部委员会许可可同时成为第一部分、第二部分和第三部分考试的候选人。

(e) 除非在特殊情况下经学部委员会特别许可，任何学生不得在开始其临床课程学习三年之后才首次成为第一部分和第二部分考试的候选人，任何学生不得在开始其临床课程学习五年之后才首次成为第三部分考试的候选人。

(新课程规章)医学学士/医学博士项目

20. 以下条款适用于医学学士/医学博士项目学生：

除非在特殊情况下经学部委员会特殊许可，学生不得在开始其临床课程学习八年之后才首次成为第三部分考试的候选人。

重考

21. 若一名学生首次参加考试，未能通过第一部分、第二部分或第三部分考试或第二部分或第三部分考试中某一组成部分，在学部委员会规定的情况下，他或她将有机会参加重考：

(a) 参加第二部分重考的候选人应参加第二部分考试中所有两个组成部分,除非他或她已通过某一组成部分;

(b) 于七月参加第三部分重考的候选人应已通过第一部分、第二部分考试以及第三部分考试中三个笔试组成部分中的两个;

(c) 首次参加第三部分考试后,任一年参加重考的候选人:

(i) 应已通过第一部分和第二部分考试中的所有两个组成部分;

(ii) 应参加第三部分考试中的所有组成部分;

(d) 除非在特殊情况下经学部委员会特殊许可,候选人在其第一次获得该部分或该组成部分考试候选人资格两年后将不再有参加第一部分或第二部分和第三部分任何组成部分考试重考的资格;

(e) 除非在特殊情况下经学部委员会特殊许可,若候选人在其第一次获得某一部分或第二部分和第三部分的某一组成部分考试候选人资格之后未能通过考试,他或她将不再具有该部分或该组成部分考试的重考资格。

22. 因重要原因,学部委员会可要求学生延迟参加结业考试直至其得到学部委员会参加考试的许可。

考官

23. 考官任命应遵循如下安排:

(a) 学部委员会应为第二次医学学士考试的每个科目提名考试所需的一名高级考官以及若干名考官和评审官;但第二次医学学士考试该科目的考试时间如第 10 条(a)(i)所述时,考官应为医学及兽医学荣誉学位考试中相应科目的考官。

(b) 钦定讲座教授应为医学学士结业考试所有部分的考官且为主考官,为本规章的执行,在提名钦定讲座教授时,身为摄政院成员的任何一位在医学方面符合条件的或任何一位医学博士均可被任命为钦定讲座教授的代理者。此外,学部委员会应为医学学士结业考试第一部分、第二部分和第三部分中所有组成部分的考试提名其认为数量足够的一名高级考官以及若干名考官。这些考官应在其被任命的下一年任职。

24. 学部委员会应在每一年任命其认为足够数量的案例收集员和助理收集员,这些被任命的人员应不少于三位并且应包括一位内科医生和一位外科医生。案例收集员和助理收集员应为医学学士结业考试第二部分和第三部分可能的需要而邀请一定数量的病人协助,并做出相应的安排。学部委员会应为每个临床考试任命其认为数量足够的临床评审官,这些评审官应向考官提供他们认定的成绩和评定。

25. 所有考试的考官和评审官应注意如下事项:

(a) 考官应对该科目或组成部分笔试中的试题及实际操作考试(如有)共同负责;

(b) 除非其作答已至少经两位考官或评审官审阅，任何候选人均不应被评定为在该科目或组成部分中不及格；

(c) 每个科目或组成部分的两位考官或评审官应同时参与并出席该科目或组成部分内的每一位候选人的口试或临床考试，并均应对其给予的分数负责。

26. 第二次医学学士考试中每个科目，以及医学学士结业考试每个部分的优等生名册应分别公布。在这几份名单中，优等生的姓名应按字母顺序排列。医学学士结业考试第二部分和第三部分的名单上应标出候选人已通过的该考试中的具体组成部分。当候选人初次参加医学学士结业考试的任何部分时，若其成绩突出，可在第一部分或第二部分或第三部分的名册中以特优标记进行标识。

27. 主考官应就其负责的，参加某一考试部分、考试部分的节或科目考试的全部候选人的成绩通报给教务长。教务长应将学生的成绩和其他认为有必要的信息①，通报给其导师或其他独立学院指定的人员，以便其转达给学生。

临时规章

28. 尽管有第14条的规定，学部委员会可在咨询考试委员会后宣布，任一年中第一部分和第二部分中的笔试组成部分的额外场次，学部委员会应就这样的附加场次及时给出相应公告，以确保任何候选人均不会因此受到负面影响。

29. 尽管有第1条和第14条的规定，于2006年9月1日前开始其临床课程的候选人根据新课程规章的规定应依现行规章在2007年9月参加考试。

附　录　A
医学预科要求

参见修订版规章。

① 关于考试成绩披露的规章，请参见第226页(此页码为英文原文页码)。

附　录 B

第二次医学学士考试的核准指导课程

除作为第二次医学学士考试科目专题准备而开设的课程，以下课程已经临床医学院学部委员会核准为与第二次医学学士考试中一定科目相对应的指导课程。

第二次医学学士考试科目		自然科学荣誉学位考试科目
疾病生物学		自然科学荣誉学位考试第一部分 B 病理学
	或	自然科学荣誉学位考试第二部分病理学
药物作用机制		自然科学荣誉学位考试第一部分 B 药理学
	或	自然科学荣誉学位考试第二部分药理学
分子医学		自然科学荣誉学位考试第一部分 B 生物化学和分子生物学
	或	自然科学荣誉学位考试第二部分生物化学
体内平衡		自然科学荣誉学位考试第一部分 A 生理学或生物体
	或	自然科学荣誉学位考试第一部分 B 生理学

补充规章

经公示修订(2007—2008 学年《通讯》,第 857 至 1046 页)

第二次医学学士考试

疾病生物学(BOD)

疾病生物学的考试将从异常生物学的视角进行考查。它包括活细胞、组织和器官结构中可能出现的变体及其功能，以及寄生虫、细菌和病毒生物学。第一节由与讲义相关的若干必答简答题组成。第二节由两小时的包括实验室作业以及关于实际问题和问题解决的试题的实际操作考试组成。

(新课程规章)

人体功能结构(FAB)

第一节由关于组织解剖、器官生成、局部解剖、功能和应用解剖学的若干必答简答题组成。第二节两小时的涵盖类似领域的实际操作考试组成。

体内平衡(HOM)

第一节由关于神经和神经肌肉传递、肌肉、自主神经系统、心血管系统、呼吸、肾、盐水平衡、消化、吸收以及体温调节的若干机读题和必答简答题组成。第二节由关于实验生理学和组织学实际操作的问题组成。

人类生殖(HR)

第一节由若干必答简答题组成。第二节由关于实际操作的问题组成。

医学科学基础概论(ISBM)

医学科学基础概论课程考试由若干必答简答题或机读题组成。

药物作用机制(MODA)

第一节部分或全部地由必答简答题组成,考查药物对生物体和哺乳类动物的整体作用,以及药物与细胞、亚细胞和分子水平的作用模式。第二节由实际操作考试组成,包括数据处理和问题解决,实验室操作不在考查之列。有关统计程序基础知识的问题在考试的两部分考题中均可能出现。

分子医学(MIMS)

考试将考查分子医学课程讲义中包含的知识及对其的理解。第一节由若干与课程相关的必答简答题组成。第二节由关于实际操作的问题组成,包括数据分析和处理。

神经生物学与人类行为(NHB)

神经生物学与人类行为的考试将考查中枢神经系统的结构和功能,以及感觉器官、神经解剖学、实验心理学及其医学应用的相关知识。特定主题将包括神经药理学、习得和记忆、认知和信息处理、智力和发展、情感及其生理学基础以及社会心理学。第一节部分或全部地由若干必答简答题组成。在第二节中,候选人将被考查关于神经解剖学和实验神经生理学实际操作的相关知识,其中可能包含有关统计程序基础知识的问题。

医疗初步 (PFP)

每位候选人应就临床医学院学部委员会指定的每一类型的医疗初步向考官提交书面作品。

健康与疾病的社会环境(SCHI)

笔试将考查与医学相关的社会科学观点的知识。

医学学士结业考试

第二部分

本部分的考试将关注医学及外科学的原理和实践以及临床药理学和治疗学、全科医学、公共卫生学、儿科学以及其他课程所涵盖的内科及外科分支学科。本考试的目的在于综合考查候选人的内科及外科知识和经验;他或她将其知识和经验应用于病人管理的能力;他或她与病人有效沟通及尊重他们自主权的能力;以及他或她在临床医学中有关伦理问题的经验等。

考试将由涉及考查课程所有方面的五个组成部分构成:

组成部分1由不少于100个涵盖事实性知识以及临床应用的多项选择题组成。

组成部分2由不少于25个涵盖应用临床问题解决技巧知识的扩展配对题组成。

组成部分3由不少于5个涵盖书面沟通技巧、伦理以及临床医学法律知识的简答题组成。

组成部分4和5是考查学生临床成绩的临床考试。组成部分4由不少于10个涵盖临床病史采集、临床推理和人际沟通技巧知识的题目组成;组成部分5由不少于18个涵盖临床检查和实际操作技巧知识的题目组成。

关于医学学士和外科学学士学位授予的特别规章

申请资格

1. 尽管有条例中其他条款的规定,医学学士和外科学学士学位(缩写为M.B.和B.Chir.)的候选人,应有资格按如下规章规定的方式申请并获得该学位。

2. 医学学士结业考试的候选人可依照授予学位规章中第1条说明的方式,经其独立学院授权,将本规章附录A中所示形式的申请书于考试第一天之前送达教务长处,以申请医学学士和外科学学士学位。即使申请提交晚于规定时间,若必要的文件及时送达教务长处,使其可认真审阅并完成第3条所述的名单,学位亦可授予,但候选人应缴纳1英镑的费用。

名单

3. 教务长应在不晚于考试第三天时签署并在各直属学院走廊内公示板上公示提出考试申请的学生名单,这些学生应完成了章程和条例规定的除结业考试外的医学学士和外科学学士学位要求。此名单的标题应如本规章附录B所示。

否决

4. 若任何摄政院的成员在不晚于第3条中所述名单张贴后的一天内以书面形式通知副校长,他或她有意否决为名单中的某人授予学位,副校长应将该候选人从名单中除名,根据本规章该候选人将不再有资格获得该学位但可根据授予学位规章申请某一其他学位。

通过者名单

5. 教务长应不晚于医学学士结业考试通过者名单公示结束后的第二天,签署并在各直属学院走廊内公示板上公示名列第3条所述名单之上、未因第4条的执行而被除名,且已完成医学学士结业考试的人员名单。此名单的标题应如本规章附录C所示。

6. 第5条中所述的公示意味着名列其中的所有人员将被授予外科学学士学位(B. Chir.)。根据本条被授予学位的所有人员的名字应在公示后尽快在《通讯》上发表。

7. 任何依照本规章获得外科学学士学位的人员应不晚于获得该学位后十二个月内按照授予学位规章说明的方式申请医学学士(M. B.)学位。

医学学士学位

8. 若在依照本规章所述之方式授予某一人员外科学学士(B. Chir.)学位后的十二个月内,教务长没有收到该生规定格式的医学学士(M. B.)学位申请,他或她的名字将被收录进一份其标题如本规章附录D所示的名单,教务长将签署并在各直属学院走廊内公示板上公示该名单。

9. 第8条中所述的公示意味着名列其中的所有人员将被授予医学学士学位(M. B.)。根据本条被授予学位的所有人员的名字应在公示后尽快在《通讯》上发表。

10. 根据本条,获得医学学士(M. B.)和外科学学士(B. Chir.)学位不需要任何附加费用。

费用

附　录　A

医学学士和外科学学士学位

根据医学学士和外科学学士学位授予特别规章将授予

当事人请求授予其医学学士和外科学学士学位,我们肯定其品格与学识适于获得上述学位。

附　录　B

医学学士和外科学学士学位

根据医学学士和外科学学士学位授予特别规章将授予

我特此证明,以下人员已完成章程和条例中规定的获得医学学士和外科学学士学位的所有要求,其为候选人的医学学士结业考试除外。

附　录　C

外科学学士学位

我特此证明以下人员已完成章程和条例中规定的获得医学学士和外科学学士学位的全部要求,他们的姓名已根据授予这些学位的特别条款公示且未被校长从中除名。为实行该规章,特授予他们外科学学士学位:

附　录　D

医学学士学位

根据授予医学学士和外科学学士学位的特别条款的规定，特将于（日期）授予以下已获得外科学学士学位的人员医学学士学位：

医学博士

经公示修订（2007—2008学年《通讯》，第51页）

资格要求

1. 为获得医学博士学位，根据本规章中条款的规定，候选人应就其在科学、文学或医学史方面的优异水平给出证明。

候选人资格

2. 根据以下第6条的规定，任何符合以下条件的人均可申请成为医学博士学位的候选人：

(a) 拥有大学一级学位(primary degree)；或

(b) (i) 已担任大学某行政职务或担任某独立学院院长职位或院士职位，并且(ii) 根据章程B第三章第6条的规定获得文学硕士学位(M. A.)或通过学历互认取得大学某一学位；

并且同时拥有以下条件之一均可申请成为医学博士学位的候选人：

有资格在医学总会临时或正式注册的医学学位；或

为正式注册的目的而被校务理事会承认的学位；或

为获得候选资格的目的而被医学博士委员会核准的医学学位。

任何已根据第6条至第8条之规定获得候选人资格的人均不应在其获得医学学士和外科学学士学位；或根据医学学士和外科学学士学位授予特别规章的规定而获得外科学学士学位；或获得其他大学医学学位后四年内提交学位论文或其他作品。

医学博士委员会

3. 设医学博士委员会，其委员应由如下人员组成：

(a) 钦定医学讲座教授或其任命的代理；

(b) 根据第4条的规定任命的钦定医学讲座教授评审官；

(c) 临床医学学部的八名成员；

(d) 由委员会指派的不超过六名成员。

(c) 类中的成员应由临床医学院学部委员会于每年米迦勒学期任命并应在其任命后的1月1日起任职一年。(d)类中的成员应任职至其被指派的年份结束。委员会应每年选举其中一位成员为主席。委员会的六名成员将构成其法定人数。

法定人数

4. 钦定医学讲座教授评审官，须为评议会成员且为医学专业毕业生，应由学部总委员会经临床医学院学部委员会提名，并于每年米迦勒学期期中前选举产生，并自其被任命后的 1 月 1 日起任职一年。评审官应为委员会的秘书，学部委员会根据学部总委员会的核准，可为其工作支付一定的酬金。

钦定教授评审官

5. 若医学博士委员会主席或评审官因健康或其他原因而停止履行本规章规定的职责，学部总委员会应根据医学博士委员会的提名，任命另一位医学专业的评议会成员为其代理。

6. 希望成为本学位候选人的人员应向评审官提交：

申请

(a) 可从评审官处获取的申请表格；

(b) 220 英镑申请费用。

申请人应说明他们希望提交第 7 条规定的学位论文还是第 8 条规定的已发表的作品；选择提交已发表作品的申请应附有该作品与申请人已向本大学或其他任何大学提交的以获得学位、文凭或类似资格证书作品实质上不相同的声明。评审官应将每份申请递交医学博士委员会，委员会在决定是否核准、驳回或建议申请人修改其申请前，可将其指定给一位或多位评议人以听取其意见和建议。评审官应将医学博士委员会的决定通报申请人。

7. 除第 8 条所述的情况，本学位的候选人应提交专为此目的而撰写的学位论文，并应指出其原创的部分。如果该论文全部或部分地以已发表的作品为基础，相应作品的副本应与该学位论文一同提交。候选人也可以随同论文提交其他任何已发表作品的副本以供委员会考量。

学位论文

8. 在特殊情况下，医学博士委员会在考虑候选人的资格以及任何其可咨询的评议人的意见后，认为该候选人已发表的作品水平较高从而对科学、艺术和医学史的进步作出了实质性和原创性的贡献，委员会可允许候选人提交某一个或多个主题的已发表的作品以代替学位论文。

已发表作品

9. 已经医学博士委员会核准成为候选人的人员，除获得委员会特别许可推迟其提交论文的日期之外，应于其获得该核准后六年内向评审官提交：

(a) 由医学博士委员会指定格式的学位论文一式四份，或根据第 8 条之规定由委员会许可候选人提交的已发表的作品；

(b) 根据第 7 条的规定候选人被要求或希望提交的已发表作品一式四份；

(c) 提交费用 500 英镑。

10. 经医学博士委员会初步审阅后，候选人的作品应被送往委员会任命的至少两位考官处，考官无需为委员会成员。每位考官应就候选人的作品提交一份独立的书面报告。

提交作品的审阅

11. (a) 除非候选人依照第 8 条的规定提交已发表的作品，每位候选人均应被允许参加口试。若在审阅候选人的作品和考官对其的报告后，医学博士委员会认为候选人提交的作品质量未达到应有标准，他们可决定允许候选人在参加口试之前再次提交该作品的修改版本，且无需缴纳任何额外费用。

(b) 根据第 8 条的规定而提交已发表作品的候选人，医学博士委员会应在审阅候选人提交的作品以及考官对其的报告后：① 给予其口试的豁免并决定候选人获得该学位；或② 判定候选人不可获得该学位。

根据本条，评审官应将委员会的决定通报给候选人。

口试通知

12. 在咨询医学博士委员会主席后，评审官应通知候选人、候选人所在独立学院的公共讲师、教务长、根据第 10 条任命的考官以及医学博士委员会的成员举办口试的时间和地点。

13. 计划举办口试之前的二十八天（或医学博士委员会主席允许的更短一段时间），候选人送给评审官一份其已收到评审官送出的通知的确认，评审官应立即安排一份将在临床医学院张贴的通知。

口试进行

14. 口试应由主持口试的医学博士委员会主席、评审官、根据第 10 条任命的考官中的一位或两位，以及其他希望出席的医学博士委员会委员主办。主办口试的人员应以口试方式考查候选人与其提交的作品以及其他医学科目相关的问题。

15. 评审官应就候选人在口试中的表现向医学博士委员会提交报告。在参考评审官报告的同时，委员会也应考虑候选人提交的作品以及考官的报告。若委员会认为候选人在口试中的表现及其提交的报告的整体水平已达到该学位要求的标准，他们应作出该决定且评审官应向教务长送出一份该候选人已通过口试的证明（一式两份）。该证明应由医学博士委员会主席及评审官签署。该证明中应包括候选人提交的作品的题目，并在《通讯》上发表，教务长也应相应地通知通过者。

16. 若委员会认为候选人在口试中的表现及其提交的报告的整体水平尚未达到该学位要求的标准，在两位考官持相同意见时，他们可对候选人作出以下决定（在不需缴纳额外费用的前提下）：

(a) 被许可再次参加口试；

(b) 被许可提交第 9 条规定的修改版或新的作品而无需再次参加口试；

(c) 被许可提交第 9 条规定的修改版或新的作品后再次参加口试；

或候选人不得获得该学位。根据本规章，评审官应将委员会的任何决定通报给候选人。

口试免试

17. 在特殊的情况下，若医学博士委员会认为候选人提交的作品水平足够高，可给予其口试豁免并决定该候选人获得该学位。医学博士委员会主席以及评审官应为此签署证明(一式两份)并送与教务长。该证明中应包括候选人提交的作品的题目,并在《通讯》中发表,教务长也应相应地通知通过者。

申请条件

18. 根据第15条被证明已通过口试的,或根据第17条已获准获得学位的候选人应有资格申请医学博士学位。获得学位不需缴纳费用。

支付款项

19. 评审官、考官以及医学博士委员会主席的代理人的酬金应如本规章附录中所示。

图书馆留存作品

20. 通过者应在大学图书馆以及医学图书馆留存一份医学博士委员会规定形式的学位论文或出版物。

奖励

21. 每年所有经核准可获得医学博士学位的候选人提交的学位论文和出版物均应被医学博士委员会评阅以获得用以表彰该学位候选人之工作的任何奖项、奖章或其他物质奖励。为此目的,委员会可委托一个无须完全由委员会委员组成的小组委员会执行此工作。

附　　录

考官的酬金

向出席口试的博士委员会主席或根据第5条的规定指派的代理人,每人支付:45英镑。

向每位评议人(第6条)支付:45英镑。

向每位候选人的评审官支付:45英镑。

向每位考官(第10条)为其审阅候选人的学位论文并就其撰写报告以及如被要求参与主办口试支付:135英镑。

向每位被要求参与主办口试的校外考官支付额外的:90英镑。

向每位参与口试中临床考试的考官支付额外的:120英镑。

根据第6条关于考官和评审官酬金的规定,每位校外考官均应额外获得往返剑桥的铁路交通费用以及工作津贴。

外科学硕士

候选人资格

1. 根据以下第4条的规定,任何符合以下条件的人均可申请成为外科学硕士学位的候选人:

(a) 拥有大学一级学位(primary degree);或

(b) (i) 已担任大学某行政职务或担任某独立学院院长职位或院士职位,并且(ii) 根据章程B第三章第6条的规定获得文学硕士学位(M. A.)或通过学历互认取得大学某一学位；

并且同时拥有以下条件之一均可申请成为外科学硕士学位的候选人：

有资格在医学总会临时或正式注册的医学学位；或

为正式注册的目的而被校务理事会承认的学位；或

为获得候选资格的目的而被外科学硕士委员会核准的医学学位。

任何已根据第4条之规定获得候选人资格的人，均不应在其获得医学学士和外科学学士学位；或根据医学学士和外科学学士学位授予特别规章的规定而获得外科学学士学位；或获得其他大学相当的医学学位之后五年内提交第6条规定的学位论文或其他作品。

外科学硕士委员会

2. 设外科学硕士委员会，其委员应由如下人员组成：

(a) 外科学教授或其任命的代理为主席；

(b) 委员会秘书(参见第3条)；

(c) 临床医学学部的五名成员，其中至少两名应在学部中拥有教授或副教授职称；

(d) 五名执业外科医生，其中至少一名应为剑桥大学医院NHS基金会的顾问医生，且其中至少两名为非住校人员。

(c)和(d)类中的成员应由临床医学院学部委员会于每年米迦勒学期任命并应在其任命后的1月1日起任职两年。委员会的五名成员将构成其法定人数。

秘书

3. 每两年的米迦勒学期，临床医学院学部委员会应任命其一名成员为外科学硕士委员会的秘书。该秘书应自其被任命后的1月1日起任职两年。学部委员会根据学部总委员会的核准，可为其工作支付一定的酬金。若秘书因健康或其他原因而停止履行本规章规定的职责，学部委员会应根据外科学教授的提名，任命另一位临床医学院的教授为其代理。

申请

4. 希望成为本学位候选人的人员应向外科学硕士委员会秘书提交：

(a) 可从秘书处获取的申请表格；

(b) 申请人的研究生在学证明和手术经验明细；

(c) 任何申请人希望委员会审阅的其已发表作品的一份副本；

(d) 220英镑申请费用。

委员会应决定是否核准该申请人为本学位的候选人，秘书应相应地通知申请人。

论文

5. 除第6条所述的情况，经核准成为本学位候选人的人员应提交一篇专为此目的而撰写的论文[1]，可包含基于临床作业或实验室作业或以上两者的原创性的发现。每位申请者应将从委员会秘书处获取的表格上的核准其论文题目的申请送交至秘书；这样的申请应包括该论文的大纲，并应说明候选人感兴趣的任何外科学分支学科。秘书应将每份申请递交委员会，委员会在决定是否核准、驳回或建议申请人修改其申请前，可将其指定给一位或多位评议人以听取其意见和建议。秘书应将外科学硕士委员会的决定通报申请人。

已发表作品

6. 在特殊情况下，候选人可向委员会申请提交已发表的作品以代替论文。这样的申请应附有该作品与申请人已向本大学或其他任何大学提交的以获得学位、文凭或类似资格证书的作品实质上不相同的声明。秘书应将外科学硕士委员会就申请的核准或驳回告知申请人。

论文提交

7. 遵照第5条或第6条获得委员会核准的候选人，除获得委员会特别许可推迟其提交论文的日期之外，应于其获得该核准后六年内向秘书提交：

(a) 由外科学硕士委员会指定格式的学位论文一式三份[2]，或根据第6条之规定由委员会许可候选人提交的已发表的作品；

(b) 若论文全部或部分地以已发表的作品为基础，已发表作品一式三份；

(c) 提交费用500英镑。

考官

8. 经外科学硕士委员会初步审阅后，候选人的作品应被送往委员会任命的至少两位考官处，考官无需为委员会成员。每位考官应就候选人的作品提交一份独立的书面报告。

口试

9. 候选人可由经第8条所述被任命的两名考官以口试方式考查；外科学硕士委员会的主席或秘书，或委员会的其他成员应出席这样的考试。两位考官应就候选人在考试中的表现签署一份联合报告。

报告

10. 外科学硕士委员会应在有不少于五名会员出席的会议中审阅候选人的论文或已发表的作品以及考官对其的报告。若他们认为论文尚未达到应有的标准，委员会可根据考官的建议，允许候选人提交一份修改版的论文，若仅提交一次不需支付额外的费用。

核准(授予)学位

11. 若委员会认为候选人的作品已达到了规定的标准，他们可决定核准候选人获得该学位，秘书应为此向教务长送交一份证明。证明及候选人论

[1] 外科学硕士委员会一般不接受已出版作品的再版、拷贝或复制品，但不反对候选人将已发表作品的基本结论引入其论文中，但须在论文参考文献中标出或(或同时)提供其副本。

[2] 通过者可申请取回其中一份。

文或已发表作品的题目应在《通讯》中发表。

支付款项

12. 支付给外科学硕士委员会秘书、评议人以及考官的酬金，将在本规章附录中规定。

13. 已经外科学硕士委员会核准的候选人将有资格获得该学位。获得此许可不需支付任何费用。

图书馆留存

14. 通过者应在大学图书馆以及医学图书馆留存一份外科学硕士委员会规定形式的学位论文或提交出版物。

附　录

考官的酬金

向主持口试的人员支付:45 英镑。

向评议人支付(第 5 条):45 英镑。

向每位考官(第 8 条)为其审阅候选人的学位论文并就其撰写报告以及如被要求参加口试支付:135 英镑。

向每位被要求参与口试的校外考官支付额外的:90 英镑。

根据第 6 条关于考官和评审官酬金的规定，每位校外考官均应额外获得往返其被要求出席考试的地点的铁路交通费用以及工作津贴。

医学博士和外科学硕士学位考试结果的审查

1. 根据具体情况，医学博士委员会和外科学硕士委员会应受理由候选人或其代表提出的关于候选人参加相应的医学博士或外科学硕士考试的申诉，除非于该考试结果由评审官或秘书通报给候选人后的六个月内经评审官接受，并相应地转送给医学钦定讲座教授或外科学硕士委员会秘书，否则陈述将不被受理。在特殊情况下，相关的委员会可允许最多三个月的宽限。

2. 若相关委员会在审阅候选人或其代表根据第 1 条做出的陈述后认为该候选人参加的考试一切正常因而该申诉不符合事实，委员会应如实通知候选人。若他们认为考试存在问题，他们应有权重新考虑其之前的决定或将陈述提交至根据第 4 条组成的审查委员会。委员会应在收到陈述后的三个月内将其决定告知候选人。

评审委员会

3. 相关的委员会应在其已根据第 2 条之规定将其决定通知候选人后，将候选人或其代表提出的陈述提交至根据第 4 条组成的审查委员会，除非于根据第 2 条所述的决定由评审官或秘书通报给候选人后的六个月内经评审官接受，并相应地转送于医学钦定讲座教授或外科学硕士委员会秘书，否则陈述将不被受理。在特殊情况下，相关的委员会可允许最多三个月的宽限。

4．根据本规章而设的审查委员会应由如下人员组成：

委员资格

(a) 校长，或一名就此事项任命的代理作为主席；

(b) 由学部总委员会按照研究生资格考试结果审查相关规章中，第6条之规定而保留的小组成员中任命的两名人员。[1]

在从小组中选择审查委员会成员时，学部总委员会应排除任何之前曾参与特定案例的人员。被任命为审查委员会成员的人员应任职至其所参与的案例结束。

5．由学术秘书任命的一名人员，出任审查委员会的秘书。

秘书

6．在本规章中，"申诉人"一词指提交申诉的学生或其代理人。

7．审查委员会秘书应通知申诉人被任命为审查委员会成员的人员。据正当理由，申诉人有资格就任何一名成员的资格提出反对意见。校长应对任何此类反对做出裁决，他或她的决定即最终裁决。若校长支持该反对，其他人员将被任命以代替被反对的人员。

8．审查委员会应审阅任何根据第2条或第3条的规定提交给他们的，其认为据如下一条或多条理由构成申诉的陈述：

申诉理由

(a) 存在考官不知情的与考试直接相关的重要事实；

(b) 考试进行过程中有程序性违规行为，存在若违规行为未发生考官是否会做出同样结论的合理怀疑；

(c) 有明显的考试过程中歧视、偏袒或不公正评判的证据。

若审查委员会认为申诉不满足以上任一条理由，他们可驳回该申诉并视具体情况通知申诉人和相应的医学博士委员会或外科学硕士委员会。

9．当其申诉被审查委员会受理时，申诉人应提供其申诉的全文陈述以及该申诉的依据，并于审查委员会规定的日期前送达。审查委员会将确定听证会的时间，申诉人有资格出席该听证会，并可由一位代表其发言的顾问或代表陪同。

申诉陈述

10．任何审查委员会收到第9条所述的申诉陈述应可供下列人员浏览：

(a) 博士学位委员会或外科学硕士委员会，依情况而定；

(b) 相关的考官；

(c) 其他审查委员会指定的任何人员。

以上几类人员均应有机会就该申诉向审查委员会提交一份书面陈述。这样的陈述可包括考官的报告或其摘录。审查委员会在其认为适宜的条件下有权请其他人员或团体撰写陈述。

[1] 参见第429页(此页码为英文原文页码)。

审查委员会决定

11. 根据第 10 条提交给审查委员会的陈述应可供申诉人以及该条中其他类别的人员浏览并获得就其发表评论的机会。

12. 审查委员会应审阅根据第 2 条或第 3 条递交的申诉或陈述，并有权驳回，或在其认为合理的情况下：

(a) 根据具体情况，要求医学博士委员会或外科学硕士委员会重新考虑其之前对该案的决定；

(b) 要求考官重新审阅该候选人提交的作品；

(c) 要求考官再主持一次口试；

(d) 允许候选人提交一份修改版的学位论文或论文或额外的已发表的作品供原考官评阅；

(e) 根据具体情况，要求医学博士委员会或外科学硕士委员会任命一位或多位额外考官就该候选人提交的作品撰写独立的报告；

(f) 根据具体情况，要求医学博士委员会或外科学硕士委员会任命新的考官代替原考官，并许可该候选人：

(i) 由新考官重新考核；或

(ii) 提交一份修改版的学位论文或专题论文或额外的已发表的作品供新考官评阅。

决定的通知

13. 审查委员会秘书应就委员会的决定及其理由向申诉人以及第 10 条中所述的其他各类人员发出书面通知。

14. 审查委员会就某一案例的决定应为最终裁决。

临时规章

15. 本规章适用于 2003 年 10 月 1 日起举行的所有考试。根据本规章，考试应被视为举办于评审官或秘书收到候选人的学位论文、论文或其他提交的作品之日。

音乐学位

音乐学士

考试方案

1. 音乐学士学位考试包括如下两部分：

第一部分

不少于四十分钟的器乐独奏或声乐独唱。

第二部分

(a) 一篇科目经音乐学部委员会核准的候选人提请的 10000 至 15000 字(不包括附录)的学位论文。

(b) 与候选人毕业论文主题相关的三小时的笔试。

候选人可能需就其演奏或学位论文接受口试。

补充规章

2. 音乐学部委员会有权以补充规章的形式规定全部或任何科目;并决定分配给这些科目的学分;并根据形势需要制定、修订或撤销这些补充规章;学部委员会应就任何新的补充规章或规章的变更在与其相关的第一个考试举办的学期前的第二个复活节学期发布公告。

候选人资格

3. 任何在考试举办时符合以下条件的学生都可成为音乐学士考试的候选人:(a) 已住校七个学期;并且(b) 已在音乐荣誉学位考试的任何部分获得荣誉,或达到荣誉标准的学生。但任何学生均不能在同一个学期同时成为音乐学士学位考试的候选人和除现代语言文凭或资格证书之外其他考试的候选人。

4. 除第 5 条的情形,任何学生均不得成为音乐学士学位考试候选人一次以上。

重考

5. 考试的两部分将同时进行,除非其第一次参加考试时仅有一部分通过,每位候选人只有一次机会单独参加另一部分的考试。

6. 候选人应在考试前的米迦勒学期期中前将下述材料送交音乐学部委员会秘书处:

(a) 他或她计划表演的作品列表;

(b) 他或她为学位论文选定的科目。

候选人须在完整米迦勒学期期末前得到学部委员会对其选择的科目的核准。学位论文应于完整复活节学期第八天前提交至学部委员会秘书。

优等生名册

7. 顺利通过考试一部分或两部分的候选人的名字应按字母顺序排列在同一列表中。优等生名册中应标识出候选人通过的考试的部分。若候选人在一次考试中同时通过两个部分,且其在任一部分中表现优异,可在其姓名后附上特优标记。

8. 任何通过考试两部分的候选人,若其已住校学习达九个学期,无论是同时通过或是分次通过考试,均有资格获得音乐学士学位。但如果该生尚未完成九个学期的住校学习,且选择获得文学学士(B. A.)学位,则不再有资格获得音乐学士学位。

考官和评审官

9. 学部委员会应为音乐学士考试任命不多于三名的考官。此外学部委员会可任命其认为足够数量的评审官。

毕业生费用

10. 一名已获得文学学士学位,但在达到该学位要求后尚未为其任一住校学期支付学费的学生，在其获得文学学士学位后参加音乐学士考试，应为其首次参加音乐学士考试支付60英镑的费用；这样的候选人无需再为第5条所述的补考或获得音乐学士学位支付其他费用。

补充规章

第一部分

候选人应提供一份大约九十分钟的器乐或声乐作品。考官将选听其中四十分钟的音乐。候选人应对使用的伴奏和音效负责，并在被要求的情况下，向考官提交其作品的副本。

音乐博士

1. 获得音乐博士的学生应提供其在作曲方面能力的证明。

候选人资格

2. 任何剑桥大学的研究生以及：

(a) 自其获得剑桥大学第一个学位起已满至少八年；或

(b) 自其获得某一其他大学第一个学位起已满至少八年并且：(i) 已经担任大学某办公室行政职务或担任某独立学院院长职位或院士职位，并且(ii) 根据章程B第三章第6条的规定获得文学硕士学位(M. A.)或通过学历互认取得大学某一学位的人都可成为大学的音乐博士学位候选人。

申请方式

3. 这样的候选人应以书面形式向研究生教育委员会递交申请并随申请送交：

(a) 候选人藉以申请本学位的、其创作的不少于三份的作品(计算机打印版本或其他)，此类作品应包括一部宗教剧、歌剧、清唱剧、交响曲、协奏曲或加长版的室内乐；

(b) 与候选人的风格及理念相关的不多于500字的摘要；

(c) 随同每份申请候选人须向基金会提交582英镑。

4. 此类申请应提交至音乐学部学位委员会。

关于作品的报告

5. 若委员会认为这些作曲作品初步看来即符合获得学位的资格，他们应任命不少于两人作为评议人，评议人可以是委员会成员，也可以是非委员会成员。每位评议人应就候选人提交的作品撰写独立的报告。这些报告应作为机密文件处理。若没有任命评议人，申请者根据第3条的规定提交的582英镑中的510英镑应予以返还。

6. 每位评议人应从基金会获得175英镑的酬金。为评审第3条中所述申请是否初步看来符合获得学位的资格，学位委员会任命的评审官可获得42英镑的酬金。若评审官继而被任命为评议人，其42英镑的酬金应从他或她作为评议人应得的175英镑中支出。研究生教育委员会可核准报销评议人在其工作执行过程中发生的合理费用。

支付给评审官、评议人的费用

7. 若决定授予学位，记有到场人员及投票双方姓名的学位委员会就此做出的决定，应与评议人就该作品的报告一起通报给研究生教育委员会。

核准(授予)学位

若研究生教育委员会收到这样的通报并决定同意授予学位，研究生教育委员会秘书应将被核准获得音乐博士学位的候选人的名字公布。这样的决定须经研究生教育委员会八名成员在会议上宣布一致通过方可生效。

通过者名单公布

8. 无论是否收到评议人的报告，若学位委员会认为候选人提交的作品尚未达到该学位的必要标准，记有到场人数及投票双方票数的学位委员会就此做出的决定，与一份该决定的副本，若评议人就该作品的报告已收到则一起，送交研究生教育委员会秘书。研究生教育委员会秘书应将该决定通报给候选人。除经主席核准，这一信息不得通报给研究生教育委员会。

通知未通过者

9. 学位候选人在学位委员会或研究生教育委员会审议其申请时均不应在场。

候选人不应在场

10. 任何经核准的作品均不能是已发表的作品，学位委员会可在授予学位前，要求候选人出版或在大学图书馆中留存其中一份作品。

未公开发表的作品

11. 获得本学位不需缴纳任何费用。

自然科学硕士学位(M. Sci.)

在完成规定数量学期的学习后，[①]已在自然科学荣誉学位考试第三部分中获得荣誉的学生有资格获得自然科学硕士学位。

哲学博士学位、理学硕士学位及文学硕士学位[②]

经公示修订(2007—2008学年《通讯》，第857页)

1. 除非是以下(a)至(e)款规定的情形，一名研究生应在大学内或研究

学位和管理要求

① 参见章程B第三章第5条。

② 另参见602页哲学博士学位专门规章。

另本章中出现的文学硕士均指Master of Letters，即M. Litt.。剑桥大学文科研究型硕士称为M. Litt.，而非M. Phil.或M. A.。——译者注

生教育委员会或学位委员会决定的其他地点，在监督下从事一系列研究课程的学习：

(i) 如果该生全日制攻读理学硕士或文学硕士学位，至少六个学期；

(ii) 如果该生非全日制攻读理学硕士或文学硕士学位，至少十个学期；

(iii) 如果该生全日制攻读哲学博士学位，至少九个学期；

(iv) 如果该生非全日制攻读哲学博士学位，至少十五个学期。

以上所说的学期数应自该学生作为某一学位候选人注册选修某一门研究课程开始，并应自此之后连续计算，除非该学生根据以下(c)描述的情形获得休学许可，或研究生教育委员会决定他或她将被允许为达到某一学位的要求计算特定数量的学期数。

(a) 研究生教育委员会，在考虑相关学位委员会的建议后，可以给予一位哲学博士、理学硕士或文学硕士学位候选人以最多三个学期的全日制课程学习或最多五个学期的兼职课程学习时间的豁免，前提是在被录取为研究生之前，他或她已经参与了：

(i) 全职或兼职的研究工作；

(ii) 其他在其毕业后从事的，学位委员会或研究生教育委员会认为已为这里所述的其研究课程提供了规范训练的工作。

(b) 研究生教育委员会，在考虑相关学位委员会的建议后，可以允许一位全日制哲学博士、理学硕士或文学硕士学位候选人在其研究课程时间三个学期以外，或一位非全日制学习候选人在其研究课程时间五个学期以外的全部学习或更短的时间，在学位委员会或研究生教育委员会核准并进行监督的情形下，在校外工作。

(c) 由于疾病或其他充分理由，研究生教育委员会在考虑相关学位委员会的建议后，可以允许一位研究生休学一个或多个学期。这些学期仅可计入研究生入学一般规章中第 7 条要求的学期数。

(d) 如果校务理事会为其在入学前的工作给予全日制课程学生以一定数量的住校学期数的承认，研究生教育委员会在考虑相关学位委员会的建议后，可以将他或她的这些工作，承认为根据本规章的要求从事研究课程的学期，但这样的学期数不应超过校务理事会允许承认的学期数。候选人应依照研究生入学一般规章中第 11 条的规定为所有这样的学期支付一定的费用。

(e) 根据相关学位委员会的建议，研究生教育委员会可以允许一位研究生将其为研究生入学一般规章中第 5 条(c)，5(e)或 5(f)中所列其他资格证书或以下所列文凭或资格证书的候选人的学习时间计入其作为某一学位候选人的时间：

(i) 有资格获得或已经获得经济学、国际法或法律文凭的学生，根据具体情况，可以将其作为以上文凭候选人的不多于3个学期的时间计入其全日制课程或不多于5个学期的时间计入其非全日制课程学习时间；

(ii) 有资格获得但尚未获得研究生证书的学生，可以将其作为以上文凭候选人的不多于3个学期的时间计入其全日制课程或不多于5个学期的时间计入其非全日制课程学习时间。

任何以上(a)至(e)款所述安排的申请应以书面形式送达研究生教育委员会秘书，并应附申请者导师的书面意见。

2. 根据研究生教育委员会的建议，若某位学生的入学时间因合理原因被推迟，校务理事会可以为他或她在入学前所做的工作给予不超过3个学期的承认，以计入章程B第三章5(a)中规定的理学硕士、文学硕士或哲学博士全日制课程的最少3个学期的学习时间。

3. 研究生教育委员会在审阅经学生辅导员支持的申请后，因疾病或其他严重原因，可以给予一位研究生以下数量的研究学期的承认以计入第1条中要求的学习时间：

(a) 一或两个研究学期(需完成九个研究学期的哲学博士学位候选人)；

(b) 最多三个研究学期(需完成十五个研究学期的哲学博士学位候选人)；

(c) 一个研究学期(需完成五个研究学期的某学位候选人)；

(d) 一个或两个研究学期(需完成十个研究学期的某学位候选人)。

对任何一个由此原因而承认的学期，该学生应支付研究生入学一般规章中第11条规定的相应费用。

特殊事项

4. 尽管有第1条以及研究生入学一般规章中第4条的规定，在相关学位委员会的推荐下，研究生教育委员会有权允许哲学博士、理学硕士、文学硕士候选人在校外的指定机构，在学位委员会及研究生教育委员会规定的条件下学习一门研究课程。本规章所述情形的申请应以书面形式提交研究生教育委员会秘书，并附有申请者导师的书面意见。

攻读理学硕士、文学硕士后攻读哲学博士

5. 一名注册为理学硕士、文学硕士的候选人，已经参加某一研究课程，并已经被授予其中某一学位的研究生，可以注册成为哲学博士学位候选人。研究生教育委员会在考虑学位委员会的推荐之后，应决定此类候选人资格的条件：

(a) 该学生在其为理学硕士或文学硕士提交学位论文的学期或假期后的、其作为哲学博士学位候选人期间，于监督下全职从事研究的五个学期或兼职研究的九个学期内不应提交学位论文；并且

(b) 该学生应用其五个学期中的三个学期或九个学期中的五个学期在

大学内或第 4 条中所述的特定机构从事全职或兼职研究;并且

(c) 如果该学生已经获得理学硕士或文学硕士学位,主持哲学博士学位考试的考官不应将已包括在其理学硕士或文学硕士候选人资格期间提交的学位论文中的任何作品纳入考虑。

根据第 14 条已经核准获得理学硕士或文学硕士学位的学生不能注册成为哲学博士学位候选人。

学位论文提交

6. 哲学博士、理学硕士和文学硕士学位考试应由如下部分组成:

(a) 体现候选人经审定的研究课程的成果的学位论文,该论文应根据第 7 条至第 9 条中的规定提交;

(b) 有关学位论文的主题及其所在学科领域的知识的口头或书面形式的考试,但在相关学位委员会的建议下,研究生教育委员会有权取消这一考试。

经学位委员会的特别许可,候选人可与学位论文一起提交与其主题不相关或无关的已发表的作品,这样的作品可供考官参考。

7. 候选人应在他或她希望完成第 1 条中要求的学期的第一天和他或她注册成为全日制该学位候选人四年后或非全日制学位候选人七年后的最后一天之间提交其学位论文,但在研究生教育委员会许可的情况下,学位论文可以在截止日期之后提交。任何第 2 条中所述的校务理事会给予的和第 1 条(d)中所述的研究生教育委员会给予的学期承认根据此条应计入学生的学习时间并应给予该学生第 1 条(a)中规定的豁免。

8. 在提交学位论文时,候选人应在前言部分概要地并在脚注及参考文献中具体说明其获取的信息的来源,说明其通过这些工作获得帮助的程度,并说明论文中其声明为原创部分的内容。同时应声明其提交的论文并非实质等同于任何他们已经为其他学位、文凭或资格证书而提交的论文;但研究生教育委员会有权允许候选人提交一份其已经为其他学位、文凭或资格证书而提交的论文作为学位论文。论文除引文外,语言应为英语。各学位委员会均有权规定所辖学生所提交的学位论文的篇幅限制。

9. 每位候选人的学位论文一式两份,随同三份长度约为 300 字的摘要,应一起送交研究生教育委员会秘书,秘书应把论文及两份摘要转送于相关的学位委员会秘书。在特殊情况下,研究生教育委员会在咨询学位委员会的建议后,可以允许候选人仅提交一份学位论文。学位论文将提交给两位学位委员会任命的考官评阅。每位考官应就该论文向学位委员会提交一份独立报告。两位考官应共同主持第 6 条(b)中说明的口试或笔试,并应签署一份联合考试结果证书。如果考试以口试方式进行,两位考官均应到场,在特殊情况下研究生教育委员会可以许可考官通过视频会议或其他远程手段主持考试。如果考官无法就其观点达成一致意见或学位委员会或研究生教育委员会因其他任何原因需要听取关于所提交作品价值的进一步意见，学位委员会可以另任命一位或多位额外考官，但任命多于一位的考官时须经研究生教育委员会许可。每位额外考官均应就学位论文向学位委员会提交一份独立报告。

10. 如果候选人在第6条(b)中所述的口试或笔试中不及格，学位委员会可以允许候选人由同样的考官重考。这样的许可应通报研究生教育委员会秘书，并不得多于一次。每位考官应该获得除第11条规定的酬金外，还可额外获得42英镑的酬金，并可以按照相关规章中条款的规定申请报销差旅费。

向考官支付的款项

11. 每位考官应从基金会获得一份酬金。如果考官参与了第6条(b)中说明的口试或其他考试，酬金应为135英镑，若没有，无论是因为研究生教育委员会在学位委员会的建议下取消口试或任何其他原因，则酬金应为100英镑。根据研究生教育委员会说明的情况和条件，如果考官的居所距离圣玛丽教堂超过十英里，或口语考试、考官们的协调会在剑桥之外举行，考官可以申请报销差旅费。研究生教育委员会也可以核准报销考官在其工作执行中发生的合理费用。考官可以按照校务理事会财务委员会规定的标准申请津贴，条件是考官因执行此项工作而须离开其平时的居住地点一天或一夜。被要求赴剑桥外参加口试的候选人的差旅费可以依照研究生教育委员会规定的标准全部或部分地支付；此时候选人也可以申请财务委员会规定标准的津贴，申请条件与考官相同。

核准(授予)学位

12. 如果在审阅考官关于某一学生的学位论文及其在口试或其他考试中表现的报告后，学位委员会认为学生已达到该学位所要求的标准，记有到场人员及投票双方姓名的学位委员会就此做出的决定，应与考官的报告一起，通报给研究生教育委员会。如果研究生教育委员会在接到以上通报后在至少有学部委员会五名成员到场的会议上决定授予该候选人其攻读的学位，学部委员会秘书应发布关于核准授予该考生哲学博士、理学硕士或文学硕士学位的公告。

修改版学位论文

13. 如果在审阅考官关于考试的报告后，学位委员会认为学生的学位论文尚未达到该学位所要求的标准，研究生教育委员会可以许可该生提交一份修改版的学位论文，如没有学位委员会明确推荐，不得给予本许可。学位委员会传递此推荐意见的通报应当包括记有到场人员及投票双方姓名的意见书，考官的报告应随同送达。一位学生不得被许可提交一次以上的修改版论文。

核准(授予)一较低学位作为替代

14. 如果在审阅考官关于考试的报告后，学位委员会认为学生的学位论文尚未达到哲学博士学位所要求的标准，但已达到理学硕士或文学硕士所要求的标准，记有到场人员及投票双方姓名的学位委员会就此做出的决定，应与考官的报告一起，通报给研究生教育委员会。如果研究生教育委员会在接到以上通报后在至少有研究生教育委员会五名成员到场的会议上决定，可以适当地核准授予该候选人较低的学位，研究生教育委员会秘书应询问候选人是否愿意相应地被授予理学硕士或文学硕士学位。若候选人在本学期或下一学期期末前同意该决定，研究生教育委员会可以核准授予该候选人该学位，秘书应就该核准发布公告。研究生教育委员会如认为有特殊情况，也可以在较迟的日期接受候选人的同意意见。

15. 研究生教育委员会是学位委员会向其通报的候选人可以被授予学位或可以提交修改版学位论文等建议的决策机构。研究生教育委员会在学位委员会建议授予某学位前，不得核准授予某候选人该学位；在拒绝一项学位授予建议前，他们应给予一位由学位委员会任命的代表一次机会以解释学位委员会给出相应建议的理由。

失败

16. 如果在审阅考官关于考试的报告后，学位委员会认为学生的论文尚未达到任何学位所要求的标准，而且未建议该候选人提交一份修改版的论文，记有到场人员及投票双方姓名的学位委员会就此做出的决定，应与考官的报告一起，通报给研究生教育委员会。研究生教育委员会秘书应向候选人通报以上决定。

留存论文拷贝一份及摘要两份

17. 在被承认学位前，学生应当按研究生教育委员会指定的形式在研究生教育委员会秘书处留存一份其学位论文及两份摘要。秘书应将论文及一份摘要留存于大学图书馆，以便参考和实现馆际借阅，除非研究生教育委员会决定，在某一段时间内，论文及其摘要仅供作者及作者签署书面许可的人员参考。摘要是否可供复印及出版须经研究生教育委员会酌情处理。

哲学博士：[①]专门规章

候选人资格

1. 根据本规章，希望获得哲学博士学位的候选人应就其为学术发展作出的重大贡献给出证明。

2. 除以下第 3 条和第 4 条所述情况外，任何剑桥大学的研究生以及：

(a) 自其获得剑桥大学第一个学位起已满至少六年；或

(b) 自其获得某一其他大学第一个学位起已满至少六年并且：(i) 已经担任大学某行政职务或担任某独立学院院长职位或院士职位，并且(ii) 根据

① 另参见哲学博士、理学硕士和文学硕士学位规章，第 597 页。

章程B第三章第6条的规定获得文学硕士学位(M.A.)或通过学历互认取得大学某一学位的人都可成为哲学博士学位候选人。

3. 若一个人已根据研究生规章①或哲学博士、理学硕士和文学硕士规章经核准获得哲学博士学位,他或她将不再有资格根据本规章获得哲学博士学位。

4. 根据研究生规章或哲学博士、理学硕士和文学硕士规章已参加过哲学博士学位相关考核,但并未被核准授予哲学博士学位的研究生,根据本条可视情况而定在其提交学位论文或修改版论文起的不少于五年的时间后,成为本学位的候选人,条件是其符合以上第2条的规定。

申请

5. 根据本规章,哲学博士候选人应以书面形式向研究生教育委员会申请,说明其藉以申请学位的已发表的作品,并指明与其作品涉及的学科范围相关的学部或其他机构。候选人应随申请向基金会送交462英镑,以及每份作品一式两份;候选人还应提交两份字数为1000~1500字的陈述作为摘要,说明提交的作品的基本原理,该作品反映的其研究工作的程度,以及其对知识作出的原创性贡献。所有提交的作品,除引文外,语言应为英语,除非在特殊情况下学位委员会已允许候选人提交其他语言的材料。

6. 在提交申请时,候选人将被要求:(a) 声明所提交的无论是已出版还是未出版的作品,都与他或她已在任何大学或类似机构为申请某一学位、文凭或资格证书而提交的作品无实质相同;(b) 声明(如有)当前提交作品的哪些部分已为申请任何资格证书提交过;(c) 声明直至本申请的最终结果产生之时,申请人将不再为获取其他资格证书而向任何大学或类似机构提交该作品;但研究生教育委员会有权允许候选人提交某些他已为其他资格证书提交过但未获成功的作品,或他或她已经或正在为其他目的向任何大学或类似机构提交的作品。若研究生教育委员会要求,提交与别人合作发表的作品的候选人应提交其对该文章贡献程度的证明。

7. 研究生教育委员会秘书应向相关学位委员会的秘书转发两份候选人提交的作品,并随同转发以下物品的副本:候选人的论文申请,候选人的论文摘要,以及任何候选人提交的在与别人合作发表的作品中其对该文章贡献程度的证明。若相关的学位委员会认为提交的已发表的作品初步看来即符合获得该学位的标准,他们应任命不少于两位考官并将申请提交给他们。若没有任命考官,申请人根据第5条的规定提交的462英镑中的396英镑应予以返还。

---

① 研究生规章,1977年10月1日由现行的研究生入学一般规章及哲学博士、理事硕士和文学硕士一般规章取代,最后一次发表于1976年《条例》第460页至470页。

考试

8. 根据本规章，哲学博士学位考试应由提交的已发表作品以及关于所提交作品和其所在专业领域的知识的口试组成。口试应在英国境内举办且两位考官均应到场。如经研究生教育委员会许可，也可在其他地点举办或在特殊的情况下通过视频会议或其他远程手段进行。

9. 每位考官应在口试前就已发表的作品撰写一份独立的报告并应签署口试结果的联合证书。

10. 若考官认为候选人在口试中不及格，学位委员会可允许候选人在考官指定的时间重考。许可应通报给研究生教育委员会秘书。每位考官应获得除根据第 12 条规定的酬金外，还可额外获得 42 英镑的酬金。

11. 若考官无法就其观点达成一致意见，或学位委员会或研究生教育委员会因其他任何原因需要听取关于所提交作品价值的进一步意见，学位委员会可另任命一位或多位额外考官，但任命多于一位的考官时须经研究生教育委员会许可。每位任命的额外考官均应就学位论文向学位委员会提交一份独立报告，并且可酌情就该作品及其所在学科领域的一般知识举行一次口试。

12. 每位考官应从基金会获得 135 英镑的酬金。为评审第 5 条中所述申请是否初步看来即符合获得学位的资格，学位委员会任命的任何人员均应被支付 42 英镑的酬金。若他或她继而被任命为考官，该 42 英镑的酬金应自其作为考官应得的 135 英镑中支出。当聘请外校考官时，或考官们的协调会在剑桥之外举行，考官可申请报销不超过考官住所或其他经研究生教育委员会核准的地点与口试或协调会举办地之间的英国境内往返火车费。在本条中，往返火车费应包括英国境内任意两个港口间的船费。研究生教育委员会也可：(a) 当其中一项发生在英国境外时，核准报销不超过考官住所或其他经研究生教育委员会核准的地点与口试或协调会举办地之间的英国境内往返火车费及船费；(b) 核准报销考官的航空旅费；(c) 核准按照校务理事会财务委员会规定的标准报销以上(a)和(b)项之外的旅费；(d) 核准报销考官在其工作执行过程中发生的合理费用。

考官可按照校务理事会财务委员会规定的标准申请津贴，条件是考官因执行此项工作而需离开其平时的居住地点一天或一夜。

结果公开

13. 若学位委员会根据考官的报告，认为候选人提交的作品及其在口试中的表现已达到该学位所要求的标准，记有到场人员及投票双方姓名的学位委员会就此做出的决定，应与考官的报告一起，通报给研究生教育委员会。

若研究生教育委员会在接到以上通报后在至少有研究生教育委员会五名成员到场的会议上决定授予该候选人其攻读的学位，研究生教育委员会秘书应发布关于核准授予该考生哲学博士学位的公告。

14. 若学位委员会没有收到考官的报告或在收到考官的报告后认为候选人提交的作品尚未达到该学位所要求的标准，应就此通过一项决定，记有到场人员及投票双方姓名的决定，若考官的报告已收到则一起，通报给研究生教育委员会。研究生教育委员会秘书应将该决定通报候选人。

15. 研究生教育委员会是学位委员会向其通报候选人可被授予学位的建议的决策机构。研究生教育委员会在学位委员会建议授予某学位前，不得核准授予某候选人该学位；在拒绝一项学位授予建议前，他们应给予一位由学位委员会任命的代表一次机会以解释学位委员会给出相应建议的理由。

二次申请

16. 若一位候选人的学位申请失败，他或她将仅有一次机会再次申请，时间是自其第一次申请起至少五年后。

17. 申请哲学博士学位而未经核准的候选人没有资格获得理学硕士或文学硕士学位。

18. 任何学位候选人在学位委员会或研究生教育委员会审议其申请时均不应在场。

19. 获得此学位不需支付任何费用。

哲学硕士学位

哲学硕士学位住校规定

根据2007年11月21日第五号动议修订

除非章程及条例中另有规定，任何人在已完成条例规定的全日制进修课程后，除非他或她已住校至少三个学期，否则不得获得哲学硕士学位。

哲学硕士

一般规章

根据2007年11月21日第五号动议修订

哲学硕士学位学制

1. 哲学硕士学位授予接受进修教育者。学位候选人应选择以下学制之一：

A学制——一年的全日制学习；

B 学制——两年的全日制学习，其中包括一段按规定在剑桥校外完成的学习(不超过三个学期)；

C 学制——两年的非全日制学习。

任何学制下，学习科目、课程大纲、考试规程及其任何修订，均须由学部总委员会根据相关学部委员会或其他机构的建议，在咨询相应的学位委员会后，提交至研究生教育委员会并经其核准生效。

考试

2. 哲学硕士学位考试方案，包括口试相关条款，应按本规章附录中所示规定进行。根据研究生教育委员会依据相关学位委员会建议做出的安排，任何方案均可要求候选人递交一篇或几篇书面作品。除第 7 条所述的特殊情况，或由研究生教育委员会根据相关学位委员会的提议另有决定，考试须在课程结束前进行，形式为笔试时，考试时间需经考试委员会核准。除另有规定，笔试时间一般为三个小时。

3. 哲学硕士候选人不可在同一学期内同时作为其他大学考试候选人，也不可成为本学位候选人多于一次。

修读课程条件

4. 哲学硕士候选人须为在册研究生，依照第 5 条，应在校或在由相关学位委员会和研究生教育委员会批准的类似研究机构，在学位委员会任命的导师的指导下从事规定课程的学习，学生同时须遵守学位委员会或研究生教育委员会的特殊规定。A 学制下的课程须为时一个学年；按照要求，学生需要从学位委员会公布的开课时间开始住校学习三个学期。① B、C 学制下的课程应在两个学年内完成。B 学制下的学生应至少住校三个学期。C 学制下的学生需要在六学期内选修课程或其他正式指导课，开学时间由学位委员会公布。

管理

5. 研究生教育委员会，在考虑相关学位委员会的建议后，可允许哲学硕士学位候选人因疾病或其他充分理由休学。休学的学期不可计入除研究生入学一般规章中第 7 条之外的任何规章要求的学习时间。

候选人的考试申请表

6. 根据本规章附录中规定的时间表，每位候选人的报名表及其修改的详细信息应由候选人提交给相关学位委员会秘书，并由后者提交至研究生教育委员会秘书，秘书应将其转交给教务长。

论文的提交

7. 根据相应专门规章需要递交学位论文的候选人，须按研究生教育委员会批准的安排提交该论文一式两份，并且在由学位委员会建议、研究生教育委员会批准的日期送达。对于 A 学制，应不晚于该学年 8 月 31 日，对于 B、C 学制，应不晚于第二学年的 8 月 31 日，但在特殊情况下，经相关学位委员会建议，候选人可在研究生教育委员会规定的更晚的时间提交论文。

① 特殊情况下，若研究生教育委员会认定相关科目的核准课程可在四旬斋学期或复活节学期开设，委员会亦可许可某一 A 学制的候选人于相应学期开始其学习。

8. 在提交学位论文时，候选人应在前言部分概要地并在脚注及参考文献中具体说明其获取的信息的来源，说明其通过这些工作获得帮助的程度，并说明论文中其声明为原创部分的比例。若候选人提交的论文在实质上等同于其已经或正在为任何大学或类似机构中的其他学位、文凭或资格证书而提交的论文，该论文将不被接受。但候选人为其他目的已提交或正在提交的论文则可以被接受。在提交论文时，候选人应声明(如有)，除哲学硕士学位外，其已经或正在为何目的提交该论文的全文或部分。论文除引文外，语言应为英语。在特殊情况下，研究生教育委员会在咨询相关学位委员会意见后，可允许候选人仅提交一份论文。考官和学位委员会将把该申请人随同提交的已发表的任何论文集或其他作品纳入考虑。

导师的报告

9. 根据研究生入学一般规章中第 8 条的规定，导师应就其所指导的所有学生的学习情况向研究生教育委员会秘书提交报告。

考官及评审官

10. 相关学位委员会将任命其认为足够数量的考官及评审官主持哲学硕士考试并向该委员会报告候选人表现。评审官的职责将由学位委员会决定。

(a) 每次考试至少应有一名校外考官。除非考试仅由论文组成，校外考官中至少有一位应为“主持校外考官”，为该考试中的重要部分负责。

(b) 若考试方案包括笔试，学位委员会需要任命一名高级考官；最迟在米迦勒学期末，学位委员会秘书需要将该高级考官的姓名以及其他考官和评审官的姓名通报给教务长。

(c) 每位候选人的论文将被学位委员会送交两位考官评阅。每位考官应就此向学位委员会提交一份独立报告。该考试的专门规章可要求就该论文，或极特殊情况下，就考试其他部分安排一次口试。口试时，两位考官均应到场，除非研究生教育委员会在特殊情况下可许可考官通过视频会议或其他远程手段主持考试。参加口试的考官应就考试结果签署联合证书。若考官无法就其观点达成一致意见或学位委员会或研究生教育委员会因其他任何原因需要听取关于候选人论文价值的进一步意见，学位委员会可另任命额外考官，条件是任命多于一位的考官时须经研究生教育委员会许可。每位任命的额外考官均应就学位论文向学位委员会提交一份独立报告。

核准(授予)学位

11. 若在审阅考官的报告后，学位委员会认为候选人在考试中的表现达到了哲学硕士学位规定的标准，记有到场人员及投票双方姓名的学位委员会就此做出的决定，应与考官的报告以及候选人在考试笔试获得的分数详情一起，通报给研究生教育委员会。若研究生教育委员会在接到以上通报后在至少有研究生教育委员会三名成员到场的会议上决定授予该候选人其攻读的学位，研究生教育委员会秘书应发布关于核准授予该考生哲学硕士学位的公告，同时注明考试主题以及候选人的学制。

12．研究生教育委员会是学位委员会向其通报候选人可被授予哲学硕士学位建议的决策机构。研究生教育委员会在学位委员会建议授予某学位前，不得核准授予某候选人该学位；在拒绝一项学位授予建议前，他们应给予一位由学位委员会任命的代表一次机会以解释学位委员会给出相应建议的理由。

失败

13．若学位委员会在考虑候选人的成绩及考官的报告后，认为该候选人的表现尚未达到该学位规定的标准，记有到场人员及投票双方姓名的学位委员会就此做出的决定，应与考官的报告及候选人在规定考试中获得的成绩一起，通报给研究生教育委员会。研究生教育委员会秘书应将该决定通报给候选人。

14．以上决定一旦通过，该候选人将不再有资格参加该学位的考试。

考官的费用

15．考官可根据哲学博士、理学硕士和文学硕士学位规章中第11条的规定申请报销旅行费用和工作津贴。

限制

16．任何攻读哲学硕士学位的研究生，若其课程学习已包括了文学学士学位要求的任何学期，并选择获得该学位，将失去获得哲学硕士学位的资格。

附　　录

经公示修订（2007—2008学年《通讯》，第483页）

根据第6条，候选人考试报名的详情应如下表所示：

A 学制

报名提交	书面论文等详情	修正	学位论文题目等
由候选人向学位委员会秘书提交	完整米迦勒学期末之前	—	四旬斋学期中之前
由学位委员会秘书向研究生教育委员会提交	米迦勒学期末之前	完整四旬斋学期第三周周末之前	四旬斋学期末之前
由研究生教育委员会向教务长提交	完整四旬斋学期第一周周末之前	四旬斋学期中之前	—

各项考试的候选人列表应由教务长向各独立学院提供，截止时间为：

报名列表：完整四旬斋学期第二周周末。

报名列表终稿：至少在该项考试开始前四周。

B 学制

报名提交	书面论文等详情	修正	学位论文题目等
由候选人向学位委员会秘书提交	进行考试的学年完整米迦勒学期末之前	进行考试的学年完整四旬斋学期第二周周末之前	第二学年完整米迦勒学期末之前
由学位委员会秘书向研究生教育委员会提交	进行考试的学年米迦勒学期末之前	进行考试的学年完整四旬斋学期第三周周末之前	第二学年米迦勒学期末之前
由研究生教育委员会向教务长提交	进行考试的学年完整四旬斋学期第一周周末之前	进行考试的学年四旬斋学期中之前	—

各项考试的候选人列表应由教务长向各独立学院提供，截止时间为：

报名列表：进行考试的学年完整四旬斋学期第二周周末。

报名列表终稿：至少在该项笔试开始前四周。

C 学制

报名提交	书面论文等详情	修正	学位论文题目等
由候选人向学位委员会秘书提交	第一学年完整米迦勒学期末之前	—	第一学年复活节学期中之前
由学位委员会秘书向研究生教育委员会提交	第一学年米迦勒学期末之前	第一学年完整四旬斋学期第三周周末之前	第一学年复活节学期末之前
由研究生教育委员会向教务长提交	第一学年四旬斋学期第一周周末之前	第一学年四旬斋学期中之前	—

各项考试的候选人列表应由教务长向各独立学院提供，截止时间为：

报名列表：第一学年完整四旬斋学期第二周周末。

报名列表终稿：至少在该项考试开始前四周。

专门规章

高级化学工程

1. 一年制高级化学工程方向哲学硕士考试方案包括：

(a) 十项选自工程学部学位委员会最迟于举行考试前一学年的复活节

学期期末前公布的必修和选修列表的模块。学位委员会有权在米迦勒学期末之前公布附加的可选模块。

(b) 一篇不超过10000字、主题经学位委员会核准的论文。

2. 学位委员会公布各模块及附加模块列表时,应同时发布各模块的考试形式,如笔试、一篇或几篇小论文或其他练习或其组合,以及笔试持续时间、练习的篇幅限制。候选人不得以之前用于其他院校考核的模块参与考试。

3. 考试可由考官酌情设置一次关于候选人按第1条所提交作品及其所属学科领域的知识的口试。

高级计算机科学①

公示(2007—2008学年《通讯》,第959页)

1. 一年制高级计算机科学方向哲学硕士考试方案,根据候选人的选择,由以下方案A或方案B组成:

方案A

至少12个选自计算机科学技术学部学位委员会规定的必选、可选列表的模块。

方案B

(a) 至少6个选自计算机科学技术学部学位委员会规定的必选、可选列表的模块;以及

(b) 一篇不超过15000字、主题经学位委员会核准的论文。

2. 在该学年复活节学期末之前,学位委员会须公布模块列表,学位委员会有权在米迦勒学期末之前公布附加的可选模块。学位委员会公布模块或附加模块时,应同时发布各模块的考试形式,如笔试、课程作业或其组合,以及笔试持续时间、小论文或练习的篇幅限制。候选人不得以之前用于其他院校考核的模块参与考试。

3. 考试可由考官酌情设置一次关于候选人按第1条所提交作品及其所属学科领域的知识的口试。

美国文学

1. 一年制美国文学方向哲学硕士考试方案包括:

(a) 英文学部学位委员会规定的有关书目、文本、批评或方法论的练习;

① 此课程自方案于2009年10月1日生效时开始开设。

(b) 两篇 4000～5000 字、主题经学位委员会核准的小论文；

(c) 一篇 12000～15000 字(含脚注、附录，不含参考文献)、主题经学位委员会核准的论文。

2. 考试可由考官酌情设置一次关于论文及其所属学科领域的知识的口试，亦可包括关于候选人根据以上(a)、(b)两项所提交作品的问题。

盎格鲁-撒克逊，古北欧以及凯尔特人研究

1. 一年制盎格鲁-撒克逊，古北欧以及凯尔特人研究方向哲学硕士考试方案包括：

(a) 英文学部学位委员会规定的有关书目、文本或方法论的练习；

(b) 两篇学术小论文，其中一篇不得超过 4000 字、主题经学位委员会规定或核准；

(c) 一篇 10000～15000 字(含表格、脚注、附录，不含参考文献)、主题经学位委员会核准的论文。

2. 考试可由考官酌情设置一次关于论文及其所属学科领域的知识的口试，亦可包括关于候选人根据以上(a)、(b)两项所提交作品的问题，考官亦可取消口试要求。

应用生物人类学

公示(2007—2008 学年《通讯》，第 52 页)

1. 一年制应用生物人类学方向哲学硕士考试方案包括：

(i) 一篇不超过 20000 字(不包括表格、附录和参考文献)、主题经考古和人类学部学位委员会核准的论文；

(ii) 一个关于统计分析与解释的定量练习；

(iii) 一个关于实验室分析和报告写作的练习；

(iv) 基于选修课程材料的三篇计时小论文；

(v) 一次关于为所准备的论文的口头报告。

2. 考试可由考官酌情设置一次关于论文及其所属学科领域，以及其他为考试所提交作品的知识的口试。

考古文物与博物馆学

1. 一年制考古文物与博物馆学方向哲学硕士考试方案包括：

(i) 一篇不超过 15000 字(包括脚注，不包括附录和参考文献)、主题经

考古和人类学部学位委员会核准的论文；以及

(ii) 以下两门持续三小时的笔试：

考试 3　古代社会的政治

考试 4　博物馆学：历史、理论与实践

以及

(iii) 三篇不超过 4000 字的小论文，其中两篇的主题应与考古文物的管理相关，一篇与博物馆实践相关，并经学位委员会核准。

候选人应在大学考古学与人类学博物馆从事一定时间的实习，通常以展览的形式进行。实习时间应由考古学与人类学部学位委员会决定。监督候选人表现的博物馆管理者签名的实习报告，应由候选人送交考官以供审查。

2. 考试可由考官酌情设置一次关于论文及其所属学科领域的知识的口试。

考古研究

1. 一年制考古研究方向哲学硕士考试方案包括：

(i) 一篇不超过 15000 字（包括脚注，不包括附录和参考文献）、主题经考古和人类学部学位委员会核准的论文；以及

(ii) 三篇不超过 4000 字的小论文或项目（报告），主题与其咨询导师后选定的研究计划相关；以及

(iii) 关于候选人论文研究的研讨会报告；以及

(iv) 一本由学位委员会公布主题的研究方法材料评估工作簿。

2. 考试可由考官酌情设置一次关于论文及其所属学科领域的知识的口试。

考古科学

1. 一年制考古科学方向哲学硕士考试方案包括：

(a) 以下两门持续三小时的笔试：

考试 1　考古科学概论

考试 2　考古中的科学方法

(b) 两篇不超过 4000 字、主题由候选人选自考古学与人类学部学位委员会公布的主题列表的小论文；

(c) 两份不超过 4000 字、主题由候选人选自考古学与人类学部学位委

员会公布的主题列表中的实际操作项目的报告；

(d) 一篇不超过 15000 字(包括脚注，不包括附录和参考文献)、主题经考古和人类学部学位委员会核准的学位论文。

2. 考试可由考官酌情设置一次关于论文及其所属学科领域的知识的口试。

建 筑 学

一年制建筑学方向哲学硕士考试方案包括：一篇 20000～30000 字(不包括表格、脚注、参考文献和附录)、主题经建筑和艺术史学部学位委员会核准的论文。考试应包括一次关于论文及其所属学科领域的知识的口试。

亚洲与中东研究

经公示更名(2007—2008 学年《通讯》，第 961 页)

1. 一年制亚洲与中东研究方向哲学硕士考试方案包括：

(a) 三门主题经亚洲与中东研究学部学位委员会核准科目的考试，应属于相应规章附录中规定的某一领域；[①]如有学位委员会的核准，候选人可提交相同数量的，每篇不超过 5000 字，或经学位委员会核准的其他练习以代替其中一门或多门考试；

(b) 一篇不超过 15000 字(包括脚注、附录但不包括参考文献)、主题经学位委员会核准的学位论文。

以上(a)中所述试卷应由学位委员会于每年米迦勒学期的前四分之一学期结束前制定。

2. 为代替第 1 条中规定的考试，经学位委员会在考虑其经历和资格后许可，候选人可提交一份不超过 25000 字(包括脚注、附录但不包括参考文献)、主题经学位委员会核准的论文。

3. 考试应包括一次关于论文及其所属学科领域的知识的口试，若候选人参加了第 1 条中规定的考试，考官可酌情取消此项要求。

生物人类科学

一年制生物人类科学方向哲学硕士考试方案包括：一篇不超过 35000

① 附录参见第 642 页。

字(不包括表格、脚注、参考文献和附录)、主题经考古学与人类学部学位委员会核准的论文。考试应包括一次关于论文及其所属学科领域的知识的口试。论文需提供足够的证据使考官认为候选人有能力设计并执行调查、评估和解释获得的结果,并将作品置于该科目中更宽广的视角中思考。

生物人类学

经公示废除(2007—2008学年《通讯》,第52页)

生 物 科 学

一年制生物科学方向哲学硕士考试方案包括:一篇不超过15000字(不包括表格、脚注、参考文献和附录)、主题经生物学部学位委员会核准的学位论文。考试应包括一次关于学位论文及其所属学科领域的知识的口试。学位论文需提供足够的证据使考官认为候选人有能力设计并执行调查、评估和解释获得的结果,并将作品置于该科目中更宽广的视角中思考。

生物科学企业

一年制生物科学企业方向哲学硕士考试方案应如下所示:

1. 工程学部学位委员会应在每年复活节学期期末前为将于下一学年进行的考试公布不少于20个生物科学企业必修模块。学位委员会公布各模块时,应同时发布各模块的考试形式,如笔试、课程作业或其组合。

2. 考试应包括:

(a) 一篇不超过10000字、主题经学位委员会核准且与生物科学与企业相关,并以候选人在一个或多个学位委员会核准的机构中开展的工作为基础的论文;

(b) 不多于十篇(每篇不超过3000字)按照学位委员会的规定涵盖科学、伦理、法律、政策以及生物科学和企业领域的小论文,但如果要代替以上某个小论文,候选人可提交一篇批判性评论;

(c) 学位委员会规定的课程作业(可包括书面作业、小组作业和课堂表现)。

3. 考试应包括一次关于学位论文及按照第2条提交的其他作品及其所属学科领域的知识的口试。

生物技术

一年制生物技术方向哲学硕士考试方案包括：一篇不超过15000字（不包括表格、脚注、参考文献和附录）、主题经工程学部学位委员会核准的论文。考试应包括一次关于论文及其所属学科领域的知识的口试。学位论文需提供足够的证据使考官认为候选人有能力设计并执行调查、评估和解释获得的结果，并将作品置于该科目中更宽广的视角中思考。

化　学

一年制化学方向哲学硕士考试方案包括：一篇不超过15000字（不包括表格、脚注、参考文献和附录）、主题经物理与化学学部学位委员会核准的论文。考试应包括一次关于论文及其所属学科领域的知识的口试。学位论文需提供足够的证据使考官认为候选人有能力设计并执行调查、评估和解释获得的结果，并将作品置于该科目中更宽广的视角中思考。

中国研究

1. 两年制中国研究方向哲学硕士考试方案包括：

(a) 五场主题经亚洲与中东研究学部学位委员会核准的笔试，但如有学位委员会的核准，候选人可提交主题由学位委员会规定的两篇各不超过5000字的小论文或一篇不超过10000字的小论文或相当水准的其他练习以代替以上笔试（最多代替三场）；

(b) 一篇不超过12000字（包括脚注、参考文献、附录，不包括参考书目）、主题经学位委员会核准的论文；

(c) 汉语口试。

2. 考试可由考官酌情设置一次关于论文及其所属学科领域的知识的口试。

古　典　学

1. 一年制古典学方向哲学硕士考试方案包括：

(a) 一篇8000～12000字（包括脚注、附录，不包括参考文献）、主题经古典学学部学位委员会核准的论文；

(b) 两篇作品，根据学位委员会的核准，可为4000字左右的小论文或同水准的练习，主题均由学位委员会规定并属于候选人论文的领域或与之相关；

(c) 另一篇作品，根据学位委员会的核准，可为4000字左右的小论文或同水准的练习，主题均由学位委员会规定并属于古典学领域或相关学科，特殊情况是学位委员会可要求候选人参加以下任一场笔试以代替该作品：

考试1　希腊语作家作品翻译。

考试2　拉丁文作家作品翻译。

考试3　希腊语和拉丁语作家作品翻译。

2. 考试应包括一次关于论文及其所属学科领域的知识，以及依考官裁度，候选人提交的小论文或练习的口试，但考官可酌情取消此项要求。

计算生物学

经公示修订（2007—2008学年《通讯》，第538页）

一年制计算生物学方向哲学硕士考试方案包括：

1. 数学学部学位委员会应于每年复活节学期结束之前公布最多九项下学年将要考试的模块列表，公布模块列表时学位委员会应声明每个模块的考试形式，如笔试、长篇小论文、短篇小论文、项目计划或其组合，同时也应确定论文和项目计划篇幅限制。

2. 每位候选人还应完成：

(a) 根据第1条制定的所有模块的笔试或其他练习；

(b) 基于由候选人选择并在若干由学位委员会核准的机构中执行的实验室项目的一篇不超过18000字的报告和一次口头报告。

3. 考试可由考官酌情设置一次关于候选人根据第2条提交的作品及其所属学科领域的知识的口试。

计算机语音、文本与互联网技术

经公示修订（2007—2008学年《通讯》，第607页）

一年制计算机语音、文本与互联网技术方向哲学硕士考试方案包括：

(a) 五个选自必修与选修列表的模块；每一模块的考试形式可为规定的笔试，或课程作业，或二者的组合；以及

(b) 一篇不超过15000字（包括脚注、附录、参考文献）、主题经学位委员会核准的论文。

考试可由考官酌情设置一次关于论文研究计划的口头报告，以及一次关于候选人根据以上(a)与(b)项提交的作品及其所属学科领域的知识的口试。

自然科学素材保存

1. 一年制自然科学素材保存方向哲学硕士考试方案包括：

(a) 三次笔试，内容如下：

考试 1 保存与博物馆学

考试 2 素材分析与素材毁损

考试 3 保存理论与实践

(b) 一篇不超过 15000 字(包括附录与参考文献)、主题经地球科学与地理学部学位委员会核准的论文，该论文须于第 3 条指定的实践结束时提交。

2. 在读期间每位候选人都应参与由学位委员会指定的实践，并向考官展示其实践记录。

3. 结束课程学习后每位候选人都应参与为期十二个月的在收藏自然科学素材的博物馆从事保存工作的实践，该实践的内容由学位委员会决定。每位候选人都应向考官展示其实践记录，并以馆长之签名作为凭证。同时还应向考官提交由地球科学系主任出具的候选人在实践期间的表现报告。

4. 考试应包括一次关于论文及其所属学科领域的知识的口试。

当代欧洲研究

经公示废除(2007—2008 学年《通讯》，第 423 和 583 页)

犯罪学研究

1. 一年制犯罪学研究方向哲学硕士考试方案(下述第 2 条另有规定的除外)包括：

(a) 三篇不超过 3000 字(包括注释与附录)、主题由候选人选自考官公布的列表的小论文，其中一篇的主题除选自考官公布的列表而且要与犯罪学基础课程相关；

以及

(b) 一篇不超过 3000 字(包括注释与附录)、主题由候选人选自考官公布的列表且与犯罪学研究方法课程相关的小论文；

以及

(c) 一篇不超过 4000 字的方法论论文，以及一篇主题由考官公布的材料鉴定研究方法的札记；

以及

(d) 一篇不超过 13000 字(包括注释与附录)、主题经法学部学位委员会核准的犯罪学论文。

考试可由考官酌情设置一次关于论文及其所属学科领域的知识的口试，该口试还可包含与根据以上(a)、(b)、(c)项提交的若干作品相关的问题。

2. 若要求替换第 1 条规定的考试，学位委员会应在充分考虑候选人的个人经历、特殊资质及课题要求的情况下决定是否给予许可，候选人在获得许可的情况下遵从下述方案：

(a) 一篇不超过 3000 字(包括注释与附录)、主题由候选人选自考官公布的列表且与犯罪学研究方法课程相关的小论文；

以及

(b) 一篇不超过 4000 字的方法论论文，以及一篇主题由考官公布的材料鉴定研究方法的札记；

以及

(c) 一篇不超过 35000 字(包括注释与附录)、主题经法学部学位委员会核准的犯罪学论文。

考试应包括一次关于论文及其所属学科领域的知识的口试，该口试还可包含与根据以上(a)与(b)项提交的若干作品相关的问题。

犯 罪 学

一年制犯罪学方向哲学硕士考试方案包括：

(a) 四篇不超过 3000 字(包括注释与附录)、主题由候选人选自考官公布的列表的论文，其中一篇的主题除选自考官公布的列表而且要与犯罪学基础课程相关；

以及

(b) 一篇不超过 3000 字(包括注释与附录)、主题由候选人选自考官公布的列表且与犯罪学研究方法课程相关的小论文；

以及

(c) 一篇不超过 18000 字(包括注释与附录)、主题经法学部学位委员会核准的犯罪学论文。

考试可由考官酌情设置一次关于论文及其所属学科领域的知识的口试，该口试还可包含与根据以上(a)与(b)项提交的若干作品相关的问题。

发展研究

一年制发展研究方向哲学硕士考试应按如下方式进行：

1. 为了学位一般规章的执行，本考试的“相关学位委员会”应为土地经济系学位委员会。

2. 发展研究委员会应于每年的复活节学期结束之前公布下学年将要考试的科目列表。该列表分为两组——第一组和第二组。第一组包含如下内容：

① 开发经济学

② 制度与发展

③ 发展的社会学与政治学

第二组应包含由完整考试科目和半考试科目组成的不超过16门其他科目。经学部总委员会和负责相关考试的学位委员会核准，以上科目可包括从本规章附录中选取的该学位的任何考试。发展研究委员会有权在米迦勒学期期末前发布附加科目的公告，但任一年第二组中科目的总数均不应超过16门。在公布该列表和任何附加内容时，委员会应宣布该科目为完整考试科目或半考试科目以及该科目的考试形式。

发展研究委员会有权于米迦勒学期结束之前以《通讯》公示的形式撤销第二组中的任何科目；委员会秘书将会通知选择这些被撤销科目的候选人。

3. 考试包括：

(a) 两个由候选人选自第一组，并经发展研究委员会核准的科目；

以及

(b) 由候选人选自第二组，并经发展研究委员会核准的一个完整考试科目或两个标准考试科目，或一篇不超过12000字(包括脚注与附录)、主题经发展研究委员会核准的学位论文；

以及

(c) 由候选人选自第一组或第二组，并经发展研究委员会核准的一个完整考试科目或两个标准考试科目。

4. 考试可包括一次关于候选人根据第3条提交的作品及其所属学科领域的知识的口试，但考官可酌情取消该口试要求。

附　录

考试科目应从以下考试中选定：

经济与社会史	管理学
经济学	现代社会与全球变化
环境、社会与发展	规划、增长与改进
金融	社会人类学分析
金融研究	社会人类学研究
拉丁美洲研究	

发生生物学

1. 一年制发生生物学方向哲学硕士考试方案包括：

(a) 一篇不超过 3000 字、主题经生物学部学位委员会核准的小论文；

(b) 一篇不超过 8000 字(包括表格、图注、附录，不包括参考文献)，针对经学位委员会核准并指定的研究项目的评论。

2. 每位候选人都应参与由学位委员会指定的实践，并向考官展示其实践记录。

3. 考试应包含一次关于候选人根据第 1 条与第 2 条提交的作品及其所属学科领域的知识的口试。

早期近代史

1. 一年制早期近代史方向哲学硕士考试方案包括：

(a) 一篇 20000～25000 字(包括注释与附录，不包括参考文献)、主题经历史学部学位委员会核准的论文；

(b) 由学位委员会指定的课程作业；

(c) 书面练习，课题从以下内容中选择三个：

① 古文字学

② 语言训练

③ 资源定位与文献学

④ 非书写类资源

⑤ 文献

2. 考试可由考官酌情设置一次关于论文及其所属学科领域的知识的口试。

地球科学

一年制地球科学方向哲学硕士考试方案包括：一篇不超过15000字（不包括表格、脚注、参考书目、附录）、主题经地球科学与地理学部学位委员会核准的论文。考试应包含一次关于论文及其所属学科领域知识的口试。论文需提供足够的证据使考官认为候选人有能力设计并执行调查、评估和解释获得的结果，并将作品置于该科目中更宽广的视角中思考。该生还需按规定完成教学课程的学习。

经济与社会史

1. 一年制经济与社会史方向哲学硕士考试方案包括：

(a) 一篇不超过3000字、主题涉及经济与社会史核心概念和问题并经历史学部学位委员会核准的小论文；

(b) 由学位委员会指定的，涉及经济与社会史学者的调查方法、统计方法、人种学方法的课程作业；

(c) 学位委员会规定的两篇书面练习，应根据学位委员会说明的条件完成，主题由候选人从以下列表中选定，并经学位委员会核准：

① 反思1500—1800年间的性别和变化

② 民事登记前英国历史人口统计的问题与方法

③ 经济和社会思想史

④ 18和19世纪的英国工业化

⑤ 1750年以来的经济增长、政治和健康

⑥ 工业社会的国家和经济：1850年以来的英国和美国

⑦ 历史视角中的全球化

或

两篇书面练习，应根据学位委员会说明的条件完成，主题由候选人从以下列表中选定，并经学位委员会核准，或一篇5000字的论文，或以下科目的一场笔试：

制度和发展[①]

(d) 一篇不超过4000字的，关于候选人根据以下(e)项将提交论文的方法论介绍；

① 本科目选自发展研究方向哲学硕士学位第一组考试。

(e) 一篇不超过 20000 字的论文，题目属于经济和/或社会史领域并经学位委员会核准。

2. 考试可由考官酌情设置一次关于论文及其所属学科领域的知识的口试。

经 济 学

1. 经济学学部委员会应于每年的复活节学期结束之前公布下学年将要考试的经济学科目列表。该列表分为两组，第一组（核心科目）和第二组（专题科目）。第一组应由以下科目组成：

① 微观经济学Ⅰ

② 宏观经济学Ⅰ

③ 计量经济学Ⅰ

④ 微观经济学Ⅱ

⑤ 宏观经济学Ⅱ

⑥ 计量经济学Ⅱ

在公布科目列表时学位委员会应宣布每个科目的考试形式，考试形式应为一次笔试、一篇或多篇小论文或其他书面练习，或以上项目的组合，并应说明任一个笔试的持续时间以及任一小论文或其他练习的篇幅限制。

2. 一年制经济学方向哲学硕士的考试方案，根据候选人的选择，应包括以下方案 A 或方案 B 之一：

方案 A

(a) 第一组中的 1—3 三个核心科目；

(b) 候选人经学位委员会核准从第二组中选择的另外两门科目；

(c) 一篇不超过 10000 字，题目经学位委员会核准的论文。

方案 B

(a) 第一组中的 1—3 三个核心科目；

(b) 第一组中的 4—6 三个核心科目，但学位委员会可许可一位特定的候选人选择与根据以下(c)项提交的论文主题相关的第二组中的某一科目以代替这些科目；

(c) 一篇不超过 100C0 字、主题经学位委员会核准的论文。

3. 考试可由考官酌情设置一次关于候选人根据第 2 条提交的作品及其所属学科领域的知识的口试。

教 育 学

一年制教育学方向哲学硕士考试方案，根据候选人的选择，应包括以下方案A或方案B之一：

方案A

考试应包括一篇不超过30000字(不包括脚注、表格、附录和参考文献)、主题经教育学部学位委员会核准的论文。考试应包含一次关于学位论文及其所属学科领域的知识的口试。

方案B

(a) 考试应包括一篇不超过20000字(不包括脚注、表格、附录和参考文献)、主题经教育学部学位委员会核准的论文；

以及

(b) 两篇分别不超过6000字和6500字的、主题经教育学部学位委员会核准且属于以下教育学研究某一专题领域的小论文：

心理学

数学教育

特殊教育

政治、民主和教育

跨文化第二语言教育

考试应包含一次关于论文及其所属学科领域的知识的口试，但考官可酌情取消该口试要求。

工 程 学

一年制工程学方向哲学硕士考试方案包括一篇不超过15000字(不包括表格、脚注、参考文献和附录)、主题经工程学部学位委员会核准的论文。考试应包含一次关于论文及其所属学科领域的知识的口试。论文需提供足够的证据使考官认为候选人有能力设计并执行调查、评估和解释获得的结果，并将作品置于该科目中更宽广的视角中思考。

可持续发展工程

可持续发展工程方向哲学硕士考试方案包括：

(a) 至少八项选自必修和选修列表的模块，每个模块的考试方式应为一场九十分钟的笔试或课程作业或以上二者的组合；

以及

(b) 工程学部学位委员会核准形式和主题的两次到八次练习；

以及

(c) 一篇不超过15000字(包括脚注、附录和参考文献)、主题经学位委员会核准的论文。其评估将包括一个以该论文为基础的项目的口头报告。

考试可由考官酌情设置一次关于候选人按照以上规章(a)(b)(c)所提交的作品,及其所属学科领域的知识的口试。

英语与应用语言学

1. 一年制英语与应用语言学方向哲学硕士考试方案包括:

(a) 两篇小论文,每篇不超过8000字(包括脚注,不包括表格、附录和参考文献),主题经英文学部学位委员会核准;

以及

(b) 八篇小论文,每篇不超过2000字,主题应选自英文学部学位委员会公布的列表并属于下列领域,每个领域两篇:

(i) 英语:句法、语音、拼写;

(ii) 英语:语义、语用、叙述分析;

(iii) 语言习得与发展;

(iv) 语言处理和语言习得心理学。

2. 考试应包含一次关于候选人按以上第1条所提交作品及其所属学科领域的知识的口试,但考官可酌情取消该口试要求。

英 语 研 究

1. 一年制英语研究方向哲学硕士考试方案包括:

(a) 英文学部学位委员会规定的有关书目、文本、批评或方法论的练习;

(b) 两篇小论文,每篇4000～5000字,主题经学位委员会核准;

(c) 一篇12000～15000字(包括脚注、附录,但不包括参考文献)、主题经学位委员会核准的论文。

2. 考试可由考官酌情设置一次关于论文及其所属学科领域的知识的口试,口试亦可包括关于候选人根据以上(a)和(b)项提交的作品的问题。

环境、社会和发展

1. 一年制环境、社会和发展方向哲学硕士考试方案包括：

(a) 四篇小论文或其他练习，每篇不超过4000字，主题属于地球科学与地理学部学位委员会公布的领域；

(b) 一篇不超过10000字（不包括脚注、表格、附录和参考文献）、主题经地球科学与地理学部学位委员会核准的论文。

2. 考试应包含一次关于候选人根据第1条提交的作品及其所属学科领域的知识的口试，但考官也可酌情取消该口试要求。

建筑环境设计

经公示修订（2007—2008学年《通讯》，第264页）

1. 建筑环境设计方向哲学硕士考试方案，根据候选人的选择，应包括以下方案A或方案B之一：

方案A（一年制）

考试方案A包括：

(a) 一篇不超过20000字（不包括附录、参考文献）、主题经建筑与艺术史学部学位委员会核准的论文；

(b) 四篇小论文或其他练习，每篇不超过3000字，主题由学位委员会规定。

方案B（两年制）

选择方案B的候选人需在建筑与艺术史学部学位委员会规定的地方进行9个月的建筑学实践。考试方案B包括：

(a) 一篇不超过15000字（不包括附录、参考文献，包括绘制材料）、主题经学位委员会核准的设计论文；

(b) 四篇小论文或其他练习，每篇不超过3000字，主题由学位委员会规定；

(c) 另一篇不超过3000字的小论文，主题关于当前建筑实践及其文化语境；

(d) 一篇在案例分析进行过程中撰写的日志。

2. 考试可由考官酌情设置一次关于学位论文或设计论文及其所属学科领域的知识的口试。

环境政策

一年制环境政策方向哲学硕士考试方案包括：

1. 土地经济系学位委员会应于每年复活节学期结束之前公布下学年将要考试的科目列表。列表中应包含一门核心方法论科目、四门其他核心科目和不少于四门选修科目（学位委员会可要求候选人应参加任一组科目中的至少一门）。在公布列表时学位委员会应声明每个科目的考试形式，如笔试、小论文、项目计划，或其组合，同时也应确定论文和项目计划的篇幅限制。

2. 除第3条和第4条中规定的情形，每位候选人应参加：

(a) 核心方法论科目；

(b) 被学位委员会规定为核心科目的四门科目；

(c) 三门选修科目；

(d) 一篇不超过12000字（包括图解、脚注、表格、附录，不包括参考文献）、主题经学位委员会核准的论文。

3. 经学位委员会在考虑候选人的经历和特别资格后，候选人可参加从第1条中所述的科目列表中选择另外一门选修科目代替核心方法论科目。

4. 候选人可参加与经学位委员会核准的主题相关的工作室工作并根据学位委员会核准的方式从事该工作，代替第2条(b)或(c)中所述的任意两个科目。

5. 考试可由考官酌情设置一次关于候选人根据第2条提交的作品及其所属学科领域的知识的口试。

环境科学[①]

公示（2007—2008学年《通讯》，第1046页）

1. 一年制环境科学方向哲学硕士考试方案包括：

(a) 四篇小论文或其他练习，每篇不超过4000字，主题应选自地球科学与地理学部学位委员会公布的列表，与环境科学研究方法相关；在公布主题列表时，学位委员会应规定考试的形式，如一篇或多篇小论文或其他练习，或其组合。

(b) 一篇不超过15000字（不包括脚注、表格、附录和参考文献）、主题经

① 此课程自方案于2009年10月1日生效时开始开设。

地球科学与地理学部学位委员会核准的论文。

2. 考试可由考官酌情设置一次关于第1条中所述考试组成部分及其所属学科领域的知识的口试。

传染病学

1. 一年制传染病学方向哲学硕士考试方案包括：

(a) 一篇不超过20000字(包括脚注,不包括表格、附录和参考文献),主题经临床医学院学位委员会核准的论文；

(b) 两门笔试,每门均可能覆盖课程大纲中规定的学习范围；

(c) 两篇小论文,每篇不超过3000字,主题经学位委员会核准；

(d) 一项生物统计学练习。

2. 考试应包含一次关于论文及其所属学科领域的知识的口试,也可涉及候选人提交的其他任何考试部分的材料,但考官可酌情取消该口试要求。

民族音乐学

1. 一年制民族音乐学方向哲学硕士考试方案,根据候选人的选择,应包括以下方案A或方案B之一：

方案A

(a) 一篇不超过15000字(包括表格、脚注和附录,不包括参考文献)、主题经音乐学部学位委员会核准的民族音乐学论文；

以及

(b) 任何从以下第2条中指定的选项中选择的两项练习。

方案B

(a) 一篇不超过25000字(包括表格、脚注和附录,不包括参考文献)、主题经音乐学部学位委员会核准的民族音乐学论文；

以及

(b) 任何从以下第2条中指定的选项中选择的一项练习。

2. 方案A或方案B中(b)项要求的练习应由候选人从以下选项中选择：

(i) 誊录并分析一段或多段候选人经学部委员会核准选择的录音；

(ii) 候选人从事的实际创作的书面记录,并附有候选人创作的带注解的录音；

(iii) 一篇5000～7000字(不包括脚注、参考文献和音乐示例)运用民族音乐学理论与方法的评论；

(iv) 三篇小论文，每篇不超过 2500 字，合计不超过 12000 字(包括表格、脚注和附录，但不包括参考文献、音乐示例和誊录部分)，主题由学位委员会规定。

候选人从事的以上选项(ii)中的实际创作的性质和长度应经学位委员会核准。

3. 考试可由考官酌情设置一次关于候选人提交的论文和练习及其所属学科领域的知识的口试。

欧洲文学与文化

1. 一年制欧洲文学与文化方向哲学硕士考试方案包括：

(a) 一篇不超过 15000 字(包括脚注与附录，不包括参考文献)、主题经现代与中世纪语言学部学位委员会核准的论文；

以及

(b) 三篇小论文，每篇不超过 4500 字，主题属于学位委员会公布的领域。学位委员会应于每年复活节学期结束前公布下学年举行考试的研究领域。

2. 考试应包含一次关于论文及其所属学科领域的知识的口试，但考官可酌情取消该口试要求。

金　　融

1. 一年制金融方向哲学硕士考试方案包括九个选自工商管理学部学位委员会最迟于举行考试前的米迦勒学期公布的必修和选修列表的模块。

2. 公布模块列表时学位委员会应声明每个模块的考试形式，如笔试、若干篇论文或练习，或其组合，同时也应确定笔试持续时间与论文或练习的篇幅限制。

3. 若要求替换三项根据第 1 条规定的模块考试，学位委员会可允许该候选人另行提交不超过 12000 字、主题经学位委员会核准的学位论文。

4. 考试可由考官酌情设置一次关于第 1 条和第 3 条所指定的作品及其所属学科领域的知识的口试。

金融研究

经公示修订(2007—2008 学年《通讯》,第 960 页)

1. 一年制金融研究方向哲学硕士考试方案包括:

(a) 一篇不超过 12000 字(包括图示和脚注,不包括参考文献和附录)、主题经工商管理学部学位委员会核准的论文;

以及

(b) 六项选自工商管理学部学位委员会最迟于举行考试前的米迦勒学期公布的必修和选修列表的模块。

2. 公布模块列表时学位委员会应声明每个模块的考试形式,如笔试、若干篇论文或练习,或其组合,同时也应确定笔试持续时间与论文或练习的篇幅限制。

3. 考试可由考官酌情设置一次关于第 1 条所提交的作品及其所属学科领域的知识的口试。

工业流体运动与环境

1. 一年制工业流体运动与环境方向哲学硕士考试方案包括:

(a) 两场笔试,每场持续三个小时,主题经地球科学与地理学部学位委员会核准;

(b) 一篇不超过 15000 字(包括表格、图注、附录,不包括参考文献)、研究项目由学位委员会核准或指定的论文。

2. 考试可由考官酌情设置一次关于论文及其所属学科领域的知识的口试。

地理信息系统与遥感技术[①]

1. 一年制地理信息系统与遥感技术方向哲学硕士考试方案包括:

(a) 一篇不超过 4000 字的小论文或练习,主题由候选人选自地球科学与地理学部学位委员会公布的列表,其主旨应与地理信息系统与遥感技术的研究方法相关;

(b) 三篇小论文或练习,每篇不超过 4000 字,主题由候选人选自地球科

① 该考试从 2009 年 10 月 1 日起废除(参见 2007—2008 学年《通讯》,第 1046 页)。

学与地理学部学位委员会公布的列表；

(c) 一篇不超过15000字(不包括脚注、表格、附录和参考文献)、主题经学位委员会核准的论文。

2. 考试可由考官酌情设置一次关于根据第1条所提交的论文或练习及其所属学科领域的知识的口试。

地理研究

1. 一年制地理研究方向哲学硕士考试方案包括：

(a) 两篇小论文，每篇不超过4000字，主题由候选人选自地球科学与地理学部学位委员会公布的列表，与地理研究有关并由地理学系主任核准的小论文；

(b) 一篇不超过4000字的论文和根据学位委员会公布的主题选择的材料鉴定研究方法札记；

(c) 一篇不超过20000字(包括脚注，不包括表格、附录和参考文献)、主题经学位委员会核准的论文。

2. 考试可由考官酌情设置一次关于论文及其所属学科领域的知识的口试。

历史研究

1. 一年制历史研究方向哲学硕士考试方案包括：

(a) 一篇2000～5000字的专题论文或文献学论文，主题经历史学部学位委员会核准，且主题与候选人根据(b)项提交的论文相关；

以及

(b) 一篇20000～30000字的论文(不包括脚注与参考文献)，主题经学位委员会核准。

2. 考试应包含一次关于论文及其所属学科领域的知识的口试，但考官可酌情取消该口试要求。

科学、技术、医学的历史、哲学与社会学

1. 一年制科学、技术、医学的历史、哲学与社会学方向哲学硕士考试方案包括：

(a) 一篇不超过15000字(包括脚注，不包括附录与参考文献)、主题经

科学史与科学哲学系学位委员会核准的论文；

以及

(b) 三篇小论文，每篇不超过 5000 字(包括脚注，不包括参考文献)，除以下所列外，另择的题目须经学位委员会核准：

① 科学中的古典传统

② 自然哲学：从文艺复兴到启蒙运动

③ 科学、工业与帝国

④ 形而上学、认识论与科学

⑤ 科学与技术研究

⑥ 心灵的历史与哲学

⑦ 医学：从古典时期到启蒙运动

⑧ 现代医学与生物医学

⑨ 科学的形象

⑩ 每一次世界大战以来的科学与技术

至多一篇小论文可仅选择上述一个领域；在获得学位委员会许可的情况下，可有两篇论文仅选择一个领域，或三篇之一可选择上述之外的但必须与本系相关的领域。

2. 考试应包含一次关于论文及其所属学科领域的知识的口试，但考官可酌情取消该口试要求。

艺术与建筑史

1. 一年制艺术与建筑史方向哲学硕士考试方案包括：

(i) 一篇不超过 15000 字(包括脚注与附录，不包括参考文献)、主题经建筑学与艺术史学部学位委员会核准的论文；

以及

(ii) 两篇小论文，每篇不超过 4000 字，主题经学位委员会核准；

以及

(iii) 两次演讲，每次不超过 3000 字，主题如下并由学位委员会核准：

建筑史

文本与图像

2. 考试可包含一次关于候选人提交的论文与小论文及其所属学科领域的知识的口试。

人类进化研究

2007—2008 学年《通讯》，第 52 页

1. 一年制人类进化研究方向哲学硕士考试方案包括：

(i) 一篇不超过 20000 字(不包括表格、附录、参考文献)、主题经考古学与人类学学部学位委员会核准的论文；

(ii) 四篇小论文，每篇不超过 2500 字(不包括表格与参考文献)，主题经学位委员会核准。

2. 考试可由考官酌情设置一次关于论文与各项考试作品及其所属学科领域的知识的口试。

工业体系、制造业与管理

1. 一年制工业体系、制造业与管理方向哲学硕士考试方案包括：

(a) 数篇由工程学部学位委员会指定的课业报告。报告的数目、宣讲方式与评定办法皆由学位委员会决定；

(b) 一篇调查报告，提交方式与评定办法皆由学位委员会决定；

(c) 一篇不超过 15000 字、主题经学位委员会核准的论文。

2. 课业包括对若干由学位委员会核准的机构的工业调查，调查类型与持续时间皆由学位委员会决定。

3. 考试可包含一次口试，涉及根据以上第 1 条(b)与(c)提交的作品以及设计、制造与管理领域的知识；考官亦可酌情设置对候选人根据以上第 1 条(a)所提交作品的口试。

创新、战略与组织

经公示修订(2007—2008 学年《通讯》，第 960 页)

1. 一年制创新、战略与组织方向哲学硕士考试方案包括：

(a) 一篇不超过 12000 字(包括图解与脚注，不包括参考文献与附录)、主题经工商管理学部学位委员会核准的论文；

以及

(b) 六项选自工商管理学部学位委员会最迟于举行考试前的米迦勒学期公布的必修和选修列表的模块。

2. 公布模块列表时学位委员会应声明每个模块的考试形式，如笔试、若

干篇论文或练习，或其组合，同时也应确定笔试持续时间与论文或练习的篇幅限制。

3. 考试可由考官酌情设置一次关于根据第1条所提交的作品及其所属学科领域的知识的口试。

国际关系

经公示修订（2007—2008学年《通讯》，第423页）

1. 国际关系的研究领域如下：

① 国际关系理论

② 国际政治

③ 国际法与国际组织

④ 世界历史

⑤ 世界经济

⑥ 外交政策与安全研究

国际研究学位委员会有权于米迦勒学期结束之前以《通讯》公示的形式修订研究领域列表。学位委员会应于米迦勒学期结束之前公示每个领域的考试形式。

2. 国际关系方向哲学硕士考试方案，根据候选人的选择，应包括以下方案1A、方案1B或方案2之一：

方案1A

(a) 三次选自以上领域的课程作业，其主题至少选自两个不同的领域；

(b) 一篇不超过20000字（包括表格、脚注、附录，不包括参考文献）、主题经学位委员会核准的论文。

上述课程作业与学位论文的替代方案为四次主题至少选自两个不同领域的课程作业与一篇不超过10000字（包括表格、脚注、附录，不包括参考文献）、主题经学位委员会核准的论文。

方案1B

(a) 四次选自以上领域的课程作业，其主题至少选自两个不同的领域；

(b) 一篇不超过20000字（包括表格、脚注、附录，不包括参考文献）、主题经学位委员会核准的论文；

(c) 研究方法课程成绩合格。

方案2

本方案的修读时间将延长两年。考试方案包括：

(a) 四次选自以上领域的课程作业，其主题至少选自两个不同的领域；

(b) 一篇不超过 6000 字、主题经学位委员会核准并涉及研究方法的小论文；

(c) 由学位委员会核准的研究训练课程成绩合格；

(d) 一篇不超过 30000 字(包括表格、脚注、附录,不包括参考文献)、主题经学位委员会核准的论文。

3. 考试可由考官酌情设置一次关于候选人根据第 2 条提交的作品及其所属学科领域的知识的口试。

欧洲研究

4. 候选人若选择了至少三项由学位委员会公布的欧洲方案课程,则被视为已完成国际关系(欧洲研究)方向哲学硕士的考试。

国际研究

经公示废除(2007—2008 学年《通讯》,第 423 页)

土地经济

一年制土地经济方向哲学硕士考试方案包括:一篇不超过 30000 字[①](包括图解、脚注、附录,不包括参考文献)、主题经土地经济系学位委员会核准的论文。考试应包含一次口试,涉及论文及其所属学科领域的知识。

土地经济研究

一年制土地经济研究方向哲学硕士考试方案包括:

1. 土地经济系学位委员会应于每年复活节学期结束之前公布下学年将要考试的模块列表,公布模块列表时学位委员会应声明每个模块的考试形式,如笔试、长篇小论文、短篇小论文、项目计划,或其组合,同时也应确定论文和项目计划的篇幅限制。

2. 每位候选人还应完成:

(a) 一篇不超过 4000 字的小论文以及一部关于材料鉴定研究方法的札记,主题由学位委员会公布;

(b) 两项候选人选自第 1 条所规定的列表并由学位委员会核准的模块;

(c) 一篇不超过 20000 字[②](包括图解、脚注、附录,不包括参考文献)、主

① 主要包含统计数据和符号的一页 A4 纸相当于 250 字。

② 同上注。

题经学位委员会核准的论文。

3. 考试应包含一次口试，涉及候选人根据第 2 条提交的作品及其所属学科领域的知识，但考官可酌情取消该口试要求。

拉丁美洲研究

经公示修订(2007—2008 学年《通讯》，第 960 页)

1. 一年全日制或两年非全日制拉丁美洲研究方向哲学硕士考试方案(下述第 2 条另有规定的除外)包括：

(a) 一篇不超过 15000 字(包括脚注、表格、附录，不包括参考文献)、主题经国际研究学位委员会核准的论文；

以及

(b) 两篇题目由候选人根据学位委员会指定的并由学位委员会核准的练习，其选项如下：

① 拉丁美洲史

② 拉丁美洲人类学

③ 拉丁美洲文化

④ 当代拉丁美洲经济问题

⑤ 拉丁美洲社会学与政治学

⑥ 拉丁美洲影视与视觉艺术

⑦ 由学位委员会规定的拉丁美洲研究课题

⑧ 由学位委员会规定的拉丁美洲研究课题

以及

(c) 两篇不超过 5000 字(包括脚注，不包括表格、附录和参考文献)、主题经学位委员会核准的论文，其领域须与(b)项所规定的两篇练习一一对应。

2. 若要求替换第 1 条规定的考试，学位委员会应在充分考虑候选人的个人经历、特殊资质及课题要求的情况下决定是否给予许可，候选人在获得许可的情况下可另行提交一篇不超过 30000 字(包括脚注、表格、附录和参考文献)，主题经国际研究学位委员会核准的论文。

3. 考试应包含一次关于论文及其所属学科领域的知识的口试，但考官可酌情取消该口试要求。若候选人选择第 1 条规定的考试方案，则该口试还可包含与其提交的论文和练习相关的问题。

语 言 学

1. 一年制语言学方向哲学硕士考试方案包括：

(a) 一篇不超过 20000 字(包括脚注,不包括表格、附录和参考文献)、主题经现代与中世纪语言学部学位委员会核准的论文；

(b) 三篇小论文,其中两篇不超过 2000 字,一篇不超过 4000 字(均包括脚注,不包括表格、附录和参考文献),主题经学位委员会核准或指定的论文；

(c) 一次于四旬斋学期第二次研讨会上的口头报告。

2. 考试应包含一次关于论文及其所属学科领域的知识的口试,但考官可酌情取消该口试要求。

管 理

1. 一年制管理方向哲学硕士考试方案包括：九项选自工商管理学部学位委员会最迟于举行考试前的米迦勒学期公布的必修和选修列表的模块。

2. 公布模块列表时学位委员会应声明每个模块的考试形式,如笔试、若干篇论文或练习,或其组合,同时也应确定笔试持续时间与论文或练习的篇幅限制。

3. 考试可由考官酌情设置一次关于第 1 条所指定的作品的口试。

管理研究

1. 一年制管理研究方向哲学硕士考试方案包括：

(a) 一篇由工商管理学部学位委员会指定的关于研究方法的课程作业；

以及

(b) 一篇不超过 20000 字(包括图解、脚注、附录,不包括参考文献)、主题经学位委员会核准的论文；

以及

(c) 一篇主题由候选人选自学位委员会公布的列表的论文或其他练习。公布主题列表时学位委员会应声明论文或练习的篇幅限制。

2. 考试可由考官酌情设置一次候选人根据第 1 条提交的作品及其所属学科领域的知识的口试。

管理科学[1]

经公示修订(2007—2008 学年《通讯》,第 960 和 961 页)

1. 一年制管理科学方向哲学硕士考试方案包括:

(a) 一篇不超过 12000 字(包括图解与脚注,不包括参考文献与附录)、主题经工商管理学部学位委员会核准的论文;

以及

(b) 六项选自工商管理学部学位委员会最迟于举行考试前的米迦勒学期公布的必修和选修列表的模块。

2. 公布模块列表时学位委员会应声明每个模块的考试形式,如笔试、若干篇论文或练习,或其组合,同时也应确定笔试持续时间与论文或练习的篇幅限制。

3. 考试可由考官酌情设置一次候选人根据第 1 条提交的作品及其所属学科领域的知识的口试。

医药科学

经公示修订(2007—2008 学年《通讯》,第 1047 页)

一年制医药科学方向哲学硕士考试方案,根据候选人的选择,应包括以下方案 A 或方案 B 之一:

方案 A

考试包含一篇不超过 20000 字(不包括表格、脚注、参考文献和附录)、主题经临床医学与兽医学部学位委员会核准的论文。

考试应包含一次关于论文及其所属学科领域的知识的口试。论文需提供足够的证据使考官认为候选人有能力设计并执行调查、评估和解释获得的结果,并将作品置于该科目中更宽广的视角中思考。

方案 B

考试包含:

(a) (i) 一篇不超过 8000 字(包括表格、图注、附录,不包括参考文献)的有关实践项目的书面报告,该实践不得少于 8 周,主题经临床医学与兽医学部学位委员会核准;

或(ii) 一篇不超过 4000 字、主题经学位委员会核准的小论文;

---

[1] 本课程将于 2009 年 10 月 1 日更名为“管理科学与运作”。

(b) 一篇不超过 8000 字(包括表格、图解和附录,不包括参考文献)、针对由学位委员会核准并指定的研究项目的评论;

(c) 由学位委员会指定的实践;每位候选人都应向考官展示其实践记录。

考试应包含一次关于候选人根据以上(a)—(c)项提交的作品及其所属学科领域的知识的口试。

中世纪与文艺复兴时期文学

一年制中世纪与文艺复兴时期文学方向哲学硕士考试方案包括:

(a) 一篇 12000~15000 字(包括脚注与附录,不包括参考文献)、主题经英语学部学位委员会核准的论文,或与之等同的作品,并应属于以下研究领域中的一个:

中世纪文学

文艺复兴时期文学

中世纪与文艺复兴时期文学

以及

(b) 两篇不超过 4000 字、主题经学位委员会核准的小论文;

以及

(c) 若干篇关于中世纪或文艺复兴时期或这两个时期的经学位委员会核准的书面练习。

考试可由考官酌情设置一次关于论文及其所属学科领域的知识的口试;该口试也可包含与候选人根据以上(b)和(c)项提交的作品相关的问题。

中 世 纪 史

1. 一年制中世纪史方向哲学硕士考试方案包括:

(a) 一篇不超过 5000 字的小论文,或两篇都不超过 3000 字的小论文,主题由历史学部学位委员会指定的小论文,主题属于候选人选自学位委员会所公布的列表的学科领域;

(b) 至少一次由学位委员会核准的古文字学练习,内容与候选人根据(a)项所选定的领域相关;

(c) 一篇主题与(e)项所要求提交的论文相关、包含书籍数量为 75~100 的文献总目提要;

(d) 一篇依论文主题所作、长度在 1000~2000 字之间的文献学与史学史论文;

(e) 一篇 15000～25000 字(包括表格、脚注和附录,不包括参考文献)、主题经学位委员会核准的论文。

学位委员会应于学生论文选题前的第二个学年的复活节学期之前发出通知,公告学生根据(a)项可申请的学科领域。

2. 考试应包含一次关于论文及其所属学科领域的知识的口试,但考官可酌情取消该口试要求。

微型与纳米技术企业

一年制微型与纳米技术企业方向哲学硕士考试方案包括:

1. 物理与化学学部学位委员会应于每年复活节学期结束之前公布下学年微型与纳米技术企业方向考试必选模块的列表,其中必选模块不超过 15 个。学位委员会应在列表公告中声明每个模块的具体考试形式,如考试、小论文、课程作业,或其组合。

2. 考试应包括:

(a) 两场内容涵盖所有教学大纲规定的核心科学项目的笔试;

(b) 不超过 8 篇、每篇不超过 3000 字的小论文,内容涵盖由学位委员会指定的领域:自然科学、伦理学、法律、政策,以及微型与纳米科学和实业的相互影响;

(c) 由学位委员会指定的课程作业(可包括写作、小组合作以及课堂表现);

(d) 一篇不超过 5000 字的文献综述,应为科学领域的主修研究项目[见(e)项]或主题与实业、伦理学、法律、政策相关的个案分析[见(e)项];

(e) 一篇不超过 15000 字(包括表格、图注和附录,不包括参考文献)、主题经学位委员会核准的学位论文,其主题涉及:(i) 深入的科学研究[前附文献综述,领域与根据(d)项所提交者相同],或(ii) 涉及自然科学、实业、伦理学、法律、政策的深度个案分析[与根据(d)项所提交之文献综述主题相符]。

(d)项与(e)项所提交作品的主题或项目应分别经学位委员会核准。

3. 考试应包含一次关于候选人提交的学位论文或其根据第 2 条(e)提交的作品及其所属学科领域的知识的口试。

欧洲现代史

1. 一年制欧洲现代史方向哲学硕士考试方案包括:

(a) 一篇 20000～25000 字(包括注释与附录,不包括参考文献)、主题经历史学部学位委员会核准的论文；

(b) 两篇小论文，每篇不超过 5000 字，其中一篇的主题由候选人选自学位委员会所指定的列表且属于以下领域，另一篇的主题选自任一领域：

(i) 历史与历史学家

(ii) 欧洲现代史学术争鸣

(c) 一篇不超过 5000 字的小论文，主题由候选人选自学位委员会所公布的选项列表；

(d) 课程所设研讨班和研讨会上的一篇不超过 2500 字的评论。

2. 考试可由考官酌情设置一次关于论文及其所属学科领域的知识的口试。

现代社会与全球变化

一年制现代社会与全球变化方向哲学硕士考试方案包括：

1. 社会与政治科学学部学位委员会应于每年复活节学期结束之前公布下学年现代社会与全球变化考试项目的列表，该列表应包含 4～7 项科目。

2. 考试应包括：

(a) 两篇小论文，每篇不超过 3000 字[①]，主题选自社会科学方法论并经学位委员会核准，或由学位委员会指定的，内容属于统计学、调查学与人类学研究方法的课程作业；

(b) 两篇小论文，每篇不超过 5000 字[②]，主题经学位委员会核准，每一篇的主题应属于学位委员会根据第 1 条所公布的科目之一；

(c) 一篇不超过 20000 字[③]、主题经学位委员会核准的论文。

3. 考试可包含一次口试，涉及论文及其所属学科领域的知识，但考官可酌情取消该口试要求。

作　　曲

1. 一年制作曲方向哲学硕士考试方案包括：

(a) 四部音乐作品，要求如下：

(i) 一部演奏时间在 12～25 分钟、用于管弦乐队演奏或室内乐队演奏

---

① 包括脚注、表格和附录。

② 同上注。

③ 同上注。

的作品，是否包含独唱或合唱不限。作品中可包含戏剧（歌剧、芭蕾等），但需注意时间限制；

(ii) 其他三部演奏时间在7～20分钟的作品。其中至少有一部作品需要用到至少四种乐器或声部作为配乐，至多有一部作品仅使用单一乐器或声部作为配乐。

以上四部作品的风格皆由候选人选择。所有作品都可包含电子或电声元素，其中一个可完全使用这一方法创作，但所有作品都应尽量记录为乐谱形式。四部作品之一应展现熟练且持续的复音应用。每部作品都应附有500～1000字的文本，列出其美学与技法上的意旨（适当的作品中还包括上述要求的复音应用）。候选人还须随乐谱提交任意两个作品的录音，介质为CD盘片或MD盘片。

(b) 一篇不超过10000字的小论文，内容三选一：

(i) 对某位作曲家音乐的分析研究，包括对背景的思考以及与该作曲家作品相关的文献的研究；

(ii) 对音乐史上某一时期关于作曲教学的问题与方法的专题研究；

(iii) 对1900年以来音乐方面的理论与哲学思想的专题研究。

2. 任一候选人根据第1条(b)所选择的论文题目应经音乐学部学位委员会核准。

3. 考试可由考官酌情设置一次口试。

音　乐　学

1. 一年制音乐学方向哲学硕士考试方案包括：

(a) 一篇不超过15000字（包括表格、脚注和附录，不包括参考文献、音乐示例和录音文本）、主题经音乐学部学位委员会核准的论文；

以及

(b) 三篇小论文，每篇不超过2500字，总计不超过12000字（包括表格、脚注、附录，不包括参考文献、音乐示例和录音文本），主题经学位委员会核准。经学位委员会许可，候选人可用类似练习至多代替上述论文中的两篇。

2. 考试可由考官酌情设置一次关于论文及其所属学科领域的知识以及候选人提交的小论文的口试。

东方研究①

附　录

亚述学	希伯来研究
中国研究	日本研究
东亚研究	中东与伊斯兰研究
埃及学	梵文与南亚研究

哲　学

1. 一年制哲学方向哲学硕士考试方案包括：

(a) 一篇不超过 15000 字(包括脚注与附录，不包括参考文献)、主题经哲学学部学位委员会核准的论文；

以及

(b) 三篇小论文，每篇 3000～5000 字(包括脚注)、主题经哲学学部学位委员会核准且每篇内容与下列至少一个科目(以及每个科目的哲学史)相关：

形而上学	伦理学
精神哲学	美学
逻辑学	政治与法律哲学
科学哲学	

至多两篇小论文可以选自以上科目。经学位委员会许可，其中一篇小论文的主题可不选择自以上科目但要与哲学相关。

2. 考试应包含一次关于论文及其所属领域的知识的口试，考官亦可酌情将候选人提交的小论文纳入口试范围，同时，考官可酌情取消该口试要求。

物　理　学

一年制物理学方向哲学硕士考试方案包括：一篇不超过 15000 字(不包括表格、脚注、参考文献和附录)、主题经物理与化学学部学位委员会核准的

① 更名为"亚洲与中东研究"，参见第 613 页。

论文。考试应包含一次关于论文及其所属学科领域的知识的口试。论文需提供足够的证据使考官认为候选人有能力设计并执行调查、评估和解释获得的结果，并将作品置于该科目中更宽广的视角中思考。

规划、增长与重建

一年制规划、增长与重建方向哲学硕士考试方案包括：

1. 土地经济系学位委员会应于每年复活节学期结束之前公布下学年的考试科目列表。该列表应包含一个基础方法论科目、四个其他基础科目以及不少于四项可选科目（学位委员会可要求候选人从中至少挑选一项）。公布列表时学位委员会应声明每个科目的考试形式，如笔试、论文或研究项目，或其组合，同时也应规定论文与研究项目的篇幅限制。

2. 除非第 3 条与第 4 条中另有规定，候选人还应参加或提交：

(a) 基础方法论科目；

(b) 其他四项由学位委员会规定的基础科目；

(c) 三项可选科目；

(d) 一篇不超过 12000 字（包括图示、脚注、表格和附录，不包括参考文献）、主题经学位委员会核准的论文。

3. 若要求替换基础方法论科目，学位委员会应在充分考虑候选人的个人经历和特殊资质的情况下决定是否给予许可，候选人在获得许可的情况下可从根据第 1 条发布的列表中另择一科。

4. 若要求替换任意两项由第 2 条(b)或(c)规定的科目，候选人需完成与学位委员会核准的主题相关的工作，并接受同样由学位委员会核准的方案。

5. 考试可由考官酌情设置一次关于候选人根据第 2 条所提交的作品及其所属学科领域的知识的口试。

极地研究

一年制极地研究方向哲学硕士考试方案包括：

(a) 一篇不超过 20000 字（不包括脚注、表格、附录和参考文献）、主题经地球科学与地理学部学位委员会核准的论文，并在学位委员会要求的时间提交；

以及

(b) 三篇小论文，每篇不超过 4000 字，主题由候选人选择并经学位委员会核准。

考试可由考官酌情设置一次关于论文与小论文及其所属学科领域的知识的口试。

政治思想与思想史

1. 一年制政治思想与思想史方向哲学硕士考试方案包括：

(a) 一篇16000～20000字(不包括脚注、表格、附录和参考文献)、主题经历史学部学位委员会核准的论文；

以及

(b) 两篇小论文，每篇不超过6000字，主题经政治思想与思想史哲学硕士课程管理小组委员会核准，其内容须选自下列领域：

① 政治思想史

② 政治理论

③ 思想史

2. 考试应包含一次关于论文与小论文及其所属学科领域的知识的口试，但考官可酌情取消该口试要求。

政　治　学

1. 一年制政治学方向哲学硕士考试方案包括：

(a) 一篇15000～20000字(不包括脚注、表格、附录和参考文献)、主题经社会与政治科学学部学位委员会核准的论文；

(b) 一篇不超过4000字、主题由学位委员会指定的比较政治学小论文；

(c) 一篇不超过3000字(或与之相当的)、主题由学位委员会指定的研究方法的小论文或其他练习；

以及

(d) 一篇不超过4000字、主题经学位委员会核准的小论文。若选定的题目属于国际关系方向哲学硕士的考试领域，候选人可要求根据国际关系方向所规定的考试方式撰写该论文。

2. 考试可由考官酌情设置一次关于论文或其所属学科领域的知识的口试；该口试也可包含与候选人根据第1条所提交的作品相关的问题。

公 共 卫 生

1. 一年制公共卫生方向哲学硕士考试方案包括：

(a) 一篇不超过 20000 字(包括脚注,不包括表格、附录和参考文献)、主题经临床医学与兽医学学部联合学位委员会核准的论文;

(b) 两场为时三小时的笔试,内容涉及所有教学大纲规定的领域;

(c) 两篇小论文,每篇不超过 3000 字,主题经学位委员会核准的小论文。

2. 考试应包含一次关于论文及其所属学科领域的知识的口试,且考官可酌情涉及任何由候选人提交的属于考试方案的材料,但考官也可酌情取消该口试要求。

第四纪科学①

1. 一年制第四纪科学方向哲学硕士考试方案包括:

(a) 一场笔试:

考试 1 第四纪科学

(b) 一篇不超过 4000 字、主题由候选人选自地球科学与地理学部学位委员会公布的关于第四纪科学研究方法的列表的小论文或其他练习;

(c) 两篇不超过 4000 字、主题由候选人选自学位委员会公布的科目范围列表的小论文或其他练习;

(d) 一篇不超过 15000 字(不包括脚注、表格、附录和参考文献)、主题经学位委员会核准的论文。

2. 考试可由考官酌情设置一次关于笔试、候选人根据第 1 条(b)—(d)所提交的作品及其所属学科领域的知识的口试。

不动产金融

一年制不动产金融方向哲学硕士考试方案包括:

1. 土地经济系学位委员会应于每年复活节学期结束之前公布下学年的考试科目列表。该列表应包含一个基础方法论科目、四个其他基础科目以及不少于四项可选科目(学位委员会可要求候选人从中至少挑选一项)。公布列表时学位委员会应声明每个科目的考试形式,如笔试、论文或研究项目,或其组合,同时也应规定论文与研究项目的篇幅限制。

2. 除非第 3 条与第 4 条另有规定,候选人还应参加或提交:

(a) 基础方法论科目;

① 本考试从 2009 年 10 月 1 日起废除(参见 2007—2008 学年《通讯》,第 1046 页)。

(b) 其他四项由学位委员会指定的基础科目；

(c) 三项可选科目；

(d) 一篇不超过 12000 字(包括图示、脚注、表格、附录，不包括参考文献)、主题经学位委员会核准的论文。

3. 若要求替换基础方法论科目，学位委员会应在充分考虑候选人的个人经历和特殊资质的情况下决定是否给予许可，候选人在获得许可的情况下可从根据第 1 条发布的列表中另择一科。

4. 若要求替换任意两项由第 2 条(b)或(c)规定的科目，候选人需完成与学位委员会核准的主题相关的工作，并接受同样由学位委员会核准的方案。

5. 考试可由考官酌情设置一次关于候选人根据第 2 条所提交的作品及其所属学科领域的知识的口试。

俄罗斯研究

1. 一年制俄罗斯研究方向哲学硕士考试方案包括：

(a) 一篇不超过 15000 字(包括脚注与附录，不包括参考文献)、主题经现代与中世纪语言学部学位委员会核准的论文；

以及

(b) 三篇小论文，每篇不超过 4500 字，主题由学位委员会指定或核准。

2. 考试应包含一次关于论文及其所属学科领域的知识的口试，但考官可酌情取消该口试要求。

屏幕媒体与文化

1. 一年制屏幕媒体与文化方向哲学硕士考试方案包括：

(a) 一篇不超过 15000 字(包括脚注与附录，不包括参考文献)、主题经现代与中世纪语言学部学位委员会核准的论文；

以及

(b) 三篇小论文，每篇不超过 4500 字，主题由学位委员会指定或核准的小论文。

2. 考试应包含一次关于论文及其所属学科领域的知识的口试，但考官可酌情取消该口试要求。

社会与发展心理学

1. 一年制社会与发展心理学方向哲学硕士考试方案包括：

(a) 三篇小论文，每篇不超过5000字，主题所属领域由社会与政治科学学部学位委员会核准；

(b) 一次不超过3000字的练习，内容包括对一篇由学位委员会指定的研究论文评论，或由学位委员会指定的领域属于统计学、调查学与人类学研究方法的课程作业；

(c) 一篇不超过15000字、主题经学位委员会核准的论文。

学位委员会应于每年复活节学期结束之前公布(a)项所规定的小论文的主题列表。

2. 考试应包含一次关于论文及其所属学科领域的知识的口试，考官可酌情要求候选人提交其他练习，但考官可酌情取消该口试要求。

社会人类学分析

1. 一年制社会人类学分析方向哲学硕士考试方案包括：

(a) 一篇不超过12000字(不包括脚注、表格、附录和参考文献)、主题经考古学与人类学部学位委员会核准的论文，其所属领域不得与候选人提交的小论文或参加的考试相同；

(b) 一篇不超过6000字的小论文，主题由候选人选自学位委员会公布的科目列表，其所属领域不得与论文相同；

(c) 以第2条的规定为前提的两次笔试，科目由候选人选择并由学位委员会核准，范围如下：

考试1　社会人类学领域Ⅰ：生产与繁衍

考试2　社会人类学领域Ⅱ：权力与知识体系

考试3　社会人类学及其专业化进程

2. 若要求替换从考试1—3中根据第1条所选择的任一考试，学位委员会应在充分考虑候选人的个人经历和特殊资质的情况下决定是否给予许可，候选人在获得许可的情况下提交一篇不超过6000字(不包括脚注、附录和参考文献)、主题经学位委员会核准的小论文。

3. 考试可由考官酌情设置一次关于论文与候选人提交的其他小论文及其所属学科领域的知识的口试。

社会人类学研究

1. 一年制社会人类学研究方向哲学硕士考试方案包括：

(a) 两篇小论文，每篇不超过4000字，内容关于社会人类学研究，主题由候选人选自考古学与人类学部学位委员会公布的列表并由社会人类学系主任核准；

(b) 一篇不超过4000字的小论文以及一部关于材料鉴定研究方法的札记，主题由学位委员会公布；

(c) 一篇不超过20000字(包括脚注，不包括表格、附录和参考文献)、主题经学位委员会核准的论文，可与研究计划书合并成册。

2. 考试可由考官酌情设置一次关于论文及其所属学科领域的知识的口试。

统　计　学

1. 一年制统计学方向哲学硕士考试方案包括：

(a) 至少三场笔试，科目由候选人选自下表：

考试1　统计理论

考试2　应用统计学

考试3　概率论

考试4　运筹学

(b) 同样数量的附加笔试，科目由数学学部学位委员会指定并由学位委员会为每一位候选人核准；

(c) 一篇不超过12000字[①](包括脚注与附录，不包括参考文献)的经学位委员会核准的项目报告。

2. 考试可由考官酌情设置一次口试，涉及项目报告及其所属学科领域的知识；该口试可包含与候选人所参加的笔试相关的问题。

科 技 政 策

1. 一年制科技政策方向哲学硕士考试方案包括：

(a) 在将举行考试的学年复活节学期结束之前，根据工商管理学部学位

① 一页主要由统计数据和符号组成的A4纸应视为相当于250字。

委员会公布的必修与选修模块列表，选择其中至少九项。以九项为下限，学位委员会可指定必修与选修模块的具体数目。学位委员会有权于举行考试的学年的米迦勒学期结束之前公布附加的选修模块。

(b) 一篇不超过 12000 字、主题经学位委员会核准的项目报告。

2. 公布模块列表时学位委员会应声明每个模块的考试形式，如笔试、若干篇小论文或练习，或其组合，同时也应确定笔试持续时间与小论文或练习的篇幅限制。

3. 考试可由考官酌情设置一次关于候选人根据第 1 条所提交的作品及其所属学科领域的知识的口试。

神学与宗教研究

1. 一年制神学与宗教研究方向哲学硕士考试方案包括：

(a) 一篇 15000～20000 字(包括脚注与附录，不包括参考文献)、主题经神学学部学位委员会核准的论文；

(b) 一篇不超过 4000 字、主题属于学位委员会指定的领域的小论文，最迟于当学年复活节学期结束前提交；

(c) 两次书面考核，由候选人从下列三项中选择其二：

(i) 一场持续三小时、内容选自学位委员会公布的语言选项列表的语言笔试；

(ii) 一次科目选自学位委员会公布的列表的练习，或另一场如 1(c)(i) 项规定的语言笔试；

(iii) 一篇不超过 4000 字、主题选自学位委员会公布的列表的小论文。

候选人对书面考核的选择应由学位委员会核准，并符合委员会关于神学与宗教研究特定领域课程的指导意见。

2. 学位委员会应于每年复活节学期结束之前公布下学年将要考试的练习与论文的语言及科目；学位委员会可于米迦勒学期的前四分之一结束之前发出通告，公布附加的语言和练习科目。公布练习科目以及任何附加选项时学位委员会应声明每个科目的考试形式：(a) 一篇不超过 4000 字的小论文或其他练习，或(b) 三小时的笔试。

3. 考试应包含一次关于论文及其所属学科领域的知识的口试，且依考官裁量可涉及其他由候选人提交的作品，但考官可酌情取消该口试要求。

兽 医 学

一年制兽医学方向哲学硕士考试方案包括：一篇不超过 20000 字（不包括表格、脚注、参考文献和附录）、主题经临床医学与兽医学部学位委员会核准的论文。考试应包含一次关于论文及其所属学科领域的知识的口试。论文需提供足够的证据使考官认为候选人有能力设计并执行调查、评估和解释获得的结果，并将作品置于该科目中更宽广的视角中思考。

世界考古

1. 一年制世界考古方向哲学硕士考试方案包括：

(i) 一篇不超过 15000 字（包括脚注，不包括附录和参考文献）、主题经考古学与人类学学部学位委员会核准的论文；

以及

(ii) 两场为时三小时的笔试，如下：

考试 1　考古学原理与实践

考试 2　世界考古的状况

考试 2 包含以下部分，由学位委员会核准每一候选人必须从中选择其一并回答三个问题：

(a) 旧石器时代与中石器时代考古

(b) 生物考古

(c) 美索不达米亚考古

(d) 南亚考古

(e) 非洲考古

(f) 晚期欧洲史前时代

(g) 早期欧洲史考古

(h) 古埃及考古

(i) 定量分析

(j) 文化群落考古

(k) 东亚考古

(l) 南北美洲考古

(m) 地质考古

学位委员会应于当学年复活节学期结束之前公布上述部分中不可用者。

以及

(iii) 三篇小论文，每篇不超过 3000 字。其中一篇关于考古学原理，一篇关于考古学实践，另一篇为候选人在考试 2 中选择的主题。

2. 考试可由考官酌情设置一次关于论文及其所属学科领域的知识的口试。

研究硕士学位①

一 般 规 章

1. 研究硕士(M. Res.)学位应为研究训练而授予。此类学习的科目，与项目目标、学习成果以及课程大纲、考试专门规章及其后续修订等，应经学部总委员会根据相关学部委员会或其他机构的建议，在咨询相应的学位委员会后，提交至研究生教育委员会并经其核准后生效。

考试方案

2. 研究硕士学位考试方案，如本规章附录中某一方向对应的专门规章的规定，应由书面作品或其他练习以及提交的论文组成。根据研究生教育委员会依据相关学位委员会的建议做出的安排，某些方案可能要求候选人参加一项或几项笔试。除第 7 条所述的特殊情况，考试须在课程结束前进行，考试时间由研究生教育委员会根据相关学位委员会的提议决定，形式为笔试时，需经考试委员会核准。若非适用于相关考试的规章中另有规定，笔试时间一般为三个小时。

3. 任何学生均不可多次成为研究硕士学位候选人，也不可在同一学期内同时作为研究硕士候选人和其他大学考试的候选人。

4. 研究硕士候选人须为在册研究生，依照第 5 条，应在学位委员会任命的导师的指导下从事规定的研究训练，学生同时须遵守学位委员会或研究生教育委员会的特殊规定。课程为时一个学年。学生需要从学位委员会公布的开课时间开始住校三个学期。

5. 研究生教育委员会，在考虑相关学位委员会的建议后：

(a) 可允许一名研究硕士学位候选人在学位委员会核准并监督的情形下，在校外工作一个学期的时间；

(b) 可允许研究硕士学位候选人因病或因其他充分理由休学一个或多

① 本规章将被插入已经校务理事会核准的，由 2008 年 7 月 16 日第五号动议通过的章程修订案，并自修订案通过后的首个 10 月 1 日已施行。

个学期。这些学期在为满足除研究生入学一般规章中第 7 条之外的任何规章要求时均不计数。

任何关于获得(a)至(b)款中所述许可的申请,应与该候选人导师的意见一起,送交研究生教育委员会。

6. 根据本规章附录中规定的时间表,每位候选人的考试报名表(包括候选人对相应的笔试或其他练习的选择、论文的主题及其后续修改)及其修改的详细信息应由候选人提交给相关学位委员会秘书,并由后者提交给研究生教育委员会秘书,秘书应将其按照下列时间表转交给教务主任:

报名提交	书面论文等详情	修正	论文题目等
由候选人向学位委员会秘书提交	完整米迦勒学期末之前	—	四旬斋学期中之前
由学位委员会秘书向研究生教育委员会提交	米迦勒学期末之前	完整四旬斋学期第三周周末之前	四旬斋学期末之前
由研究生教育委员会向教务长提交	完整四旬斋学期第一周周末之前	四旬斋学期中之前	—

参加各项考试的候选人列表应由教务长向各独立学院提供,截止时间为:

报名表列表:完整四旬斋学期第二周周末。

报名表终稿:该项考试开始前至少四周。

论文

7. 候选人须按研究生教育委员会批准的安排提交论文一式两份,并且在研究生教育委员会根据相关学位委员会建议下批准的日期送达,且应不晚于该学年 8 月 31 日,特殊情况下,研究生教育委员会在相关学位委员会建议下可允许候选人在其规定的更晚的时间提交论文。在特殊情况下,研究生教育委员会可在咨询相关学位委员会后,允许候选人仅提交一份论文。考官和研究生教育委员会将把该申请人随同提交的已发表的任何作品纳入考虑。

8. 在提交论文时,候选人应在其前言部分概要地并在脚注及参考文献中具体说明其获取的信息的来源,说明其通过这些工作获得帮助的程度,以及声明论文中原创部分的比例。候选人提交的论文如果在实质上等同于其已经或正在向任何大学或类似机构中为其他学位、文凭或资格证书而提交的论文,那么该论文将不被接受,但候选人已经或正在为其他目的而提交论文,则可接受。在提交论文时,候选人应声明(如有),除研究硕士学位外,其已经或正在为何目的提交该论文的全文或部分。除引文外,论文语言应为英语。

9. 根据研究生入学一般规章中第8条的规定，导师应就其所指导的所有学生的学习情况向研究生教育委员会秘书提交报告。

考官及评审官

10. 相关学位委员会将任命其认为足够数量的考官及评审官主持研究硕士考试，并向学位委员会报告候选人的表现。考官和评审官应履行学位委员会规定的职责。

(a) 学位委员会应任命一名校外考官和一名高级考官；在米迦勒学期末之前，学位委员会秘书应告知研究生教育委员会秘书其所任命的考官和评审官的姓名。

(b) 每位候选人的论文将被送交两位考官评阅。每位考官应就此提交一份独立报告。该考试的专门规章可要求就该论文，或极特殊情况下，就考试其他部分安排一次口试。口试时两位考官均应到场，但研究生教育委员会在特殊情况下可许可考官通过视频会议或其他远程手段主持考试。参加口试的考官应就考试结果，包括所判予的成绩，签署联合证书。若考官无法就其观点达成一致意见，或学位委员会或研究生教育委员会因其他任何原因需要听取关于候选人论文价值的进一步意见，学位委员会可另任命额外考官，任命多于一位的考官时须经研究生教育委员会许可。每位任命的额外考官均应就论文向学位委员会提交一份独立报告。

核准(授予)学位

11. 若在审阅考官的报告后，学位委员会认为候选人在笔试或其他练习中的成绩、提交的论文及其在口试(如有)中的表现达到了研究硕士学位的规定标准，记有到场人员及投票双方姓名的学位委员会就此做出的决定，应与考官的报告以及候选人考试获得的分数详情一起，通报给研究生教育委员会。若研究生教育委员会在接到以上通报后在至少有研究生教育委员会三名成员到场的会议上决定授予该候选人其攻读的学位，研究生教育委员会秘书应发布关于核准授予该考生研究硕士学位的公告。

12. 研究生教育委员会为学位委员会通报授予某候选人研究硕士学位建议的决策机构。研究生教育委员会在学位委员会建议授予某学位前，不得核准授予某候选人该学位；在拒绝授予学位建议前，他们应给予一位由学位委员会任命的代表一次机会，以解释学位委员会给出相应建议的理由。

若决定不授予学位

13. 若学位委员会在审阅考官的报告后，认为该候选人的作品并未达到本学位的标准，记有到场人员及投票双方姓名的学位委员会就此做出的决定，应与考官的报告及候选人在规定考试中获得的成绩一起，通报给研究生教育委员会。研究生教育委员会秘书应将该决定通报候选人。以上决定一旦通过，该候选人将不再有资格参加该学位的考试。

14. 考官可根据哲学博士、理学硕士和文学硕士学位规章中第11条的规定申请报销差旅费和工作津贴。

15. 任何攻读研究硕士学位的研究生，若其课程学习已包括了文学学士学位要求的任何学期，并选择获得该学位，将失去获得研究硕士学位的资格。

理学博士学位与文学博士学位

1. 为获得理学博士或文学博士学位，候选人应被要求证明其对科学或学术进步作出某些原创性贡献。

候选人资格

2. 任何身为剑桥大学的研究生且：

(a) 自其获得剑桥大学的第一个学位起已满至少八年；或

(b) 自其获得某一其他大学第一个学位起已满至少八年并且(i) 已担任大学某行政职务或担任某独立学院院长职位或院士职位，并且(ii) 根据章程B第三章第6条的规定获得文学硕士学位(M. A.)或通过学历互认取得大学某一学位的人都可成为理学博士或文学博士学位候选人。

申请方式

3. 本学位的候选人应以书面形式向研究生教育委员会秘书提出申请，说明其藉以申请学位的已发表的作品，提供一份不多于五百字的关于这些作品涵盖的研究领域的摘要，并指明其作品涉及其学科范围的学部或其他机构。候选人应随申请向基金会送交582英镑，以及每份作品一式两份。研究生教育委员会在与相关学位委员会意见一致的情况下，可允许候选人仅提交一份副本。作品除引文外，以及在特殊情况下相关学位委员会已允许候选人以其他语言提交材料时，语言应为英语。

初审

4. 每份申请均应由研究生教育委员会秘书转交相关学位委员会，学位委员会应对这些申请进行初步的审阅并决定提交的作品初步看来是否具有获得该学位的资格，学位委员会可指派一名评审官协助其执行此项工作。

5. 若学位委员会认为提交的作品初步看来即不符合获得该学位的资格，注有到场投票双方人员姓名的学位委员会就此做出的决定，应通报给研究生教育委员会秘书。秘书应将学位委员会的决定通报候选人。在这样的情况下，候选人根据第3条提交的582英镑中的510英镑应予以返还。

评议

6. 若学位委员会认为提交的作品初步看来即符合获得该学位的资格，他们应任命不少于两位评议人。每位评议人应就候选人的作品提交一份独立的书面报告；这些报告应作为机密文件处理。

7. 若在审阅评议人的报告后学位委员会认为候选人的作品满足本学位的规定标准，记有到场人员及投票双方姓名的学位委员会就此做出的决定，应与评议人的报告一起，通报给研究生教育委员会。

8. 若研究生教育委员会在收到如上通报后决定授予学位，研究生教育委员会秘书应视情况公布经核准获得理学博士或文学博士学位的候选人的名单。以上决议须经研究生教育委员会八名成员一致同意并在会议上宣布方可生效。

核准(授予)学位

9. 若在审阅评议人的报告后学位委员会认为候选人的作品并不满足本学位的规定标准，注有到场投票双方人员姓名的学位委员会就此做出的决定，应与评议人的报告一起，通报给研究生教育委员会。研究生教育委员会秘书应将学位委员会的决定通报候选人。

10. 学位候选人在学位委员会或研究生教育委员会审议其申请时均不应在场。

候选人不应在场

11. 每位评议人应获得175英镑的酬金。根据第4条被任命的评审官应获得42英镑的酬金。若一位评审官继而被任命为评议人，其42英镑的酬金应从他或她作为评议人而获得的175英镑酬金中支出。研究生教育委员会可核准报销评议人在其工作执行中发生的合理费用。

支付款项

12. 获得本学位不需缴纳任何费用。

研修硕士学位[①]

一般规章

1. 研修硕士(M. St.)学位应为研究生学习而授予。此类学习的科目，以及每个科目的专门规章，应经学部总委员会根据相关的学部委员会或其他机构的建议，在咨询相应的学位委员会后，提交至研究生教育委员会以及继续教育学院管理委员会并经其核准后生效。

研修硕士学位

2. 攻读研修硕士学位课程的申请应送交至继续教育和终身学习学院院长。院长应将每一份申请，与申请人选择的课程，通报给相关学位委员会秘书，前提是首先确认可以安排在实验室或其他地方适当的科研岗位(如果有这样的要求)。学位委员会应审阅该申请并将其意见通报给院长。若学位委员会否决该申请，院长应如实通知申请人。若学位委员会同意推荐核准该申请，他们的建议将会被继续教育学院管理委员会纳入考虑，该委员会将根据研究生教育委员会的核准就该申请做出决定。在否决学位委员会的建议核准一个申请前，管理委员会应给予由学位委员会任命的代表一次机会以解释学位委员会给出相应建议的理由。

入学申请

① 本章的研修硕士为(Master of Study)，与研究硕士(Master of Research)不同。——译者注

3. 任何学院管理委员会、研究生教育委员会和相关的学位委员会因候选人之前的学习认为其有资格参加该学位研究生学习课程的人都可被核准就读研修硕士学位课程。管理委员会可决定（如有），每个申请人入学许可的条件并应为他或她指定其候选人资格开始的日期。院长应保留经核准成为研修硕士学位的候选人的人员注册簿；每当一份申请被核准，候选人的姓名即应加入该注册簿。

核准(授予)学位

4. 研修硕士学位候选人应在学院管理委员会任命的研究主任的指导下，从事由一定数量课程单元组成的研究生学习审定课程，该课程应包括不少于240小时的正式指导课并应为时两年的时间。该学位的每项学习课程，及任何其修订，均应经管理委员会、研究生教育委员会和学部总委员会根据相关学部委员会或其他机构的建议核准。

休学

5. 在考虑相关学位委员会的建议后，管理委员会可允许一名该学位的候选人因疾病或其他充分理由休学，时间在委员会认为合适的范围内。

导师

6. 相关学位委员会应就每一个课程单元为所有候选人任命一位导师。每位导师应按照管理委员会规定的时间向继续教育和终身学习学院院长送交关于每位正在其辅导下攻读研修硕士的学生的书面报告；这样的报告应通报给相应的学位委员会、研究生教育委员会以及该学生的辅导员。

奖励或奖学金

7. 注册成为研修硕士学位的候选人不得被承认为任何面向本科生的大学学生奖学金、助学金、奖项、奖牌或其他类似奖励的候选人。为了执行其他奖励而计算候选人入校时间的规章，不是剑桥大学毕业生的研修硕士候选人应被看做已在其作为研修硕士候选人的第一个学期之前住校九个学期。

费用

8. 当参加研修硕士考试预备课程时，学生应为其每年的学习支付相应的学费。

考试

9. 研修硕士考试应包括

(a) 提交一篇本规章附录中相应科目的专门规章中规定长度的论文；以及

(b) 如专门规章中规定的(i) 参加笔试或(ii) 提交小论文、项目报告或其他练习(iii) 或以上各项的组合。

如专门规章中所规定，考试可由考官酌情设置一次关于该作品及其所属学科领域的知识的口试。在管理委员会根据相关学位委员会的建议规定的日期前，每位候选人均应将其论文提交给继续教育和终身学习学院院长。

论文提交

10. 在提交学位论文时，候选人应在其前言部分概要地并在脚注及参考文献中具体说明其获取的信息的来源，说明其通过这些工作获得帮助的程度，以及说明论文中声明为原创部分的内容。

管理委员会不应接受候选人提交的论文在实质上等同于其已经或正在向任何大学或类似机构中为其他学位、文凭或资格证书而提交的论文，但他们可接受候选人提交的其已经或正在为其他目的而提交的论文。在提交论文时，候选人应声明（如有），除研修硕士学位外，其已经或正在为何目的提交该论文的全文或部分。论文除引文外，语言应为英语。

11. 论文一式两份，以及三份摘要，应送交继续教育和终身学习学院院长，院长应将两份论文及两份摘要转交相关学位委员会秘书。在特殊情况下，管理委员会在咨询相关学位委员会意见后，可允许候选人仅提交一份论文。

考官和评审官

12. 相关的学位委员会应任命其认为足够数量的考官和评审官主持考试。评审官应履行学位委员会规定的职责。学位委员会秘书应向继续教育和终身学习学院院长通报高级考官的姓名以及考官和评审官的姓名。

13. 每位候选人的论文将被学位委员会送交两位考官评阅。每位考官应就此向学位委员会提交一份独立报告。当考试包括一次口试时，两位考官均应在口试时到场，并就考试结果签署联合证书。若考官无法就其观点达成一致意见，或学位委员会或研究生教育委员会因其他任何原因需要听取关于候选人论文价值的进一步意见，学位委员会可另任命额外考官，条件是任命多于一位的额外考官时须经研究生教育委员会许可。每位任命的额外考官均应就学位论文向学位委员会提交一份独立报告。

核准(授予)学位

14. 若在审阅考官的报告后，学位委员会认为候选人在考试中的表现足够优秀可以授予其研修硕士学位，记有到场人员及投票双方姓名的学位委员会就此做出的决定，应通报给研究生教育委员会。若研究生教育委员会在接到以上通报后在至少有研究生教育委员会三名成员到场的会议上决定授予该候选人其攻读的学位，研究生教育委员会秘书应发布关于核准授予该考生研修硕士学位的公告，并应将研究生教育委员会的决定，和考官的报告一起，通报给学院管理委员会。

15. 研究生教育委员会为第 14 条中学位委员会通报其建议的决策机构。根据此规章，研究生教育委员会在学位委员会建议授予某学位前，不得核准授予某候选人该学位；在拒绝授予学位建议前，他们应给予一位由学位委员会任命的代表一次机会，以解释学位委员会给出相应建议的理由。

失败

16. 若学位委员会考虑候选人在考试中的表现后，认为该候选人的表现尚不满足授予其该学位的标准，记有到场人员及投票双方姓名的学位委员会就此做出的决定，应通报给研究生教育委员会和继续教育学院管理委员会。研究生教育委员会秘书应将该决定通报给候选人。以上决定一旦通过，该候选人将不再有资格参加该学位的考试。

17. 尽管与相关的规章相背，若该学位某一候选人的辅导员向研究生教育委员会提供了该候选人在参加该学位考试或考试任一部分时因疾病或其他严重原因的证明，委员会有权：

(a) 在不需进一步考试的条件下，核准该候选人获得该学位或其他资格证书，但只有相关学位委员会评判候选人在考试的主要部分中表现优异时他或她才可获得这一核准；或

(b) 允许候选人在研究生教育委员会咨询相关学位委员会后决定的时间和条件下参加考试和重考。

研究生教育委员会秘书应将研究生教育委员会根据本条做出的决定通报给继续教育学院管理委员会。

支付给考官的款项

18. 支付给导师(第6条)、考官和评审官(第12条)的酬金数额应由学部总委员会根据继续教育学院管理委员会的建议决定，管理委员会在提出建议前应咨询研究生教育委员会。

考官的费用

19. 考官可根据哲学博士、理学硕士和文学硕士学位规章中第10条[①]的规定申请报销差旅费和工作津贴。

专门规章

应用犯罪学和警察管理

应用犯罪学和警察管理方向研修硕士考试方案如下：

(a) 四篇小论文，每篇不超过3000字，主题由候选人从考官公布的主题列表中选择；

(b) 一项主题从考官公布的列表中选择的研究项目的设计提议或批判性评价练习；候选人就此研究练习的报告，不应超过3000字(包括注释及附录)；

(c) 一篇不超过18000字(包括注释和附录)的论文，科目由候选人自选并经法学部学位委员会核准。

考试可由考官酌情设置一次关于论文及其所属学科领域的知识的口试，该口试可包括关于候选人根据以上(a)和(b)提交的作品的问题。

应用犯罪学、刑罚学及管理

应用犯罪学、刑罚学及管理方向研修硕士考试方案包括：

(a) 四篇小论文，每篇不超过3000字，主题经法学部学位委员会核准；

① 应为第11条，英文原文有误。——译者注

(b) 学位委员会指定的关于研究方法的课程作业；

(c) 一篇不超过 18000 字(包括脚注和附录，不包括参考文献)的论文，主题经法学部学位委员会核准。

考试可由考官酌情设置一次关于论文及其所属学科领域的知识的口试，该口试可包括关于候选人根据以上(a)和(b)提交的作品的问题。

临床效应

经公示废除(2007—2008 学年《通讯》，第 583 页)

跨学科建筑环境设计

跨学科建筑环境设计方向研修硕士考试方案如下：

1. 为了本学位一般规章的执行，本考试的“学位委员会”应为建筑和艺术史学部学位委员会。

2. 考试应包括

(a) 一篇不超过 15000 字(包括脚注和附录，不包括参考文献)的论文，主题经学位委员会核准；

(b) 一个不超过 5000 字，主题经学位委员会核准的关于建筑环境设计的项目的案例研究；

(c) 两篇小论文，每篇不超过 3000 字，主题经学位委员会核准。

3. 考试可由考官酌情设置一次关于论文及其所属学科领域的知识的口试。

国际关系

1. 国际关系方向研修硕士考试方案包括：

(a) 一篇不超过 25000 字(包括图表、脚注和附录，不包括参考文献)的论文，主题经国际研究系学位委员会核准；

(b) 四篇小论文，每篇不超过 2000 字，主题须在以下所列领域中选择，但不能在任一领域中选择一个以上：

① 国际关系理论

② 国际关系史

③ 国际政治

④ 国际安全

⑤ 国际法及国际经济

2. 学位委员会应公布为小论文设定的主题。第 1 条(b)款中所述的四篇小论文中的一篇应构成一个三小时的考试并应在考试现场撰写；候选人可任选一篇依此方式撰写小论文，但学位委员会有权在特定案例中限制候选人的选择。

3. 考试可由考官酌情设置一次关于论文或其所在学科领域的知识的口试，或两者兼及。

犹太人—基督徒关系

犹太人—基督徒关系方向研修硕士考试方案包括：

(a) 四篇小论文，每篇不超过 4000 字，主题经神学院学位委员会核准；

(b) 一篇不超过 15000 字(包括脚注和附录，不包括参考文献)的论文，主题经学位委员会核准。

考试可由考官酌情设置一次关于论文及其所属学科领域的知识的口试。

拉丁美洲研究

经公示废除(2007—2008 学年《通讯》，第 960 页)

地方和区域史

地方和区域史方向研修硕士考试方案包括：

(a) 三篇小论文，每篇不超过 4000 字，主题经历史学部学位委员会核准；

(b) 一项古文字学实践测试；

(c) 一篇不超过 20000 字(包括脚注、附录和参考文献)的论文，主题经学位委员会核准。

考试可由考官酌情设置一次关于论文及其所属学科领域的知识的口试。

制　　造[①]

制造方向研修硕士考试方案包括：

(a) 工学院学位委员会规定的课程作业；

(b) 三篇案例研究，每篇不超过 5000 字，主题经学位委员会核准；

① 本课程暂停直至另行通知。

(c) 一篇不超过 15000 字(包括脚注和附录,不包括参考文献)的论文,主题经学位委员会核准。

考试可由考官酌情设置一次关于论文及其所属学科领域的知识的口试。

现代主义(英国文学,1890—1939)

现代主义(英国文学,1890—1939)方向研修硕士考试方案包括:

(a) 研究领域经核准的包含不少于 100 个条目的一份书目;

(b) 三篇小论文,每篇不超过 2500 字,主题经英文学部学位委员会核准;

(c) 一篇不超过 15000 字(包括脚注和附录,不包括参考文献)的论文,主题经学位委员会核准。

考试可由考官酌情设置一次关于论文及其所属学科领域的知识的口试。

基层和社区保健

经公示废除(2007—2008 学年《通讯》,第 583 页)

公共卫生

经公示废除(2007—2008 学年《通讯》,第 583 页)

社会事业和社区发展

经公示修订(2007—2008 学年《通讯》,第 961 页)

社会事业和社区发展方向研修硕士考试方案包括:

(a) 四篇小论文,每篇不超过 3000 字,主题由候选人从考官公布的主题列表中选择,并经工商管理学部学位委员会核准;

(b) 提交一份不超过 2000 字的报告,并就该报告作一次不超过 20 分钟的使用幻灯片的口头报告;

(c) 一篇不超过 18000 字(包括脚注和附录,不包括参考文献)的论文,主题经学位委员会核准。

考试可由考官酌情设置一次关于论文及其所属学科领域的知识的口试。

兽医学学位

兽医学学士

旧 规 章[1]

兽医学学士

修订版规章

修订版规章

经公示修订(2007—2008学年《通讯》,第68页)

1. 本规章,即兽医学学士修订版规章,适用于:

(a) 在2003年9月1日或之后开始其临床课程的学生;

以及

(b) 在2002年9月1日或之后开始其临床课程,并已在大学内从事基础医学学习不超过两年的学生。[2]

2. 兽医学学士应通过第二次学位考试及学位结业考试,在本规章中称为第二次兽医学学士考试和兽医学学士学位结业考试。

学位资格

3. 一名已住校学习九个学期,并已通过兽医学学士学位结业考试第三部分的学生将有资格获得兽医学学士学位,该学位的缩写应为Vet. M. B.。

定义

4. 兽医学学部委员会在咨询生物科学学部委员会后,有权将本规章规定其的义务全部或部分地委托给兽医学教育委员会。在本规章中,除另有说明:

(a) 学部委员会指兽医学学部委员会;

(b) 规定标准和规定课程分别指兽医学学部委员会规定的标准及兽医学学部委员会规定的课程;

(c) 指导课程指在大学内或其他地点进行的指导课,亦包括实践教学。

指导课证明

5. 当本规章为任何考试要求候选人给出指导课证明或任何其他材料时:

(a) 候选人的考试报名不应被认为早于教务长收到提交的该证明或证

① 该规章最后一次印刷于2005年版《章程及条例》,第508页。

② 也就是已经以附属学生身份(affiliated student)参加医学及兽医学荣誉学位考试第一部分A和第一部分B。参见内科学和外科学学位修订版规章。

明的最后一部分的日期；

(b) 兽医学学部委员会有权要求须以选修规定课程的证明作为选修指导课的证明。

6. 兽医学学部委员会，在咨询其他相关机构后，有权以补充规章的形式定义或限制第二次兽医学学士考试的全部或任意科目，以及兽医学学士学位结业考试的全部或任意部分及各部分的小节。

补充规章

7. 第二次兽医学学士考试的科目应为如下所列：

第二次兽医学学士考试

疾病生物学(BOD)

脊椎动物比较生物学(CVB)

农场畜牧(FAH)

体内平衡(HOM)

医学科学基础概论(ISBM)

药物作用机制(MODA)

分子医学(MIMS)

神经生物学与动物行为(NAB)

兽医医疗初步(PFVP)

兽医解剖和生理学(VAP)

兽医生殖生物学(VRB)

(a) 疾病生物学(BOD)、体内平衡(HOM)、分子医学(MIMS)、药物作用机制(MODA)、神经生物学与动物行为(NAB)与兽医解剖和生理学(VAP)等科目的考试应各由一个为时一小时的，包含若干必答简答题(第一部分)的笔试和一个为时两小时的实际操作考试(第二部分)组成。

(b) 兽医生殖生物学(VRB)科目的考试应由一个为时一小时的，包含若干必答简答题(第一部分)的笔试和一个为时一小时的实际操作考试(第二部分)组成。

(c) 农场畜牧(FAH)科目的考试应由一个为时一小时的，包含若干必答简答题的笔试组成。

(d) 脊椎动物比较生物学(CVB)科目的考试应由一个为时一个半小时的笔答和实际操作联合考试，及一个口试组成。考试分为两部分，其中一部分包含若干必答简答题(第一部分)，另一部分为实际操作考试。每个部分候选人有四十五分钟的时间。实际操作考试和口试构成考试第二部分。

(e) 医学科学基础概论(ISBM)和兽医医疗初步(PFVP)科目的考试各由一个为时四十五分钟的笔试组成。

8. 第二次兽医学学士考试应依如下方式举办：

修订版规章

(a) 疾病生物学(BOD)、脊椎动物比较生物学(CVB)、体内平衡

(HOM)、分子医学(MIMS)、药物作用机制(MODA)、神经生物学与动物行为(NAB)、兽医解剖和生理学(VAP)、兽医生殖生物学(VRB)的考试应在如下时间每年举办两次：

(i) 复活节学期内的被指定为医学和兽医学荣誉学位考试第一部分 A 和第一部分 B 考试日的日期；[①]

(ii) 九月内的米迦勒学期前的第二个星期一。

(b) 农场畜牧(FAH)、医学科学基础概论(ISBM)和兽医医疗初步(PFVP)的考试每年举办两次，应于完整四旬斋学期期末和米迦勒学期前的第二个星期一举行。

候选人资格

9. 第二次兽医学学士考试的候选人应被要求：

(a) 已达到大学关于兽医学学士的医学预科要求。医学预科要求由兽医学学部委员会决定，应如本规章附录 A 所示；学部委员会应有权在其认为适当的情况下修订该表。

(b) 已合格地参加了与计划在考试中参加的科目相对应的核准指导课程。为此目的而认定的核准课程应列于本规章附录 B 中；学部委员会有权在其认为适当的情况下修订该表。学部委员会有权为此目的核准由剑桥之外的某一大学开设的课程，或在特殊的情况下，取消此项要求。

已达到此项要求并由某一独立学院向教务长证明其确实为该独立学院入学申请候选人的尚未入学的学生，也可参加第二次兽医学学士考试。

豁免

10. (a) 学部委员会有权给予身为剑桥之外的大学的临床医学生的参考候选人以全部或部分第二次兽医学学位考试科目的要求的豁免，条件是该候选人符合第 9 条中的规定并已达到了学部委员会认定的、剑桥之外的某一大学学位考试中相关科目的合格标准。

(b) 学部委员会应尽早将已获得全部或部分第二次兽医学学位考试科目豁免资格以及已达到第 10 条(a)中要求的候选人名单通知教务长。

11. 经学部委员会在特殊情况下的特别许可，在第二次兽医学学士考试中的任何科目中不及格的候选人均可参加重考。

(i) 在除农场畜牧(FAH)和医学科学基础概论(ISBM)科目外的其他科目考试中不及格的学生在其第一次参加该科目考试五个月之后将不再有重考资格；

(ii) 在农场畜牧(FAH)和医学科学基础概论(ISBM)科目考试中不及格的学生在其第一次参加该科目考试十三个月之后将不再有重考资格；

---

① 在这场第二次兽医学学二考试中，第一部分和第二部分的试题为医学和兽医学荣誉学位考试中相应科目第一部分 A 的试题。参见该荣誉学位考试第 15 条和第 20 条。

(iii) 任何学生均不得成为任何科目的候选人总计超过两次。

12. 兽医学学士学位结业考试应由三部分组成,除非在特殊情况下经兽医学学部委员会许可,任何学生均不可在开始起临床学习四年以后才首次成为考试任何部分的候选人。

第一部分

13. 兽医学学士学位结业考试第一部分的考试应在学部委员会决定的日期举办,并应由学部委员会规定的笔试和实际操作组成。考试的科目应由补充规章规定。所有的候选人均应在已公布的第一个考试日期首次参加这一考试,但在特殊情况下因正当理由,学部委员会可许可一位候选人推迟至下一次考试举办时间参加考试。

14. 在参加第一部分考试中任何科目前,一名学生须已:

(a) 以通过第二次兽医学学士考试所有科目的方式完成该考试;并且

(b) 已获得学部委员会认为适宜的某一学位,若学生在剑桥大学参加其基础医学学习,这是指剑桥大学的某一学位,在其他情况下,指剑桥之外的其他大学的某一学位;并且

(c) 提供证明,以证明其自从入学之日起,已合格地完成了12周的兽医学学部委员会规定的校外学习。学生也可通过其独立学院向兽医学学部委员会申请许可其在作为兽医学学士学位结业考试第一部分候选人的同时进行其校外学习。任何学生均不可在合格完成该校外学习前成为兽医学学士学位结业考试第二部分的候选人。

根据第19条(b)和(c)的规定,在第一部分考试中任何科目中不及格的候选人均有资格按照学部委员会核准的安排参加重考。

第二部分

15. 兽医学学士学位结业考试第二部分应每年举办两次,分别于完整复活节学期的第六个星期三和米迦勒学期第一天前的星期一开始。所有候选人都应于复活节学期首次参加其考试,但在特殊情况下因正当理由,学部委员会可许可一位候选人推迟至下一个九月参加考试。考试由两场笔试和一个实际操作考试组成。笔试和实际操作考试均为两个小时。两场笔试中的考题应涵盖以下领域:

① 寄生虫病

② 传染病生物学

③ 临床药理学、毒物学和系统病理学基础

④ 动物健康、动物繁殖和营养

16. 任何学生均应在其临床学习课程已开始18个月后才可成为第二部分考试的候选人。候选人必须已通过第一部分考试并且符合以下条件:

(a) 给出在以下科目的教学课程中合格出勤的证明:

(i) 家禽疾病,包括与之相关的法律;

(ii) 家养动物的病因学、传染病学、病理学以及传染病预防；

(iii) 与家养动物寄生疾病相关的寄生虫学、原生动物学和昆虫学，以及这些疾病的预防和治疗；

(iv) 与健康、福利、生产相关的家禽的养殖、营养和育种；牧区植物学；遗传学；兽医卫生学；

(v) 临床兽医药理学和毒物学；

(vi) 动物管理和初级临床方法；

(vii) 病理学、病理生理学、诊断和治疗；

(viii) 生殖、不孕和助产；

(ix) 兽医公共卫生学，包括肉类和牛奶检测相关的实际教学；

(x) 国家兽医法律。

(b) 合格完成本规章中所述课程一部分的临床测试。

(c) 顺利完成学部委员会规定的临床学习课程的项目作业。

第二部分考试的候选人应在同一次考试中参加其中的两场笔试及实际操作考试。根据第19条(b)和(c)中的规定，在考试中不及格的候选人可参加重考，并在同一次考试中参加其中的两场笔试及实际操作考试。

第三部分

(修订版规章)

17. 兽医学学士学位结业考试第三部分应每年举办两次，分别于完整复活节学期第二周周五和米迦勒学期第一天前的周一。所有候选人都应于复活节学期首次参加其考试，但在特殊情况下因正当理由，学部委员会可许可一位候选人推迟至下一个九月参加考试。考试由四个小节组成，每个小节包括一个笔试及一个实际操作考试或口试：

① 马的研究

② 观赏动物研究

③ 家畜研究

④ 兽医公共卫生学

第一至第三小节的笔试应为三个小时，第四小节的笔试应为两个小时。

考官应将兽医学学部委员会决定的包括实际操作在内的课程作业纳入考虑。为此兽医学系主任应向考官提供对每位候选人在课程作业中表现的详细评估。考官应将该评估纳入考试成绩的计算中，可分配给课程作业的最大分值百分比应由学部委员会决定。

首次参加第三部分考试的候选人需在同一次考试中参加所有四个小节的一场笔试以及在每小节中与其相对应的实际操作考试或口试。根据第19条(b)和(c)中条款的规定，在第三部分考试的任何科目中未及格的候选人，可按照学部委员会核准的安排于九月米迦勒学期前的星期一参加重考。考官可酌情要求未达到任何小节考试规定标准的考生参加一次口试。

第三部分考试的候选人也应被要求参加为期八周的选修学习，其中四周应在笔试举行的复活节学期后进行。选修科目应为候选人从学部委员会公布的主题列表中选择，或学部委员会核准候选人自选的科目。候选人应提交一份不超过3000字的论文，就其工作做不超过15分钟的报告，并提交一份选修课导师签署的合格出勤的证明。在兽医学学士学位授予前，论文、报告以及证明均需达到合格标准。若三者之中的任何一项未达到合格标准，则需在九月第三部分考试期间再次提交。

第三部分候选人资格

18. 任何学生均不可早于其开始临床课程学习32个月后成为第三部分考试的候选人。任何学生均不可在其兽医学基础医学学习开始92个月后成为第三部分考试的候选人。但学部委员会可在特殊情况下取消此项限制。候选人必须已通过第二部分考试并且符合以下条件：

(a) 须提供证明以证明其已：

(i) 继续选修了相关临床兽医学，特别是家养动物的多个物种方面的若干门指导课课程，包括合格完成作为这些课程一部分的临床测试；

(ii) 选修了应用解剖学、外科病理学、操作技术、麻醉、全身和局部手术领域的一门指导课程，包括合格完成作为这些课程一部分的临床测试；

(iii) 选修了一门与法律相关的指导课课程；

(iv) 合格完成临床病理学实验室和兽医院停尸房中的工作。

(b) 自开始起临床课程学习后，除第14条规定的自入学后须参加12周的校外学习外，已至少参加了26周为此经兽医学学部委员会核准的兽医工作实习，为此，每位候选人须不晚于考试第一天向考官提交学部委员会规定格式的校外学习报告以供考核。

限制

19. 除非经学部委员会在特殊情况下许可，且符合其规定的任何条件：

(a) 根据第16条(a)中所述的证书或其他证明，若相关指导课程开始于以下时间，则不应被接受：(i) 候选人完成其第二次兽医学学士考试前，或(ii) 候选人的临床学习开始前，或(iii) 候选人首次参加第二次兽医学学士考试中任何科目或为豁免该科目而参加的考试八年以后；

(修订版规章)

(b) 任何学生均不可在其第一次成为该部分、科目、考试或部分的小节候选人两年后参加该部分、科目、考试或部分的小节的重考；

(c) 任何学生均不可成为某一部分、科目、考试或部分的小节的候选人三次以上。

第二次兽医学学士考试的考官

20. 第二次兽医学学士考试的考官任命安排应如下所示：

(a) 疾病生物学(BOD)、体内平衡(HOM)、医学科学基础概论(ISBM)、分子医学(MIMS)和药物作用机制(MODA)科目的考试的考官应为第二次医学学士考试中相应科目的考官；

(b) 学部委员会应为脊椎动物比较生物学(CVB)、农场畜牧(FAH)、神经生物学与动物行为(NAB)、兽医医疗初步(PFVP)、兽医解剖和生理学(VAP)、兽医生殖生物学(VRB)等科目的考试任命考试所需的一位高级考官和一定数量的考官;第二次兽医学学士考试该科目考试的时间如第 8 条(a)(i)[①]所述时,考官应为医学及兽医学荣誉学位考试中相应科目的考官。

为兽医学学士学位结业考试

21. 兽医学学部委员会可在每个日历年为兽医学学士学位结业考试的每一部分提名一定数量的考官,学部总委员会可据此任命。学部委员会也有权提名一名或多名评审官在考试的任意部分协助考官。若被要求,评审官应为指定给他们的科目选题,并评阅候选人对这些问题的回答,组织并主持实际操作考试、临床考试和口试,并应依要求向考官报告。评审官可被传唤至相关的考官机构的会议以提供咨询和建议,但没有投票权。

22. 考官和评审官应遵守如下规定:

(a) 每一科目、考试或小节的考官、评审官应对几个考试中其参与的科目、试卷或小节中的所有试题共同负责;

(b) 每位候选人均应至少有两位考官或评审官评阅其考卷并测试其实际操作;

(c) 应至少有两位考官或评审官同时到场并参与任何候选人的口试;

(d) 在第一部分、第二部分和第三部分的每一小节,应至少有两位考官出席通过考试的候选人名单制订的会议。

优等生名册

23. 第二次兽医学学士考试中每个科目,以及兽医学学士学位结业考试每个部分的优等生名册应分别公布。在这几份名册中,考试及格者的姓名应依字母顺序排列。兽医学学士学位结业考试第三部分的名单上应标出候选人已通过的该考试中的小节。在第一部分、第二部分或第三部分兽医学学士学位结业考试中,成绩突出的候选人的姓名后应附特优标记。

主席考官职责

24. 第二次兽医学学士考试中每个科目的高级考官以及兽医学学士学位结业考试每个部分的主席考官应将全部候选人的成绩向教务长以及辅导员或其他指定的独立学院职员通报,以便向学生转达其成绩和其他认为有必要的信息。[②]

候选人的费用

25. 兽医学学士学位候选人应为其临床学习的每个学期支付学费。参加兽医学考试、重考以及获得兽医学学士学位的费用已包含在内。

---

① 这是指第二次兽医学学士考试试题同为医学及兽医学荣誉学位考试中相应科目考试试题的情形。

② 关于考试成绩披露的规章,请参见第 226 页(此页码为英文原文页码)。

附 录 A

公示(2007—2008 学年《通讯》,第 68 页)

兽医学学士学位医学预科要求

普通教育证书优等水平和普通中等教育证书(GCE A 和 GCSE)

1. 本表中提及的优等和初级优等是指由英格兰、威尔士和北爱尔兰相关管理部门(在三地分别为 QCA、ACCAC 和 CCEA) 认可的一个考试机构颁发的普通教育证书(GCE)中的相应等级。普通中等教育证书(GCSE)是指由英格兰、威尔士和北爱尔兰相关管理部门(在三地分别为 QCA、ACCAC 和 CCEA)认可的一个考试机构颁发的证书中的 A、B 或 C 等。

核定等值

2. 根据本附录,以下应被看做与普通教育证书优等等值:

(a) 以 A、B、C 或 D 等通过苏格兰学历管理委员会全国课程优等高级考试;

(b) 以 A、B 或 C 等通过苏格兰学历管理委员会全国课程高级考试;

(c) 以 5 等或以上通过国际高中文凭课程某一科目高级水平考试;

(d) 在威尔士中学优等文凭中获得普通教育证书(GCE)优等。

3. 根据本表,以下应被看做与普通教育证书初级优等等值:

(a) 以 5 等或以上通过国际高中文凭课程某一科目标准水平考试。

4. 根据本表,以下应被看做与普通中等教育证书等值:

(a) 以普通水平(A、B 或 C 等)通过经政府儿童、学校和家庭部认证的考试机构组织的普通教育证书考试;

(b) 以 1、2 或 3 等通过苏格兰学历管理委员会标准等级考试;

(c) 以 A、B 或 C 等通过国际普通中等教育证书考试;

(d) 以 5 等或以上通过国际高中文凭课程某一科目标准水平考试。

5. 通过在国外由当地考试机构主办的相同科目的学历考试,若该考试语言为英语,则应根据其达到的水平考虑其等值性。

医学预科要求

6. 兽医学预科要求包括 A、B 两部分。

(a) 一名学生若已达到了兽医学学部委员会认可的入学考试要求的标准,或已通过普通中等教育证书的下列科目或学部委员会核准认定的等值科目,即可被视为达到 A 部分的要求:

(i) 物理；

(ii) 生物；

(iii) 数学；

前提是

① 通过双科科学考试可替代以上(i)和(ii)中的通过要求；

② 以优等或初级优等通过可替代以上(i)，(ii)和(iii)中对于普通中等教育证书的通过要求；

③ 开放式大学科学基础课程的一学分可替代以上(i)和(ii)中对于普通中等教育证书的通过要求。

(b) 一名学生若已在下列科目或学部委员会核准认定等值科目中以优等或初级优等通过普通教育证书，则达到B部分的要求：

(i) 化学；

(ii) 以下科目中的至少两科：物理、生物、数学；

前提是

① 其中至少有一个科目以优等通过；

② 入学的其他考试要求得到遵守。

(c) 一名学生若已在自然科学荣誉学位考试第一部分A获得荣誉或达到相应的标准，则应被看做已达到B部分的要求。

(d) 为执行此医学预科要求，一名已获得剑桥或某一知名大学荣誉学位的学生，若已通过兽医学学部委员会核准的入学考试，则应被看做已满足此要求。

(修订版规章)

附　录　B

第二次兽医学学士考试的核准指导课程

除作为第二次兽医学学士考试科目专题准备而开设的课程，以下课程已经兽医学学部委员会核准为与第二次兽医学学士考试中一定科目相对应的指导课程。

第二次兽医学学士考试科目		自然科学荣誉学位考试科目
疾病生物学		自然科学荣誉学位考试第一部分B病理学
	或	自然科学荣誉学位考试第二部分病理学
药物作用机制		自然科学荣誉学位考试第一部分B药理学
	或	自然科学荣誉学位考试第二部分药理学

分子医学		自然科学荣誉学位考试第一部分B生物化学和分子生物学
	或	自然科学荣誉学位考试第二部分生物化学
体内平衡		自然科学荣誉学位考试第一部分A生理学或生物体
	或	自然科学荣誉学位考试第一部分B生理学

补充规章

经公示修订(2007—2008学年《通讯》,第68页)

第二次兽医学学士考试

疾病生物学(BOD)

疾病生物学的考试将从异常生物学的角度考查。它包括活细胞、组织和器官结构中可能出现的变体及其功能,以及寄生虫、细菌和病毒生物学。第一节由与讲义相关的若干必答简答题组成。第二节由两小时的包括实验室作业以及关于实际问题和问题解决的试题的实际操作考试组成。

脊椎动物比较生物学(CVB)

笔试将考查鸟类、鱼类以及其他特定实验动物物种的结构和功能的相关知识。

农场畜牧(FAH)

笔试将考查农业以及畜牧相关的知识。

体内平衡(HOM)

第一节由关于神经和神经肌肉传递、肌肉、自主神经系统、心血管系统、呼吸、肾、盐水平衡、消化、吸收以及体温调节的若干机读题和必答简答题组成。第二节由关于实验生理学和组织学实际操作的问题组成。

医学科学基础概论(ISBM)

医学科学基础概论课程考试由若干必答简答题或机读题组成。

分子医学(MIMS)

考试将考查分子医学课程讲义中包含的知识及对其的理解。第一节由若干与课程相关的必答简答题组成。第二节由关于实际操作的问题组成,包括数据分析和处理。

药物作用机制(MODA)

第一节部分或全部地由必答简答题组成,考查药物对生物体和哺乳类动物的整体作用，以及药物与细胞、亚细胞和分子水平的作用模式。第二节由实际操作考试组成，包括数据处理和问题解决，实验室操作不在考查之列。有关统计程序基础知识的问题在考试的两部分考题中均可能出现。

神经生物学与动物行为(NAB)

神经生物学与动物行为的考试将考查中枢神经系统的结构和功能，以及感觉器官、神经药理学和动物行为，特别是家养动物行为相关的知识。第一节部分或全部地由若干必答简答题组成。在第二节中，候选人将被考查关于神经解剖学和实验神经生理学实际操作的相关知识，其中可能包含有关统计程序基础知识的问题。

兽医医疗初步(PFVP)

考试将测试兽医医疗初步课程第一和第二年讲义中包含的知识。

兽医解剖和生理学(VAP)

第一节由关于家养哺乳动物、食草类哺乳动物胃肠道结构和功能的机读题和简答题组成。第二节由相关的实际操作题组成。

兽医生殖生物学(VRB)

第一节由关于哺乳动物，特别是家养动物生殖系统的机读题和简答题组成。第二节由相关的实际操作题组成，也可能包括数据处理测试。

兽医学学士结业考试

第一部分

本考试的各科目考试和实际操作环节如下所示：

考试1　呼吸系统

考试2　X光线照相术和X光线学

考试3　寄生虫学1

考试4　皮肤病学

考试5　家畜传染病生物学(本考试有一额外的书面考核和一次口头报告)

考试6　临床病理学

考试7　寄生虫学2

考试8　营养学

考试9　泌尿学

考试10　动物育种

考试11　消化系统

考试12　神经病学

考试 13　内分泌学及代谢性疾病

考试 14　心脏病学

考试 15　兽医公共卫生学

除考试 3、7 和 11 的笔试为两个小时且有实际操作环节外，其他笔试均为一个小时。

第三部分[①]

本部分考试由四个小节组成。其中的三个小节为三个小时的笔试及实际操作考试或口试。第四个小节为两个小时的笔试及实际操作考试或口试。为在每个小节及格，每位候选人应先在笔试中达到规定的标准，然后才能进行实际操作考试或口试。

兽医学博士

资格要求

1. 为获得兽医学博士学位，候选人应就其兽医学研究方面的重大原创性贡献给出证明。

候选人资格

2. 任何符合以下条件的人均可申请成为本学位的候选人：

(a) 拥有大学某一学位；

或

(b) 已经担任大学某行政职务或在某兽医学校任职。

并且同时拥有以下条件之一：

(i) 有资格在皇家兽医学院临时或正式注册的医学学位；或

(ii) 为正式注册的目的而被皇家兽医学院理事会承认的学位；或

(iii) 为获得候选资格的目的而被兽医学博士委员会核准的医学学位。

除非某人在获上述学位后的时间已超过五年，否则不能注册为兽医学博士候选人。

兽医学博士委员会

3. 设兽医学博士委员会，其委员应由如下人员组成：

(a) 兽医学系主任或其任命的代理，作为主席；

(b) 学位委员会任命的六名临床医学院及兽医学系教师；

(c) 委员会增选的不超过六名成员。

(b)类中的成员应于每年米迦勒学期任命并应在其任命后的 1 月 1 日起任职三年。(c)类中的成员的任期由学位委员会在其被任命时规定。

法定人数

4. 在没有(a)和(b)类中四位成员到场的委员会会议上，任何事务均不

① 原文序号如此。——译者注

得办理。

申请

5. 希望成为本学位候选人的人员均应向兽医学博士委员会秘书提交申请。申请材料应包括：

(a) 申请人学习或研究的选题，包括计划开展的工作计划以及使用的方法的说明；

(b) 计划开展工作的地点；

(c) 资助该工作的方法；

(d) 建议作为该工作导师的合适的有资格的人的名字。

随同每份申请应提交申请费。[①]

6. 每份申请均应提交至兽医学博士委员会，委员会在决定是否核准、驳回或建议申请人修改其申请前可将其指定给一位或多位评议人以征求其意见和建议。根据本规章，每位被任命的评议人均应获得一定的酬金。[②] 医学博士委员会秘书应保留注册成为本学位候选人的人员记录；每当一份申请被核准，该申请人的姓名即应加入该记录。委员会应决定（如有）申请人注册的条件并应指定他或她获得候选人资格的时间。

考试

7. 兽医学博士学位考试应由以下部分组成：

(a) 体现候选人研究或学习成果的学位论文，论文应根据第 9 条至 10 的规定提交；

(b) 关于学位论文的主题及其所在学科领域的知识的口试。

经兽医学博士委员会特别许可，候选人可与学位论文一起，提交其希望考官审阅的已发表的作品，作品可供考官参考。

8. 候选人应于其注册成为本学位候选人后第二年至第六年之间提交其学位论文，但兽医学博士委员会可给予某候选人特别许可，允许其延迟至某一更晚的日期提交其学位论文。在提交学位论文时，候选人应同时支付提交费。[③]

9. 在提交学位论文时，候选人应在前言部分概要地并在脚注及参考文献中具体说明其获取的信息的来源，说明其通过这些工作获得帮助的程度，以及说明论文中声明为原创部分的内容。他们应声明其提交的论文并非实质等同于任何他们已为其他学位、文凭或资格证书而提交的论文。论文除引文外，语言应为英语。临床医学院学位委员会以及兽医学系学位委员会有权规定所提交的学位论文的篇幅限制。

10. 每位候选人的学位论文一式两份，随同两份长度约为 300 字的摘

---

① 见本规章附录。

② 同上注。

③ 同上注。

要，应送交临床医学院和兽医学系学部委员会秘书。学位论文将提交给两位学位委员会任命的考官评阅。每位考官应就该论文向学位委员会提交一份独立报告。两位考官应共同主持第 7 条(b)中说明的口试，并应再签署一份联合考试结果证书。若考官无法就其观点达成一致意见，或学位委员会或研究生教育委员会因其他任何原因需要听取关于所提交作品价值的进一步意见，学位委员会可另任命一位或多位额外考官，条件是任命多于一位的考官时须经研究生教育委员会许可。每位额外任命的考官均应就学位论文向学位委员会提交一份独立报告。每位考官应获得一定的酬金，并有权申请报销差旅费及适宜额度的工作补贴。[1]

重考

11. 若候选人在第 7 条(b)中所述的口试中不及格，学位委员会可允许候选人由同样的考官重考并支付额外的考试费用。[2] 这样的许可应通报研究生教育委员会秘书，并不得多于一次。每位根据本条参加考试的考官应获得除根据第 10 条有资格获得的酬金之外的额外酬金，并可按照相关规章中的规定申请报销差旅费。

12. 研究生教育委员会为所有有关授予学位的建议的决策机构。若在审阅考官就某一学生的学位论文及其在口试中表现的报告后，学位委员会认为学生已达到学位所要求的标准，记有到场人员及投票双方姓名的学位委员会就此做出的决定，应与考官的报告一起，通报给研究生教育委员会。若研究生教育委员会在接到以上通报后在至少有研究生教育委员会五名成员到场的会议上决定授予该候选人该学位，研究生教育委员会秘书应发布关于核准授予该考生该学位的公告。

失败

13. 若在审阅考官关于考试的报告后，学位委员会认为学生的学位论文未达到其攻读学位所要求的标准，他们可建议研究生教育委员会许可该生提交一份修改版的学位论文。学位委员会传递此意见的通报应当包括记有到场人员及投票双方姓名的意见书，考官的报告应随同送达。一位学生不得被许可提交修改版论文一次以上。

作品应交图书馆留存

14. 若在审阅考官关于考试的报告后，学位委员会认为学生的论文尚未达到该学位所要求的标准，而且未建议候选人提交一份修改版的论文，记有到场人员及投票双方姓名的学位委员会就此做出的决定，应与考官的报告一起，通报给研究生教育委员会。研究生教育委员会秘书应向候选人通报以上决定。

[1] 见本规章附录。

[2] 同上注。

15. 未经核准获得该学位的候选人：

(a) 不可提交与其作为哲学博士或理学硕士学位候选人提交的论文实质相同的学位论文；

(b) 可在其最初注册不少于五年的时间后申请再次注册成为本学位的候选人，这样的申请不可多于一次。

16. 在获得学位前，候选人应当按兽医学博士委员会秘书指定的形式在委员会秘书处留存两份学位论文及其摘要。秘书应将论文及摘要留存于大学图书馆和兽医学系，以便参考和馆际借阅。

17. 获得本学位不需支付任何费用。

附　录

申请费(第 5 条)：220 英镑。

评议人酬金(第 6 条)：45 英镑。

提交费(第 8 条)500 英镑。

参与口试的每位考官的酬金(第 10 条)：135 英镑。

每位额外考官的酬金(第 10 条)：90 英镑。

候选人为重考支付的额外费用(第 11 条)：135 英镑。

为参加第 11 条中所述的第二次考试需向每位考官额外支付的酬金：45 英镑。

根据哲学博士、理学硕士和文学硕士学位规章中第 12 条，考官可申请报销差旅费和其他费用。

计算机科学文凭

经公示废除(2007—2008 学年《通讯》，第 265 页)

架上绘画保护文凭

授予条件

1. 架上绘画保护文凭应授予已完成建筑与艺术史学部委员会在咨询汉密尔顿卡尔学院院长后规定的三年指导课课程，并在下述规章中规定的考试中及格的人员，前提是他或她已住校至少三个学期。为执行本规章，本校毕业生此前学生生涯中的住校时间可被计算在内。

候选人资格

2. 本文凭的候选人须经建筑和艺术史学部学位委员会核准，该委员会应为每一位候选人指定其候选人资格开始的日期。候选人同时必须符合以下条件：

(i) 在某一本科学位考试中获得荣誉，通常为与该课程相关的一个或更多科目；

(ii) 提供使学位委员会认为其适合该文凭课程的其他证明。

3. 申请须在(候选人希望)其候选资格开始的学年之前的二月的期末前与其他第2条所述的证明一同送交汉密尔顿卡尔学院主管。

第一年文凭资格考试

4. 第一学年年底的文凭资格考试应包括：

(i) 三项笔试：

实际保护

材料科学

保护原理

以及

(ii) 三个领域的工作室作品：

实验室操作

绘画考试

摄影操作

对于第一年全年工作室作品及格而笔试未及格的候选人，可向学位委员会申请许可其在其第一次笔试后的六个月内再次参加笔试。工作室作品不及格的候选人，将不可继续攻读课程。

第二年考试

5. 第二学年的文凭考试应包括：

(i) 一组将得到连续评估的工作室作品；

(ii) 由四篇小论文组成的书面作品，小论文长度在3000～5000字之间，四个题目由考生在以下领域任选并得到学位委员会的核准：

a. 历史方面

b. 技术方面

c. 环境影响

d. 材料特性

e. 工作室实践

f. 伦理方面

g. 诊断报告和技术检测

(iii) 两次研讨会报告，每次三十分钟，内容与小论文相关并从以上(a)至(g)中选题。

其中一篇小论文或其中的一次报告必须选自领域g。

第三年考试

6. 第三学年的文凭考试应包括：

(i) 一篇长度在5000～10000字的项目方案，该项目应包括经学位委员会核准的与学生兴趣相关的实际操作组成部分，并在7月7日前提交打字稿；

(ii) 一份复制作品，即对一位艺术家的某一画作的鉴定及对其技巧的复制，以及一份长度在5000～10000字的记录，并于7月7日之前提交；

(iii) 将于年底评估的工作室作品；

(iv) 与工作室作品和学生提交的其他书面作品相关的口试。

考官和评审官

7. 学位委员会应为每一考试提名其认为足够数量的考官和评审官。

文凭

8. 在整个考试过程中合格的候选人将有资格获得文凭。

9. 文凭的格式应如下所示：

兹证明　　　　　已达到了基本要求，参加了剑桥大学指定的考试且已经考官核准授予架上绘画保护文凭。

费用

10. 在大学攻读文凭期间，候选人应为其每学习学期支付相应的学费。

与研究课程的关系

11. 被批准有资格获得文凭的学生没有资格将其作为该文凭候选人的全部或部分时间计入哲学博士、理学硕士或文学硕士的研究课程时间。

经济学文凭

授予条件

1. 经济学文凭应授予符合第2条要求，已合格完成经济学学部委员会规定的指导课课程，并在下述规章中规定的文凭考试中及格的人员，前提是他或她已住校学习三个学期。为执行本规章，本校毕业生此前的学生生涯中的住校时间可被计算在内。

2. 本文凭的候选人须经研究生教育委员会根据经济学学部委员会的建议录取为研究生。该委员会应为每一位候选人指定其候选人资格开始的日期。候选人应在校内于学位委员会任命的导师监督下从事至少一学年的课程学习，同时遵守学位委员会做出的所有特殊规定。

导师的报告

3. 根据研究生入学一般规章中第8条的规定，每位导师应就其所指导的所有学生的学习情况向研究生教育委员会秘书提交报告。

向考官支付的款项

4. 尽管有研究生入学一般规章中第11条的规定，研究生教育委员会在咨询经济学学部学位委员会后，有权决定支付给非剑桥大学雇员的文凭候选人导师的酬金数额。

5. 经济学文凭候选人不应在同一年同时身为大学其他考试的候选人，任何人均不可成为经济学文凭候选人多于一次。

6. 考试由以下三个笔试组成：

考试 1　微观经济学

考试 2　宏观经济学

考试 3　计量经济学

考试方案

学位委员会应在每年复活节学期结束前公布将于下一学年举办的考试中考试 1 和 2 的形式，考试形式应为(a) 时长三个小时的笔试，或(b) 三个小时的笔试和一篇长度在 3000 字以内的小论文①，该论文的唯一主题应与笔试涉及的领域相关。笔试 3 则应包括三个小时的笔试和一项由候选人承担的经济计量学项目的报告。

补充规章

7. 学位委员会有权制定和修改规定笔试范围的补充规章，并可根据情况修订这些补充规章。

考官和评审官

8. 学位委员会应提名其认为足够数量的考官、评审官并提名其中一位考官为主考官。主考官应就每位候选人在考试中的表现向学位委员会秘书提交报告。

授予

9. 学位委员会在审阅考官的报告后，若认为候选人有资格获得该文凭，注有到场人员及投票双方姓名的学位委员会就此做出的建议，和考官的报告一起，应送交研究生教育委员会秘书。被学位委员会认为成绩优异的候选人，将有资格获得特优文凭。文凭的授予及其公布将由研究生教育委员会负责。

失败

10. 若学位委员会认为候选人的考试表现未达到授予其文凭的资格，他们就此做出的建议，以及候选人的成绩，应通报给研究生教育委员会。委员会秘书应通报候选人该决定。

11. 文凭的格式应如下所示：

兹证明　　　　　已达到了基本要求、参加了剑桥大学指定的考试②且已经考官核准授予经济学文凭。

候选人费用

12. 在大学攻读文凭期间，候选人应为其每学习学期支付相应的学费。

补充规章

考试 1　微观经济学

考试要求运用微观经济的基础分析方法解决经济问题。考试的目的旨在建立理论框架，为将理论运用到实际问题中创造机会。

---

① 一页主要由统计数据和符号组成的 A4 纸应被视为相当于 250 字。

② 插入“特优”，如果该候选人成绩优异。

考试 2　宏观经济学

考试要求将经济现象作为完整的整体进行分析，同时涉及经济活动中的波动、就业和失业、通货膨胀、经济增长、国际经济和收支平衡、收入和财富分配。考试要求涵盖为宏观经济问题提供解决框架的分析方法和模型。

考试 3　计量经济学

考试要求涉及为实证研究奠定基础的微观经济和宏观经济数据统计分析。考试应将统计分析方法的背景知识作为描述性和归纳性工具，同时作为概率论和统计推断的基础知识。

考试 3 包括三个小时的笔试和由候选人承担的项目报告。笔试占考试比重的三分之二，项目占考试比重的三分之一。在笔试中，候选人应运用统计和计量经济学的方法回答问题。项目将由考官设置，项目为候选人将经济和统计知识运用到实际问题中提供可能。

法律文凭和国际法文凭

授予条件

1．法律文凭和国际法文凭由法学部学位委员会颁发，授予符合下列规章中要求的人员，前提是他或她已住校三个学期。为执行本规章，本校毕业生此前的学生生涯中的住校时间可被计算在内。

2．文凭候选人须经研究生教育委员会根据法学部学位委员会建议录取为研究生，该委员会应为每一位候选人指定其候选人资格开始的日期。

候选人须接受监督

3．候选人应在校内从事至少三个学期的学习，但身为大学研究生的学位候选人，根据学位委员会的建议和研究生教育委员会的核准，可在英格兰之外的一所大学或类似机构学习以代替全部或部分本规章的要求。每位候选人，无论是在剑桥或是其他地方学习，均应接受学位委员会任命的导师的指导，同时遵守学位委员会做出的所有特殊规定。

导师的报告

4．根据研究生入学一般规章中第 8 条的规定，每位导师应就其所指导的所有学生的学习情况向研究生教育委员会秘书提交报告。

论文

5．文凭的练习应包含一篇科目经学位委员会核准的论文，并且科目应在法律或国际法学术领域之内。若没有学位委员会的许可，论文长度不得超过 30000 字（包括脚注，但不包括附录和参考文献），并应体现候选人严谨的学术研究和批判性地讨论复杂问题的能力。

6．候选人应在获得其候选人资格的学期后的第二个学期期末和第五个学期期末之间向研究生教育委员会秘书提交其论文一式两份，研究生教育委员会在学位委员会的建议下可允许候选人在更晚的时间提交论文。每位候选人均将被要求签署一项声明，即该论文由其本人完成，除在声明中说明的情形外未经他人协助，并且论文不包含任何实质上已为其他类似目的使用过的材料。

7. 每篇论文将被送交两位学位委员会任命的考官评阅。考官可酌情就论文及其所属领域的知识安排一次口试。每位考官均应就候选人的论文向学位委员会提交一份独立报告，并就候选人在口试中（如有）的表现签署联合报告。

考官

8. 若学位委员会需要听取关于候选人论文价值的进一步意见，他们可另外任命额外考官，但任命多于一位的额外考官时须经研究生教育委员会许可。

9. 学位委员会在审阅考官的报告后，应决定该候选人是否有资格获得该文凭，并相应地通知研究生教育委员会秘书。文凭的授予应由研究生教育委员会公布。学位委员会可允许一位未及格者再次提交论文。时间由学位委员会指定，一般不晚于该候选人获知该允许的学期后的一个学期期末。

授予

10. 文凭的格式应如下所示，注明的专业方向应为“法律”或“国际法”：

文凭格式

兹证明　　　　　已达到了基本要求，提交了法学部学位委员会核准的论文且已经核准授予法律（国际法）文凭。

11. 在大学学习期间，候选人应缴纳研究生入学一般规章中第 11 条规定的学费。

费用

12. 支付给非剑桥大学雇员的导师的酬金（并非指不享受学校津贴的副讲师）应如研究生入学一般规章中的规定。

向导师支付的款项

管理学研究文凭[①]

1. 管理学研究文凭应授予符合第 2 条要求，已合格完成工商管理学部委员会规定的至少一学年的指导课课程，并在下述规章中规定的本文凭考试中及格的人员，前提是他或她已住校学习三个学期。为执行本规章，本校毕业生此前的学生生涯中的住校时间可被计算在内。

授予条件

2. 文凭候选人须经工商管理学部学位委员会核准，该委员会应为每一位候选人指定其候选人资格开始的日期。任何曾为管理学荣誉学位考试候选人的人员均不可成为本文凭的候选人；任何人不应在同一年同时成为管理学文凭候选人和其他文凭或任何荣誉学位考试的候选人，任何人均不可

候选人资格

① 本文凭现暂停。

成为管理学文凭候选人多于一次。

考试方案

3. 本文凭考试应包括：

(a) 以下笔试：[①]

M1. 市场营销和组织行为

M2. 计量方法和经营管理

M3. 经济和金融

(b) 课程作业，如第4条所述；

(c) 由候选人承担的某一项目的报告，如第5条所述。

课程作业

4. 考官应将候选人完成的工商管理学部委员会指定的课程作业纳入考虑。为此贾奇管理学院院长应向考官递交每位候选人在课程作业中表现的详细报告。候选人需完成的作业详情应由学部委员会在考试前的完整米迦勒学期前在贾奇学院公布。

5. 每位候选人应在完整复活节学期的最后一个周一前向考官提交其研究项目的报告，报告不得超过3000字(不包括脚注和参考文献)。研究项目的科目应从贾奇管理学院院长于完整四旬斋学期期末前公布的审定科目列表中选择。报告应为打字稿(除非候选人获得学部委员会允许提交手写本)。每位候选人均将被要求签署一项声明，即该论文由其本人完成，除在声明中说明的情形外未经他人协助，并且论文不包含任何实质上已为其他类似目的使用过的材料。若两位或多位候选人联合承担某一项目，他们应说明其各自的贡献程度。

考官

6. 学部委员会应提名其认为足够数量的考官。学部委员会也有权为考官提名一位或多位评审官。

优等生名册

7. 在及格者的名单中，特别优秀者可通过在其姓名后附上特优标记进行标识。

文凭格式

8. 文凭的格式应如下所示：

兹证明　　　　已达到了基本要求，参加了剑桥大学指定的考试[②]且已经考官核准授予管理学文凭。

费用

9. 在大学攻读文凭期间，候选人应为其每学习学期支付相应的学费。

补充规章

10. 学部委员会有权制定和修改规定任何或全部科目范围的补充规章，并可根据情况修订这些补充规章。

与研究课程的关系

11. 参加本文凭考试的学生没有资格将其作为该文凭候选人的全部或部分时间计入哲学博士、理学硕士或文学硕士的研究课程时间。

---

① 这些考试为管理学荣誉学位考试的M1—3考试。

② 插入“特优”，如果该候选人成绩优异。

现代语言学文凭

1. 现代语言学文凭应授予任何经现代与中世纪语言学部委员会核准获得候选人资格，已完成学部委员会规定指导课课程，并在该文凭考试中及格的人员。

候选人资格

2. 学部委员会应公布可授予文凭的语种，任何学生不可在同一学期同时成为某一语言文凭候选人和该语言荣誉学位考试候选人。

3. 每个语种的考试应包括一项口试和两项笔试：

考试方案

考试 1　外语运用

考试 2　外语翻译（两小时）

笔试和口试的形式、范围和标准应与现代与中世纪语言荣誉学位考试试卷 B1 和 B2 以及口语考试 B 相同。

任何语种文凭的候选人均应在同一学期参加该语种的口试和笔试。

4. 可给予考试每一部分的最高分数应遵循如下比例：

笔试 1	3
笔试 2	2
口试	1

5. 每个语种的考官均应为现代与中世纪语言荣誉学位考试第一部分 A 的考官。学部委员会有权提名一位或多位评审官协助考官。

考官和评审官

6. 考试及格者的名单，应与现代与中世纪语言荣誉学位考试第一部分 A 的优等生名册同时公布，并应注明候选人合格的语种。以特优通过考试的候选人姓名后应注以(d)标记，以优等通过考试的候选人姓名后应注以(c)标记。

优等生名册

7. 文凭的格式应如下所示：

兹证明　　　　　已达到了基本要求，参加了剑桥大学指定的考试[①]且已经考官核准授予　　　　　[②]文凭。

8. 任何在大学攻读文凭的候选人，若尚未支付学费，应为其每学习学期支付相应的学费。尚未支付考试举办学期学费的本文凭候选人应支付 60 英镑的考试费。

费用

---

① 视情况插入“特优”或“优等”。

② 插入候选人及格的语种。

神学和宗教研究文凭

经公示修订(2007—2008 学年《通讯》,第 52 页)

授予条件

1. 神学和宗教研究文凭应授予符合第 2 条要求,已合格完成神学部学部委员会规定的至少一学年的指导课课程,并在下述规章中规定的本文凭考试中及格的人员,前提是他或她已住校学习三个学期。为执行本规章,本校毕业生此前的学生生涯中的住校时间可被计算在内。

候选人资格

2. 文凭候选人须经神学部学位委员会核准,该委员会应为每一位候选人指定其候选人资格开始的日期。任何曾为神学和宗教研究荣誉学位考试第二部分 A 或第二部分 B 候选人的人员均不可成为本文凭的候选人;任何人均不应在同一年同时成为神学和宗教研究文凭候选人和其他文凭或任何荣誉学位考试的候选人,任何人均不可成为神学和宗教研究文凭候选人多于一次。

考试方案

3. 本文凭考试应包括如下两部分:

A 部分

笔试。每位候选人应从神学和宗教研究荣誉学位考试 A1 考试和 B、C、D 组任意考试中选择三场笔试参加,条件是:

(a) 候选人的笔试选择均需经学位委员会核准;

(b) 候选人应参加 C 组或 D 组中的至少一场考试;

(c) 候选人仅可参加 A1、B1、C1 考试中的一场考试;

(d) 候选人不可参加其在荣誉学位考试中已参加的考试;

(e) 如有学位委员会的核准,候选人可选择参加四场考试,在这种情况下,候选人在被考官评定为其表现最差的考试中的成绩仅在对候选人有利的情况下有效;

(f) 任何候选人均不得参加超过一场以其他评估模式考核的考试。

B 部分

一篇不超过 10000 字(包括脚注,但不包括参考文献)的学位论文,科目需经学位委员会核准。候选人应在其参加考试的完整复活节学期第三个星期一之前将论文提交给学位委员会秘书。每位候选人均将被要求签署一项声明,即该论文由其本人完成,除在声明中说明的情形外未经他人协助,并且论文不包含任何实质上已为其他类似目的使用过的材料。考官有权就论文及其所在领域的知识安排一次口试。

考官和评审官

4. 学位委员会应提名其认为足够数量的考官。学位委员会也有权为考官提名一位或多位评审官。

5. 在考试两部分中均及格的候选人将有资格获得文凭。

6. 在及格者名单中，特别优秀者可通过在其姓名后附上特优标记进行标识。

7. 文凭的格式应如下所示： 文凭格式

兹证明　　　　　已达到了基本要求，参加了剑桥大学指定的考试[①]且已经考官核准授予神学和宗教研究文凭。

8. 在大学攻读文凭期间，候选人应为其每学习学期支付相应的学费。 费用

9. 参加本文凭考试的学生将没有资格将其作为该文凭候选人的全部或部分时间计入哲学博士、理学硕士或文学硕士的研究课程时间。 与研究课程的关系

人文计算语言学证书

1. 人文计算语言学证书应授予经现代与中世纪语言学部委员会核准其候选人资格，已参加该学部委员会规定的系列讲座和课程，并已按要求完成课程作业且通过该证书考试的人员。 候选人资格

2. 该证书的考试包括： 考试方案

(a) 开发达到学部委员会指定要求的语言相关网站站点；

(b) 学部委员会核准的人文计算学科内任意领域内的一个不超过 2000 字的项目报告。

3. 学部委员会有权规定考试要求的可选语言。

4. 学部委员会应提名其认为足够数量的考官及评审官。 考官和评审官

5. 在考试及格者的名单上，以特优通过考试的候选人姓名后应注以(d)标记，以优等通过考试的候选人姓名后应注以(c)标记。 优等生名册

6. 证书的格式应如下所示： 文凭格式

兹证明　　　　　已达到了基本要求，参加了剑桥大学指定的考试[②]且已经考官核准通过　　　　　，并获得人文计算语言学证书。

7. 任何为获得证书而在剑桥大学参加学习的候选人，若尚未支付学费，应为每个学习学期支付相应的学费。尚未支付考试举办学期大学学费的证书候选人应支付 45 英镑的考试费用。 费用

① 如果候选人获得了特优标记，插入“特优”。

② 视情况插入“特优”或“优等”。

现代语言证书

候选人资格

1. 现代语言证书应授予经现代与中世纪语言学部委员会核准其候选人资格,已参加该学部委员会规定的指导课课程,并已通过该证书考试的人员。

2. 学部委员会应公布可授予证书的语种。学生可申请参加由学部委员会指定的任意语种的考试,但申请某语种荣誉学位考试的学生不能同时申请同语种的证书。

考试方案

3. 任一语种考试应包括一项口试和如下两项笔试:

笔试 1 外语概论 1

笔试 2 外语概论 2(两小时)

笔试和口试的形式、范围和标准应与现代与中世纪语言荣誉学位考试的试卷 A1 和 A2 以及口语考试 A 相同。

补充规章

4. 学部委员会有权以补充规章的形式规定考试中的全部或部分科目,并可视情况修订或更改上述补充规章,但应对任何变更发布相应的通告。

5. 可给予考试每一部分的最高分数应遵循如下比例:

笔试 1	3
笔试 2	2
口试	1

考官及评审官

6. 学部委员会应提名其认为足够数量的考官及评审官。

优等生名册

7. 考试及格者名单上应注明候选人合格的语种。以特优通过考试的候选人姓名后应注以(d)标记,以优等通过考试的候选人姓名后应注以(c)标记。

文凭格式

8. 证书的格式应如下所示:

兹证明　　　　已达到了基本要求,参加了剑桥大学指定的考试[①]且已经考官核准通过,并获得　　　　[②]证书。

费用

9. 任何为获得证书而在剑桥大学参加学习的候选人,若尚未支付学费,应为每个学习学期支付相应的学费。尚未支付考试举办学期大学学费的证书候选人应支付 45 英镑的考试费用。

---

① 视情况插入“特优”或“优等”。

② 插入候选人及格的语种。

研究生证书

一 般 规 章

1. 研究生证书应授予接受进修教育及研究训练者。此类学习课程的专业方向，与其专门规章，应由学部总委员会根据相关的学部委员会或其他机构的建议，在咨询相应的学位委员会后，提交至研究生教育委员会并获其核准后核准。研究生教育委员会在核准时，应确保该证书的候选人若希望成为哲学博士、工学博士、理学硕士或文学硕士，可从中接受足够的研究训练。研究生教育委员会可决定其作为证书候选人的全部和部分的时间，可以计入上述某一学位的学习时间（全日制研究课程不超过三个学期，非全日制研究课程不超过五个学期）。

研究生专业方向

2. 证书的全日制指导课课程应至少持续三个连续的学期，非全日制指导课课程应至少持续五个连续的学期。但在特殊情况下，研究生教育委员会可在相关学位委员会的建议下核准候选人用两年的时间完成该证书的学习。

指导课

3. 证书候选人需首先被录取为研究生，该资格由研究生教育委员会在相关学位委员会的建议下核准，研究生教育委员会应指定其候选人资格开始的日期。证书候选人还应：

(a) 若为大学成员，应已完成文学学士学位要求的考试和住校学习；

(b) 若非大学成员，提供相关学位委员会认可的学历证明。

每份研究生申请均需包含关于申请人希望从事的学习课程的陈述，以及已有资格证书、成就和学习经历的陈述，并应提交至研究生教育委员会，后者负责将其转发给相关学位委员会。

4. 候选人应在剑桥或由研究生教育委员会及相关学位委员会指定的其他地点，在相关学位委员会任命的导师的指导下，或相关学位委员会为此指定的特别条件下学习。所有导师的任命应由相关学位委员会通报给研究生教育委员会，后者有权就个别任命向学位委员会提出反对意见。

导师

根据研究生入学一般规章中第 8 条的规定，每位导师向研究生教育委员会秘书提交其负责的每个候选人的学习情况的报告。

5. 除非在其专业方向的特别规章中另有规定，每位候选人均需提交一篇学位论文，并应参加一次口试及该专业方向特别规章中规定的其他形式的考试。

学位论文和口试

6. 参加笔试的候选人名单，与有关候选人将被考核的知识领域的陈述，应由学位委员会于考试前的12月1日或之前提交给研究生教育委员会秘书。

选题

7. 候选人应在导师的指导下进行学位论文选题，并根据研究生教育委员会的具体安排（全日制学生不得晚于其获得候选人资格的第二个学期期末，非全日制学生不得晚于其获得候选人资格的第三个学期期末）将选题提交至研究生教育委员会，以便研究生教育委员会在相关学位委员会的建议下核准题目。

8. 候选人应根据研究生教育委员会的具体安排，在研究生教育委员会根据学位委员会的建议决定的日期前，且除非研究生教育委员会根据学位委员会的建议同意第2条中所述的延期，全日制学生不得晚于其获得候选人资格的第三个学期期末（非全日制学生不得晚于其获得候选人资格的第五个学期期末），将学位论文一式两份提交至研究生教育委员会。候选人应在前言中对论文进行简述，并在注释部分标明引用信息的来源。

9. 每位候选人的论文将被提交给两位由学位委员会任命的考官评阅。

考官

10. 考官应共同就候选人论文的主题及其所属领域的知识对候选人进行口试。若候选人被要求另外在某一笔试中及格，则该考试由相关学位委员会安排，且该考试的考官应为评阅候选人论文的考官。考官应向学位委员会提交报告并同时交还这两份论文，论文将连同学位委员会关于授予证书的建议送往研究生教育委员会。

证书授予

11. 证书授予的决定应由研究生教育委员会做出并予以公布，但研究生教育委员会已允许，将其作为证书候选人的全部或部分时间计入其哲学博士、工学博士、理学硕士或文学硕士学位研究课程时间的研究生的授予将不可公布。任何此类研究生，只要其仍在研究生院注册，或其随后为哲学博士、工学博士、理学硕士或文学硕士学位提交了学位论文，均没有资格获得证书。本规章不限制已被授予证书，且其姓名已从研究生名录中去除的人员恢复注册为哲学博士、工学博士、理学硕士或文学硕士学位的候选人。若研究生教育委员会认为适宜，可以许可将其作为证书候选人的全部和部分时间计入上述某一学位研究课程的时间。除非已参加了规定的指导课课程，任何候选人均没有资格获得证书。

文凭格式

12. 证书格式如下所示：

兹证明　　　　在①　　　　系研究生教学课程中勤奋参加，并已参加剑桥大学指定的考试且已经考官核准授予②研究生证书。

---

① 插入候选人攻读的专业方向，如英语、自然科学（生物科学）。

② 同上。

13. 支付给非剑桥大学职员的导师的酬金(非不享受学校津贴的副讲师)应按照研究生入学一般规章中第 14 条的规定执行。

导师酬金

14. 在攻读证书期间,候选人应缴纳研究生入学一般规章中第 11 条规定的学费。

候选人费用

15. 未获得证书的候选人将不能再次成为相同或其他证书的候选人。

专门规章

盎格鲁-撒克逊人,古北欧人和凯尔特人研究

1. 研究生证书可授予盎格鲁-撒克逊人,古北欧人和凯尔特人研究方向的进修者和研究训练者。

2. 课程和训练应包括:

(a) 参加学位委员会经英语学部核准开设的研讨班和课程;

(b) 在根据一般规章中第 4 条任命的导师指导下,从事学位委员会核准的题目的研究;

(c) 完成由学位委员会规定的注册程序。

3. 学位论文的形式可以是第 2 条(b)所述的主题经核准的一篇独立的论文,也可以是与学生将要为申请文学硕士或哲学博士学位提交的大论文有显著且核心关系的实例。论文应在 8000~10000 字之间,且全部或大部分应为学生在研究生入学后撰写。

化学工程

根据 2008 年 2 月 13 日第一号动议修订

1. 研究生证书可授予化学工程方向的进修者和研究训练者。

2. 课程和训练应包括:

(a) 化学工程和生物技术特别委员会提议并经相关学位委员会核准的课程;

(b) 以如下一种或多种形式开展的实际工作:

(i) 高级实验或理论训练;

(ii) 在某项研究中作为助手的研究训练;

(iii) 原创研究调研的研究训练;

(iv) 某些技术训练。

经 济 学

1. 研究生证书可授予经济学方向的进修者和研究训练者。

2. 课程和训练应包括：

(a) 参加学位委员会经经济学学部核准开设的讲座、研讨班和课程；

(b) 在根据一般规章中第4条任命的导师指导下，从事学位委员会核准的题目的研究。

3. 学位论文的形式为与学生将要为申请文学硕士或哲学博士学位提交的大论文有显著且核心关系的实例。论文应不超过20000字（包括脚注，不包括附录和参考文献），且全部或大部分应为学生在研究生入学后撰写。

4. 考试可由考官酌情设置（在一般规章中第5条所述的提交论文及口试的基础上）笔试或其他与候选人参加的讲座、研讨班和课程相同科目的练习。

工 程 学

1. 研究生证书可授予工程学方向的进修者和研究训练者。

2. 课程和训练应包括：

(a) 学位委员会经工学部核准开设的课程；

(b) 以如下一种或多种形式开展的实际工作：

(i) 高级实验或理论训练；

(ii) 在某项研究中作为助手的研究训练；

(iii) 原创研究调研的研究训练。

英 语

1. 研究生证书可授予英语方向的进修者和研究训练者。

2. 课程和训练应包括：

(a) 参加学位委员会经英语学部核准开设的研讨班和课程；

(b) 在根据一般规章中第4条任命的导师指导下，从事学位委员会核准的题目的研究；

(c) 完成由学位委员会规定的注册程序。

3. 学位论文的形式可以是第 2 条(b)所述的主题经核准的一篇独立的论文,也可以是与学生将要为申请文学硕士或哲学博士学位提交的大论文有显著且核心关系的实例。论文应在 8000～10000 字之间,且全部或大部分应为学生在研究生入学后撰写。

历　史

1 研究生证书可授予历史学方向的进修者和研究训练者。

2. 课程和训练应包括:

(a) 参加学位委员会经历史学学部核准开设的研讨班和课程;

(b) 在根据一般规章中第 4 条任命的导师指导下,从事学位委员会核准的题目的研究;

(c) 完成由学位委员会规定的注册程序。

3. 学位论文的形式可以是第 2 条(b)所述的主题经核准的一篇独立的论文,也可以是与学生将要为申请文学硕士或哲学博士学位提交的大论文有显著且核心关系的实例。论文应在 8000～10000 字之间,且全部或大部分应为学生在研究生入学后撰写。

国际关系

公示(2007—2008 学年《通讯》,第 424 页)

1. 研究生证书可授予国际关系学方向的进修者和研究训练者。

2. 课程和训练应包括:

(a) 参加学位委员会国际关系系核准开设的讲座、研讨班和课程;

(b) 在根据一般规章中第 4 条任命的导师指导下,从事学位委员会核准的题目的研究;

3. 考试可由考官酌情设置笔试或其他与候选人参加的讲座、研讨班和课程相同科目的练习。

法　学

1. 研究生证书可授予法学方向的进修者和研究训练者。

2. 课程和训练应包括:

(a) 参加学位委员会经法学部核准开设的研讨班和课程;

(b) 在根据一般规章中第 4 条任命的导师指导下,从事学位委员会核准的题目的研究；

(c) 完成由学位委员会规定的注册程序。

3. 学位论文的形式可以是第2条(b)所述的主题经核准的一篇独立的论文，也可以是与学生将要为申请文学硕士或哲学博士学位提交的大论文有显著且核心关系的实例。论文应不超过15000字(包括脚注，不包括附录和参考文献)，且全部或大部分应为学生在研究生入学后撰写。

自然科学(天文学)

1. 研究生证书可授予天文学方向的进修者和研究训练者。

2. 课程和训练应包括：

(a) 学位委员会经物理和化学学部核准开设的课程；

(b) 以如下一种或多种形式开展的实际工作：

(i) 高级的有组织的实验或理论训练；

(ii) 在某项研究中作为助手；

(iii) 小规模研究的调研；

(iv) 某些技术训练。

3. 考试可由考官酌情设置(在一般规章中第5条所述的提交论文及口试的基础上)一或两次与候选人参加的讲座相同科目的笔试。

4. 论文应不超过12000字(包括表格、参考文献和附录)。

自然科学(生物科学)

1. 研究生证书可授予生物科学方向的进修者和研究训练者。

2. 课程和训练应包括：

(a) 由相关系主任或机构负责人建议学位委员会经生物学部核准开设的课程；

(b) 一项或多项原创研究的调研。

3. 论文应不超过15000字(不包括表格、脚注、附录和参考文献)。候选人应在论文中向考官提供证据表明他或她有能力设计和实施调查，对观察到的结果进行评估和解释，并将该工作置于该专业方向更宽广的视角中思考。

自然科学(化学)

1. 研究生证书可授予化学方向的进修者和研究训练者。

2. 课程和训练应包括：

(a) 学位委员会经物理和化学学部核准开设的讲座和研讨班；

(b) 以如下一种或多种形式开展的实际工作：

(i) 高级的有组织的实验或理论训练；

(ii) 在某项研究中作为助手；

(iii) 小规模研究的调研；

(iv) 某些技术训练。

3. 考试可由考官酌情设置(在一般规章中第5条所述的提交论文及口试的基础上)一或两次与候选人参加的讲座、研讨班相同科目的笔试。

4. 论文应不超过12000字(包括表格、参考文献和附录)。

自然科学(地球科学)

1. 研究生证书可授予地球科学方向的进修者和研究训练者。

2. 课程和训练应包括：

(a) 学位委员会经地球科学和地理学学部核准开设的讲座；

(b) 以如下一种或多种形式开展的实际工作：

(i) 高级的有组织的实验或理论训练；

(ii) 在某项研究中作为助手；

(iii) 小规模研究的调研；

(iv) 某些技术训练。

3. 考试可由考官酌情设置(在一般规章中第5条所述的提交论文及口试的基础上)不超过两次与候选人参加的讲座相同科目的笔试。

4. 论文应不超过10000字。

自然科学(材料科学和冶金学)

1. 研究生证书可授予材料科学和冶金学方向的进修者和研究训练者。

2. 课程和训练应包括：

(a) 学位委员会经物理和化学学部核准开设的讲座；

(b) 以如下一种或多种形式开展的实际工作：

(i) 高级的有组织的实验或理论训练；

(ii) 在某项研究中作为助手；

(iii) 小规模研究的调研；

(iv) 某些技术训练。

3. 考试可由考官酌情设置(在一般规章中第5条所述的提交论文及口试的基础上)一或两次与候选人参加的讲座相同科目的笔试，并且可以包括经学位委员会核准的外语科技文章翻译成英语。可用词典。

自然科学(物理学)

1. 研究生证书可授予物理学方向的进修者和研究训练者。

2. 课程和训练应包括：

(a) 学位委员会经物理和化学学部核准开设的讲座；

(b) 以如下一种或多种形式开展的实际工作：

(i) 高级的有组织的实验或理论训练；

(ii) 在某项研究中作为助手；

(iii) 小规模研究的调研；

(iv) 某些技术训练。

3. 考试可由考官酌情设置(在一般规章中第5条所述的提交论文及口试的基础上)一或两次与候选人参加的讲座相同科目的笔试。

4. 论文应不超过12000字(包括表格、参考文献和附录)。

神学与宗教研究

1. 研究生证书可授予神学与宗教研究方向的进修者和研究训练者。

2. 课程和训练应包括：

(a) 参加学位委员会经神学院核准开设的讲座、研讨班和课程；

(b) 在根据一般规章中第4条任命的导师指导下，从事学位委员会核准的题目的研究；

(c) 完成由学位委员会规定的注册程序。

3. 学位论文的形式可以是第2条(b)所述的主题经核准的一篇独立的论文，也可以是与学生将要为申请文学硕士或哲学博士学位提交的大论文有显著且核心关系的实例。论文应不超过10000字，且全部或大部分应为学生在研究生入学后撰写。

4. 考试可由考官酌情设置不超过两次与候选人参加的讲座、课程相同科目的笔试；笔试中可包括与候选人原创的研究相关的一种或几种语言进行的翻译和点评。

教育学研究生证书

授予条件

1. 教育学研究生证书应颁发给完成教育学学部规定的教育学课程并已通过第 7 条和第 8 条中规定的考试的人员。除非经教育学学部主任认可其已参加了所选课程，并已按照第 3 条的要求、根据系主任核准的安排，在一所或多所学校中承担了规定量的实习工作，任何人均不得成为该考试的候选人。

候选人资格

2. 该证书的候选人必须已：

(a) 在本校或其他学校获得本科学位，或通过考试获得教育学学部主任认可的、与大学学位相当的其他教育学资格证书；

并且

(b) 已获得系主任核准参加该证书的学习课程。

学习课程

3. 根据第 4 条的要求，本证书学习课程应包括为期一学年的课程，其中包含不少于 90 天的在一所或多所学校进行的实习工作。

4. 根据第 11 条，若一名学生在完成第 3 条中规定的学习时间后被允许成为考试或补考的候选人，学生为考试或补考所做准备的额外时间都将被计入课程时间。

5. 未经学部委员会的核准，任何学生均不得在同一学年中成为该证书的候选人和其他大学考试的候选人。

考官和评审官

6. 教育学学部委员会应在每一学年任命其认为足够数量的考官和评审官，其中包括任命一名评议会驻校成员作为主考官。

考试方案

7. 本证书考试方案如下：

第一部分：教与学的研究。

本部分包括以下方面的课程作业：某一或多个科目的教学理论与实践、教师职业概论，这些都将与学生的特定年龄阶段相关联，同时也可能与特定的学校课程领域相联。

第二部分：在学校和课堂上的职业表现。

候选人的职业表现将根据考官要求学部主任提供的依据评估。

第一部分中的课程作业应在候选人身份阶段进行，包括小论文、练习、调查研究、项目和报告等，以书面、实践或其他形式提交，并应按照学部委员根据第9条和第10条决定的评估方式进行评估。

8. 所有的候选人都应参加第一部分和第二部分。候选人必须在所有部分中及格才有资格获得证书。

补充规章

9. 学部委员会有权制定补充规章以决定考试评估的范围和方式，并可在其认为适宜的情况下，修订上述补充规章，并应对任何变更发布相应的通告。

课程作业提交

10. 学部委员会应在每一学年之初，不晚于完整米迦勒学期的第一周周末，在教育学院和哈默顿学院发布通知，说明考试各部分的细节要求。该通知应给出该学年需要提交的所有课程作业的细节，包括规定的题目、选课的提交和核准、提交课程作业的安排。

重考

11. 在第二部分的第一次考试中未及格的候选人可向学部委员会申请参加该部分补考的许可。许可仅能在考官明确支持的情况下给予。该许可不可多于一次；除非因特殊情况得到学部委员会的特别核准，任何候选人均不得在其初次参加考试两年后成为补考候选人。补考的一般条件由学部委员会决定，考官应通知未及格的候选人为获得证书他或她是否需要参加补考。

12. 对于根据第11条的规定获准成为第二部分考试或补考候选人的任何学生，根据考官的要求，其评估结果将可能在该学习时期后或在一所或多所学校的实习工作结束后做出。

优等生名册

13. 考试及格者的姓名应在同一等级中按照字母顺序排列。现任主考官(或代理)有权在任何时间将由至少3名考官签署的通知送交教务长公布，通知中包括所有考试及格者的姓名，以及曾经不及格但已按照第11条的规定获准参加补考、之后有资格获得证书的所有候选人的姓名。

证书格式

14. 通过考官审核的候选人将被授予如下格式的证书：

兹证明　　　　已达到了基本要求，已认真完成包括室内教学的教育学理论与实践课程，并已完成剑桥大学指定的考试，现经考官核准授予教育学研究生证书。

与研究课程的关系

15. 已参加该证书考试的学生没有资格将其作为该证书候选人的全部或部分时间计入哲学博士、理学硕士或文学硕士的研究课程时间。

费用

16. 在大学攻读证书期间，候选人应为其每学习学期支付相应的学费。

补充规章

第一部分:教与学的研究

在本部分中,每个候选人须提交关于其一门或多门学习科目的课程作业,作业应涉及以下某一方面:(a) 学龄前儿童(3—7 岁)的教育或小学阶段儿童(5—11 岁)的教育;(b) 初中阶段儿童(7—14 岁)的教育;(c) 高中教育。

第八章 直属学院与学院理事会

根据2008年6月11日第六号动议修订

学院理事会的组成

如在直属学院规章中无特别说明，各学院理事会应遵循以下条款设立：

(a) 每年的米迦勒学期，直属学院中每一学部的学部委员会须指定一人从1月1日起任职四年。

(b) 每年的米迦勒学期，学部总委员会须指定一人从1月1日起任职四年。

(c) 学院理事会中应当至少有一人是学部总委员会成员，委员会应当在任命时考虑到此项要求。

(d) 学院理事会中应当有一名本科生成员与一名研究生成员，他们由所在直属学院组成机构的学部委员会、特别委员会、其他委员会或管理委员会中的学生代表选举产生。在每学年的四旬斋学期之前举行的学生代表大会上，各理事会的学生代表应当以投票方式选出学院理事会的学生成员，这些学生成员的任期在下一个四旬斋学期举行大选之日结束，或在这之前根据章程C第四章第2条的规定，他们不再具有所在机构成员的资格的那一天结束。选举程序应按学部委员会和其他机构学生成员选举规章中第5条至第7条与第9条至第10条之规定进行，但选举负责人是直属学院院长或学院理事会指定的摄政院成员的情况除外。

人文艺术学院

根据2008年6月11日第六号动议修订

定义

1. 人文艺术学院包括建筑与艺术史、亚洲与中东研究、古典学、神学、英文、现代与中世纪语言、音乐、哲学学部，以及英语与应用语言学研究中心。

委员资格

2. 人文艺术学院理事会由以下成员组成：

(a) 由建筑与艺术史、亚洲与中东研究、古典学、神学、英文、现代与中世纪语言、音乐、哲学学部的学部委员会分别指定的一名人员，任期从10月1日或1月1日开始，持续一年或两年，由各学部委员会决定；

(b) 由学院理事会增选的人员，人数不超过两人，他们的任期应由理事会在增选其进入之时决定，其任期截止至当选年的9月30日或12月31日，或当选下一年的9月30日或12月31日，但增选成员并非理事会的义务；

(c) 由该学院组成机构的本科生学生代表从他们当中选举出的一人；

(d) 由该学院组成机构的研究生学生代表从他们当中选举出的一人。

会议和法定人数

3. 学院理事会应至少一学年会晤一次。除非至少有五名以上(a)和(b)类成员在场，否则在任何会议上不能办理任何事务。

学院院长

4. 学院院长由学院理事会任命，并经学部总委员会同意，自任命之后的第一个1月1日开始担任该职四年。

职责和权力

5. 学院理事会应当履行章程C第二章3(a)至(c)中详述的职责，以及根据章程C第二章3(d)的规定，由学部总委员会委托给理事会的其他职责。

保留事项

6. 章程K第20条有关保留事项的条款应当适用于任何学院理事会(c)或(d)类成员，该类成员若曾处于被监护状态(Statu Pupillari)①，此时应不处于被监护状态。

生物科学学院

根据2008年2月13日第一号动议和6月11日第六号动议修订

定义

1. 生物科学学院包括生物学和兽医学学部，以及威康信托基金会/格顿全英癌症研究院。

委员资格

2. 生物科学学院理事会由以下成员组成：

(a) 生物学和兽医学学部中各系主任，并且他们均为当然成员；

(b) 威康信托基金会/格顿全英癌症研究院的主席；

(c) 由生物学学部、临床医学院以及兽医学学部的学部委员会在米迦勒学期分别指定的一名人员，任期从接下来的1月1日开始，持续一年；

(d) 在组成学院的任何学部或其他机构担任大学职位的学部总委员会成员，其任期到其不再担任学部总委员会委员为止；

(e) 由学院理事会增选的人员，他们的任期应由理事会在增选其进入之时决定，其任期截至其成为理事会成员的当年或下一年的12月31日，但增

① Statu Pupillari：拉丁文，直译为"in a state of pupilage"，在英国大学中，受学院纪律、法律和职员约束者称为in statu pupillari。——校者注

选成员并非理事会的义务；

(f) 由该学院组成机构的本科生学生代表从他们当中选举出的一人；

(g) 由该学院组成机构的研究生学生代表从他们当中选举出的一人。

会议和法定人数

3. 学院理事会应至少一学年会晤一次。除非至少有五名以上(a)至(e)类成员在场，否则在任何会议上不能办理任何事务。

学院院长

4. 学院院长由学院理事会任命，并经学部总委员会同意，自任命之后的第一个1月1日开始担任该职四年。

职责和权力

5. 学院理事会应当履行章程C第二章3(a)至(c)中详述的职责，以及根据章程C第二章3(d)的规定，由学部总委员会委托给理事会的其他职责。

保留事项

6. 章程K第20条有关保留事项的条款应当适用于任何学院理事会(f)或(g)类成员，该类成员若曾处于被监护状态，此时应不处于被监护状态。

直属学院秘书

任命

1. 生物科学学院秘书的任命与连任应当由一个任命委员会决定，该任命委员会由以下成员组成：

(a) 校长(或一名就此事项任命的代理)作为主席；

(b) 生物科学学院理事会主席；

(c) 由学院理事会任命的三名人员；

(d) 由学部总委员会任命的两名人员。

职责

2. 秘书应履行生物科学学院理事会以及学院理事委员会秘书的职责，并且应当履行其他由学院理事会在学部总委员会的许可下规定的职责。

临床医学院

根据2008年6月11日第六号动议修订

定义

1. 临床医学院包括临床医学学部。学院简称为临床学院。

学院院长

2. 学院院长由钦定医学讲座教授担任。

3. 临床医学院理事会即为临床医学学部委员会。

会议和法定人数

4. 学院理事会应至少一学年会晤一次。除非至少有五名以上(a)至(e)类成员在场，否则在任何会议上不能办理任何事务。

权力和职责

5. 学院理事会应当履行章程C第二章3(a)至(c)中详述的职责，以及根据章程C第二章3(d)的规定，学部总委员会委托给理事会的其他职责。

保留事项

6. 章程K第20条有关保留事项的条款应当适用于任何学院理事会(f)类成员，该类成员若曾处于被监护状态，此时应不处于被监护状态。

直属学院秘书

任命

1. 临床医学院秘书的任命与连任应当由一个任命委员会决定，该任命委员会由以下成员组成：

(a) 校长(或一名就此事项任命的代理)作为主席；

(b) 钦定医学讲座教授；

(c) 由临床医学院学部委员会任命的三名人员；

(d) 由学部总委员会任命的两名人员。

职责

2. 秘书应履行学院理事会以及临床医学院学部委员会秘书的职责。他或她还应当履行其他由学院理事会和学部委员会在学部总委员会的许可下规定的职责。

人文社会科学学院

根据 2008 年 1 月 16 日第二号动议、
6 月 11 日第六号动议和 7 月 16 日第三号动议修订

定义

1. 人文社会科学学院包括考古学与人类学、经济学、教育学、历史、法学以及社会与政治科学学部，科学史与科学哲学系和土地经济系，以及非洲研究中心、国际研究中心、拉丁美洲研究中心与南亚研究中心。

委员资格

2. 人文社会科学学院理事会由以下成员组成：

(a) 由考古学与人类学、经济学、教育学、历史、法学以及社会与政治科学学部以及科学史与科学哲学系、土地经济系学部委员会分别指定的一名人员；

(b) 由学部总委员会指定的一名人员，他同时应当是学院理事会委任的两名学部总委员会成员之一；

(c) 由学院理事会增选的人员，但增选成员并非理事会的义务；

(d) 由该学院组成机构的本科生学生代表从他们当中选举出的一人；

(e) 由该学院组成机构的研究生学生代表从他们当中选举出的一人。

(a)和(b)类中的成员应在米迦勒学期内委任，并从此后的第一个 1 月 1 日开始任职。(a)类中的成员任期为两年；(b)类中的成员任期为两年或他或她在学部总委员会的任期之中较短的一个；(c)类中的成员任期应由理事会在增选其进入之时决定，其任期截至其成为理事会成员的当年或下一年的 12 月 31 日。

会议和法定人数

3. 学院理事会应至少一学年会晤一次。除非至少有五名以上(a)至(c)类成员在场，否则在任何会议上不能办理任何事务。

学院院长

4. 学院院长由学院理事会任命，并经学部总委员会同意，自任命之后的第一个1月1日开始担任该职四年。

职责和权力

5. 学院理事会应当履行章程C第二章3(a)至(c)中详述的职责，以及根据章程C第二章3(d)的规定，由学部总委员会委托理事会的其他职责。

保留事项

6. 章程K第20条有关保留事项的条款应当适用于任何学院理事会(d)或(e)类成员，该类成员若曾处于被监护状态，此时应不处于被监护状态。

自然科学学院

根据2008年6月11日第六号动议修订

定义

1. 自然科学学院包括地球科学与地理学、数学、物理与化学学部，以及超导电性研究中心和伊萨克·牛顿数学科学研究院。

委员资格

2. 自然科学学院理事会由以下成员组成：

(a) 地球科学与地理学、数学、物理与化学学部中各系主任，以及伊萨克·牛顿数学科学研究院院长，并且他们均为当然成员；

(b) 由地球科学与地理学、数学、物理与化学学部的学部委员会在米迦勒学期分别指定的一名人员，任期从接下来的1月1日开始，持续一年；

(c) 在组成学院的任何学部或其他机构担任大学职位的学部总委员会成员，任期到其不再担任学部总委员会委员为止；

(d) 由学院理事会增选的人员，他们的任期应由理事会在增选其进入之时决定，其任期截至其成为理事会成员的当年或下一年的12月31日，但增选成员并非理事会的义务；

(e) 由该学院组成机构的本科生学生代表从他们当中选举出的一人；

(f) 由该学院组成机构的研究生学生代表从他们当中选举出的一人。

会议和法定人数

3. 学院理事会应至少一学年会晤一次。除非至少有五名以上(a)至(d)类成员在场，否则在任何会议上不能办理任何事务。

学院院长

4. 学院院长应由学院理事会任命，并经学部总委员会同意，自任命之后的第一个1月1日开始担任该职四年。

职责和权力

5. 学院理事会应当履行章程C第二章3(a)至(c)中详述的职责，以及根据章程C第二章3(d)的规定，由学部总委员会委托给理事会的其他职责。

保留事项

6. 章程K第20条有关保留事项的条款应当适用于任何学院理事会(e)或(f)类成员，该类成员若曾处于被监护状态，此时应不处于被监护状态。

直属学院秘书

任命

1. 自然科学学院秘书的任命与连任应当由一个任命委员会决定，该任命委员会由以下成员组成：

(a) 校长(或一名就此事项任命的代理)作为主席;

(b) 自然科学学院理事会主席;

(c) 由学院理事会任命的三名人员;

(d) 由学部总委员会任命的两名人员。

(c)和(d)类中的人员应于每个学年的米迦勒学期任命,并在任命后连续任职两年。

职责

2. 秘书应履行自然科学学院理事会以及学院理事委员会秘书的职责,并且应当履行其他由学院理事会在学部总委员会的许可下规定的职责。

技术学院

根据2008年2月13日第一号动议、

6月11日第六号动议和7月16日第四号动议修订

定义

1. 技术学院包括工商管理学部、计算机科学与技术学部、工程学部,以及化学工程与生物技术系和剑桥工业项目中心。

委员资格

2. 技术学院理事会由以下成员组成:

(a) 化学工程与生物技术系、工程学部中各系主任,计算机实验室主任,贾奇商学院院长,生物技术系主任,以及剑桥工业项目中心主任,并且他们均为当然成员;

(b) 工商管理、计算机科学与技术、工程学部的学部委员会在米迦勒学期各指定的一名人员,以及化学工程与生物技术委员会聘任的一名人员,任期从接下来的1月1日开始,持续一年;

(c) 在组成学院的任何学部或其他机构担任大学职位的学部总委员会成员,任期到其不再担任学部总委员会委员为止;

(d) 由学院理事会增选的人员,他们的任期应由理事会在增选其进入之时决定,其任期截至其成为理事会成员的当年或下一年的12月31日,但增选成员并非理事会的义务;

(e) 由该学院组成机构的本科生学生代表从他们当中选举出的一人;

(f) 由该学院组成机构的研究生学生代表从他们当中选举出的一人。

会议和法定人数

3. 学院理事会应至少一学年会晤一次。除非至少有五名以上(a)至(d)类成员在场,否则在任何会议上不能办理任何事务。

学院院长

4. 学院院长由学院理事会任命,并经学部总委员会同意,自任命之后的第一个1月1日开始担任该职四年。

职责和权力

5. 学院理事会应当履行章程C第二章3(a)至(c)中详述的职责,以及根据章程C第二章3(d)的规定,由学部总委员会委托给理事会的其他职责。

保留事项

6. 章程 K 第 20 条有关保留事项的条款应当适用于任何学院理事会(e)或(f)类成员，该类成员若曾处于被监护状态，此时应不处于被监护状态。

直属学院秘书

任命

1. 技术学院秘书的任命与连任应当由一个任命委员会决定，该任命委员会由以下成员组成：

(a) 校长(或一名就此事项任命的代理)作为主席；

(b) 技术学院理事会主席；

(c) 由学院理事会任命三名人员；

(d) 由学部总委员会任命的两名人员。

(c)和(d)类中的人员应于每个学年的米迦勒学期任命，并在任命后连续任职两年。

职责

2. 秘书应履行技术学院理事会以及学院理事委员会秘书的职责，并且应当履行其他由学院理事会在学部总委员会的许可下规定的职责。

第九章　学部总委员会监督下的学部、学系和其他机构

本章为学部总委员会条例

学部通则

1. 应为本规章附录中的每一个学科设置学部。

2. 教务长应在每年十月完整学期第一天之前，发布每个学部的初选教员名单。（初始名单）

3. 可以就名单向相关学部委员会秘书提出异议，学部委员会可对此作出裁决，对裁决有异议可上诉至学部总委员会。学部委员会和学部总委员会的任何决定都应及时与提出异议者和教务长沟通。（异议）

4. 学部委员会秘书应在每年的米迦勒学期尽早向教务长提交章程C第三章3(c)所规定的学部教员名单，最晚不得迟于10月28日。（更正名单）

5. 教务长应在11月的第五个工作日颁布学部名单，颁布名单应说明参与学部年会的学部情况。学部年会应在11月6日至25日之间召开。颁布名单至学年结束期间教务长不应确认或通告任何学部成员资格变更。（公布名单 年会）

6. 每年应依据组建学部委员会的规章举行学部委员会选举，以选出属于第(a)(ii)类、第(c)类和第(f)类委员会成员。选举结果应及时上报教务长。（学部委员会选举）

7. 为履行章程C第四章第9条所规定的制订教学计划的职责，每个学部委员会应：（教学计划）

(a) 每学年至少召开一次会议，邀请学部大学教职员和学部附属讲师参加，并且在上述人员认为合适的情况下，邀请上个学年中其讲座课依据第8条被列入讲座计划的讲师参加；

或

(b) 委托各学系主任在学系内部召开类似会议。若执行此办法，则学系主任须每年至少一次向学部委员会提交会议报告，并且由学部委员会决定是否需要召开学部全体教职员的会议以讨论特定问题。

8. 每个学部委员会被授权邀请独立学院教员或其他人对委员会职责范围内的学科开设讲座课或指导课，并将此类讲座课或指导课纳入该学部的教学方案。

不受学部管辖的专业讲座课

9. 学部总委员会可获授权发布教授和副教授开设的不在任何学部管辖范围之内的专业讲座课。

附　　录

考古学和人类学	工程学
建筑学和艺术史	英语
亚洲与中东研究	历史学
生物学	法学
商业和管理学	数学
古典学	现代与中世纪语言
临床医学	音乐
计算机科学与技术	哲学
神学	物理和化学
地球科学和地理学	社会与政治科学
经济学	兽医学
教育学	

学部委员会规程①

通　　则

类别成员数

1. 学部委员会第(a)(b)(c)(d)(e)(f)类成员数目详见本规章附录一，并须遵守下文第 2 条和第 3 条的规定。

第(a)类

2. 第(a)类学部委员中各类成员人数当依照以下规则确定：

(a) 学部下属各学系主任(如有系级建制)应作为第(a)(i)类成员；

(b) 除非学部下属超过五个学系，第(a)类成员数不得超过五人；

① 学部委员会委员资格条款见章程 C 第四章第 2 条的第 23 页(此页码为英文原文页码)。

(c) 若学部下属五个或超过五个学系，则第(a)(ii)类成员应空缺；

(d) 若学部下属少于五个学系，则第(ii)类应：

在第(a)类总人数不超过五人的前提下加入其他符合学部委员会第(ii)类成员资格的个人；

或自所有符合学部委员会该类成员资格的人选中选举产生学部委员以使其总数达到五人，或由其他在学部委员会的推荐下获学部总委员会批准的方法产生。

本规章附录二中已列出具有成为学部委员会第(a)(ii)类成员资格的职位(教授职位除外)。

第(b)类

3. 每一个学部委员会第(b)类成员为两人。

第(e)类

4. 学部总委员会应确定每一个学部委员会中可以为其他相关学科在第(e)类下设置多少席位，并决定任命这些代表的方式。学部总委员会应就此咨询其他学部或机构，并且详细说明担任哪一个职位的人员可以担任第(e)类委员。关于学部委员的第(e)类成员资格参见本规章附录三。

委员任期

5. 获选学部委员会第(a)(ii)类的委员任期自获选后的1月1日开始，由学部委员会决定其任期为两年还是四年。

学部委员会第(b)类委员的任期自任命后的1月1日开始，任期两年。

学部委员会第(c)类委员的任期自获选后的1月1日开始，任期四年。

学部委员会第(d)类委员的任期由学部总委员会决定，自指派后的1月1日或指派后即开始，任期一年。

学部委员会第(e)类代表相关学科的委员的任期自任命之后的1月1日开始，任期两年。

学部委员会第(f)类委员的任期自获选之日开始，任期一年，至下一任第(f)类委员获选(具体日期依据学部委员会学生委员选举规章规定)，或其委员资格依据章程C第四章第2条在任期结束前终止。

第(a)(ii)类委员选举

6. 若学部委员会中包括第(a)(ii)类委员，则应每年举行该类委员的选举。选举如有必要的话，须在11月6日至11月25日之间举行。此类选举应依据第2条(d)举行。

第(c)类委员选举

7. 所有学部委员会都应在每年的学部年会上进行第(c)类成员选举。第(c)类成员的选举程序应符合单次可让渡投票规定，选举监察官应由学部主席担任，若主席无法出席则应由主席任命一人代理此职务，并须获学部总委员会批准。若出于确保学部内各专业或其他与学部相关机构的代表性的考虑，学部可以为选举提名部分或所有候选人制定专门的提名流程，这一提名流程可以基于学部的建议，须经过学部总委员会批准。

临时空缺

8. 若第(c)类的委员职位出现临时空缺，学部委员会有权指派一名委员填补这一空缺。这一临时任命自职位空缺开始至当年年底。若职位空缺发生在学部年会至12月31日之间，则临时任命任期至下一年年底。下一年的学部年会上应选举一名成员完成其前任的剩余任期。

9. 所有学部委员会每年都应举行第(f)类成员的选举。选举应遵守学部委员会和其他机构学生代表的选举办法。

学部委员会和其他机构学生代表选举办法

根据2008年5月21日第二号动议修订

办法适用范围

1. 本办法适用于所有成员中包含学生的学部以及大学的其他机构，有特殊规定的个别学部或其他机构除外。

选举方案

2. 学部委员会或大学的其他机构应在选举学生成员时采用下文所附的附录四所列任一选举方案。首次进行学生成员选举的机构应在选举所在学年的10月1日之前告知教务长。机构可以在该学年的10月1日之前更改所选的选举方案，但须提前告知教务长。

3. 若选举方案要求将选举人按照所学课程或年级进行划分，应告知教务长。

选举日期和程序

4. 符合规章要求可以选举学生成员的学部委员会和其他机构应在每学年的米迦勒学期期中至完整四旬斋学期期末之前的时间段内进行学生成员的选举。在学部委员会选举中，只有学籍经教务长核实属于该学部的学生具有选举权和被选举权，其他机构选举时选举人和被选举人应由教务长核实其课程或研究属于该机构的范围之内。投票应不记名；选举人须亲自投票。选举的时间和地点、接受提名的截止日期以及投票的具体时间应由学部委员会或其他相关机构决定；接受提名的截止日期应不晚于选举之前的完整学期的第七天。

5. 学生成员的选举流程应符合单次可让渡投票规定，选举监察官应由该机构的主席或由该机构指派的校务理事会成员担任。

选举公告

6. 选举监察官应在选举之前完整学期的第十四天之前就选举的日期和地点、投票时间和接受提名的截止日期发布公告。

提名

7. 提名应以书面形式提交。提名信应附有两人的提议和附议并签字，同时应附有候选人的声明，表示同意接受提名。

选举名单

8. 教务长应在不晚于米迦勒学期期中的第十天向每个机构的选举监察官提供依照章程C第四章第2条的相关规定在11月15日符合要求的选举名单，以及作为候选人参加选举应遵守的规章。名单须依据第3条被划分为相应类别或不划分。选举监察官应至少在选举两天前公布选举名单。教务长有权在选举监察官的建议下在选举之前修改名单。若候选人或提名的提议人和附议人不在名单(若名单被划分为几类,则若候选人或提名的提议人和附议人不在相应部分的名单中),或教务长修正后的名单(或名单的相应部分)中,选举监察官应宣布这一提名无效。

空缺

9. 若学生成员或其他成员的选举未能填补所有空缺,则学部委员会或其他机构应确定某天进行补选以填补相应空缺。除非机构有其他决议,否则在上一次选举中具有选举和被选举资格的人在补选中同样可获得相应资格;若教务长证明某人不再适合加入选举名单,则应终止其获得选举人或候选人的资格。

临时空缺

10. 若某机构出现临时空缺,则该机构应决定是否举行补缺选举以填补职位空缺并确定选举日期。除非相应机构有其他决议,否则在上一年度的选举中具有选举和被选举为空缺职位资格的人在补缺选举中同样可获得相应资格。若教务长证明某人不再适合加入选举名单,则应终止其获得选举人或候选人的资格。

11. 学部总委员会在咨询校务理事会之后可以酌情依照以下原则制定规定:

(a) 教务长应为章程 C 第四章第 2 条证明某人为某一学部的学生,并且证明该学生有权参与学部之外的团体的选举;并且

(b) 研究生和本科生应遵守这些规章以参加附录四所列的选举方案。

这些规定的最终解释权归教务长所有。

附　录　一

学部委员会构成

经公示修订(2007—2008 学年《通讯》,第 644 页)

学部委员会	类别							总计
	(a)(i)	(a)(ii)	(b)	(c)	(d)	(e)	(f)	
考古学和人类学	3	2	2	8	4	5	3	27
建筑学和艺术史	2	3	2	8	4	1	3	23
亚洲与中东研究	2	3	2	6	3	4	3	23
生物学	8	0	2	8	3	4	3	28
商业和管理学	1	4	2	10	5	1	3	26

（续表）

学部委员会	类别							总计
	(a)(i)	(a)(ii)	(b)	(c)	(d)	(e)	(f)	
古典学	0	5	2	8	4	0	3	22
临床医学	12	0	2	10	3	8	3	38
计算机科学与技术	1	4	2	4	2	1	3	17
神学	0	5	2	8	6	3	3	27
地球科学和地理学	2	3	2	10	2	2	3	24
经济学	1	4	2	8	3	1	3	22
教育学	1	4	2	8	4	0	3	22
工程学	1	4	2	10	3	3	3	26
英语	1	4	2	11	3	2	3	26
历史学	0	5	2	9	4	1	3	24
法学	1	4	2	8	3	0	3	21
数学	2	3	2	10	4	0	3	24
现代与中世纪语言	6	0	2	12	4	2	3	29
音乐	0	2	2	6	4	1	3	18
哲学	0	3	2	6	3	3	3	20
物理和化学	4	1	2	8	3	0	3	21
社会与政治科学	3	2	2	8	2	8	3	28
兽医学	1	4	2	4	4	3	2	20

附　录　二

章程的附录B中详细列出的具有成为特定学部委员会第(a)(ii)类成员资格职位(教授职位除外)

职位	该职位所有者具有成为第(a)(ii)类成员资格的学部委员会
费兹威廉博物馆主任职位	建筑学和艺术史
经济学学部研究执行主任职位	经济学

附 录 三

学部委员会第(e)类成员资格
(其他相关学科代表和特定职位的所有人)

根据2008年2月13日第一号动议以及公示修订

(2007—2008学年《通讯》,第644页)

学部委员会	相关学科的代表及任命方式	特定教员
考古学和人类学	由剑桥古文物学会任命一人;由社会与政治科学学部委员会任命一人	古典考古学劳伦斯教授;考古学和人类学博物馆馆长;麦克唐纳考古学研究所主任
建筑学和艺术史	—	汉密尔顿·科尔研究所主任
亚洲与中东研究	以下学部委员会各任命一人:考古学和人类学、历史学、社会与政治科学	语言中心主任
生物学	地球科学和地理学、兽医学部委员会各任命一人,化学工程和生物技术工会任命一人	临床医学学部的医学教育主任
商业和管理学	—	M.B.A.课程主任
古典学	—	—
临床医学	由生物学学部委员会任命一人;由病理学系大学教员任命一人	钦定医学教授;剑桥咨询委员会主席;医学教育主任;地区研究生教育主任;分管本科生临床医学教育副主任;病理学教授
计算机科学与技术	—	计算机实验室系秘书
神学	由学部委员会任命一人代表希伯来语;由学部委员会任命一人代表教会史	高级宗教和神学研究中心主任
地球科学和地理学	由生物学学部委员会任命一人	斯考特极地研究所主任
经济学	—	经济史教授
教育学	—	—
工程学	—	化学工程和生物技术系主任;材料科学和冶金系主任;计算机实验室主任
英语	由现代与中世纪语言学部委员会任命一人	英语和应用语言学研究中心主任
历史学	—	古代史教授
法学	—	—

（续表）

学部委员会	相关学科的代表及任命方式	特定教员
数学	—	—
现代与中世纪语言	由英语学部委员会任命一人	语言中心主任
音乐	以下学部委员会各任命一人：英语、历史或物理和化学学部委员会（有待音乐学部委员会咨询学部总委员会的意见后决定）	—
哲学	由古典学学部委员会任命一人；由实验心理学系大学教员任命一人；由科学史和科学哲学委员会任命一人	—
物理和化学	—	—
社会与政治科学	由以下学部委员会各任命一人：考古学与人类学、生物学、经济学、历史学	政治科学教授、社会人类学系教授、帕特里克·熙和爵士国际关系教授、家庭研究中心主任
兽医	由生物学学部委员会任命两人；由临床医学学部委员会任命一人	—

附　录　四

学生成员应按照以下方式参与学部委员会和其他机构学生成员的选举方案。对于非学部委员会的其他机构来说，“学部所属的学生”和“学部所属的本科生”应被理解为依据上文中第4条经教务长证明的具有相关资格的学生。

方案A　选举产生两名学生：在单一选区由学部所属的所有学生选举。

方案B　依照以下办法选举产生两名学生：(i) 学部所属的所有研究生选举一名研究生；(ii) 学部所属的所有本科生选举一名本科生。

方案C　依照以下办法选举产生三名学生：(i) 学部所属的所有研究生选举一名研究生；(ii) 学部所属的所有本科生选举两名本科生。

方案D　依照以下办法选举产生三名学生：(i) 学部所属的所有研究生选举一名研究生；(ii) 学部所属的所有本科生选举一名本科生；(iii) 学部所属的不具备(ii) 的选举资格的本科生选举一名本科生。

方案E　依照以下办法选举产生三名学生：(i) 学部所属的所有研究生选举一名研究生；(ii) 学部所属的攻读特定荣誉学位或专门学位的本科生选举一

名本科生；(iii) 学部所属的不具备(ii) 的选举资格的本科生选举一名本科生。

方案 F 依照以下办法选举产生三名学生：(i) 学部所属的所有本科生选举一名本科生；(ii) 学部所属的攻读特定学位或其他资格的研究生选举一名研究生；(iii) 学部所属的不具备(ii) 的选举资格的本科生选举一名本科生。

方案 H 依照以下办法选举产生两名学生：(i) 学部所属的所有攻读荣誉学位、其他特定学位或资格的学生选举一名学生；(ii) 学部所属的不具备(i) 的选举资格的学生选举一名学生。

方案 I 参见第 618 页[①]。

方案 J 参见第 595 页[②]。

方案 K 依照以下办法选举产生三名学生：(i) 学部所属的所有攻读荣誉学位、其他特定学位或资格的学生选举两名学生；(ii) 学部所属的不具备(i) 的选举资格的学生选举一名学生。

依据第 11 条由学部总委员会制定的学部委员会及其他机构选举学生成员的规定

根据 2008 年 2 月 13 日第一号动议修订

1. 本规定适用于确定学部委员会及其他机构选举学生成员的选举名单。

2. 学部所属的学生须由教务长证明在读，正在学习荣誉考试课程，或其学习和研究旨在获得学位、文凭或大学证书的相关人员，且其学习和研究的领域在学部的教授范围之内。

3. 教务长不应将任何一人同时置于超过一个学部委员会的学生成员选举名单之中，列入学部委员会学生成员选举名单之中的学生也不应被列入以下机构的学生成员选举名单之中：化学工程和生物技术委员会、科学史和科学哲学学部委员会、土地经济学部委员会。

4. 教务长依然可以将学部学位委员会监督下的研究生列入第 1 条所列的学部委员会之外的其他机构的学生成员的选举名单之中。前提是学位委员会秘书或其他方面证明其适合参加选举。

5. 研究生名录登记在册的相关人员即便并没有登记为攻读特定学位、文凭或证书也可以被列入选举名单。

6. 教务长应将因承担学生会工作而降级的剑桥大学学生会休假工作人员名单列入相应的选举名单，但是完成了第 9 条(a)规定的课程并且尚未开始新的课程学习的剑桥大学学生会休假工作人员不应包括在内。

---

① 此页码为英文原文页码。

② 同上注。

7. 教务长不应将符合以下任何一条的研究生列入选举名单：

(a) 在选举前的下一个 10 月 31 日时已经被登记从事学习或研究超过四年；

或(b) 在选举前的下一个 10 月 31 日时获得独立学院院士席位；

或(c) 名列最近一次公布的教师名单中。

8. 教务长应依照下述规定指派自然科学荣誉学士学位和医学与兽医科学荣誉学士学位的选举候选人。

9. 对与学部委员会构成相关的附录四所列的选举方案做以下解释：

(a)“本科生”一词指代攻读文学学士、工学学士、科学学士、神学学士的学生；

(b)“研究生”一词指以上定义所界定本科生之外的学生；

(c) 攻读文学学士学位的附属学生一年级时应被视为二年级，二年级时应被视为三年级。

自然科学荣誉学位考试和医学与兽医科学荣誉学位考试候选人的选举名单分配流程

1. 受制于下文第二段落和第三段落的规定，符合条件的自然科学荣誉学位考试和医学与兽医科学荣誉学位考试候选人应被列入以下学部委员会的学生名单以参加学部委员会的学生成员选举：

(a) 地球科学和地理学学部委员会；

(b) 数学学部委员会；

(c) 物理和化学学部委员会；

(d) 生物学学部委员会；

(e) 科学史与科学哲学学部委员会。

2. 受制于第一段落和第三段落的规章，以下学科和门类的学位候选人应被赋予列入第一段落所列的机构选举人名单的权利：

自然科学荣誉学位考试

第一部分 A

细胞生物学	D
化学	C
进化和行为	D
地理学	A
材料与矿物科学	A
物理学	C
有机生理学	D

以下学科没有列入选举名单的资格：计算机科学、计量生物学、初等生物数学、数学。

第一部分 B

动物生物学	D
生物化学与分子生物学	D
细胞和发育生物学	D
化学 A	C
化学 B	C
生态学	D
实验心理学	D
地理科学 A	A
地理科学 B	A
科学史和科学哲学	H
数学	B
材料科学和冶金学	C
矿物科学	A
神经生物学	D
病理学	D
药理学	D
物理学 A	C
物理学 B	C
生理学	D
植物与微生物科学	D

第二部分

天体物理学	C
生物化学	D
生物和生物医学	D
化学	C
实验和理论物理学	C
遗传学	D
地理科学	A
科学史和科学哲学	H
材料科学和冶金学	C
神经科学	D
病理学	D
药理学	D
物理科学	C
生理学、发育和神经科学	D
生理学和心理学	D
植物科学	D
心理学	D
动物学	D

第三部分

天体物理学	C
生物化学	D
化学	C
实验和理论物理学	C
地理科学	A
材料科学和冶金学	C

医学与兽医科学荣誉学位考试

第一部分 A	D
第一部分 B	D

3. 自然科学荣誉学位考试第二部分和第三部分以及医学与兽医科学荣誉学位考试候选人应依据第二段落划分至选举名单。若在参加其他考试的候选人所学的两个或更多的学科中，仅有一个学科可被列入某个包含由学生参与选举成员的学部委员会（或其他机构）的选举名单中，候选人应依照以下方法被列入选举名单：

自然科学荣誉学位考试的第一部分 A 和第一部分 B。若候选人提供了两个学科且指向同一个候选名单，则他应被列入该候选名单。其他候选人则可以在满足条件的情况下选择被列入某个候选名单。

4. 符合第三段落可被列入超过一个选举名单条件的候选人，应在完整米迦勒学期的最后一天前通过导师与教务长沟通其被列入某个选举名单的意愿。教务长有权将没有通告意愿的学生排除在选举名单之外。

学位委员会

规程

1. 本规章附录中列出的学部以及机构应设立学位委员会。学位委员会的人员构成应由学部总委员会根据学部或其他类似负责机构的建议决定，并就此征询研究生教育委员会的意见，以确认已经录取的研究生以及证书、学位或其他不被登记为研究生的类似资格证书的候选人不应成为学位委员会委员。

2. 若学位委员会的人员构成依据第 1 条获得学部总委员会批准，且其中包含委员会指派委员的条款，则获得指派的委员应在选举后的下一个 1 月 1 日开始一年的任期，或完成当年剩余的任期，具体可由学部委员会或其他相应负责机构决定。

3. 每个学位委员会应自成员中选举产生一名主席和秘书。 主席和秘书

4. 学位委员会秘书应随时向教务长上报委员会的任何成员变动。

5. 每个学位委员会可以确定委员会的法定人数，委员会需要就此征询研究生教育委员会的意见，并须获得学部总委员会的同意；有关建议或同意授予学位与否的决议应在会议上获得所有成员的半数赞成方可生效。 法定人数

附　　录

土地经济系
科学史和科学哲学系
国际研究和拉丁美洲研究中心

系和系主任

1. 一些系属于相应学部，一些系则独立运行，具体见第3条。

2. 系主任作为参与所在系教学与科研工作的大学职员应由学部总委员会在征求学部委员会或其他相关负责机构的意见之后作出任命，具体情况以第3条的规定为准。系主任任期不得超过五年，在特殊情况下学部总委员会有权在征询学部委员会或其他相关负责机构的意见之后一次任命系主任不超过十年任期。

3. 部分系主任应遵守如下规定：

考古学和人类学学部 考古学和人类学学部

考古学

依照第2条任命一人。

生物人类学

依照第2条任命一人。

社会人类学

依照第2条任命一人，学部总委员会亦可在考古学和人类学学部委员会的建议下要求现任系主任离职并当即由新当选的威廉·怀斯社会人类学教授履职，新任系主任的第一届任期不超过五年。

建筑学与艺术史学部 建筑学与艺术史学部

建筑学

依照第2条任命一人。

艺术史

依照第2条任命一人。

亚洲与中东研究学部

亚洲与中东研究学部

东亚学系

依照第2条任命一人。

中东学系

依照第2条任命一人。

生物学学部

生物学学部

生物化学

依照第2条任命一人，学部总委员会亦可在生物学学部委员会的建议下要求现任系主任离职并当即由新当选的威廉·当恩爵士生物化学教授履职，新任系主任的第一届任期不超过五年。

实验心理学

依照第2条任命一人，学部总委员会亦可在生物学学部委员会的建议下要求现任系主任离职并当即由新当选的实验心理学教授履职，新任系主任的第一届任期不超过五年。

遗传学

依照第2条任命一人，学部总委员会亦可在生物学学部委员会的建议下要求现任系主任离职并当即由新当选的亚瑟·巴富尔遗传学教授履职，新任系主任的第一届任期不超过五年。

病理学

依照第2条任命一人，学部总委员会亦可在生物学学部委员会的建议下要求现任系主任离职并当即由新当选的病理学教授履职，新任系主任的第一届任期不超过五年。

药理学

依照第2条任命一人，学部总委员会亦可在生物学学部委员会的建议下要求现任系主任离职并当即由新当选的谢尔德药理学教授履职，新任系主任的第一届任期不超过五年。

生理学、发育和神经科学

依照第2条任命一人。

植物科学

依照第2条任命一人，学部总委员会亦可在生物学学部委员会的建议下要求现任系主任离职并当即由新当选的植物学教授履职，新任系主任的第一届任期不超过五年。

动物学

依照第2条任命一人，学部总委员会亦可在生物学学部委员会的建议下要求现任系主任离职并当即由新当选的动物学教授（1866年设立）履职，新任系主任的第一届任期不超过五年。

商业和管理学学部

贾奇管理学研究所

贾奇管理学研究所主任。

临床医学学部

临床生物化学

依照第2条任命一人，学部总委员会亦可在临床医学学部委员会的建议下要求现任系主任离职并当即由新当选的临床生物化学与医学教授履职，新任系主任的第一届任期不超过五年。

临床神经科学

依照第2条任命一人。

血液学

依照第2条任命一人，学部总委员会亦可在临床医学学部委员会的建议下要求现任系主任离职并当即由新当选的血液学教授履职，新任系主任的第一届任期不超过五年。

临床遗传学

依照第2条任命一人，学部总委员会亦可在临床医学学部委员会的建议下要求现任系主任离职并当即由新当选的临床遗传学教授（1995年设立）履职，新任系主任的第一届任期不超过五年。

医学

依照第2条任命一人。

产科学和妇科医学

依照第2条任命一人，学部总委员会亦可在临床医学学部委员会的建议下要求现任系主任离职并当即由新当选的产科学和妇科医学教授（1975年设立）履职，新任系主任的第一届任期不超过五年。

肿瘤学

依照第2条任命一人，学部总委员会亦可在临床医学学部委员会的建议下要求现任系主任离职并当即由新当选的英国肿瘤学教授履职，新任系主任的第一届任期不超过五年。

儿科学

依照第2条任命一人，学部总委员会亦可在临床医学学部委员会的建议下要求现任系主任离职并当即由新当选的儿科学教授履职，新任系主任的第一届任期不超过五年。

精神病学

依照第2条任命一人，学部总委员会亦可在临床医学学部委员会的建议下要求现任系主任离职并当即由新当选的精神病学教授（1976年设立）履职，新任系主任的第一届任期不超过五年。

公共健康和基本护理

依照第2条任命一人，学部总委员会亦可在临床医学学部委员会的建议下要求现任系主任离职并当即由新当选的流行病学与医学教授履职，新任系主任的第一届任期不超过五年。

放射学

依照第2条任命一人，学部总委员会亦可在临床医学学部委员会的建议下要求现任系主任离职并当即由新当选的放射学教授履职，新任系主任的第一届任期不超过五年。

外科学

依照第2条任命一人，学部总委员会亦可在临床医学学部委员会的建议下要求现任系主任离职并当即由新当选的外科学教授履职，新任系主任的第一届任期不超过五年。

计算机科学与技术学部

计算机科学与技术学部

计算机实验室

依照第2条任命一人。

地球科学和地理学学部

地球科学和地理学学部

地球科学

依照第2条任命一人。

地理学

依照第2条任命一人。

教育学学部

教育学学部

教育学

依照第2条任命一人。

工学学部

工学学部

工程学

依照第2条任命一人。

英语学部

英语学部

盎格鲁-撒克逊语、古挪威语和凯尔特语

依照第2条任命一人，学部总委员会亦可在英语学部委员会的建议下要求现任系主任离职并当即由新当选的爱玲顿-博斯沃斯盎格鲁-撒克逊语教授履职，新任系主任的第一届任期不超过五年。

法学学部

犯罪学研究所

犯罪学研究所主任。

数学学部

应用数学和理论物理学

依照第2条任命一人。

数学和数理统计学

依照第2条任命一人。

现代与中世纪语言学部

法语

依照第2条任命一人，学部总委员会亦可在现代与中世纪语言学部委员会的建议下要求现任系主任离职并当即由新当选的德雷帕法语教授履职，新任系主任的第一届任期不超过五年。

德语与荷兰语

依照第2条任命一人，学部总委员会亦可在现代与中世纪语言学部委员会的建议下要求现任系主任离职并当即由新当选的施罗德德语教授履职，新任系主任的第一届任期不超过五年。

意大利语

依照第2条任命一人，学部总委员会亦可在现代与中世纪语言学部委员会的建议下要求现任系主任离职并当即由新当选的萨雷纳意大利语教授履职，新任系主任的第一届任期不超过五年。

语言学

依照第2条任命一人。

斯拉夫研究

依照第2条任命一人，学部总委员会亦可在现代与中世纪语言学部委员会的建议下要求现任系主任离职并当即由新当选的斯拉夫研究教授履职，新任系主任的第一届任期不超过五年。

西班牙语和葡萄牙语

依照第2条任命一人，学部总委员会亦可在现代与中世纪语言学部委员会的建议下要求现任系主任离职并当即由新当选的西班牙语教授履职，新任系主任的第一届任期不超过五年。

物理和化学学部

天文学研究所

天文学研究所主任。

法学学部

数学学部

现代与中世纪语言学部

物理和化学学部

材料科学和冶金学

依照第 2 条任命一人。

化学

依照第 2 条任命一人。

物理学

依照第 2 条任命一人。

社会与政治科学学部

社会与政治科学学部

政治学

依照第 2 条任命一人。

社会与发展心理学

依照第 2 条任命一人。

社会学

依照第 2 条任命一人。

兽医学部

兽医学部

兽医

依照第 2 条任命一人。

独立于学部的学系

独立于学部的学系

根据 2008 年 2 月 13 日第一号动议修订

化学工程和生物技术系

依照第 2 条任命一人。

科学史和科学哲学系

依照第 2 条任命一人。

土地经济系

依照第 2 条任命一人。

代理系主任

4. 若系主任因故无法主持工作，或其职权事实上相当于系主任的职位出现空缺，学部总委员会有权在学部委员会或其他负责机构的建议下任命代理系主任。代理系主任在各个方面均当被视做系主任。

副系主任

5. 学部总委员会有权在系主任的请求下在该系设置一名或更多副系主任，学部总委员会应就此咨询相关学部委员会和其他负责机构。副系主任的每届任期不得超过三年，可以连选连任。依据此条规章设立的副系主任的职责和权限应由学部总委员会在咨询系主任的意见后决定。

对学部和学系的专门规定

考古学和人类学学部
考古学和人类学博物馆

考古学和人类学

1. 有关博物馆的使用规定应咨询剑桥古文物学会理事会的意见，并尽可能考虑古文物学会会员的意见。

古文物学会

2. 大学如需转让所持有的来自剑桥古文物学会的书籍和其他物件，需要获得古文物学会理事会的同意，并且在古文物学会和直接负责保存相关物件的大学机构之间达成相应的协议。

3. 剑桥古文物学会有权免费使用考古学与人类学博物馆或其他大学的建筑中的房间，以召开会议。

职位

4. 考古学和人类学博物馆中应设立以下大学教员职位：

(a) 馆长，馆长同时任博物馆主任；

(b) 高级助理馆长或助理馆长，具体职位数由学部总委员会视具体情况决定。

馆长和主任

5. 学部总委员会有权在一个专门设立的特别委员会的建议下任命考古学和人类学博物馆馆长和主任，或是确认连任。馆长和主任可以兼任其他大学教员职位。

馆长的职责

6. 馆长的职责应由考古学和人类学学部委员会决定，并且应包括以下内容：

(a) 负责藏品的保护、增加、贴标签和编目；为藏品贴标签并进行展示，应确保对学生和访客的学习意义，并且将未参展的藏品整理妥当以备展出；帮助希望参观展品的相关人员；

(b) 每学年为学部开设不超过 24 小时的课程，课程内容包括参观博物馆和讨论；

(c) 作为博物馆各方面行政事务的官方负责人。

馆长无法履职的情况下学部委员会应任命一名高级助理馆长或助理馆长承担馆长由第(c)款所规定的职责。

馆务委员会

7. 馆长应履行其各项职责，并对考古学和人类学学部委员会负责。学部委员会亦可以将博物馆的行政事务委托给由其任命的馆务委员会。应由一名博物馆的大学教员担任馆务委员会的秘书。

其他职务任命

8. 对高级助理馆长或助理馆长的任命和连任应由考古学和人类学学部委员会的任命委员会决定。博物馆馆长在决定此项任命时应作为委员会的额外成员。

职责

9. 高级助理馆长或助理馆长的职责应由考古学和人类学学部委员会决定并且应包括以下内容：

(a) 协助馆长履行第 6 条(a)所规定的职责；并

(b) 每学年为学部开设不超过 24 小时的课程，课程内容包括参观博物馆和讨论。

出勤时间

10. 博物馆职员的出勤时间应由学部委员会决定。

年度报告

11. 每年学部委员会应就博物馆向学部总委员会提交年度报告。

学部成员

12. 获得大学教员职位的博物馆职员依据章程 C 第三章 3(b)应同时获得考古学和人类学学部的成员资格。

麦克唐纳考古学研究所

规章和管理

1. 麦克唐纳考古学研究所是考古学和人类学学部的下属机构。

目标

2. 研究所的目标是对早期人类历史的各个方面进行深入研究，包括：人类的起源和发展、人类的心智和表达、全球各地早期人类的成就、习俗和习惯。研究所的工作包括考古学田野工作和考古发掘，这些工作是跨学科的，应与环境科学等其他科学学科以及与从事人类认知相关领域工作的学部展开合作，由此促进对数据和结论的校验与发表。研究所的研究应优先考虑亚欧方向(不排除其他领域的研究)，并且应和全球其他类似的机构和组织展开合作并分享知识。

管理委员会

3. 研究所的管理由管理委员会负责，管理委员会成员包括：

(a) 迪士尼考古学教授或其任命的代理人；

(b) 研究所主任(前提为迪士尼考古学教授不是研究所主任)；

(c) 乔治・皮特-里弗斯考古科学教授；

(d) 由学部总委员会任命的一人；

(e) 由考古学和人类学学部委员会任命的两人，其中一人应是考古学系的大学教员，另一人应是古典学学部的大学教员；

(f) 由 D. M. C. 麦克唐纳基金会任命的两人。

第(d)和(e)类的成员应在米迦勒学期任命，任期三年，任期从任命之后的 1 月 1 日开始，可以连任。D. M. C. 麦克唐纳基金会有权将第(f)类成员的任命权交由一个独立的托管机构、其他官方机构或某一特定职位的所有者代为行使。

4. 管理委员会每年至少召开两次会议，并自委员中选举产生一名主席，任期三年。研究所主任同时兼任管理委员会秘书。 主席和秘书

5. 管理委员会每年应向学部总委员会就研究所的工作和其他相关委员会认为有必要汇报的事项提交年度报告。这些报告的副本应被同时呈交至D. M. C. 麦克唐纳基金会或其任命的负责人。 报告

研究所职员

1. 设立麦克唐纳研究所主任一职（大学教员职务），并且由迪士尼考古学教授同时兼任。若该职位空缺或学部总委员会认为有必要的时候，可以由考古学系其他大学教员兼任。 主任

2. 主任的任命和连任应由学部总委员会在征询研究所管理委员会的建议下决定，主任的任期不得超过五年。学部总委员会可以在管理委员会的建议下要求在任主任辞职，并由新当选的迪士尼考古学教授就任新任研究所主任。 任命和连任

3. 研究所主任是研究所的行政负责人，同时也负责指导研究所的研究工作，并受管理委员会的总体监督。 职责

4. 研究所副主任是设置在研究所主任之下管理研究所的大学教员职位。原则上副主任不应兼任其他大学教员职务。 副主任

5. 研究所副主任（大学教员职位）的任命和连任由管理委员会决定，并须获得学部总委员会的批准。 任命和连任

6. 研究所主任和副主任的职责应由管理委员会决定，并须获得学部总委员会的批准。 职责

7. 研究所主任和副主任应遵守管理委员会制定的住校规定，该规定须获得学部总委员会的批准。 住宿

研究所研究员

1. 麦克唐纳研究所的研究员数量由管理委员会视具体情况而定，并须获得学部总委员会的批准。 研究员

2. 研究所的研究员应由符合以下条件的人员担任：已经或正在进行对考古学学科有重大贡献的研究、承担专业相关高级工作。研究员不得同时兼任其他大学教员职务。

3. 研究员的任命和连任应由管理委员会决定，一届任期不超过五年。 任命和连任

4. 研究员的津贴金额（若有津贴的话）应由管理委员会决定，并须获得学部总委员会的批准。 津贴

访问学者

访问学者

1. 旨在鼓励剑桥大学之外的学者参与并对麦克唐纳基金会的研究工作作出贡献，研究所设立访问学者，访问学者应由符合以下条件的人员担任：已经或正在进行对考古学学科有重大贡献的研究、承担专业相关高级工作。

任命和任期

2. 研究所同时接纳访问学者的人数上限由管理委员会决定，并须获得学部总委员会的批准。访问学者的任命和连任由管理委员会决定，单届任期不得超过一年。

职责

3. 访问学者应在管理委员会的总体监督下参与研究所的科研活动。

限制

4. 访问学者在任期间不应担任大学教员职务。

津贴

5. 访问学者的津贴金额（若有津贴的话）应由管理委员会在确定任命或连任时决定，并须获得校务理事会财务委员会和学部总委员会的批准。

资助

6. 管理委员会可以在获得财务委员会和学部总委员会的同意之后给予访问学者差旅费以及其他与访问研究相关的费用资助。

D. M. 麦克唐纳信托基金

名称

1. 自 D. M. 麦克唐纳博士捐赠给剑桥大学旨在资助麦克唐纳研究所对考古学研究的款项设立基金，基金名称为 D. M. 麦克唐纳信托基金。

目的

2. 剑桥大学应依据研究所的目标将基金用于麦克唐纳研究所以推动对考古学的深入研究。

管理

3. 基金的管理由研究所的管理委员会负责，管理委员会应规范管理程序。管理委员会可以将基金用于其自身开支和其他管理委员会认为与基金管理相关的开支。

收益

4. 基金收益应首先用于支付研究所的日常运作开支，包括职员的工资、研究所的运行费用以及建筑物的维护费用。管理委员会可以建议在研究所内设立相关的大学教员职位和助理职位、购置设备、资助访问学者、设立奖教金和奖学金。若在承担以上开支之后依然有资金富余，则管理委员会也可以批准将基金用于 D. M. 麦克唐纳资助项目、设立奖项[①]或资助全球其他学术目标类似的科研机构。

5. 管理委员会应视具体情况决定将基金的哪一部分作为收益，哪一部分用于投资。对资金的分配应保证每年能够获得足够的收益以保证研究所的运行费用和建筑物的维护费用。

---

① 参见第 821 页(此页码为英文原文页码)。

6. 管理委员会应任命包括以下成员的投资委员会：

(a) 一名管理委员会(f)类成员；

(b) 管理委员会的另两名成员；

(c) 由校务理事会财务委员会提名的一人；

(d) 由投资委员会指派的不超过两人(投资委员会的指派并非必须)。

投资委员会

7. 管理委员会有权任命合适且有相应资质的人作为基金的投资顾问或投资经理，并须获得校务理事会财务委员会的批准。

投资顾问

8. 投资委员会可以以其认为合适的方式以基金(或基金的一部分)进行投资。投资可以剑桥大学名誉校长、院长或院士的名义进行，并且投资委员会有权基于其判断变更或实施投资。

9. 研究所的所有职员均是剑桥大学职员，但是若他们由于在学校承担的其他职务而获得薪酬的话，他们的总收入应由 D. M. 麦克唐纳信托基金退还。

基金资助职员范围

亚洲与中东研究学部

亚洲与中东研究

东亚研究所

根据 2008 年 3 月 5 日第一号动议废除

天文学研究所

天文学

1. 天文学研究所(包括内瓦尔天文台和太阳物理天文台)是物理和化学学部下属的系级单位。

2. 天文学研究所主任(大学教员职务)的任命和连任应由学部总委员会决定，学部总委员会应就此征询物理和化学学部委员会的推荐意见，学部委员会的推荐候选人应出自研究所中从事教学与科研的大学教员。单届任命和连任的任期不得超过五年，然而特定情况下学部总委员会有权在咨询学部委员会的意见之后任命任期不超过十年的主任。主任为研究所的负责人，等同于系主任。

主任和负责人

3. 天体物理学教授应担任太阳物理天文台的负责人。

4. 研究所设有研究所顾问委员会，其成员包括：

顾问委员会

(a) 研究所主任，任顾问委员会主席；

(b) 普陆缅天文学和实验哲学教授、天体物理学教授；

(c) 自研究所大学职员中选举产生的三人，选举机构人员由学部委员会提名学部成员组成。

第(c)类成员的选举须在每年米迦勒学期结束前进行，选举程序由所有具有投票资格的人员视具体情况讨论决定。奇数年选举产生一名成员，偶数年选举产生两名成员。顾问委员会成员任期为两年。若他/她因故不再作为学部的成员，则其顾问委员会成员资格也同时终止。

职责　5. 顾问委员会应每学期至少一次向研究所主任就研究所的教学、科研和行政事务提供建议。顾问委员会负责管理每年由西普山科斯捐赠提供资金的支出。①

6. 天文学研究所秘书应同时作为管理委员会秘书和物理和化学学部委员会秘书。

访 问 学 者

目的　1. 旨在鼓励剑桥大学之外的学者参与并对天文学研究所的研究工作作出贡献，研究所为在天文学研究方面作出重大贡献的相关人员设立访问学者职位。

人数　研究所同时容纳的访问学者人数上限由学部总委员会决定。访问学者的任命或连任均须获得学部总委员会的批准。

任命与任期　2. 访问学者的任命和连任应由物理和化学学部委员会在系主任的推荐下决定，单届任期不超过一年。

职责　3. 访问学者应参与研究所的教学与科研活动。

限制　4. 访问学者在任期间不应担任大学教员职务。非剑桥大学成员的访问学者应在获得任命之后尽快成为剑桥大学成员。

津贴　5. 访问学者的津贴金额(若有津贴的话)应由物理和化学学部委员会在确定任命或连任时决定，并须获得学部总委员会的批准。

资助　6. 研究所顾问委员会可以在获得学部总委员会的同意之后资助访问学者的差旅费以及其他与访问研究相关的费用。

麦克科林基金会

名称　1. 自已故的三一学院的弗兰克·麦克科林(文学硕士)②捐赠的款项设立基金，基金名称为麦克科林基金。

目的　2. 麦克科林基金每年的收益和资本金应被用于改进内瓦尔天文台设

① 参见捐赠报告，1904年，第131页。

② 弗兰克·麦克科林的头衔为“文学硕士”(Master of Arts，M. A.)，但是剑桥大学的文学硕士并非研究生学位，具体参见章程和条例有关“文学硕士”的内容。——译者注

备，基金的具体使用方式须获得物理和化学学部委员会的批准。

3．天文物理学教授对基金收益和资本金的使用申请在获得物理和化学学部委员会的批准后即可生效。若学部委员会认为所提议的开支会导致维护成本的增加，则该申请须获得校方的同意。 支付

4．前文所述的规定可以通过条例作出修改，但是不可违背麦克科林先生的遗愿。

天文学研究所鲜花基金

1．自天体物理学荣誉退休教授唐纳德·林顿-贝尔捐赠的款项设立基金，基金名称为天文学研究所鲜花基金。 名称

2．基金的收益由天文学研究所秘书用于购买电灯、剑桥郡野花或树木以美化研究所的空地，尤其是亚当斯走廊。 用途

约翰·库奇·亚当斯天文学家职位[①]

1．约翰·库奇·亚当斯天文学家（大学教员职务）的任命和连任应由学部总委员会决定，并须获得物理和化学学部委员会的同意，单届任期不得超过五年。学部总委员会应在此前就任命事宜与天文学研究所主任进行协商，学部总委员会可以在获得物理和化学学部委员会的支持后随时解除任命。 任命与任期

2．约翰·库奇·亚当斯天文学家的津贴来自约翰·库奇·亚当斯天文学家基金，津贴按季度支付。 津贴

3．约翰·库奇·亚当斯天文学家的职责应由学部总委员会在咨询物理和化学学部委员会之后决定。 职责

4．约翰·库奇·亚当斯天文学家应成为天文学研究所职员，并且对研究所主任负责（若他/她本人不是研究所主任的话）。 对谁负责

生物化学学部

生物化学

生物化学学院

生物化学学院根据 1920 年 6 月 22 日第一号动议接受来自已故的威廉·当恩男爵基金托管人金额为 165000 英镑的捐赠（1919—1920 年《通讯》，第 1094 页）。捐赠条款在 1967 年出版的条例中的第 427—428 页。

① 由来自圣约翰学院的院长、院士和学者任托管人的信托基金资助约翰·库奇·亚当斯天文学家职位；参见《通讯》，1919—1920 年，第 568 页和第 665 页。

科尔曼图书馆

圣约翰学院耶利米·科尔曼男爵(文学硕士)捐赠给剑桥大学用于生物化学学院图书馆的2000英镑中,500英镑用于购买已有图书,余款用来投资信托证券或是储蓄,收益被用于图书馆的维护运行、购买科学期刊并装订或是图书馆的其他突发性维修开支。

图书馆应被称为科尔曼图书馆。

生物学

生物学学部

医学与兽医教育主任

任命委员会

1. 生物学学部的医学与兽医教育主任(大学教员职务)的任命和连任应由专门的任命委员会决定,任命委员会包括以下成员:

(a) 校长(或一名就此事项任命的校长代理)任任命委员会主席;

(b) 钦定医学教授;

(c) 生物学学部委员会主席;

(d) 生物科学学院学院理事会主席;

(e) 临床医学学部医学教育主任;

(f) 由生物学学部委员会指派的两人;

(g) 由学部总委员会指派的两人。

职责

2. 主任的职责应由学部总委员会在咨询生物学学部委员会之后决定。

住宿

3. 主任应遵守生物学学部委员会关于住校的规定,相关规定须获得学部总委员会的批准。

医学学生登记

生物学学部委员会应和临床医学学部委员会一同通过医学实践健康委员会对被认为适合进行医学实践的学生进行登记。只有登记在册的学生可以获准参加第二次医学学士考试和医学学士学位结业考试从而获得医学学士学位和外科学学士学位。医学实践健康仲裁所可以就学生提出的申诉确认、取消、修改或维持医学实践健康委员会作出的影响学生的决定。

生物技术研究所

根据2008年2月13日第一号动议废除

生物技术

化学工程和生物技术系

根据2008年2月13日第一号动议重命名并修订

化学工程和生物技术

管理

1. 化学工程和生物技术系是独立于学部的系，由化学工程和生物技术委员会在学部总委员会的监督下进行管理。

任命委员会

2. 化学工程和生物技术系内的大学教员职位（技术教员除外）的任命和连任应由专门的系任命委员会决定，任命委员会包括以下成员：

(a) 校长（或一名就此事项任命的校长代理）任任命委员会主席；

(b) (i) 化学工程和生物技术委员会主席；

(ii) 系主任；

(c) 委员会指派的三名大学教员；

(d) 学部总委员会指派的两名大学教员。

系任命委员会对系内事务的权限等同于章程和条例所规定的学部任命委员会对学部内事务的权限；章程D第十七章第5条对学部任命委员会的规定同样适用于系任命委员会于系内事务。

系内大学教员

3. 化学工程和生物技术系内的大学教员应同时担任物理和化学学部委员会以及工程学学部委员会的成员。

化学工程和生物技术委员会

规程

1. 化学工程和生物技术委员会应包括：

(a) 以下系级单位负责人：化学工程和生物技术系系主任、化学系系主任、工程学系系主任和生物技术主任；

(b) 由校务理事会任命的两人；

(c) 由学部总委员会任命的两人；

(d) 分别由生物科学学院理事会、临床医学院理事会、物理科学学院理事会、技术学院理事会任命一人；

(e) 从化学工程和生物技术系的教授中选出三人（系主任和生物技术主任除外）；

(f) 从化学工程和生物技术系的大学教员中选出三人（系主任和生物技术主任除外）；

(g) 由委员会指派的不超过两人；

(h) 依据第3条选举产生的两人。

任命

2. 第(b)至(d)类成员应在米迦勒学期任命,任期四年,从任命后一年的1月1日开始。第(e)和(f)类成员应在米迦勒学期任命,任期两年,从任命后一年的1月1日开始。选举应遵循单一可让渡选票办法,但是选举监察官应由委员会的主席或由其任命的代理人担任(须获得学部总委员会批准)。若第(e)或(f)类成员出现临时空缺,委员会应指派成员填补空缺;这样获得临时任命的成员以及第(g)类成员的任期至获得任命当年年底为止。

学生委员

3. 章程C第四章学部委员会构成中所包含的有关学部委员会第(f)类学生成员选举的条款、此类成员的任期以及附在其后的相关规定都可以再做必要的修正之后应用于委员会的第(h)类学生成员的选举和任期。

主席和秘书

4. 委员会每年需要通过选举从第(h)类之外的成员中产生主席和秘书。

权力和职责

5. 除非条例有特殊规定,委员会的权力和职责与章程所规定的学部委员会的权力和职责相当。

保留事项

6. 章程K第20条有关保留事项的条款同样适用于委员会(委员会在此相当于依照章程设立的机构,等同于学部委员会)。类似的还有章程C第四章第13条。这些条款应适用于委员会的第(h)类成员,非在读生在此也被视为在读生。

生物技术主任

主任任命

1. 剑桥大学应设立生物技术主任职位(大学教员职务)[①],该职务的任命和连任应由任命委员会决定,任命委员会由以下人员组成:

(a) 校长(或一名就此事项任命的校长代理)任任命委员会主席;

(b) 两人,分别由生物科学学院理事会和临床医学学院理事会各任命一人;

(c) 由物理科学学院理事会任命的两人;

(d) 由技术学院理事会任命的两人;

(e) 由学部总委员会任命的两人。

职责

2. 生物技术主任负责生物技术的教学与科研,并且在化学工程和生物技术系系主任的指导下负责相关行政工作。

住宿

3. 生物技术主任应遵守由化学工程和生物技术委员会制定的有关住校的规定,规定须获得学部总委员会的批准。

限制

4. 章程D第十四章第10条适用于教授的条款同样适用于生物技术主任。

① 该职位在章程的附录E和附录J中已经详细列出。

化　学　系

化学

系务委员会

系务委员会

1. 化学系须设立系务委员会，委员会成员包括：

(a) 系主任任系务委员会主席；

(b) 不超过四名化学系教授；

若

(i) 系主任也是教授，则该类成员的数目相应变为三人；

(ii) 若化学系的教授超过四人则应从中通过选举产生委员会成员，单届任期两年；

(c) 根据第2条选举产生的四名化学系大学教员，选举需要由一个专门的机构进行。该机构成员从所有在化学系以及其他在物理与化学学部中任职的大学教员中产生，由系务委员会进行提名，最终由学部委员会确定；

(d) 由系务委员会指派的成员任期由任命开始直至学年结束，具体任命时间由系务委员会决定（系务委员会指派成员并非必须）；

(e) 化学系秘书同时是系务委员会秘书。

2. 第(c)类成员的选举应在每年复活节学期结束之前举行，具体的选举程序应由具有投票资格的人员视具体情况讨论决定。该类成员自选举结束后的10月1日起履职，任期两年。任期结束之际成员可以谋求连任。两次连任之后，成员需要再过两年方可再次参加选举。

职责

3. 系务委员会应每学期至少召开一次会议并向系主任就系的教学、科研和行政事务提供建议。

古典学学部

古典学

古典考古学博物馆

馆长和馆务委员会

1. 古典考古学博物馆的行政管理工作由馆长负责，馆长在由六名摄政院成员组成的馆务委员会指导下开展工作。馆务委员会的六名成员中三名由学部总委员会任命，三名由古典学学部任命。

2. 馆务委员会成员应在米迦勒学期任命完毕，任期三年，从任命之后的1月1日开始。

丹姆·玛丽·格兰杰捐赠

3. 自丹姆·玛丽·格兰杰·桑蒂斯的捐赠设立古典考古学博物馆捐赠基金。基金的收益应被用于古典考古学博物馆，具体使用方案由馆务委员会视具体情况而定。

玖瑟琳·托因比图书馆基金

4. 为纪念玖瑟琳·托因比教授捐赠的款项设立玖瑟琳·托因比图书馆基金。基金的收益应被用于古典学学部图书馆或博物馆购买与罗马时期艺术或考古相关的图书和其他资料。具体的使用方案由馆务委员会视具体情况而定。

年度报告和账目

5. 馆务委员会有责任每年向古典学学部委员会提交年度报告。馆务委员会的账目每年应和大学的其他账目一同接受审计和公示。

6. 馆务委员会有权制定并向校方提交对进入博物馆的进一步规定。

古典考古学博物馆馆长

任命与任期

1. 应设立古典考古学博物馆馆长职位（大学教员职务），该职务由其他大学教员兼任。馆长的任命和连任应由馆务委员会决定，馆长的任期不超过三年，馆务委员会可以视具体情况而定。

秘书

2. 馆长同时是博物馆馆务委员会的秘书。

职责

3. 在馆务委员会的指导下，馆长应总体管理博物馆、博物馆的藏品以及职员。

4. 馆长负责：维护已出版和未出版的博物馆藏品编目、根据馆务委员会视具体情况而作的指示承担其他相关的行政工作。

学部成员

5. 馆长应依据章程 C，Ⅲ，3(b)作为学部的成员。

关于进入古典考古学博物馆的规定

1. 博物馆工作日向公众开放（如有下述第 2 条的情况则除外），具体时间如下所示：

周一至周五：下午 2 点至 5 点

周六：上午 10 点至下午 1 点

2. 博物馆在圣诞节以及其之后的一天、耶稣受难节以及完整学期之外馆务委员会认为有必要并已发布通知的日子不对外开放。馆务委员会可以将这项权力交由馆长或馆长任命的相应人员负责。

3. 馆务委员会有权拒绝其认为不适合进入博物馆的人员进入博物馆。

4. 馆长有权决定因大学考试、讲座等原因随时对公众关闭博物馆。

临床医学学部

临床医学

1. 临床医学学部的各系系主任应每年向临床医学学部委员会提交年度系务预算。学部委员会应负责详查年度预算，并在作必要的修改后定稿提交学部总委员会审批。

提交系务预算

2. 学部委员会负责向各系分配学部总委员会分配给临床医学学院的住宿用房。

住宿

3. 临床医学学部委员会应和生物学学部委员会一同通过医学实践健康委员会对被认为适合进行医学实践的学生进行登记。只有登记在册的学生可以获准参加第二次医学学士考试和医学学士学位结业考试从而获得医学学士学位和外科学学士学位。医学实践健康仲裁所可以就学生提出的申诉确认、取消、修改或维持医学实践健康委员会作出的影响学生的决定。

学生登记

4. 临床医学学部委员会负责向学部总委员会提议以下相关事项：每个系所设置大学教员职位的数量和类型、每个系所设置大学助理职务的数量和等级（不受第 5 条有关大学聘用规定的影响）。

设置

5. 认证临床教师头衔应由学部总委员会在临床医学学部委员会的推荐下，授予在过去的一年中在大学、医院、公共医疗实践或其他与剑桥大学有关系的经过学部委员会批准进行医学学士学位和外科学学士学位教育的机构中，为临床研究和学位候选人的教育，在临床医学学部批准进行的讲座、研讨会或其他形式的展示、监督和指导中作出了大量贡献的个人。单次认证的有效期不超过三年并且可以更新。

临床教师认证

临床医学学部委员会资源和计划委员会

1. 临床医学学部委员会下设资源和计划委员会，其成员组成如下：

委员会

(a) 钦定医学教授任委员会主席；

(b) 医学教育主任；

(c) 由学部委员会从学部或下属各系的大学教员中任命六人，其中不得超过三名系主任，并且至少需要包括一名副讲师；

(d) 由委员会指派的四人，其中应至少一人是学部总委员会的成员。

2. 第(c)类成员的任命应在米迦勒学期中完成，任期三年，从任命之后的下一个 1 月 1 日起开始。第(d)类成员的任期由任命下达时开始至当年或下一年的 12 月 31 日为止，具体安排由委员会视具体情况决定。

任命

职责　3．委员会的职责应包括：

(a) 就财务、计划和资源方面的事务向学部委员会提供建议；

(b) 为学部委员会起草向学部总委员会提交的临床医学学院年度预算；

(c) 监督学院的行政经费；

(d) 就设立临床医学学院下属系科以及在学院内设立大学教员职位和助理职位事项向学部委员会提供建议。

秘书　4．临床医学学院秘书同时任委员会秘书。

医学教育主任

任命　1．临床医学学部委员会医学教育主任(大学教员职务)的任命和连任应由学部总委员会在咨询一个特别委员会的意见后决定。

任期　2．医学教育主任的首届任期为五年。若现任医学教育主任较好地履行了其职责，则可以依据大学章程U的相关条款任职至其退休。

职责　3．医学教育主任的职责应由学部总委员会在咨询临床医学学部之后决定。

地区研究生院院长

任命　1．临床医学学部地区研究生院院长(大学教员职务)的任命应由包含以下人员的任命委员会决定：

(a) 校长(或一名就此事项任命的校长代理)任任命委员会主席；

(b) 钦定医学教授；

(c) 地区公共健康主任(东英格兰)；

(d) 医学教育主任。

任命委员会有权决定大学教员职务地区研究生院院长的任命和连任，并有权要求其为在与剑桥大学相关的某机构中担任某一特定职务，这一特定职务由临床医学学部委员会指定。若地区研究生院院长不再担任此特定职务，则其地区研究生院院长职务应同时终止。

职责　地区研究生院院长的职责应由学部总委员会在咨询临床医学学部委员会之后决定，临床医学学部委员会应就此事咨询中部地区和东英格兰健康和社会保障指导委员会。

2．地区研究生院院长不享受任何津贴。

全科医学主任和助理主任

人数　1．全科医学主任和助理主任(大学教员职务)的人数(主任人数不超过两人)由学部总委员会在临床医学学部委员会的推荐下视具体情况而定。

2. 大学教员职务全科医学主任或助理主任的任命应由包含以下人员的任命委员会决定： 任命

(a) 校长(或一名就此事项任命的校长代理)任任命委员会主席；

(b) 钦定医学教授；

(c) 医学教育主任；

(d) 由临床医学学部委员会任命的三人；

(e) 由学部总委员会任命的两人。

3. 大学教员职务全科医学主任的任命或连任的单届任期不得超过五年。大学教员职务全科医学助理主任的任命或连任的单届任期不得超过三年。 任期

4. 全科医学主任或助理主任的职责应由学部总委员会在咨询临床医学学部委员会之后决定。 职责

助理院长

1. 临床医学学部助理院长(大学教员职务)的具体人数由学部总委员会在临床医学学部委员会的推荐下视具体情况而定。 人数

2. 大学教员职务助理院长的任命和连任应由包含以下人员的任命委员会决定,助理院长的单届任期不超过五年： 任命

(a) 校长(或一名就此事项任命的校长代理)任任命委员会主席；

(b) 钦定医学教授；

(c) 地区公共健康主任(东英格兰)；

(d) 医学教育主任；

(e) 地区研究生院院长；

(f) 由临床医学学部委员会任命的一人；

(g) 由学部总委员会任命的三人,其中两人由中部地区和东英格兰健康和社会保障指导委员会提名产生。

3. 助理院长的职责应由学部总委员会在咨询临床医学学部委员会之后决定,临床医学学部委员会应就此事咨询中部地区和东英格兰健康和社会保障指导委员会。 职责

4. 助理院长的住校条件应符合管理委员会制定的规定,并须获得学部总委员会的批准。 住宿

有关在国民健康服务计划中承担临床工作的大学教员

1. 凡与国民健康服务计划签订名誉合同的教授、副教授、大学高级讲师、大学讲师、助理研究主任、临床讲师以及职业咨询医师每周从事私营医

疗活动的时间不得超过一个国民健康服务工作时间单位(半天)。私营医疗活动的收入应由剑桥大学技术服务有限公司管理。相关大学教员可以获得扣除公司管理和运行费用之后一定比例的酬金。扣除酬金后的收入应纳入由临床医学学部委员会批准安排的用于医学教育或研究的基金。

2. 凡从此类额外医疗活动中获得收入的大学教员或是职业咨询医师均不得担任独立学院的导师、助理导师、财务主管、助理财务主管、伙食管理员,并且每周在独立学院授课的时间不得超过六小时(教授为四小时)。

剑桥大学联合医院相关规定[①]

医疗遗传学与政策中心

管　　理

管理委员会

1. 医疗遗传学与政策中心为临床医学学部的下属机构,由包含以下成员的管理委员会进行管理:

(a) 主任;

(b) 以下相关机构分别任命一人:

学部总委员会,

临床医学学部委员会,

生物科学学院理事会,

艺术与人文学院理事会,

人文与社会科学学院理事会,以及

技术学院理事会,

由临床医学学部委员会或任意学院理事会任命的候选人可以同时获得学部总委员会的任命;

(c) 由中部地区和东英格兰健康和社会保障指导委员会或接替其的机构任命的一人;

(d) 由管理委员会指派的不超过四人。

2. 第(b)类和第(c)类成员的任命应在米迦勒学期之前完成,任期四年,由任命后一年的1月1日开始。第(d)类成员的任期由指派下达之时开始至当年或下一年的12月31日为止,具体安排由委员会视具体情况决定。

主席和秘书

3. 管理委员会应选举除主任之外的一名成员担任委员会主席,主席任期三年,由任命后一年的1月1日开始。中心主任应担任管理委员会秘书。

---

① 本规章首次被列入《章程与条例》,1988年,第731页(此页码为英文原文页码)。

4. 受制于校务理事会、学部总委员会和临床医学学部委员会，管理委员会的职责包括以下方面： 职责

(a) 推进有关医疗遗传学的政策以及其在公共健康、伦理、法律和社会领域影响的教育，并推动这些领域的研究和成果出版；

(b) 与校外单位合作鼓励对医疗遗传学的政策以及其在公共健康、伦理、法律和社会领域的影响进行研究；

(c) 为管理赠与中心的资助、捐赠和其他资源制定政策和程序，并且分别为参与中心工作的学部委员会以及剑桥大学机构确定职责；

(d) 为(a)(b)两条中规定的目标分配资金；

(e) 监督中心职员的工作；

(f) 起草提交给学部总委员会的年度预算。

5. 管理委员会有权向校方进行汇报。 汇报

中心主任

1. 中心主任可以兼任其他大学教员职务。 主任

2. 中心主任应由学部总委员会在管理委员会的推荐下任命。中心主任任期五年，可以连任。

3. 中心主任在管理委员会的管理之下作为中心的行政负责人并负责推动专业工作。 职责

4. 中心主任负责指导中心的研究方向。

公共健康研究所

管　理

经公示修订(2007—2008 学年《通讯》，第 606 页)

1. 公共健康研究所为临床医学学部下属机构，由包含以下成员的管理委员会进行管理： 管理委员会

(a) 研究所主任；

(b) 钦定医学教授；

(c) 公共健康和基本护理系系主任；

(d) 流行病学与医学教授；

(e) 由学部总委员会任命的一人；

(f) 由临床医学学部委员会在分别咨询以下相关人员和机构的意见之后各分别任命一人，共计三人：公共健康和基本护理系系主任、全科医学教

授(全科医学教授本人亦可被任命为管理委员会成员)、地区公共健康主任(东英格兰);

(g) MRC流行病学单位主任、MRC生物统计学单位主任、剑桥大学MRC中心主任或副主任;

(h) 地区公共健康主任(东英格兰)或副主任;

(i) 由管理委员会指派的不超过四人。

2. 第(e)类和第(f)类成员的任命应在米迦勒学期之前完成,任期四年,由任命后一年的1月1日开始。第(i)类成员的任期由任命下达之时开始至当年或下一年的12月31日为止,具体安排由管理委员会在任命时视具体情况决定。

主席和秘书

3. 管理委员会应选举除主任之外的一名成员担任委员会主席,主席任期三年,由任命后一年的1月1日开始。中心主任应担任管理委员会秘书。

职责

4. 受制于校务理事会、学部总委员会和临床医学学部委员会,管理委员会的职责包括以下方面:

(a) 与临床医学学部委员会以及其他相关学部委员会进行协作,以推动公共健康领域的教学、研究以及研究成果的出版;

(b) 与校外单位合作鼓励对公共健康的教育与研究;

(c) 为(a)(b)两条中规定的目标分配资金;

(d) 监督研究所的工作;

(e) 起草提交给学部总委员会的年度预算;

(f) 向临床医学学部委员会就研究所事务提交年度报告。

研究所主任

主任

1. 研究所主任(大学教员职务)应由其他大学教员同时兼任。

2. 研究所主任的任命应由学部总委员会在管理委员会的推荐下决定。研究所主任的任期为五年,可以连任。

职责

3. 研究所主任在管理委员会的总体管理之下作为研究所的行政负责人。研究所主任负责指导研究所的教学与研究,并推动学科工作。

职业咨询医师[①]

根据2008年3月12日第四号动议修订

任命与任期

1. 临床医学学部下属的大学教员职务职业咨询医师的任命和连任应由

① 有关需要在国民健康服务计划中承担临床工作的大学职员职务请参见规章第581页(此页码为英文原文页码)。

包含以下成员的任命委员会决定：

(a) 校长(或一名就此事项任命的校长代理)任任命委员会主席；

(b) 由学部总委员会任命的三人，其中一人由临床医学学部委员会提名；

(c) 由剑桥大学国民健康服务信托基金会任命的三人；

(d) 由大学健康服务部管理委员会任命的一人。

职业咨询医师的任期和章程 D 第十七章第 6 条和第 7 条所规定的大学讲师的任期相同。

医师职责

2. 职业咨询医师的职责应包括：

(i) 担任学部总委员会和校务理事会的医学顾问，就大学学期中可能发生的健康危害提供建议，对高危人群保持密切关注，与医疗从业人员、地方机构、地方医疗机构和政府部门保持记录和联系；

(ii) 参与研究和教学，具体工作量由学部总委员会在临床医学学部委员会的推荐下决定；

(iii) 担任剑桥大学医院国民健康服务信托基金会职业健康服务计划主任。

为了履行以上职责，职业咨询医师应：

(a) 就与剑桥大学相关的工作，向剑桥大学人力资源部主任负责；

(b) 就与剑桥大学医院国民健康服务信托基金会相关的工作，向信托基金会负责。

3. 职业咨询医师应全年履行其工作职责，每学年休假不得超过七周(公休日亦包括在内)。

临床工作收入

4. 职业咨询医师有资格依据第 5 条获得津贴之外的来源于临床工作的收入。

正电子放射 X 线断层影像 (PET) 科学服务计划

主　　任

任命

1. 临床医学学部 PET 科学服务计划主任(大学教员职务)的任命和连任应由包含以下人员的任命委员会决定：

(a) 校长(或一名就此事项任命的校长代理)任任命委员会主席；

(b) 钦定医学教授；

(c) 由临床医学学部委员会任命的三人；

(d) 由学部总委员会任命的两人。

第(c)类和第(d)类成员的任命应在奇数年米迦勒学期结束之前决定，任期为两年。

职责

2. 主任就 PET 下属大脑成像中心的科学与技术管理工作向临床医学学部委员会负责；此外还须承担学部委员会要求的其他工作，具体工作安排由学部委员会视具体情况而定，安排须获得学部总委员会的批准。

住宿

3. 主任应遵守由学部总委员会在咨询临床医学学部委员会后决定的住校规定。

神学

神学学部

依据章程 D 第二章第 13 条作为伊利大教堂在家牧师的神学学部大学教员不应担任独立学院的导师、助理导师、伙食管理员、助理伙食管理员、财务总管的职务。

高级宗教和神学研究中心

管理

管理委员会

1. 高级宗教和神学研究中心为神学学部的下属机构，由包含以下成员的管理委员会进行管理：

(a) 中心主任；

(b) 神学学部委员会主席；

(c) 由学部总委员会任命的两人；

(d) 由神学学部委员会任命的四人；

(e) 由管理委员会指派的不超过两人。

2. 第(c)类和第(d)类成员的任命应在米迦勒学期决定，任期四年，由任命后的 1 月 1 日开始。获得指派的第(e)类成员的任期由任命下达之时开始至当年或下一年的 12 月 31 日为止，具体安排由委员会视具体情况决定。

3. 管理委员会应选举除主任之外的一名成员担任委员会主席，主席任期三年，由任命后一年的 1 月 1 日开始。中心主任应担任管理委员会秘书。

职责

4. 受制于校务理事会、学部总委员会和临床医学学部委员会，管理委员会的职责包括以下方面：

(a) 与神学学部委员会协作推动高级宗教和神学研究领域的教学、研究以及研究成果的出版；

(b) 与校外单位合作鼓励对高级宗教和神学研究的教育与研究；

(c) 为以上(a)条中规定的目标分配资金；

(d) 监督中心的工作；

(e) 起草提交给学部总委员会的年度预算。

中心职员

主任

1. 中心主任由其他大学教员兼任。

2. 中心主任的任命应由学部总委员会在管理委员会的推荐下决定。中心主任的任期为五年，可以连任。

职责

3. 中心主任在管理委员会的管理之下作为中心的行政负责人。中心主任负责指导中心的教学与研究并在大学内鼓励相关活动。

4. 若中心主任在一段时间内无法履行职责，学部总委员会有权在管理委员会的推荐下任命代理主任。代理主任应被视为主任。

研究生导师

5. 大学教员职务中心研究生导师的任命和连任(主任除外)应由管理委员会决定，该决定须获得学部总委员会的批准。

6. 任何一名研究生导师(主任除外)的职责应由管理委员会决定，该决定须获得学部总委员会的批准。

住宿

7. 主任和其他研究生导师应遵守由学部总委员会在咨询管理委员会后决定的住校条件规定。

访问学者

目的

1. 旨在鼓励剑桥大学之外的学者参与并对高级宗教和神学研究中心的研究工作作出贡献，中心为正在对宗教和神学进行深入研究的学者设立访问学者职位。

任命与任期

2. 中心同时接纳访问学者的人数上限由管理委员会决定，并须获得学部总委员会的批准。访问学者的任命和连任由管理委员会决定，单届任期不得超过一年。

职责

3. 访问学者应在管理委员会的总体监督下参与中心的科研活动。

限制

4. 访问学者在任期间不应担任大学教员职务。非剑桥大学成员的访问学者应在获得任命之后尽快成为剑桥大学成员。

津贴

5. 访问学者的津贴金额(若有津贴的话)应由管理委员会在确定任命或连任时决定，并须获得学部总委员会的批准。

6. 管理委员会可以在获得学部总委员会的同意之后资助访问学者的差旅费以及其他与访问研究相关的费用。

神学

牧师神学证书

剑桥联盟神学考试

1. 神学学部委员会有权为任何一名属于以下学院的学生以及通过剑桥联盟神学考试的学生颁发牧师神学证书(无论该生是否为剑桥大学的学生):瑞德例学堂、韦斯利学堂、韦斯特科特学堂、韦斯特敏斯特学院、玛格丽特波弗特研究所、基督三教研究院、东部牧师课程。

管理委员会

2. 剑桥联盟神学考试由包含以下人员的管理委员会负责:

(a) 由神学学部委员会任命的两名摄政院成员;

(b) 由剑桥神学联盟委员会任命的两人;

(c) 由管理委员会指派的不超过三人(管理委员会的指派并非必须)。

第(a)类和第(b)类成员的任命应在米迦勒学期决定,任期三年,由任命后的1月1日开始。获得指派的第(c)类成员的任期由任命下达之时开始至当年或下一年的12月31日为止,具体安排由管理委员会视具体情况决定。

主席和秘书

3. 管理委员会每年应自成员中分别选举一名主席和一名秘书。

管理委员会职责

4. 管理委员会应承担与剑桥联盟神学考试有关的以下工作:

(a) 决定证书考试所要求的课程内容以及考试计划,该决定须获得学部总委员会、神学学部委员会和剑桥神学联盟委员会的批准;

(b) 从牧师神学学士学位主考官中任命主考官,主考官须包括:(i) 一名外校考官,和(ii) 一名白神学学部委员会提名的主考官,该名考官应为神学学部的大学教员或剑桥大学中的神学教员;

(c) 确定候选人须缴纳的考务费金额。

5. 旨在获得课程证书的候选人应缴纳注册费。注册费由校务理事会视具体情况而定。缴纳注册费后候选人可以在任何其未缴纳大学学费的学期参加剑桥大学的讲座课。

地球科学

地球科学系

系务委员会

系务委员会

1. 地球科学系应设立系务委员会,委员会成员包括:

(a) 系主任,任系务委员会主席;

(b) 不超过三名地球科学系教授:

若

(i) 系主任也是教授,则该类成员的最大人数应为两人,且不得超过该系教授人数减一后的人数；

(ii) 若地球科学系的教授超过该职位的人数上限则应从中通过选举产生委员会成员，单届任期两年；

(c) 根据第 2 条选举产生相应数目的地球科学系大学教员，从而使得第(a)，(b)，(c)三类成员总数达到六人。此类大学教员的选举需要由一个专门的机构进行。该机构成员从所有在地球科学系以及其他在地球科学和地理学学部中任职的大学教员中产生，由系务委员会进行提名最终由学部委员会确定；

(d) 由系务委员会指派的成员任期由任命开始直至学年或下一学年结束，具体任期由系务委员会在任命时决定(系务委员会指派成员不是必须的)。

2. 第(c)类成员的选举应在每年复活节学期结束之前举行，具体的选举程序应由具有投票资格的人员视具体情况讨论决定。该类成员自选举结束后的 10 月 1 日起履职，任期两年。任期结束之际成员可以谋求连任。两次连任之后，成员需要再过两年方可再次参加选举。

职责

3. 系务委员会应每学期至少召开一次会议并向系主任就系的教学、科研、人事、资源和行政事务提供建议。

塞奇威克地球科学博物馆

职员

1. 博物馆设以下大学教员职务：

(a) 博物馆主任；

(b) 博物馆馆长、高级助理馆长或助理馆长职务，具体设置由学部总委员会视具体情况而定；

(c) 特殊藏品馆长职务，具体设置由学部总委员会视具体情况而定。

2. (a) 博物馆主任职务应由地球科学系的大学教员同时兼任。

(b) 博物馆馆长可以由博物馆主任兼任，但不应由其他大学教员兼任。高级助理馆长或助理馆长职务不得由其他大学教员兼任。

(c) 特殊藏品馆长职务应由地球科学系的大学教员同时兼任。

任命与任期

3. (a) 博物馆主任的任命和连任应由地球科学和地理学学部的任命委员会决定，任期不得超过五年，由任命委员会视具体情况而定。

(b) 博物馆馆长、高级助理馆长或助理馆长以及其他特殊藏品馆长职务应由地球科学和地理学学部的任命委员会决定，进行此项任命时博物馆主任应作为任命委员会的额外成员参与决定。

职责

4. 博物馆主任应就博物馆的管理以及其他系主任视具体情况而定的与

博物馆相关的工作向地球科学系系主任负责。

5. 博物馆馆长、高级助理馆长或助理馆长以及其他特殊藏品馆长应通过博物馆主任对地球科学系系主任负责以下方面工作：对博物馆藏品进行编目、维护和保养，安排藏品的展览，确保藏品可用于教学与科研。博物馆其他职员应在这些方面协助以上人员。

教学

6. 若博物馆的大学教员同时也是大学讲师，则其在博物馆的工作也应由地球科学和地理学学部委员会计入其教学工作量，不超过章程D第十七章第8条由学部总委员会所规定的范围。

7. 博物馆馆长、高级助理馆长或助理馆长应在地球科学和地理学学部委员会的要求下承担理事会认为有必要的课堂教学。教学工作不提供额外报酬，且其表现被计入博物馆工作。代表一所或多所独立学院进行的课堂教学一周不得超过六小时。

工作时间

8. 博物馆职员的工作时间由地球科学和地理学学部委员会根据地球科学系系主任的建议决定。

学部成员

9. 博物馆大学教员应同时是地球科学和地理学学部成员。

经济学

经济学学部

研究执行主任

1. 经济学学部下应设置研究执行主任职位①，其任期和相关条件应由学部总委员会决定。研究执行主任可以由其他大学教员兼任。

2. 研究执行主任（大学教员职务）的任命和连任应由经济学学部任命委员会和学部总委员会专门为此任命的两人共同决定。

3. 研究执行主任的职责包括：推动经济学知识的发展、指导经济学研究、指导学生、促进经济学学部大学教员的研究工作。研究执行主任的工作受制于经济学学部委员会。大学方面要求的其他工作比如指导研究生应被视为主任的分内工作，不应给予额外薪酬。

4. 研究执行主任应遵守学部委员会对住校的规定，该规定须获得学部总委员会的批准。

5. 研究执行主任不应担任独立学院的导师、助理导师、财务主管、助理财务主管、伙食管理员。

① 该职位在章程的附录B和附录J中已经详细列出。

马歇尔图书馆基金

1. 马歇尔图书馆基金应分别置于两个账户，其中马歇尔图书馆基金Ⅰ用于存放马歇尔夫人捐赠的本金和收入[①]，马歇尔图书馆基金Ⅱ用于存放马歇尔夫人遗产捐赠的本金和收入。 双账户

2. 经济学学部委员会有权自学部经费向基金Ⅰ的账户补充资金。 基金Ⅰ

3. 经济学学部委员会有权自马歇尔图书馆基金Ⅰ提取款项用于供经济学学生使用的研究型图书馆的房租、设备、图书购置、维护等费用，该图书馆应被命名为马歇尔图书馆。

4. 基金Ⅱ的使用需要学部委员会通过决议，并获学部总委员会批准（基金收益的再投资除外）。 基金Ⅱ

教育学学部

教育学

教育学系

1. 教育学系同时可以称为“教育学院”，教育学系系主任应是教育学院的学术带头人，并且是教育学院院长。 名称与系主任

2. 教育学系秘书应担任教育学学部委员会秘书。 秘书

3. 教育学学部委员会有权管理该理事会下辖的文凭和证书的相关课程，确定参加相关课程学习的学生应缴纳的费用（无论该生是否是剑桥大学成员），组织参加课程学习的学生进行相关考试，为顺利完成学业或通过相关考试的学生颁发文凭和证书。以上职责的履行须获得学部总委员会的批准。 课程

英联邦教育中心

规　　章

英联邦教育中心为教育学学部的下属机构。

① 参见《通讯》，1924—1925年，第122页以及1925年5月29日第一号动议。

管　理

管理委员会

1. 英联邦教育中心由包括以下成员的管理委员会进行管理：

(a) 由学部总委员会任命的三人，学部总委员会应就此征求英联邦研究所的推荐，其中一人应被任命为委员会主席；

(b) 教育学院院长以及中心主任；

(c) 由学部总委员会任命的两人，其中一人应由教育学学部委员会推荐。

秘书

中心秘书应担任管理委员会秘书。

2. 第(a)和第(c)类成员的任命应在米迦勒学期决定，任期四年，由任命后的1月1日开始。只有第(b)类成员的可以连续在管理委员会任职超过八年。

职责

3. 受制于校务理事会、学部总委员会和教育学学部委员会，管理委员会的职责应包括：

(a) 推动对英联邦教育的研究、知识和教学的发展；

(b) 在咨询主任的意见之后决定中心的政策、优先发展方向和战略计划；

(c) 审核并批准由中心主任起草的中心的项目和商业计划以及中心年度预算；

(d) 审阅中心年度财务报告并对中心账户进行审计；

(e) 就以上事务向研究所和学部总委员会转交文件和决定，以及年度报告。在必要时也向顾问委员会提交相应文件；

(f) 为了中心的目标进一步开展其他必要的工作。

法定人数

4. 管理委员会每学期至少召开一次会议。会议至少由主席和主席之外的三名成员出席。

顾问委员会

顾问委员会

1. 应设立包含以下成员的顾问委员会：

(a) 由学部总委员会在研究所的推荐下任命的四人，其中一人应被任命为顾问委员会主席；

(b) 由学部总委员会在教育学学部委员会的推荐下任命的三人；

(c) 由学部总委员会在研究所的推荐下任命的五人，每人分别来自英联邦五个地区中的一个；

(d) 出于特别原因而指派的不超过两人，任命出自顾问委员会；

(e) 主任。

秘书

中心秘书同时应担任顾问委员会秘书。

2. 顾问委员会第(a),(b)和(c)类成员的任命应在米迦勒学期决定,任期四年,可以连任;所有成员均不得连续任职超过八年。第(d)类成员的任期由顾问委员会视具体目标的完成情况而定。

3. 管理委员会每学年至少召开一次会议。会议应至少由主席和主席之外的六名成员出席(不包括被指派的成员)。 法定人数

4. 中心不为顾问委员会成员提供岗位津贴,但是中心可以向顾问委员会成员按日发放补贴以及会议所需费用。

5. 顾问委员会的职责包括: 职责

(a) 就中心应如何高效、有效地履行其职责和功能向中心主任提供建议;

(b) 就活动的募资意义以及可能的资金来源向主任提供建议;

(c) 就推动中心项目的发展与英联邦其他国家从事教育学研究相关机构的合作事务协助中心主任;

(d) 审阅有关中心政策、项目和活动的报告。

中心职员

1. 中心应设立主任一职(大学教员职务),且可由其他大学教员兼任。 主任

2. 中心主任的任命应由学部总委员会根据包括以下成员的委员会的推荐意见决定:

(a) 校长(或一名就此事项任命的校长代理)任任命委员会主席;

(b) 由学部总委员会在咨询教育学学部委员会和英联邦学院之后任命的八人,其中三人为校外人员。

主任的任期为十年,并且可以连任,连任任期为五年。此事项由学部总委员会咨询为此设立的特别委员会的意见后决定。 任期

3. 受制于管理委员会,主任应作为中心的行政负责人,并且应就以下方面的工作向管理委员会负责:中心的良好运行和管理,围绕中心目标和功能有效地开展工作,包括对中心教学和科研的指导。中心主任应: 主任职责

(a) 起草并向管理委员会提交中心研究项目和活动项目的落实计划;

(b) 起草中心的年度报告;

(c) 起草中心的年度预算,并提交管理委员会批准;

(d) 整理中心的年度账目,并在审计之后提交管理委员会;

(e) 保证中心的财务账目以及其他记录可以随时供管理委员会或其他组织进行审查。

4. 中心应设立两个助理主任职位,助理主任可以由其他大学教员兼任。助理主任的任命应由包含以下成员的任命委员会决定: 助理主任

(a) 校长(或一名就此事项任命的校长代理)任任命委员会主席;

(b) 中心主任;

(c) 由学部总委员会任命的两人;

(d) 由管理委员会任命的三人。

任期

助理主任的任命和连任应由任命委员会决定,助理主任的任期不超过五年,相关决定须获得学部总委员会的批准。

助理主任职责

助理主任应协助主任开展中心的各方面工作。在主任无法履行职责的情况下,学部总委员会应指定一名助理主任行使主任的职权。

秘书

5. 中心应设立秘书一职,秘书的任命应遵守第1条对学部、系以及其他学部总委员会监督下机构的秘书和负责人的规定。任命和连任的任期不得超过五年,具体由任命委员会决定,并须获得学部总委员会的批准。

访问学者

目的与定义

1. 旨在鼓励剑桥大学之外的学者参与并对中心的研究工作作出贡献,研究所设立访问学者职位,访问学者应由符合以下条件的人员担任:已经或正在进行对学科有重大贡献的研究,或正在专业领域从事高级工作。

任命与任期

2. 访问学者的任命和任期由中心主任决定,访问学者的单届任期不超过一年。

津贴

3. 访问学者的津贴金额(若有津贴的话)应由中心主任在任命或连任时决定,并须获得学部总委员会的批准。

研究会员

中心主任可以视具体情况决定授予对中心的工作作出贡献的个人(不包括在中心领取薪水的职员)以研究会员身份。

工程学

工程学系

研究主任(行政和发展)

任命

1. 大学教员职务研究主任(行政和发展)的任命和连任应依据相关负责机构制定的安排视具体情况决定。

2. 主任的职责应由学部总委员会在咨询工程学学部委员会后决定。

3. 主任应符合依照章程C第三章3(b)对学部成员的规定,作为工程学学部的成员。

工程车间负责人

1．大学教员职务工程车间负责人的任命和连任应由工程学学部委员会任命委员会决定。

2．工程车间负责人的职责应由学部总委员会在咨询工程学学部委员会后决定。

3．工程车间负责人应符合依照章程 C 第三章 3(b)对学部成员的规定，作为工程学学部的成员。

工程学系高级设计工程师、设计工程师和电气设计工程师

任命

1．大学教员职务高级设计工程师、设计工程师和电气设计工程师的任命和连任应由工程学学部委员会任命委员会决定。工程学系高级设计工程师、设计工程师和电气设计工程师的人数应由工程学学部委员会根据工程学系系主任的推荐决定，此决定须获得学部总委员会的批准。

职责

2．高级设计工程师、设计工程师和电气设计工程师的职责应由工程学学部委员会决定，且须获得学部总委员会的批准。

学部成员

3．高级设计工程师、设计工程师和电气设计工程师应符合依照章程 C 第三章 3(b)对学部成员的规定，作为工程学学部的成员。

科学史和科学哲学

科学史和科学哲学系

管理

1．科学史和科学哲学系是独立于学部的系，由科学史和科学哲学委员会在学部总委员会的监督下进行管理。

任命委员会

2．科学史和科学哲学系内的大学教员职位的任命和连任应由专门的系任命委员会决定，任命委员会包括以下成员：

(a) 校长(或一名就此事项任命的校长代理)任任命委员会主席，

(b) (i) 科学史和科学哲学委员会主席，

(ii) 系主任以及科学史和科学哲学教授；

(c) 由科学史和科学哲学委员会任命的三名委员会成员；

(d) 由学部总委员会任命的两人。

系任命委员会对系内事务的权限等同于章程和条例所规定的学部任命委员会对学部内事务的权限；章程 D 第十七章第 5 条对学部任命委员会的规定同样适用于系任命委员会。

职责

3．系主任就惠普尔科学历史博物馆馆藏和图书的保护、增加和展出向科学史和科学哲学委员会负责。系主任有权将这些工作交由博物馆馆长负责。

科学史和科学哲学

科学史和科学哲学委员会

规程

1. 科学史和科学哲学委员会应包含以下成员：

(a) 科学史和科学哲学系系主任；

(b) 科学史和科学哲学系的教授和副教授；

(c) 科学史和科学哲学系图书馆馆长和秘书；

(d) 惠普尔科学历史博物馆馆长；

(e) 自科学史和科学哲学系的大学教员中选举产生的四人，以及由科学史和科学哲学委员会认定(须获得学部总委员会的同意)对科学史和科学哲学系的教学作出突出贡献的个人；

(f) 由学部总委员会任命的两人；

(g) 若第(b)和第(e)类成员出现临时空缺，科学史和科学哲学委员会可以指派不超过五人填补空缺至当年年底；

(h) 依据第3条选举产生的三人。

任命

2. 第(e)类成员的选举应在每年米迦勒学期内举行；选举程序应符合单次可让渡投票规定，然而选举监察官应由科学史和科学哲学委员会主席或由其指派的副主席担任，该项指派须获得学部总委员会的批准。第(e)类成员的任期为两年，由选举之后的1月1日开始。第(f)类成员的任期为两年，由任命之后的1月1日开始。获得指派的第(g)类成员的任期由任命下达之时开始至当年或下一年的12月31日为止，具体安排由委员会视具体情况决定。

学生委员

3. 有关学部的构成的规章中，章程C第四章中有关学部委员会中第(f)类成员的选举以及任期的条款在作必要的修正后同样适用于科学史和科学哲学委员会第(h)类成员的选举和任期规定。

主席和秘书

4. 科学史和科学哲学委员会每年应自其成员中选举产生一名主席和秘书；研究生或在读人员不可获选。

权力和职责

5. 除非条例有特殊规定，科学史和科学哲学委员会的权力和职责与章程所规定的学部委员会的权力和职责相当。

保留事项

6. 章程K第20条有关保留事项的条款同样适用于科学史和科学哲学委员会，委员会在此相当于依照章程设立的机构，等同于学部委员会。类似的还有章程C第四章第13条。这些条款应适用于委员会的第(h)类成员，非在读生在此也被视为在读生。

惠普尔科学历史博物馆馆长

主任

1. 惠普尔科学历史博物馆应设立馆长这一大学教员职务，馆长同时为博物馆主任。

2. 惠普尔科学历史博物馆馆长的任命和连任由科学史和科学哲学系任命委员会决定。

任命与任期

3. 馆长的职责由科学史和科学哲学委员会决定，包括以下几方面：

职责

(a) 协助科学史和科学哲学系系主任进行馆藏的保护、增加和展示，同时确保藏品可供学习和研究使用；

(b) 在科学史和科学哲学委员会的要求下承担委员会认为有必要的教学任务，该教学工作不提供额外收入，并且被计入馆长履行博物馆职责。

土地经济系

土地经济

1. 土地经济系是独立于学部的系，由土地经济委员会在学部总委员会的监督下进行管理。

独立于学部

2. 土地经济系内的大学教员职位（不包括研究助理）的任命和连任应由专门的系任命委员会决定，任命委员会包括以下成员：

任命委员会

(a) 校长（或一名就此事项任命的校长代理）任任命委员会主席；

(b) 土地经济系系主任；

(c) 由土地经济委员会任命的三名委员会成员；

(d) 由学部总委员会任命的两人。

系任命委员会对系内事务的权限等同于章程和条例所规定的学部任命委员会对学部内事务的权限；章程 D 第十七章第 5 条对学部任命委员会的规定同样适用于系任命委员会。

土地经济委员会

经公示修订（2007—2008 学年《通讯》，第 582 页）

1. 土地经济委员会应包括以下人员：

规程

(a) 土地经济系系主任；

(b) 土地经济系下属研究中心的主任，具体须获得土地经济委员会的批准；

(c) 土地经济系教授；

(d) 土地经济系学位委员会秘书；

(e) 从以下成员中选举产生六人：土地经济系的副教授和其他大学教员、由土地经济委员会认定对土地经济系的教学和科研活动作出突出贡献的摄政院成员；

(f) 由校务理事会任命的一人；

(g) 由学部总委员会任命的一人；

(h) 以下学部委员会各自分别任命一人：地球科学和地理学、经济学、法学；

(i) 若第(e)类成员出现临时空缺，土地经济委员会可以指派不超过两人填补空缺至当年年底；

(j) 依据第3条选举产生的三人。

2. 第(e)类成员的选举应在每年米迦勒学期内举行；选举程序应符合单次可让渡投票规定，然而选举监察官应由土地经济委员会主席担任，当主席无法履职时由其指派的副主席担任，该项指派须获得学部总委员会的批准。第(e)类成员的任期为两年，从选举之后的1月1日开始。第(f)至第(h)类成员的任期为两年，从任命之后的1月1日开始。获得指派的第(i)类成员的任期自任命下达之时开始至当年或下一年的12月31日为止，具体安排由委员会视具体情况决定。

学生委员

3. 有关学部的构成的规章中，章程C第四章中有关学部委员会中第(f)类成员的选举以及任期的条款在作必要的修正后同样适用于土地经济委员会第(j)类成员的选举和任期规定。

主席和秘书

4. 土地经济委员会每年应自其成员中选举产生一名主席和秘书，研究生或在读人员不可获选。委员会秘书应由土地经济系行政教员担任。

权力和职责

5. 除非条例有特殊规定，土地经济委员会的权力和职责与章程所规定的学部委员会的权力和职责相当。此外，土地经济委员会还应在学部总委员会的监督下管理土地经济系。

保留事项

6. 章程K第20条有关保留事项的条款同样适用于土地经济委员会，委员会在此相当于依照章程设立的机构，等同于学部委员会。类似的还有章程C第四章第13条。这些条款应适用于委员会的第(j)类成员，非在读生在此也被视为在读生。

农业经济学科室

通　则

1. 受制于土地经济委员会，农业经济学科室应置于土地经济系系主任的管理之下。

2. 根据环境系、食品和农村事务系以及代表校方的学部总委员会所达成的总体安排，农业经济学科室应承担农业部所委托的调查工作，并且提供专家建议。

3. 农业经济学科室应在承担环境系、食品和农村事务系所委托的工作之外，推动和参与农业经济学的研究。

农业经济学科室主任

1. 农业经济学科室主任(大学教员职务)的任命和连任应由土地经济系任命委员会以及学部总委员会专门为此任命的两人共同决定。 任命

2. 农业经济学科室主任的职责包括：推动农业经济学知识的发展、指导农业经济学研究、指导学生、监督单位的工作。研究执行主任的工作受制于土地经济委员会以及土地经济系系主任。系主任作为校方代表可以要求农业经济学科室主任承担比如监督研究生等工作，这些应被视为主任的分内工作，不应给予额外薪酬。 职责

3. 农业经济学科室主任应遵守委员会对住校的规定，该规定须获得学部总委员会的批准。 住宿

4. 农业经济学科室主任不应担任学院的导师、助理导师、财务主管、助理财务主管、伙食管理员。 限制

剑桥大学住房和规划中心

通　　则

1. 剑桥大学住房和规划中心隶属于土地经济委员会，并应置于土地经济系系主任的管理之下。

2. 中心应推动和参与住房和规划领域的研究。

剑桥大学住房和规划中心主任

1. 剑桥大学住房和规划中心应设立主任职位(大学教员职务)，中心主任可以由其他大学教员兼任。

2. 若中心主任由其他大学教员兼任，则中心主任的任命和连任应由土地经济系任命委员会决定，中心主任的单届任期不得超过五年。 任命与任期

3. 中心主任的职责应包括： 职责

(a) 推动和指导对住房和规划领域的研究；

(b) 给予中心学生指导；

(c) 在土地经济委员会以及土地经济系系主任的领导下，对中心的工作进行监督。

系主任作为校方代表可以要求中心主任承担教学工作，这应被视为主任职位的分内工作，不应给予额外薪酬。

住宿　4. 剑桥大学住房和规划中心主任应遵守土地经济委员会对住校的规定,该规定须获得学部总委员会的批准。

限制　5. 中心主任不应担任独立学院的导师、助理导师、财务主管、助理财务主管、伙食管理员。

法学

法学学部

管理委员会:法学联合课程

规程　1. 由剑桥大学和巴黎第二大学开设的法学联合课程设有管理委员会。管理委员会应包含以下人员:

(a) 由法学学部委员会任命的两名摄政院成员;

(b) 由高级导师委员会任命的两名摄政院成员;

(c) 由学部总委员会任命的一人;

(d) 巴黎第二大学的五名代表。

第(a)至第(c)类成员的任命应在米迦勒学期内完成,任期两年,由任命后的1月1日开始。

2. 管理委员会每年应自其成员中选举产生一名主席和一名秘书。

职责　3. 管理委员会应承担以下职责:

(a) 批准联合课程候选人的入学资格,并就其进入独立学院的资格咨询学院方面;

(b) 监督和安排对联合课程候选人的评估;

(c) 就联合课程的运行情况向学部总委员会、法学学部委员会和巴黎第二大学提交年度报告。

犯罪学研究所

管　理

1. 犯罪学研究所为法学学部下属的系级单位。

管理委员会　2. 研究所应由包含以下人员的管理委员会管理:

(a) 研究所主任;

(b) 沃尔夫逊犯罪学教授;

(c) 法学学部委员会主席;

(d) 由以下机构和个人各自分别任命一人:法学学部委员会、商业和管理学学部委员会、社会与政治科学学部委员会、继续教育学院管理委员会、精神病学系系主任;

(e) 自研究所的大学教员中选举产生三人;

(f) 研究所图书馆馆长;

(g) 由管理委员会指派的不超过三人(管理委员会的指派并非必须);

(h) 依据以下第 4 条和第 5 条选举产生的两人。

3. 第(d)类成员的任命应在米迦勒学期内完成,任期四年,由任命后的 1 月 1 日开始。第(e)类成员的选举应在每年的米迦勒学期内举行;选举产生的成员任期三年,由选举后的 1 月 1 日开始。选举程序应符合单次可让渡投票规定,但选举监察官应由研究所主任担任。研究所主任无法履行选举监察官职责时可以由其指定的代理人履职,并须获得学部总委员会的批准。第(g)类成员的任期由任命下达之时开始至当年或下一年的 12 月 31 日为止,具体安排由委员会视具体情况决定。

学生委员

4. 除非有其他规定,有关学部的构成的规章中,章程 C 第四章中有关学部委员会中第(f)类成员的选举以及任期的条款在作必要的修正后同样适用于管理委员会第(h)类成员的选举和任期规定。

选举方案

5. 管理委员会第(h)类学生成员的选举方案如下所示:[①]

方案 J 依照以下办法选举产生第(h)类成员:(i) 研究所所有哲学博士候选人推选一名研究生成员;(ii) 研究所所有哲学硕士候选人推选一名研究生成员。选举监察官为研究所主任。

主席和秘书

6. 管理委员会每年应自其成员中选举产生一名主席和一名秘书,两人均不可是研究生或在读生。在获得学部总委员会的批准之后可以向秘书发放薪酬。

7. 管理委员会的法定人数为六人。

8. 受制于校务理事会、学部总委员会和法学学部委员会,管理委员会的职责包括:

(a) 推动犯罪学的教学和研究以及研究成果的出版;

(b) 与校内其他机构合作,鼓励对犯罪学的教学和研究;

(c) 监督研究所的工作。

保留事项

9. 章程 K 第 20 条有关保留事项的条款同样适用于管理委员会,委员会在此相当于依照章程设立的机构,等同于学部委员会。类似的还有章程 C 第四章第 13 条。这些条款应适用于委员会的第(h)类成员,非在读生在此

---

① 选举方案 A 至选举方案 I 请参见第 563 页(此页码为英文原文页码)。

也被视为在读生。

犯罪学研究所职员

主任

1. 犯罪学研究所应设立主任职位(大学教员职务)。[①] 研究所主任应由学部总委员会任命,学部总委员会在进行第一次任命时应向专门为此成立的委员会进行咨询。主任的任期不得超过五年,具体由学部总委员会在任命时决定。

任命

2. 研究所的大学讲师、助理研究主任、高级研究助理的大学教员职务的任命和连任应由法学学部依据章程D第十七章第3条成立的专门任命委员会决定。此外,若学部总委员会决定该职位牵涉到不止一个学部或系,并且给出了相关学部和系的名单,则应依据章程D第十七章第4条成立任命委员会决定任命。

3. 研究所主任是研究所这一系级单位的负责人,主任应在管理委员会的总体管理下履行章程C第五章第3条所规定的系级单位负责人的职责。

住宿

4. 研究所主任应遵守管理委员会关于住校的规定,该规定须获得学部总委员会批准。

限制

5. 研究所主任不得担任独立学院的导师、助理导师、财务主管、助理财务主管、伙食管理员。

访问学者

目的与人数

1. 旨在鼓励剑桥大学之外的学者参与并对犯罪学研究所的研究工作作出贡献,研究所为符合以下条件的人员设立访问学者职位:犯罪审判的资深从业人员或是对犯罪学和相关领域作出了重要贡献的学者。研究所同时容纳的访问学者人数不得超过四人。

任命与任期

2. 访问学者的任命和连任由管理委员会决定,单届任期不得超过一年。

职责

3. 访问学者应在管理委员会的总体监督下参与研究所的教学和科研活动。

限制

4. 访问学者在任期间不应担任大学教员职务。非剑桥大学成员的访问学者应在获得任命之后尽快成为剑桥大学成员。

津贴

5. 访问学者的津贴金额(若有津贴的话)应由管理委员会在确定任命或连任时决定,并须获得学部总委员会的批准。

资助

6. 管理委员会可以在获得学部总委员会的同意之后资助访问学者的差旅费以及其他与访问研究相关的费用。

① 该职位在章程的附录B和附录J中已经详细列出。

劳特派奇特国际法研究中心

管　理

1. 劳特派奇特国际法研究中心为法学学部下属的机构，由包含以下成员的管理委员会负责管理：

管理委员会

(a) 法学学部委员会主席以及惠威尔国际法教授；

(b) 中心主任和副主任；

(c) 由学部总委员会任命的一人，由法学学部委员会任命的三人以及国际研究中心管理委员会任命的一人；

(d) 由管理委员会额外指派的不超过两人。

2. 第(c)类成员的任命应在米迦勒学期之前完成，任期四年，由任命后一年的1月1日开始。被指派的第(d)类成员的任期由任命下达之时开始至当年或下一年的12月31日为止，具体安排由委员会在任命时视具体情况决定。

3. 法学学部委员会应自其成员中选举一人担任管理委员会主席(中心主任和副主任除外)，管理委员会主席任期四年，由选举后的1月1日开始。中心主任应担任管理委员会秘书。

主席和秘书

4. 受制于校务理事会、学部总委员会和法学学部委员会，管理委员会的职责包括以下方面：

委员会职责

(a) 推进有关国际法的教学和研究，并协助编写《国际法报告》；

(b) 与校外单位合作鼓励对国际法的教学和研究；

(c) 为(a)(b)两条中规定的目标分配可用资金，遵守学部总委员会和法学学部委员会关于提交报告、评估和独立于学部的中心账目方面的要求；

(d) 监督研究中心职员的工作。

5. 管理委员会的法定人数为五人。

法定人数

6. 研究中心可用的资金应包括各方面捐赠，其中包括《国际法报告》委托人的年度捐赠。

财政

研究中心职员

1. 研究中心主任和副主任(大学教员职务)应由法学学部的其他大学教员兼任。

主任和副主任

2. 研究中心主任和副主任的任命和连任应由学部总委员会依据法学学部委员会的推荐决定，任期不超过四年，具体由学部总委员会在任命时决定，学部总委员会应就此事项听取法学学部委员会的推荐。

职责　3. 研究中心主任应在管理委员会的制约下履行其作为研究中心行政负责人的职责。主任和副主任应负责中心的教学和研究工作。

访问学者

目的　1. 旨在鼓励剑桥大学之外的学者参与并对国际法研究中心的研究工作作出贡献，研究所为符合以下条件的人员设立访问学者职位：已经或正在对国际法作出重要贡献的学者、国际法从业人员。

任命与任期　2. 研究中心同时容纳的访问学者人数上限由学部总委员会决定。访问学者的任命和连任由管理委员会决定，并须获得法学学部委员会的批准，访问学者的单届任期不得超过两年。

职责　3. 访问学者应在管理委员会的总体监督下参与研究中心的研究活动。

限制　4. 访问学者在任期间不应担任大学教员职务。非剑桥大学成员的访问学者应在获得任命之后尽快成为剑桥大学成员。

津贴　5. 访问学者的津贴金额（若有津贴的话）应由管理委员会在确定任命或连任时决定，并须获得学部总委员会的批准。

管理学

贾奇管理学研究所（贾奇商学院）

1. 贾奇管理学研究所为商业和管理学学部下属的系级单位，亦可被称为“贾奇商学院”。研究所主任应是商学院的学术带头人。研究所应在商业和管理学学部的管理之下。

顾问委员会　2. 应设立顾问委员会，其成员应包括四名非校务理事会且具有商业管理经验的相关人士。顾问委员会有责任向主任和学部委员会就如何在大学中推动管理学教学和研究提供建议。

研究所职员

主任　1. 应设立研究所主任这一大学教员职务，且须由其他大学教员兼任。

任期　2. 研究所主任应由学部总委员会依据商业和管理学学部委员会的推荐任命。研究所主任任期五年，且可以再次连任，连任任期五年。研究所主任为系级单位负责人。

M. B. A. 课程主任　3. 应设立 M. B. A. 课程主任这一大学教员职务，且可以由其他大学教员兼任。[1] M. B. A. 课程主任应就 M. B. A. 学位课程的规划、发展和管理向商业和管理学学部委员会负责。课程主任（若由其他大学教员兼任）的任命

---

① 该职位在章程的附录 B 中已经详细列出。

和连任应由学部的任命委员会决定，课程主任单届任期不超过五年，具体由任命委员会在任命时决定。

4. 学部总委员会依据学部委员会的推荐决定研究所中职业顾问的具体人数。职业顾问的任命和连任应依据相应负责机构达成的共识进行。 职业顾问

剑桥金融研究捐赠基金

主　任

1. 剑桥金融研究捐赠基金(CERF)主任(大学教员职务)的任命和连任应由学部总委员会在为此设立的专门委员会的建议下进行。 任命

2. 主任的职责包括： 职责

(a) 建议执行符合 CERF 目标的研究项目；

(b) 对 CERF 及其研究项目实现 CERF 目标进行监控和汇报；

(c) 主要负责 CERF 的资金增值；

(d) 承担 CERF 运行、金融和行政管理职责。

3. 主任应就 CERF 的总体政策和 CERF 及其研究项目的学术进展向 CERF 的经理负责。

4. CERF 主任可以由其他大学教员兼任。

5. CERF 主任在完整学期内应住在剑桥大学校内。 住宿

物理学系

物理学

雷利图书馆

1. 位于卡文迪什实验室的图书馆名为雷利图书馆。 名称

2. 应从雷利纪念基金委员会捐赠的款项中取出 600 英镑分别以剑桥大学名誉校长、院长和院士的名义设立实验物理学雷利图书馆捐赠基金。 基金

3. 基金收益应用于雷利图书馆，由卡文迪什物理学教授掌管该账目。 收益

4. 使用基金购买的图书均须贴上藏书票。 藏书票

生理学、发育和神经科学系

生理学、发育和神经科学

生理学、发育和神经科学系下属的大学教员职务

1. 生理学、发育和神经科学系下属的大学教员职务有：大学临床解剖学家、大学临床兽医解剖学家、大学生理学家。这些职务的任期等同于章程 D 职员

第十七章第6条和第7条对大学讲师任期的规定。

任命

2. 大学临床解剖学家以及大学生理学家职务的任命和连任应依照章程D第十七章第2条由生物学学部任命委员会决定。

3. 大学临床兽医解剖学家的任命和连任应依照章程D第十七章第2条由专门的任命委员会决定。该任命委员会应依照章程D第十七章4(b)组建，旨在任命涉及生理学、发育和神经科学系以及兽医学系的大学教员职务。

职责

4. 以上大学教员的职责在于协助生理学、发育和神经科学系系主任开展系里的各项工作。以上职务每学年的休假不得超过七周，具体由相关大学教员和系主任协商确定。

5. 系主任在征得生物学学部委员会的同意后可以要求以上大学教员承担正式的教学任务，每年示范工作量在100小时至200小时之间，或工作量与之等同的其他类型教学任务。

限制

6. 第1条所述的大学教员在未获得学部总委员会许可的情况下不得从事剑桥大学或其下属学院之外的教学活动。学院的教学活动每周不得超过六小时。

7. 第1条所述的大学教员在未获得学部总委员会许可的情况下不得参与私人医疗活动或其他临床活动。

植物科学

植物科学系

植物标本博物馆

职员

1. 植物标本博物馆应包含以下大学教员职务：

(a) 由植物科学系其他大学教员兼任的博物馆馆长；

(b) 高级助理馆长或助理馆长，其具体人数由学部总委员会视具体情况而定。

馆长任命

2. 植物标本博物馆馆长的任命和连任应由生物学学部的任命委员会决定。

馆长职责

3. 馆长应就以下事项向植物科学系系主任负责：保护博物馆馆藏，并保证其可供学习和研究。

教学工作

4. 馆长应承担的教学工作量由生物学学部委员会在考虑其博物馆工作量之后决定。

津贴

5. 馆长的津贴包括其作为大学教员以及博物馆馆长的两部分，具体须由学部总委员会在学部委员会的推荐下视情况批准。

职员任命

6. 植物标本博物馆高级助理馆长或助理馆长(大学教员职务)的任命和

连任应由生物学学部任命委员会决定，就此事项植物标本博物馆馆长应作为任命委员会的额外成员参与决定。

职责

7. 高级助理馆长或助理馆长的职责应由学部总委员会在学部委员会的建议下决定，具体包括以下方面：

(a) 就以上第3条规定的职责协助馆长；

(b) 在学部委员会的要求下承担学部委员会认为必要的教学工作，这些工作应被视为其分内工作，不应给予额外薪酬。

学部成员

8. 博物馆职员(大学教员职务)应依据章程C第三章3(b)同时获得考古学和人类学学部的成员资格。

社会与政治科学学部

社会与政治科学

家庭研究中心

管　　理

管理委员会

1. 家庭研究中心为社会与政治科学学部下属的机构，由包含以下成员的管理委员会负责管理：

(a) 中心主任；

(b) 中心副主任；

(c) 由学部总委员会任命的一人；

(d) 由社会与政治科学学部委员会任命的三人；

(e) 由管理委员会视情况指派的不超过两人。

2. 第(c)和第(d)类成员的任命应在米迦勒学期之前完成，任期四年，由任命后一年的1月1日开始。被指派的第(e)类成员的任期由任命下达之时开始至当年或下一年的12月31日为止，具体安排由委员会在任命时视具体情况决定。

主席和秘书

3. 管理委员会应自其成员中选举一人担任管理委员会主席(中心主任除外)，管理委员会主席任期三年，由选举后的1月1日开始。社会与政治科学学部的行政教员应担任管理委员会秘书。

职责

4. 受制于校务理事会、学部总委员会和法学学部委员会，管理委员会的职责包括以下方面：

(a) 推进有关家庭生活和亲属制度的教学和研究，并与校外单位合作鼓励对该领域的教学和研究；

(b) 管理为实现(a)款所述的目标而分配的资金；

(c) 监督中心职员的工作。

5. 管理委员会的法定人数为五人。

中心职员

主任和副主任

1. 中心的主任和副主任应由社会与政治科学学部中的其他大学教员兼任。

主任职责

2. 中心的主任和副主任的任命应由学部总委员会在社会与政治科学学部委员会的推荐下决定。主任和副主任的任期为四年，可以连任。

3. 在管理委员会的制约下，主任应作为中心的行政负责人并且负责指导中心的教学和研究工作。

4. 在管理委员会的制约下，副主任应依照要求协助中心主任并且由主任安排开展相关工作。

5. 中心主任和副主任应遵守管理委员会有关住校的规定，该规定须获得学部总委员会的批准。

兽医学

兽医学系

1. 兽医学系简称“兽医学院”。

2. 兽医学部委员会应指定兽医学系的一名大学教员为兽医学院院长。

兽医学系下设的大学教员职务[①]

名称和人数

1. (a) 兽医学系下设的大学教员职务有：大学病理学家、大学内科医生、大学外科医生、大学马匹外科医生，任职的具体人数由学部总委员会视具体情况而定。这些大学教员职务的任期等同于章程 D 第十七章第 6 条和第 7 条对大学讲师任期的规定。

(b) 兽医学系下设常驻大学教员职务，具体人数由学部总委员会视具体情况而定。常驻教员的任期为三年，若：

(i) 在特殊情况下，常驻教员的任期可以不超过一年；

(ii) 任何常驻教员的任期均不得超过五年；

(iii) 常驻教员的驻地转换应被视为该教员的连任任命。

职责

2. 每名大学教员的职责在于协助兽医学系系主任开展兽医院的工作，大学教员每学年休假不得超过六周，并须获得系主任的批准。

① 亦可参见章程所附附录 J 的脚注。

3. 系主任在获得兽医学部委员会的同意后可以要求大学教员承担教学工作，这些应被视为大学教员的分内工作，不应给予额外薪酬。

限制

4. 第1条所述的大学教员在未获得学部总委员会许可的情况下不得从事剑桥大学或其下属学院之外的教学活动。学院的教学活动每周不得超过六小时。

5. 第1条所述的大学教员在未获得学部总委员会许可的情况下不得参与私人医疗活动，但是他们可以对与其在兽医学系工作有关的病人进行护理，条件是护理产生的任何收入都应上交临床研究基金。该基金依据兽医学部委员会制定的相关规定进行管理。

动物学系

动物学

动物学博物馆

职员

1. 动物学博物馆的职员中包含以下大学教员职务：

(a) 博物馆主任；

(b) 一名脊椎动物馆馆长、高级助理馆长或助理馆长，具体由学部总委员会视情况而定；

(c) 一名昆虫馆馆长、高级助理馆长或助理馆长，具体由学部总委员会视情况而定；

(d) 一名博物馆馆长、高级助理馆长或一名助理馆长，具体由学部总委员会视情况而定；

(e) 一名软体动物(沃森)馆馆长、高级助理馆长或助理馆长，具体由学部总委员会视情况而定。

由弗朗西斯·史崔克兰女士基金会设立的史崔克兰馆长称谓可以由生物学学部委员会在动物学系系主任的推荐下授予博物馆职员。获此称谓的人可以一次保有此称谓不超过五年，具体由学部委员会决定，并须获得学部总委员会的批准。

2. (a) 博物馆主任应由动物学系的教授担任；

(b) 博物馆馆长一职应由动物学系的其他大学教员兼任；

(c) 博物馆高级助理馆长或助理馆长不得由其他大学教员兼任。

任命与任期

3. 博物馆馆长、高级助理馆长或助理馆长的任命和连任应由生物学部任命委员会决定，就此事项博物馆主任应作为任命委员会的额外成员参与决定。以上职务的任期等同于章程D第十七章第6条和第7条对大学讲师任期的规定。根据休·沃森基金的设立人意愿，软体动物(沃森)馆高级助理馆长或助理馆长应由一所大学的毕业生担任。

职责

4．博物馆主任应就博物馆的以下事项向动物学系系主任负责：馆藏的保护、确保藏品可用于教学与科研。博物馆主任还应承担其他系主任视具体情况而定的与博物馆相关的工作。

5．博物馆其他职员应就规章第四条中所规定的工作协助博物馆主任。

工作时间

6．博物馆职员的工作时间应由生物学学部委员会在动物学系系主任的建议下决定。

教学工作

7．若博物馆馆长同时任大学讲师或高级大学讲师，则其担任博物馆馆长的工作表现应依据章程 D 第十七章第 11 条由学部委员会纳入确定其教学工作量的考虑之中。

8．学部委员会可以要求博物馆助理馆长承担与动物学系相关的教学工作，这些应被视为大学教员的分内工作，不应给予额外薪酬。教学工作的表现与其博物馆工作表现挂钩。

津贴

9．博物馆主任和馆长不设岗位津贴。博物馆主任可以由其承担的行政工作获得收入，具体由学部总委员会在学部委员会的建议下视情况决定。

学部成员

10．博物馆职员中的大学教员应依据章程 C 第三章 3(b)作为学部的成员。

章程 E，第三十七章

克洛奇基金

捐赠报告，1904 年，第 536 页

收益

1．克洛奇基金的收益由动物学博物馆主任安排用于博物馆图书和标本的购置。

储备金

2．每年未使用的收益应被转入储备金。

3．储备金可以由博物馆主任安排用于第 1 条所规定的目的以及用于购买标本展示柜或与博物馆馆藏有关的专项工作。

4．博物馆主任每年应就储备金的使用向生物学学部委员会提交年度报告。

巴尔弗和牛顿图书馆

除了已有的对学部、系以及其他图书馆的条款之外，以下特殊规定适用于巴尔弗图书馆和捐赠基金以及牛顿基金和图书馆。

巴尔弗图书馆和捐赠基金

图书馆开放对象

1．巴尔弗图书馆应由动物学系系主任负责，并且应置于动物学系内。

2．图书馆也应该向动物学系非大学成员的工作人员以及其他获得动物学系系主任同意的人员开放。

3. 巴尔弗图书馆捐赠基金的收益应交由动物学系系主任负责，并用于维护图书馆或充实基金本金。 基金

4. 除以下内容外，以上规章可以通过动议修改：图书馆和基金的名称、动物学系对图书馆的所有权。 更改

牛顿基金和图书馆

1. 牛顿图书馆应由动物学系系主任负责，并且应置于动物学系内。 图书馆

2. 图书馆也应该向动物学系非大学成员的工作人员以及其他获得动物学系系主任同意的人员开放。 开放对象

3. 由依据已故的牛顿教授遗嘱捐赠的基金收益应交由包含以下成员的委员会管理：动物学系系主任、动物学博物馆主任、动物学博物馆史崔克兰馆长，并将其用于维护和扩大牛顿图书馆。 基金

科　　室

科室

通　　则

1. 科室主任的职责包括以下几方面： 主任职责

(a) 科室主任就科室的行政和财务向系主任负责。

(b) 在复活节学期的两周内，科室主任应向系主任提交其科室本财年开支预估。预估由系主任和系务委员会的财务委员会进行审批，科室主任可以在批准的金额内进行开支。所有开支均须以系主任的名义或根据章程C第五章第3条由系主任提名产生的一人的名义支出。所有支出均须通过系的账目。每财年年末需要向学部总委员会提交科室的收入和支出情况。

(c) 科室中由上述渠道进行薪酬和津贴支付的学系展示员、研究助理以及实验员应由系主任在科室主任的推荐下进行任命。

(d) 每学年科室主任应就其学科分支的教学计划提供推荐，并由系主任提交给学部委员会以供审批。

(e) 科室主任应就指导科室的研究工作向系主任负责。

2. 第4条详细列出了系设置科室的情况。

3. 受制于第4条的有关规定，科室主任的任命应由学部总委员会在相应学部委员会或其他负责机构的推荐下决定，科室主任的单届任期不得超过五年。

主任

4. 科室主任的设置如下：

系	科
地理学系	斯考特极地研究所 斯考特极地研究所主任
数学和数理统计学系	统计实验室 依据第3条任命的一人
植物科学系	植物园 植物园主任
动物学系	动物行为 依据第3条任命的一人

代理主任

5. 当科室主任无法履行职责时，或出现科室主任级别职位空缺时，学部总委员会有权在相关学部委员会或其他负责机构的推荐下任命代理主任。代理主任应被视为主任。

植物园

植　物　园

科室

1. 植物园为植物科学系下属的单位，植物园主任为科室主任。

委员会

2. 由以下大学成员构成植物园委员会：

(a) 校长（或一名就此事项任命的校长代理）任委员会主席；

(b) 植物科学系系主任；

(c) 八名评议会议员，其中两人由校务理事会任命，两人由生物学学部委员会任命，四人由学部总委员会任命；

(d) 由委员会指派的不超过四人（委员会的指派并非必须）。

第(c)和第(d)类成员的任命或指派应在米迦勒学期内完成，任期四年，由任命或指派后的1月1日开始。植物园主任应担任委员会秘书。

法定人数

3. 委员会的法定人数为六人。

委员会职责

4. 委员会的职责包括：

(a) 决定植物园的总体政策并监督其财务；

(b) 对植物园的土地、建筑和植物进行总体监管；

(c) 就植物园的美化等事务向植物园主任提供建议；

(d) 监测植物园以及园中建筑；

年度报告

(e) 就植物园的基本情况及其教学和科研活动向学部总委员会提交年度报告；

开放规定

(f) 在不违背第10条的前提下确定植物园开放的规定并对相应规定视

具体情况作必要修改。

5. 除非其他章程和条例对植物科学系的某一特定大学教员职务做出了专门规定①，植物园主任（大学教员职务）的任命和连任应由学部总委员会在一个专门委员会的建议下决定。

主任任命

6. 植物园主任的职责应包括：

主任职责

(a) 料理植物园；

(b) 维护植物园中的植物；

(c) 为教学和科研提供便利；

(d) 完成生物学学部委员会在咨询植物园委员会之后决定的与其植物园工作相关的教学工作。

植物园主任作为行政负责人就植物园的总体政策以及环境保护向植物园委员会负责。当植物科学系任命委员会任命的职务与植物园相关时，植物园主任应作为任命委员会的额外成员参与决定，该决定须由学部总委员会作出。

7. 植物园主任学期中以及不少于六周的长假内应住在校内，委员会有权在任何一年对该要求进行修改。在未获得委员会事先批准的情况下，植物园主任在要求住校期间每周不得超过两晚不在学校。如确有困难，植物园主任也可以在回校后申请批准。

主任住宿

8. 植物园基金是植物科学系账目下的独立账目。

基金

9. 植物园督察（大学教员职务）的任命和连任应由根据第3条组建的高级技术教员任命委员会决定。就此事项植物园主任应作为任命委员会的额外成员参与决定，并且委员会应对第(d)类成员进行任命。

10. 植物园工作日的开放时间不得少于六小时，圣诞节、圣诞节的次日以及其他委员会认为有必要关闭植物园的日子除外。

开放时间

剑桥大学植物园入园规定

剑桥大学植物园是私有财产。在遵守以下由植物园委员会制定的规定的前提下欢迎访客参观。

入 园 规 定

1. 植物园全年开放（平安夜至新年公休日除外）。植物园有两个入口，一个位于贝特曼街，另一个位于希尔斯路。

① 该职位在章程的附录B和附录J中已经详细列出。

开放和关闭时间：

1 月、11 月和 12 月	上午 10 点至下午 4 点
2 月、3 月和 10 月	上午 10 点至下午 5 点
4 月至 9 月	上午 10 点至下午 6 点

玻璃暖房在植物园关闭半小时前关闭。植物园部分园区可能由于维修而对公众关闭。

2. 门票

门票价格由委员会视具体情况决定。

(a) 工作日

3 月 1 日至 10 月 31 日间的工作日访客须购票入园，11 月 1 日至次年 2 月 28(29)日间的工作日期间植物园免费开放。

(b) 周末和银行休假日

周末和银行休假日期间访客须购票自贝特曼街入口入园。

(c) 免票入园规定

以下类型的访客可以免票入园：

• 若残疾人访客必须由人陪同方可行动的话，则其陪同人员可以免票入园；

• 剑桥大学所有本科生和研究生(须出示有效学生证)；

• 十六岁以下儿童(须有成年人全程陪同)；

• 学校、高等教育机构以及为特殊需要人群提供帮助的机构组织的教育性参观可以免票入园(须提前预约)；

• 植物园的合作伙伴(须出示伙伴成员卡)。

植物科学系、植物园的工作人员可以向植物园主任申请免票入园卡，该卡不可转让。

希望使用植物园或其设施进行研究的研究人员须联系植物园主任以获得批准。

3. 自行车(包括儿童自行车和三轮车)必须停放在入口处的停车位。

4. 十六岁以下儿童必须有成年人全程陪同。儿童进入石灰岩公园或生态丘必须有成年人密切陪护。

5. 不得在植物园内嬉戏、从事体育训练或慢跑。

6. 游人不得在植物园内播放广播等有声设备或弹奏乐器。

7. 在植物园内使用三脚架或支架进行拍摄以及商业摄影须事先获得批准，应向植物园主任提出申请。商业摄影需要付费。

8. 游人不得在咖啡馆区食用随身携带的点心。

9. 宠物狗不得进入植物园(盲人的导盲犬、聋哑人的助听犬以及其他类似用途的犬除外)。

10. 不得在植物园的任何建筑内吸烟。

11. 除非获得植物园主任的批准,游人不得采摘植物。

12. 团队游客须提前预约。

13. 植物园主任、督察以及获得他们授权的植物园职员可以要求任何行为不当的游人离开植物园。

14. 植物园主任、督察以及获得他们授权的植物园职员保留拒绝相关人员入园的权力。

科里基金

1. 遵照三一学院雷金纳德·拉德克利夫·科里的遗愿,其遗产应被用于植物园。在其捐赠的基础上设立科里基金。 基金

2. 科里基金的管理者应包括以下人员: 经理

(a) 由植物科学系系主任任主席,以及财务部主任(或副主任);

(b) 在米迦勒学期任命的评议会的四名成员,其中两人由校务理事会任命,两人由生物学学部委员会任命,任期四年,从任命后的1月1日开始。

3. 植物园主任应担任管理秘书。 秘书

4. 管理者应在必要时向学部总委员会提交报告,并且每学年至少提交一次年度报告。 年度及其他报告

斯考特极地研究所

极地研究

管理

1. 斯考特极地研究所为地理学系下属的单位。

2. 研究所(包括其博物馆和档案室)由包括以下成员的管理委员会进行总体管理:

(a) 由物理科学学院理事会主席担任管理委员会主席;

(b) 由极地研究所主任担任管理委员会秘书;

(c) 地理学系系主任;

(d) 由物理科学学院理事会任命的两人;

(e) 由学部总委员会在咨询生物科学学院理事会、人文与社会科学学院理事会以及技术学院理事会的意见之后任命的两人;

(f) 由管理委员会指派的不超过两人(管理委员会的指派并非必须)。

第(d)和第(e)类成员的任命应在米迦勒学期中完成,任期四年,从任命之后的1月1日起开始。第(f)类成员的任期由任命下达之时开始至当年或下一年的12月31日为止,具体安排由委员会在指派时视情况决定。

会议和法定人数

3. 管理委员会至少每学年召开一次会议。管理委员会法定人数为五人。

4. 受制于校务理事会、学部总委员会以及地球科学和地理学学部委员会,管理委员会的职责应包括:

(a) 推动极地研究的教学与科研;

(b) 与校外单位合作鼓励极地研究的科研活动;

(c) 对研究所的人员和资源需求进行评估并向研究所主任汇报;

(d) 向物理科学学院理事会和学部总委员会提交其所需的报告。

顾问委员会

5. 极地研究所设立包括以下成员的顾问委员会:

(a) 由学部总委员会在物理科学学院理事会提名基础上任命的顾问委员会主席一人;

(b) 由斯考特极地研究所主任担任顾问委员会秘书;

(c) 不列颠南极科考项目主任;

(d) 海军水道测量家;

(e) 国外和英联邦办公室极地部门主任;

(f) 加拿大驻英国高级专员或由高级专员委任的一人;

(g) 由学部总委员会在管理委员会提名基础上任命的两名工商业代表;

(h) 由皇家学会任命的一人;

(i) 由皇家地理学会任命的一人;

(j) 由顾问委员会指派的不超过两人(顾问委员会的指派并非必须)。

第(g)至第(i)类成员的任命应在米迦勒学期中完成,任期四年,从任命之后的1月1日起开始。第(j)类成员的任期由指派下达之时开始至当年或下一年的12月31日为止,具体安排由委员会在指派时视情况决定。

6. 顾问委员会每学年至少召开一次会议。

7. 顾问委员会的职责应包括:就研究所教学和科研的最优方针向研究所主任提供建议,推动研究所与其他从事极地研究机构的合作。

研究所职员

主任

1. 研究所主任(大学教员职务)应由其他大学教员兼任。

2. 研究所主任的任命由学部总委员会在地理学系系主任以及物理科学学院理事会的推荐下决定,并且可以连任。研究所主任的任命和连任的单届任期不得超过五年，由学部总委员会在地理学系系主任以及物理科学学院理事会的推荐下视具体情况决定。

3. 研究所主任在管理委员会的总体监督下负责指导研究所的极地研究，并在校内鼓励极地研究。

4. 研究所主任应遵守学部总委员会在咨询管理委员会之后决定的有关住校的规定。

斯考特极地研究所捐赠基金

斯考特极地研究所捐赠基金Ⅰ

基金

1. 在纪念斯考特上校极地研究信托基金、朝圣信托基金和大英博物馆捐赠款项基础上设立斯考特极地研究所捐赠基金Ⅰ。

目的

2. 基金的目的在于对斯考特极地研究所的活动予以资金支持。

3. 基金由地理学系系主任和斯考特极地研究所主任共同管理。

剩余收益

4. 每财年的剩余收益将被用于补充基金本金或用于下一财年，具体由管理人员决定。

斯考特极地研究所捐赠基金Ⅱ

基金

1. 在斯考特极地研究所的要求下获得的款项基础上设立斯考特极地研究所捐赠基金Ⅱ。

用途

2. 基金的收益应被用于斯考特极地研究所图书馆、档案馆和博物馆的运行。基金收益应被优先用于津贴、国民保险和退休金以及其他与图书馆、档案馆和博物馆用人成本间接相关的开支。

经理

3. 基金应由包括以下成员的管理委员会管理：

(a) 斯考特极地研究所主任任委员会主席；

(b) 斯考特极地研究所图书馆馆长；

(c) 地理学系系主任；

(d) 物理科学学院理事会主席；

(e) 斯考特极地研究所之友好主席。

管理者应就上一笔支出后剩余的基金收益的使用向学部总委员会提供建议。

剩余收益

4. 每财年的剩余收益将被用于补充基金本金或用于下一财年，具体由管理者决定。

其他学部总委员会监督下的机构

非洲研究

非洲研究中心

规　章

非洲研究中心为学部总委员会监督下，独立于学部或系的机构，属于人文与社会科学学院。

管　理

管理委员会

1. 非洲研究中心应由包括以下成员的管理委员会进行总体管理：

(a) 非洲研究中心主任；

(b) 由学部总委员会任命的一人，以及由以下学部委员会各自任命的一人：经济学学部委员会、历史学学部委员会、法学学部委员会、社会与政治科学学部委员会、地球科学与地理学学部委员会、生物学学部委员会、考古学与人类学学部委员会；获得任一学部任命的人员亦可同时获得学部总委员会的任命；

(c) 管理委员会视情况指派的额外成员。

若非洲研究中心主任同时是上述学部的成员，则若该学部在管理委员会的代表席位出现空缺，应立刻委任其填补空缺。

2. 第(b)类成员的任命应在米迦勒学期内完成，任期四年，从任命之后的1月1日起开始。第(c)类成员的任期由指派下达之时开始至当年或下一年的12月31日为止，具体安排由委员会在指派时视情况决定。

主席和秘书

3. 管理委员会应自委员会成员(中心主任除外)中选举产生一名主席，任期三年。研究中心主任同时兼任管理委员会秘书。

委员会职责

4. 受制于校务理事会、学部总委员会和相关的学部委员会，管理委员会的职责包括：

(a) 与相关学部委员会合作推动非洲研究的教学、研究以及研究成果的出版；

(b) 与校外其他单位合作鼓励非洲研究；

(c) 管理以上为(a)(b)两款中规定的目标所分配的资金；

(d) 监督中心职员的工作。

5. 管理委员会应起草向学部总委员会提交的年度预算。

6. 管理委员会有权向剑桥大学汇报工作。

7. 若中心主任无法履行职责，学部总委员会应在管理委员会的建议下任命代理主任。代理主任应在各方面被视为主任。

中心职员

1. 中心主任应由其他大学教员兼任。（主任）

2. 中心主任的任命应由学部总委员会在管理委员会的推荐下决定。中心主任的单届任期为五年，可以连任。（主任职责）

3. 中心主任在管理委员会的总体监督下负责中心的行政事务，并且指导中心的非洲研究，在校内鼓励非洲研究。

4. 中心研究生导师（大学教员职务，中心主任除外）的任命和连任应由管理委员会决定，并须获得学部总委员会的批准。（研究生导师任命）

5. 除中心主任外的研究生导师的职责应由管理委员会决定，并须获得学部总委员会的批准。（职员任命）

6. 中心主任以及其他中心职员应遵守管理委员会制定的有关住校的规定，规定须获得学部总委员会的批准。（住宿）

艺术、社会科学和人文学科研究中心

CRASSH

经公示修订（2007—2008 学年《通讯》，第 496 页）

规　章

艺术、社会科学和人文学科研究中心为在学部总委员会监督下独立于学部或系的机构。

管理委员会

1. 艺术、社会科学和人文学科研究中心应由包括以下成员的管理委员会进行总体管理：（管理委员会）

（a）主任；

（b）副主任；

（c）艺术与人文学院理事会主席以及人文与社会科学学院理事会主席；

（d）由学部总委员会任命的主席一人，学部总委员会亦有权任命委员会第（c）、（e）和（f）类成员为管理委员会主席；

（e）由学部总委员会任命的六人，其中一人由艺术与人文学院理事会推荐，一人由人文与社会科学学院理事会推荐，六人中至少两人须为剑桥大学的常驻成员；

(f) 由学院委员会任命的两人；

(g) 由管理委员会视情况指派的四人。

2. 第(d)至(f)类成员的任命应在米迦勒学期内完成，任期四年，从任命之后的1月1日起开始。第(g)类成员的任期由指派下达之时开始至当年或下一年的12月31日为止，具体安排由委员会在指派时视情况决定。

3. 副主任(若条件不允许则由主任)应担任管理委员会的秘书。

4. 管理委员会每学期至少召开一次会议。

委员会职责

5. 受制于校务理事会、学部总委员会和相关的学部委员会，管理委员会的职责包括：

(a) 推动艺术、人文和社会科学领域的研究以及研究成果的出版；

(b) 与校内外个人、机构合作，鼓励艺术、人文和社会科学领域的研究；

(c) 管理为以上(a)(b)两款中规定的目标所分配的资金；

(d) 监督中心职员的工作；

(e) 起草向学部总委员会提交的年度预算；

(f) 向学部总委员会以及上文第1条(e)和(f)中提及的机构提交年度报告。

中心职员

主任

1. 中心设立主任职务(大学教员职务)，主任可以由其他大学教员兼任。主任的具体任期由学部总委员会视具体情况而定。

2. 中心主任的任命应由学部总委员会在管理委员会的推荐下决定。

职责

3. 中心主任在管理委员会的总体监督下负责中心的行政事务，并负责中心研究项目的选题，主任的这一决定须征求政策委员会的建议并须获得管理委员会的批准。

副主任

4. 中心设立副主任职务(大学教员职务)，并且可以由其他大学教员兼任。若中心副主任由其他大学教员兼任，则其任命和连任应由管理委员会决定。副主任的单届任期为五年，且任何人任中心副主任不得超过六年。

职责

5. 中心副主任的职责为协助主任开展中心各项工作并且担任管理委员会秘书。

剑桥大学生物医学支持服务计划

剑桥大学生物医学支持服务计划职员

1. 生物科学学院应设立以下大学教员职务：剑桥大学生物医学支持服务计划主任、副主任、助理主任。

任命

2. 剑桥大学生物医学支持服务计划主任（大学教员职务）的任命和连任应由包括以下成员的任命委员会决定：

(a) 校长（或一名就此事项任命的校长代理）任任命委员会主席；

(b) 生物科学学院理事会主席以及临床医学学院理事会主席；

(c) 兽医学系系主任；

(d) 由生物科学学院理事会任命的三人，其中一人的任命基于临床医学学院理事会的建议，一人的任命基于医学研究委员会的建议；

(e) 由学部总委员会任命的两人。

第(d)类和第(e)类成员的任命应在米迦勒学期内决定，任期两年，从任命后的1月1日开始。

3. 剑桥大学生物医学支持服务计划的副主任以及助理主任的任命和连任应由剑桥大学生物医学支持服务计划主任任命委员会决定。就此事项主任应作为任命委员会的额外成员参与决定。

4. 任命主任的相关条款同样适用于任命副主任和助理主任。

职责

5. 剑桥大学生物医学支持服务计划主任的职责应包括以下几个方面：

(a) 确保剑桥大学持相关证书人员令人满意地履行1986年动物（科学流程）条例所规定的职责；

(b) 就全校实验室内的实验动物的看护情况提供建议；

(c) 承担生物科学学院理事会可能视情况提出的要求完成的任务。

主任向生物科学学院理事会主席负责。

6. 剑桥大学生物医学支持服务计划的主任和副主任的职责应包括以下几方面：

(a) 确保列入名单的兽医外科医生令人满意地履行1986年动物（科学流程）条例所规定的职责；

(b) 协助主任就全校实验室内的实验动物的照顾提供建议；

(c) 承担生物科学学院理事会可能视情况提出的要求完成的任务。

住宿

7. 主任、副主任和助理主任应遵守学部总委员会在咨询生物科学学院理事会之后制定的住校规定。

商业研究

商业研究中心

经公示修订(2007—2008 学年《通讯》,第 400 页)

规　章

商业研究中心为学部总委员会监督下独立于学部或系的机构。

管　理

管理委员会

1. 商业研究中心应由包括以下成员的管理委员会进行总体管理:

(a) 主任;

(b) 助理主任;

(c) 由学部总委员会任命的主席一人;

(d) 经济学学部研究执行主任、贾奇商学院主任、地理学和土地经济系系主任以及以下学部委员会主席或由学部委员会选举产生的代表:经济学学部、工程学学部、法学学部、社会与政治科学学部;

(e) 由管理委员会指派的不超过两人。

2. 第(c)类成员的任命应在米迦勒学期内完成,任期四年,从任命之后的 1 月 1 日起开始。第(e)类成员的任期由指派下达之时开始至当年或下一年的 12 月 31 日为止,具体安排由委员会在指派时视情况决定。

3. 管理委员会每年应任命一名成员担任管理委员会秘书。

法定人数

4. 管理委员会每年至少召开一次会议,法定人数为五人。

职责

5. 管理委员会的职责应包括:

(a) 推动商业研究以及研究成果的传播;

(b) 与校外机构合作鼓励商业研究;

(c) 管理为以上(a)(b)两款中规定的目标所分配的资金;

(d) 监督中心职员的工作;

(e) 向学部总委员会提交年度报告。

6. 管理委员会应起草向学部总委员会提交的年度预算。

执行委员会

7. 中心设立执行委员会,包括中心主任和助理主任,其中主任任执行委员会主席。执行委员会应就中心的人事、资源和行政事务,包括中心项目预决算,向主任提供建议。执行委员会可以指派不超过三人作为执行委员会成员,任期由执行委员会决定。

8. 执行委员会至少每学期召开一次会议。

9. 中心设立包括以下成员的顾问委员会：

顾问委员会

(a) 主任；

(b) 由执行委员会选举产生的两名助理主任；

(c) 至少十二名由学部总委员会在主任的推荐下任命的顾问。

第(b)类和第(c)类成员的任命应在米迦勒学期内完成，任期四年，从任命之后的1月1日起开始。第(b)类和第(c)类成员在任期结束之际可以谋求连选或连任，连任任期为四年。学部总委员会可以破格批准顾问委员会成员最多连任三届，任满三届之后，顾问须两年以后方可再次参加选举。第(c)类成员应至少包括九名非常驻剑桥大学成员。

学部总委员会有权在咨询主任的意见之后任命两人以观察员的身份列席顾问委员会会议。

10. 顾问委员会的职责应包括：

(a) 就中心的商业研究方向、其财务负担以及研究项目可能的资金来源提供建议；

(b) 协助主任与校外机构合作，进一步推进中心的商业研究项目；

(c) 审阅中心的研究项目报告及财务报表。

11. 顾问委员会应选举除中心主任外的两名成员分别担任顾问委员会的主席和秘书。顾问委员会每年至少召开两次会议。

中心职员

1. 中心设立主任职务(大学教员职务)，主任可以由其他大学教员兼任。

主任

2. 中心主任的任命由学部总委员会决定。若中心主任由其他大学教员兼任，则其任命和连任的任期不得超过五年，具体由学部总委员会视情况决定。

3. 中心主任在管理委员会的总体监督下负责中心的行政事务，并负责指导中心的研究。

4. 中心设立助理主任，助理主任的人数由学部总委员会视具体情况而定。助理主任可以由其他大学教员兼任。

助理主任

5. 若由其他大学教员兼任助理主任，则助理主任的任命和连任应由管理委员会决定，且须获得学部总委员会的批准。助理主任的任期由学部总委员会根据管理委员会的建议决定。

6. 助理主任就以下几方面事务向主任负责：

(a) 设计并有效完成中心主任分配的研究项目群；

(b) 向中心主任提交其负责的研究项目群的进度报告。

7. 若中心主任无法履职或中心主任职位空缺时，学部总委员会可以在管理委员会的推荐下任命一名助理主任为代理主任，具体由学部总委员会视情况决定。

8. 中心设有初级研究员、研究员和高级研究员职务，具体人数由管理委员会在中心主任的建议下视具体情况而定。研究员职务可由其他大学教员兼任。

访问学者

1. 旨在鼓励剑桥大学之外的学者参与并对中心的研究工作作出贡献，中心设立访问学者职位，访问学者应由符合以下条件的人员担任：已经或正在进行对商业研究有重大贡献的研究、正在该领域从事高级工作。

2. 访问学者的任命和连任由中心主任决定，单届任期不得超过一年。

3. 访问学者的津贴金额（若有津贴的话）应由中心主任在确定任命或连任时决定，并须获得校务理事会财务委员会和学部总委员会的批准。

研究会员

中心主任可以视具体情况决定授予对中心的工作作出贡献的个人（不包括在中心领取薪水的职员）研究会员身份。

剑桥大学产业计划

剑桥大学产业计划署

经公示修订（2007—2008 学年《通讯》，第 957 页）

1. 剑桥大学产业计划署为学部总委员会监督下的机构，同时属于技术学院。

年度报告

2. 剑桥大学产业计划署管理委员会应向计划署的管理负责。管理委员会应向技术学院理事会提交年度报告。

管理委员会

3. 剑桥大学产业计划署管理委员会应包括以下成员：

(a) 一名由学部总委员会任命为管理委员会主席的校务理事会成员；

(b) 一名由技术学院理事会任命的委员会成员；

(c) 计划署主任，同时担任管理委员会秘书；

(d) 由学部总委员会依据技术学院的提名任命的不超过六名校务理事会成员；

(e) 由管理委员会指派的不超过三人（管理委员会的指派并非必须）。

4. 第(d)类成员的任命应在米迦勒学期内完成，任期两年，自任命之后的 1 月 1 日开始。第(e)类成员的任期为两年，自指派后的 1 月 1 日开始。第(d)类和第(e)类成员应交错任命，以保证每年任命一半成员。

5. 管理委员会有权：

(a) 批准计划署的战略和商业计划，确保其符合计划署的发展目标；

(b) 设立包括非剑桥大学常驻成员的顾问机构，以代表与工商业和政府相关活动的利益；

(c) 向候选人颁发计划署的学历证书，获得证书的候选人需要通过由学部总委员会批准的专业考试，若候选人表现突出，可以获得特别对待；

(d) 在学部总委员会批准的范围内颁发其他资格证书，获此资格证书的人应完成计划署的课程并且通过计划署对其工作的评估，该评估须符合剑桥大学学术资格的指导方针。

法定人数

6. 若管理委员会需要颁发资格证书或对计划署和管理委员会的规章进行修改，管理委员会须达到法定人数五人。

主任

7. 剑桥大学产业计划署设立主任职务（大学教员职务）。主任应就计划署的工作向管理委员会负责。

任命委员会

8. 剑桥大学产业计划署设有包括以下成员的任命委员会：

(a) 校长（或一名就此事项任命的校长代理），担任任命委员会主席；

(b) 管理委员会主席；

(c) 管理委员会的三名成员，由管理委员会任命；

(d) 由学部总委员会任命的两人；

(e) 计划署主任（进行主任的任命时不得参与）。

第(c)类和第(d)类成员的任命应在奇数年的米迦勒学期决定，任期为接下来的两年。若第(c)类成员不再担任管理委员会职务，则其同时失去任命委员会成员资格。

维尔康姆信托基金/联合王国古顿癌症研究所

古顿研究所

规　章

维尔康姆信托基金/联合王国古顿癌症研究所是在学部总委员会监督下独立于任何学部或系的机构，维尔康姆信托基金/联合王国古顿癌症研究所属于生物科学学院。

管　理

管理委员会

1. 研究所应由包括以下成员的管理委员会进行总体管理：

(a) 研究所主任；

(b) 研究所副主任；

（c）研究所联合王国癌症研究部门主任；

（d）研究所维尔康姆信托基金部门主任；

（e）由学部总委员会在咨询联合王国癌症研究部门之后任命的一人；

（f）由学部总委员会在咨询维尔康姆信托基金部门之后任命的两人；

（g）由学部总委员会任命的两人，其中一人担任管理委员会主席；

（h）由生物学学部委员会任命的两人以及由临床医学学部委员会任命的一人；

（i）由管理委员会视情况指派的不超过一名额外成员。

2. 第（e）类至第（h）类成员的任命应在米迦勒学期内完成，任期四年，自任命之后的1月1日开始。第（i）类成员的任期由指派之时开始至当年或下一年的12月31日为止，具体安排由管理委员会视具体情况决定。

3. 研究所主任应担任管理委员会秘书。

职责

4. 管理委员会接受校务理事会、学部总委员会和相关学部委员会领导，管理委员会的职责应包括以下方面：

（a）推进癌症和发育生物学的研究以及研究成果的出版；

（b）与维尔康姆信托基金以及其他校内机构合作，鼓励对癌症和发育生物学领域的研究；

（c）管理为以上（a）（b）两款中规定的目标分配的资金；

（d）起草提交给学部总委员会的年度预算；

（e）向学部总委员会、维尔康姆信托基金和联合王国癌症部门提交年度报告。

行政委员会

5. 研究所设立行政委员会，委员会成员包括研究所主任和其他主要调查员，由研究所主任担任行政委员会主任。行政委员会可以在必要时指派额外的委员，任期由行政委员会决定。行政委员会应负责研究所内的空间分配、向维尔康姆信托基金和联合王国癌症研究就选择新的主要调查员提供建议、向主任就研究所管理的其他事务提供建议。

研究所职员

1. 研究所设立主任一职（大学教员职务），可以由其他大学教员兼任。

主任

2. 研究所主任的任命由学部总委员会在管理委员会的推荐下决定。主任的任命和连任单届任期不得超过五年，具体任期由学部总委员会在管理委员会的建议下决定。

3. 受制于研究所行政委员会的权力，研究所主任在管理委员会的总体监督下行使研究所行政负责人的职责。

职责

4. 研究所主任的职责由管理委员会决定，并须获得学部总委员会的批准。

5. 研究所主任应遵守管理委员会有关住校的规定，该规定须获得学部总委员会的批准。 住宿

6. 主任可以任命研究所职员为副主任，单届任期一年。副主任的工作职责由主任决定。 副主任

访问学者

1. 旨在鼓励剑桥大学之外的学者参与并对研究所的研究工作作出贡献，研究所设立访问学者职位，访问学者应由符合以下条件的人员担任：已经或正在进行对癌症研究或发育生物学有重大贡献的研究、正在以上两个学科中的至少一个从事高级工作。

2. 访问学者的任命和连任由研究所主任决定，单届任期不得超过三年。

3. 访问学者在任期内不得担任大学教员职务。

4. 访问学者的津贴金额（若有津贴的话）应由研究所主任在确定任命或连任时决定，主任应就此咨询相关资助单位并须获得学部总委员会的批准。

5. 管理委员会可以向访问学者提供差旅费或其他与其作为访问学者的工作相关的资助，并须获得学部总委员会的批准。

剑桥大学计算服务部

根据 2007 年 10 月 24 日第一号动议修订

剑桥大学计算服务部

剑桥大学计算服务部是在学部总委员会的监督下独立于任何学部或系的机构。剑桥大学计算服务部由信息战略和服务委员会总体管理。

剑桥大学计算服务部职员

1. 剑桥大学计算服务部设有主任一职（大学教员职务）。[1] 主任

2. 剑桥大学计算服务部主任（大学教员职务）的任命和连任应由包括校长以及其他十名成员在内的任命委员会决定，这十名成员中四人由学部总委员会任命，四人由信息技术委员会任命，两人由高级导师委员会任命。其中五人应在第二年的米迦勒学期内任命，任期四年；两人应由学部总委员会任命，两人由信息战略和服务委员会任命，一人由高级导师委员会任命。学部总委员会所任命的四人中的至少一人以及信息战略和服务委员会所任命的四人中的至少一人应为校外人士，且与剑桥大学没有正式关系。 任命委员会

① 该职位在章程的附录 B 中已经详细列出。

主任职责

3. 剑桥大学计算服务部主任的职责包括以下几方面：

(a) 主任应就剑桥大学计算服务部的各项工作向信息战略和服务委员会负责，相关工作包括：计算服务部所管理设备的运行和维护、由学部总委员会视情况规定的剑桥大学其他部门或校外相关单位设备的运行和维护。主任应担任委员会负责剑桥大学计算服务部的执行负责人。

(b) 主任应履行章程 C 第五章 3(b)和(c)对系主任的工作要求中与剑桥大学计算服务部相关的工作。

(c) 校方可以给主任分配监督研究生等工作，这些应被视为主任的分内工作，不应给予额外薪酬。

住宿

4. 剑桥大学计算服务部主任应遵守信息战略和服务委员会制定的住校规定，该规定须获得学部总委员会的批准。

5. 剑桥大学计算服务部主任不应在未获得学部总委员会同意的情况下从事代表学院的教学活动。

副主任

6. 剑桥大学计算服务部副主任的人数应由学部总委员会视具体情况而定。

7. 剑桥大学计算服务部副主任(大学教员职务)的任命和连任应由负责相应事务的(高级)计算机教员任命委员会决定。

副主任职责

8. 副主任的职责应由学部总委员会在咨询信息战略和服务委员会的意见之后视具体情况而定。

继续教育

继续教育研究所

管理委员会

1. 继续教育研究所为学部总委员会领导下的机构。继续教育研究所设有包括以下成员的管理委员会：

(a) 由终身学习委员会任命的一名摄政院成员，担任管理委员会主席；

(b) 由校务理事会和学部总委员会各自分别任命一名终身学习委员会委员；

(c) 继续教育和终身学习主任；

(d) 两名由终身学习委员会任命的终身学习委员会成员；

(e) 研究所教员和行政人员中的三名摄政院成员，在米迦勒学期由全体职员选举产生，任期三年，从选举后的 1 月 1 日开始；

(f) 由管理委员会指派的不超过四人(管理委员会的指派并非必须)。

除非特别规定，管理委员会成员的任命一律在米迦勒学期决定，任期四年，从任命后的 1 月 1 日开始。继续教育和终身学习主任(或由其指派的一名大学教员)应担任管理委员会秘书。

研究所大学职员

2. 继续教育研究所设立以下大学职员职务：继续教育和终身学习主任一名、高级助理秘书、助理秘书和初级助理秘书（分为一、二、三三等），除主任外职员职务的具体人数由学部总委员会在管理委员会的建议下视具体情况决定。主任职务的任命和连任由学部总委员会在专门为此设立的委员会的建议下决定。高级助理秘书、助理秘书或初级助理秘书的任命和连任应由理事会根据具体情况决定。以上职务的职责由管理委员会决定。

管理委员会应指派一名高级助理秘书或助理秘书担任副主任。

3. 主任可以由大学其他职员兼任。

4. 研究所的高级职员导师、导师和助理导师（大学职员职务）的总人数不得超过十六人；每一类职务的人数应由学部总委员会在管理委员会的建议下决定。

任命

5. 大学讲师、大学高级讲师、高级职员导师、导师或助理导师（大学职员职务）的任命和连任应由依据章程 D 第十七章第 3 条组建的研究所任命委员会决定。

职责

6. 高级职员导师、导师和助理导师的职责由管理委员会决定。

马丁利会议中心职员

7. 管理委员会负责管理马丁利会议中心，并有权任命大学职员为马丁利会议中心常驻管理员。应设立餐饮经理（大学职员职务），其任命和连任由学部总委员会在管理委员会的建议下决定；餐饮经理的职责由管理委员会决定，并须获得学部总委员会的批准。管理委员会有权任命其他负责马丁利会议中心管理的职员，其人数和具体要求由管理委员会决定，并须获得学部总委员会的批准。继续教育和终身学习主任为会议中心的第一负责人，就会议中心的行政管理和秩序维护向管理委员会负责。

管理员薪酬

8. 会议中心常驻管理员有权在其本职工作津贴之外因其会议中心常驻管理员一职获得合理薪酬，薪酬的具体数目由学部总委员会在咨询管理委员会之后决定。

委员会职责

9. 管理委员会的职责包括：

(a) 就继续教育研究所的总体管理向继续教育和终身学习主任提供建议；

(b) 向学部总委员会和终身学习委员会提交年度报告；

(c) 为完成研究所专门为校外人员设立课程的候选人组织考试，考试科目须获得学部总委员会批准，并向通过考试的候选人颁发证书，若有候选人表现突出，可以获得特别对待；

(d) 在学部总委员会批准的范围内颁发其他资质证明，获此资质的人应完成研究所的课程并且通过研究所对其工作的评估；

(e) 与其他组织合作推动继续教育的发展；

(f) 组建由非剑桥大学常驻成员组成的顾问机构，顾问机构应代表与继续教育相关的利益和活动，具体由管理委员会视情况而定；

(g) 管理以下捐赠和奖励基金：

(i) 永久基金；

(ii) 丘顿·科林斯奖基金[①]；

(iii) 哈古德纪念基金[②]；

(iv) 詹姆士·斯图亚特捐赠基金[③]。

教育技术应用研究中心

教育技术应用研究中心

1. 教育技术应用研究中心为学部总委员会监督下独立于学部或系的机构。

管理委员会

2. 教育技术应用研究中心由包括以下成员的管理委员会总体负责：

(a) 由学部总委员会任命的一名校务理事会成员，任管理委员会主席；

(b) 剑桥大学计算服务部主任；

(c) 继续教育和终身学习主任；

(d) 由所有学院理事会各自分别任命一名摄政院成员；

(e) 由管理委员会指派的不超过两名摄政院成员。

第(a)类和第(d)类成员的任命应在米迦勒学期内完成，任期四年，由任命后一年的1月1日开始。第(e)类成员的任命应在米迦勒学期内完成，任期一年，自任命后一年的1月1日开始。

3. 管理委员会的法定人数为五人。

职责

4. 管理委员会接受校务理事会和学部总委员的领导，其职责为：

(a) 决定中心的总体政策；

(b) 就中心工作中产生的问题向中心主任提供建议；

(c) 就与中心活动相关事务向学部总委员会提供建议；

(d) 向学部总委员会就与中心相关事务提交年度报告；

(e) 组建顾问团，顾问团须包括三名剑桥大学常驻成员和至少三名非剑桥大学常驻成员，顾问团每年至少召开一次会议就中心和校内机构相关活动的长远战略提供建议；

(f) 审阅中心活动的报告；

(g) 审阅常规账目并批准年度管理账目。

---

① 相关规定参见《条例》，1946年第22页。

② 同上注。

③ 同上注。

中心职员

1. 研究中心设立主任职务(大学职员职务),其具体任期和规定由学部总委员会视情况而定。研究中心主任(大学职员职务)的任命和连任由学部总委员会决定。

主任

2. 主任为教育技术应用研究中心的行政负责人,并且应履行章程C第五章第3条规定的系主任职责。

职责

3. 研究中心设立助理主任职务,具体人数由学部总委员会在管理委员会的建议下视情况而定。助理主任的职责为协助主任开展中心工作。

助理主任

4. 中心主任无法履行职责时学部总委员会可以任命代理主任,具体任期和规定由学部总委员会决定。

英语和应用语言学研究中心

英语和应用语言学

规　　章

英语和应用语言学研究中心为学部总委员会监督下独立于学部或系的机构,隶属于艺术与人文学院。

管　　理

1. 英语和应用语言学研究中心应由包括以下成员的管理委员会总体负责:

管理委员会

(a) 主任;

(b) 由学部总委员会任命的两人,由现代与中世纪语言学部委员会任命的两人,其中一人需代表语言学系,由亚洲与中东研究学部委员会、教育学学部委员会、英语学部委员会各自分别任命的一人,由地方考试委员会任命的两人;

(c) 由管理委员会视情况指派的若干人;

(d) 依据第3条和第4条选举产生一人。

2. 第(b)类成员的任命应在米迦勒学期内完成,任期四年,由任命后一年的1月1日开始。第(c)类成员的任期由任命下达之时开始至当年或下一年的12月31日为止,具体安排由委员会视具体情况决定。

3. 章程C第四章学部委员会构成中所包含的有关学部委员会第(f)类学生成员选举的条款、此类成员的任期以及附在其后的相关规定都可以在做必要的修正之后应用于管理委员会的第(d)类学生成员的选举和任期。

4. 管理委员会第(d)类学生成员的选举方案如下所示：

方案一　管理委员会第(d)类学生成员应自英语和应用语言学研究中心的学生中在复活节学期选举产生，任期为下一学年。选举监察官为研究中心主任。[①]

主席和秘书

5. 管理委员会自其第(d)类成员中(研究中心主任除外)选举产生管理委员会主席，任期三年，自选举后的1月1日开始。研究中心主任担任管理委员会秘书。

委员会职责

6. 管理委员会接受校务理事会、学部总委员会和相关学部委员会的领导，其职责包括：

(a) 与学部委员会和地方考试委员会协作，致力于推动英语作为国际语言的教学，鼓励对其发展和使用的研究，并支持研究成果的出版；

(b) 与校外机构合作鼓励对英语作为国际语言的研究；

(c) 管理为以上(a)(b)两款中规定的目标所分配的资金；

(d) 监督研究中心职员的工作。

7. 管理委员会应向学部总委员会提交年度预算。

8. 管理委员会有权向剑桥大学汇报。

中心职员

主任

1. 研究中心设立主任一职，须由英语和应用语言学教授担任。

主任职责

2. 主任在管理委员会的总体监督下担任研究中心的行政负责人，指导中心就英语语言和英语与应用语言学关系的研究工作，并在剑桥大学鼓励对其进行研究。

任命与任期

3. 研究中心大学职员职务(主任除外)的任命和连任应由包括以下成员的任命委员会决定：

(a) 校长(或一名就此事项任命的校长代理)任任命委员会主席；

(b) 研究中心主任；

(c) 研究中心管理委员会主席；

(d) 由管理委员会任命的三人；

(e) 由学部总委员会任命的两人。

第(d)类和第(e)类成员的任命应在米迦勒学期内完成，任期两年，自任命之后的1月1日开始。

职责

4. 研究中心职员的职责(主任除外)应由管理委员会决定，并须获得学部总委员会的批准。

---

① 方案A-H参见第563页(此页码为英文原文页码)。

5. 研究中心主任和其他职员应遵守管理委员会制定的住校规定，该规定须获得学部总委员会的批准。 住宿

访问学者

1. 旨在鼓励剑桥大学之外的学者参与并对英语和应用语言学研究中心的研究工作作出贡献，语言中心为已经或正在为现代英语语言的研究作出巨大贡献的个人设立访问学者职位。 目的和定义

2. 研究中心可同时接纳的访问学者人数上限由学部总委员会决定。访问学者的任命和连任应由研究中心管理委员会决定，访问学者的单届任期不得超过一年。 人数、任命和任期

3. 访问学者应在管理委员会的总体监督下参与中心的教学与研究活动。 职责

4. 访问学者在任期间不得担任其他大学教员职务，非剑桥大学成员的访问学者应在获得任命之后尽快成为剑桥大学成员。 限制

5. 访问学者的津贴金额（若有津贴的话）应由管理委员会在确定任命或连任时决定，并须获得学部总委员会的批准。 津贴

6. 研究中心管理委员会可以在获得学部总委员会的同意之后资助访问学者的差旅费以及其他与访问研究相关的费用。 资助

国际研究中心

国际研究

规　章

国际研究中心为学部总委员会监督下独立于任何学部或系的机构，中心隶属于人文与社会科学学院。

管　理

1. 国际研究中心应由包括以下成员的管理委员会总体管理： 管理委员会

(a) 校长（或一名就此事项任命的校长代理），担任管理委员会主席；

(b) 研究中心主任与副主任；

(c) 帕特里克·熙和爵士国际关系教授；

(d) 由地球科学和地理学学部委员会任命的一人、由经济学学部委员会任命的一人、由历史学学部委员会任命的两人、由法学学部委员会任命的一人、由社会与政治科学学部委员会任命的一人；

(e) 由学部总委员会依据具体情况制订的计划中所列的相关负责机构

任命的三人；

(f) 由管理委员会指派的不超过两人。

2. 第(d)类和第(e)类成员的任命应在米迦勒学期内完成，任期三年，由任命后一年的1月1日开始。第(f)类成员的任期由指派下达之时开始至当年或下一年的12月31日为止，具体安排由管理委员会视具体情况决定。

主席和秘书

3. 管理委员会自其成员中(研究中心主任除外)选举产生管理委员会主席，任期三年，自选举后的1月1日开始。研究中心主任担任管理委员会秘书。

委员会职责

4. 管理委员会接受校务理事会、学部总委员会和相关学部委员会的领导，其职责包括以下几方面：

(a) 与相关学部委员会协作，推动国际研究的教学和研究以及研究成果的出版；

(b) 与校外机构合作鼓励对国际研究领域进行研究；

(c) 管理为以上(a)款规定的目标所分配的资金；

(d) 监督研究中心职员的工作；

(e) 起草向学部总委员会提交的年度预算。

5. 管理委员会有权向剑桥大学汇报。

6. 研究中心主任无法履职时学部总委员会应在管理委员会的推荐下任命代理主任。代理主任应被视为研究中心主任。

中心职员

主任和副主任

1. 研究中心主任和副主任应由其他大学职员兼任。

2. 主任和副主任的任命和连任应由学部总委员会在管理委员会的推荐下决定。主任和副主任的单届任期为五年，可以连任。

职责

3. 主任在管理委员会的总体监督下担任研究中心的行政负责人。主任和副主任负责指导中心的国际研究，并在剑桥大学鼓励对其的研究。

助理研究主任

4. 研究中心设立国际关系助理研究主任(大学职员职务)[①]，具体人数由学部总委员会视具体情况而定。

任命

5. 国际关系助理研究主任(大学职员职务)的任命和连任由包括以下成员的任命委员会决定：

(a) 校长(或一名就此事项任命的校长代理)任主席；

(b) 国际研究中心管理委员会主席；

(c) 国际研究中心主任；

① 该职位在章程的附录J中已经详细列出。

(d) 由经济学学部委员会任命的一人、由历史学学部委员会任命的一人、由法学学部委员会任命的一人；

(e) 由学部总委员会任命的两人。

第(d)类和第(e)类成员的任命应在奇数年的米迦勒学期进行，任期两年。

职责

6. 国际关系助理研究主任的职责由学部总委员会在咨询管理委员会后决定。

限制

7. 章程D第十七章第12条对大学讲师教学工作量的限制同样适用于国际关系助理研究主任。

住宿

8. 研究中心主任和副主任应遵守管理委员会制定的住校规定，该规定须获得学部总委员会的批准。

访问学者

目的和定义

1. 旨在鼓励剑桥大学之外的学者参与并对国际研究中心的研究作出贡献，语言中心为已经或正在为国际研究作出巨大贡献的个人以及正在专业领域从事高级工作的个人设立访问学者职位。

人数、任命和任期

2. 研究中心可同时接纳的访问学者人数上限由学部总委员会决定。访问学者的任命和连任应由研究中心管理委员会决定，访问学者的单届任期不得超过一年。

职责

3. 访问学者应在管理委员会的总体监督下参与中心的教学与研究活动。

4. 访问学者在任期间不得担任其他大学教员职务，非剑桥大学成员的访问学者应在获得任命之后尽快成为剑桥大学成员。

津贴

5. 访问学者的津贴金额(若有津贴的话)应由管理委员会在确定任命或连任时决定，并须获得学部总委员会的批准。

资助

6. 研究中心管理委员会可以在获得学部总委员会的同意之后资助访问学者的差旅费以及其他与访问研究相关的费用。

阿尔瓦利德·本·塔拉尔亲王殿下伊斯兰研究中心

伊斯兰研究

2008年4月23日第三号动议

管　理

管理委员会

1. 阿尔瓦利德·本·塔拉尔亲王殿下伊斯兰研究中心为学部总委员会监督下的机构，由包括以下成员的管理委员会总体负责：

主席

(a) 艺术与人文学院理事会主席，担任伊斯兰研究中心主席；

(b) 一名中东研究系的代表；

(c) 伊斯兰研究中心主任；

(d) 由学部总委员会任命的不少于两人，其中一人由人文与社会科学学院理事会推荐，一人由亚洲与中东研究学部委员会推荐；

(e) 由阿尔瓦利德·本·塔拉尔任命的不超过三人；

(f) 由管理委员会视情况指派的不超过两人(管理委员会的指派并非必须)。

2. 第(d)类成员的任命应在米迦勒学期内完成，任期由任命后的1月1日开始，任期为两年或四年，具体由学部总委员会在任命时决定。

3. 第(f)类成员的任期自指派下达之时开始至当年或下一年的12月31日为止，具体安排由管理委员会视具体情况决定。

秘书

4. 伊斯兰研究中心助理主任担任管理委员会秘书。

职责

5. 管理委员会的职责包括以下几方面：

(a) 通过高水平研究和有效的外展(outreach)工作促进穆斯林世界和西方世界的相互了解；

(b) 实现伊斯兰研究中心的以下目标：

(i) 通过对下一代学术人员、公营和私营部门提供奖教学金，立足自身力量培养一支研究生和博士后层次的世界一流的研究人员队伍；

(ii) 建立一套富有活力的公共外展方案，以确保公共政策和公共辩论建立在对当今社会中伊斯兰充分了解的基础之上；

(iii) 推进伊斯兰和西方的相互宽容、理解和跨文化对话；

(iv) 与其他国家研究中心和国际研究中心积极合作，加深对当今世界中伊斯兰和穆斯林的了解；

(v) 参与英国以及欧洲穆斯林组织和穆斯林社群的活动；

(vi) 围绕“全球化时代的伊斯兰”主题以及分议题“欧洲和英国的伊斯兰”、“伊斯兰和媒体”开展外展活动，同时伊斯兰研究中心应与时俱进，不断调整具体工作(须获得学部总委员会的批准)；

(c) 与相关学部委员会协同推动伊斯兰研究专业的教学、研究以及研究成果的出版；

(d) 与校外单位合作鼓励对伊斯兰的研究和教学；

(e) 推动可广泛参与的项目和交流，以促进对现代伊斯兰研究中的问题进行充分讨论；

(f) 管理为以上第(a)至第(e)款所述目的所分配的资金；

(g) 为伊斯兰研究中心分配阿尔瓦利德·本·塔拉尔亲王殿下伊斯兰

研究中心基金的收益；

(h) 监督伊斯兰研究中心职员的工作；

(i) 视情况任命顾问团，顾问团包括为伊斯兰研究中心的发展作出突出贡献的个人以及阿尔瓦利德·本·塔拉尔亲王殿下的代表。

6. 管理委员会应起草向学部总委员会提交的年度预算，并且一年至少向阿尔瓦利德·本·塔拉尔亲王殿下提交两次报告。

7. 管理委员会有权向剑桥大学汇报。

8. 若伊斯兰研究中心主任无法履职，学部总委员会应在管理委员会的推荐下任命代理主任。代理主任应被视为伊斯兰研究中心主任。 代理主任

中心职员

9. 中心主任和助理主任应分别由大学其他职员兼任。 主任和助理主任

10. 主任和助理主任的任命应由学部总委员会在管理委员会的推荐下决定。主任任期五年，助理主任任期四年。主任和助理主任均可连任。 任期

11. 中心主任在管理委员会的管理之下作为中心的行政负责人。中心主任负责指导中心的教学与研究并在大学内鼓励相关活动。 职责

12. 中心研究生导师职务（大学职员职务，中心主任和助理主任除外）的任命和连任应由管理委员会决定，并须获得学部总委员会的批准。 研究生导师任命

13. 中心研究生导师的职责应由管理委员会决定，并须获得学部总委员会的批准。 职责

14. 主任以及其他研究生导师应遵守管理委员会制定的住校规定，该规定须获得学部总委员会的批准。 住宿

阿尔瓦利德·本·塔拉尔亲王殿下访问学者

15. 旨在鼓励剑桥大学之外的学者参与并对阿尔瓦利德·本·塔拉尔亲王殿下伊斯兰研究中心的研究工作作出贡献，研究中心为能对实现中心目标作出重要贡献的个人设立访问学者职务。 目的与定义

16. 阿尔瓦利德·本·塔拉尔亲王殿下伊斯兰研究中心可同时接纳的访问学者人数上限由研究中心管理委员会决定。访问学者的任命和连任应由研究中心管理委员会决定，访问学者的单届任期不得超过一年。 人数、任命与任期

17. 访问学者应在管理委员会的总体监督下参与中心的教学与研究活动。

18. 访问学者在任期间不得担任其他大学教员职务，非剑桥大学成员的访问学者应在获得任命之后尽快成为剑桥大学成员。

19. 访问学者的津贴金额（若有津贴的话）应由管理委员会在确定任命

或连任时决定，并须获得学部总委员会的批准。

20. 研究中心管理委员会可以在获得学部总委员会的同意之后资助访问学者的差旅费以及其他与访问研究相关的费用。

阿尔瓦利德·本·塔拉尔亲王殿下伊斯兰研究中心博士后学者

人数和任命

21. 管理委员会应决定阿尔瓦利德·本·塔拉尔亲王殿下伊斯兰研究中心每年提供的博士后学者名额(不得少于一人)。博士后学者资格的任命由管理委员会在阿尔瓦利德·本·塔拉尔亲王殿下伊斯兰研究中心主任的推荐下决定。

任期

22. 博士后学者任期可达五年。

津贴

23. 博士后津贴不得超过管理委员会限定的范围，管理委员会的这一决定须获得学部总委员会的批准。

研究资助

24. 阿尔瓦利德·本·塔拉尔亲王殿下伊斯兰研究中心博士后学者可以获得额外的研究资助。

25. 研究中心管理委员会可以在获得学部总委员会的同意之后资助博士后学者的差旅费以及其他与访问研究相关的费用。

阿尔瓦利德·本·塔拉尔亲王殿下伊斯兰研究中心研究生奖学金

人数

26. 管理委员会应决定阿尔瓦利德·本·塔拉尔亲王殿下伊斯兰研究中心每年提供的研究生奖学金名额(不得少于一人)。

推选人

27. 管理委员会应决定阿尔瓦利德·本·塔拉尔亲王殿下伊斯兰研究中心研究生奖学金的推选人为：中东研究系系主任、阿尔瓦利德·本·塔拉尔亲王殿下伊斯兰研究中心主任、助理主任，若中心主任和系主任为同一人，则管理委员会应任命另一名中东研究系的教师任推选人，任期两年，自其任命之后的1月1日开始。

候选人资格

28. 阿尔瓦利德·本·塔拉尔亲王殿下伊斯兰研究中心研究生奖学金的候选人应已经或正在寻求被接收为中东研究系博士候选人，且方向为伊斯兰研究。

语言中心

语言中心

语言中心为在学部总委员会监督下独立于任何学部或系的机构。

管理委员会

经公示修订(2007—2008学年《通讯》,第262页)

管理委员会

1. 语言中心由包括以下成员的管理委员会进行总体管理:

(a) 由学部总委员会任命的三人,其中一人担任管理委员会主席,学部总委员会亦有权力任命第(c),(d),(e),(f)类成员中的一人为委员会主席;

(b) 语言中心主任;

(c) 由亚洲与中东研究学部委员会任命的一人以及由现代与中世纪语言学部委员会任命的一人;

(d) 由艺术与人文学院理事会任命的一人、由人文与社会科学学院理事会任命的一人、由生物科学学院理事会任命的一人、由临床医学学院理事会任命的一人、由物理科学学院理事会任命的一人以及由技术学院理事会任命的一人;

(e) 由高级导师委员会任命的一人;

(f) 英语和应用语言学教授;

(g) 两名剑桥大学在校生,其中一人由剑桥大学学生会任命,一人由剑桥大学研究生会任命;

(h) 由管理委员会指派的不超过三人。

第(a),(c),(d)和(e)类成员的任命应在米迦勒学期内完成,任期四年,由任命后一年的1月1日开始。第(g)类成员的任命应在复活节学期内完成,任期至当学年结束为止。第(h)类成员的任期由任命下达之时开始至当年12月31日为止,具体安排由委员会视具体情况决定。

2. 管理委员会的法定人数为七人。

3. 管理委员会接受校务理事会和学部总委员会的领导,其职责应包括:

(a) 制定中心的总体政策;

(b) 就中心工作中产生的问题向中心主任提供建议;

(c) 在中心主任的要求下就剑桥大学与语言教学相关的事务提供建议;

(d) 协助中心主任推进现代语言教学;

(e) 批准中心主任就中心工作提交给学部总委员会的年度报告;

(f) 向候选人颁发语言中心的课程证书,获得证书的候选人需通过由学部总委员会批准的专业考试,或其学习通过语言中心设定标准的考核。

4. 章程K第20条有关保留事项的条款同样适用于管理委员会,管理委员会在此相当于依照章程设立的机构,等同于学部委员会。类似的还有章程C第四章第13条。这些条款应适用于管理委员会的第(g)类成员，非在读生在此也被视为在读生。

语言中心职员

主任和副主任

1. 语言中心设立主任和副主任职务(大学职员职务)。

2. 中心主任和副主任的任命应由包括以下成员的任命委员会决定：

(a) 校长(或一名就此事项任命的校长代理)任任命委员会主席；

(b) 中心管理委员会主席；

(c) 由管理委员会任命的三名管理委员会成员；

(d) 由学部总委员会任命的两人。

主任职责

3. 语言中心主任的职责应包括以下几方面：

(a) 就语言中心的各方面工作向管理委员会负责。语言中心主任同时担任管理委员会秘书，并作为管理委员会的执行教员对其与语言中心相关的各项工作负责；

(b) 参照章程C第五章3(b)和(c)中所规定的系主任的职责，履行与语言中心相关的职责；

(c) 提供口语教学和考试所需的设备；

(d) 就语言教学相关事务提供建议和帮助；

(e) 负责指导语言教学领域的研究；

(f) 依据章程C第一章1(b)起草系级单位的年度预算，并根据条例的要求向学部总委员会提交；

(g) 负责中心基金的合理使用，并确保开支不超过年度预算以及账目的清晰。

副主任职责

4. 中心副主任应就与中心相关的各方面工作协助主任。

其他教员职务

5. 语言中心设立以下大学教员职务：语言顾问、高级语言顾问，具体人数由学部总委员会在管理委员会的建议下决定。

6. 语言顾问和高级语言顾问的任命和连任应由管理委员会[第(g)类成员不应参加此事项的决策]决定，并须获得学部总委员会的批准。

其他职务职责

7. 语言中心职员的职责由中心主任决定，并须获得学部总委员会的批准。

住宿

8. 语言中心主任和其他职员应遵守学部总委员会在咨询管理委员会后制定的住校规定。

拉丁美洲研究中心

规　　章

拉丁美洲研究中心为学部总委员会监督下独立于任何学部或系的机构，隶属于人文与社会科学学院。

管　　理

管理委员会

1. 拉丁美洲研究中心由包括以下成员的管理委员会总体负责：

(a) 主任；

(b) 由学部总委员会任命的一人，由以下学部委员会各自分别任命一人：现代与中世纪语言学部委员会、经济学学部委员会、历史学学部委员会、法学学部委员会、社会与政治科学学部委员会、地球科学与地理学学部委员会、生物学学部委员会、考古学和人类学学部委员会；获得任一学部委员会任命的成员亦可同时获得学部总委员会的任命；

(c) 由管理委员会指派的额外成员。

2. 第(b)类成员的任命应在米迦勒学期内完成，任期四年，由任命后一年的 1 月 1 日开始。第(c)类成员的任期由指派下达之时开始至当年或下一年的 12 月 31 日为止，具体安排由委员会视具体情况决定。

主席和秘书

3. 管理委员会应自其成员中(研究中心主任除外)选举产生一名主席，任期三年，自选举后的 1 月 1 日开始。研究中心主任应担任管理委员会秘书。

委员会职责

4. 管理委员会接受校务理事会、学部总委员会和相关学部委员会的领导，其职责包括：

(a) 与相关学部委员会协作推动拉丁美洲研究的教学与科研，以及研究成果的出版；

(b) 与校外单位合作共同鼓励对拉丁美洲的研究；

(c) 管理为以上(a)(b)两款中规定的目标所分配的资金；

(d) 监督中心职员的工作。

5. 管理委员会应起草提交给学部总委员会的年度预算。

6. 管理委员会有权向剑桥大学汇报工作。

7. 研究中心主任无法履职时学部总委员会应在管理委员会的推荐下任命一人担任代理主任。代理主任应被视为中心主任。

中心职员

主任

1．研究中心主任应由其他大学职员兼任。

2．研究中心主任的任命应由学部总委员会在管理委员会的推荐下决定。中心主任的第一届任期为五年，并且可以连任五年。中心主任任期不得超过十年，学部总委员会可以在管理委员会的建议下破格批准延长任期。

职责

3．研究中心主任在管理委员会的总体监督下担任中心的行政负责人，负责指导中心的拉丁美洲研究并且在校内鼓励对其的研究。

研究生导师任命

4．大学教员职务中心研究生导师的任命和连任（主任除外）应由管理委员会决定，该决定须获得学部总委员会的批准。

职责

5．任何一名研究生导师（主任除外）的职责应由管理委员会决定，该决定须获得学部总委员会的批准。

住宿

6．主任和其他研究生导师应遵守由学部总委员会在咨询管理委员会后决定的住校规定。

访问学者

目的与定义

1．旨在鼓励剑桥大学之外的学者参与并对拉丁美洲研究中心的研究工作作出贡献，拉丁美洲研究中心为符合以下条件的个人设立访问学者职务：已经或正在对拉丁美洲研究作出重大贡献、正在从事拉丁美洲高级研究。

人数、任命与任期

2．研究中心可同时接纳的访问学者人数上限由学部总委员会决定。访问学者的任命和连任应由研究中心管理委员会决定，访问学者的单届任期不得超过6个月。

3．访问学者应在管理委员会的总体监督下参与中心的教学与研究活动。

4．访问学者的津贴金额（若有津贴的话）应由管理委员会在确定任命或连任时决定，并须获得学部总委员会的批准。

5．研究中心管理委员会可以在获得学部总委员会的同意之后资助访问学者的差旅费以及其他与访问研究相关的费用。

图书馆

剑桥大学图书馆

规　　章

剑桥大学图书馆及其四个分馆（贝蒂和戈登·摩尔图书馆、中央科学图书馆[①]、医学图书馆和斯奎尔法学图书馆）共同组成学部总委员会监督下的机构。

图书馆特别委员会

规程

1. 图书馆特别委员会应包括以下成员：

(a) 校长（或一名就此事项任命的校长代理）任特别委员会主席；

(b) 由校务理事会任命的两人，任命须在米迦勒学期内完成，任期两年，自任命后的1月1日开始；

(c) 由学部总委员会任命的八人，任命须在米迦勒学期内完成，任期四年，自任命后的1月1日开始；

(d) 自剑桥大学图书馆的大学教员中选举产生的两人，选举须在米迦勒学期内完成，任期两年，自选举后的1月1日开始；

(e) 由特别委员会指派的不超过四人；

(f) 由特别委员会指派的不超过两名剑桥大学在读学生。

第(e)类和第(f)类成员的任期至任命后一年的12月31日为止，若在任期中第(f)类成员失去在校生身份，则其同时失去图书馆委员会成员资格。

会议

2. 特别委员会会议应由校长召集；原则上委员会每学期召开两次会议，不得少于一次。

法定人数

3. 会议人数未达到四人时不得决定任何事项。

保留事项

4. 根据章程K第20条第(c)款，任命选举人委员会委员为图书馆馆长、对剑桥大学图书馆任命委员会委员的任命以及对特别委员会的第(e)类成员的任命三项任命为保留事项。

权力与职责

5. (a) 特别委员会负责监督剑桥大学图书馆的管理。

(b) 应设立以下特别委员会的分支机构：科学图书馆特别委员会、医学图书馆特别委员会、法学图书馆特别委员会。特别委员会通过这些分支机构监督四个分馆（即贝蒂和戈登·摩尔图书馆、中央科学图书馆、医学图书馆和斯奎尔法学图书馆）的管理。

(c) 特别委员会应监督法定呈缴本图书馆的管理和行政，并负责对剑桥大学档案的保管和整理进行监督。

6. (a) 特别委员会可采取其认为必要的措施以确保剑桥大学图书馆以及分馆的秩序、安全和发展。特别委员会从宏观上把握与图书馆相关的行政、人事和财务事务，并有权向学部总委员会就人事、建筑和图书馆良好运行所需的设备提出建议。

① 前身为科学期刊图书馆。

(b) 在行使其为图书馆制定规章的权力时,特别委员会有权通过特别委员会分支批准分馆的规章。有关中央科学图书馆的规章应符合剑桥大学校方和哲学学会达成的共识。

(c) 特别委员会有权出售或交换多余副本、向属于剑桥大学的图书馆租借图书(具体条件和租借时间由特别委员会视情况决定),并在不违反第 12 条关于图书馆使用的条款的前提下,参与全国馆际互借计划,同时在协议和收费标准方面行使权利、履行职责。

报告

7. 特别委员会应向学部总委员会提交年度报告,以及其他特别委员会认为有必要提交的报告。

科学图书馆特别委员会分支

8. 科学图书馆特别委员会分支应包括以下成员:

(a) 由图书馆特别委员会任命的四人;

(b) 由剑桥大学哲学学会理事会任命的两人;

(c) 由物理科学学院理事会任命的两人;

(d) 由技术学院理事会任命的两人;

(e) 由生物科学学院理事会任命的两人;

(f) 由医学图书馆特别委员会分支任命的一人;

(g) 由图书馆特别委员会分支指派的不超过三人(图书馆特别委员会分支的任命并非必须);

(h) 一名由特别委员会分支指派的剑桥大学在校生,原则上要求是研究生。

第(a)类至第(f)类成员的任期四年,自任命后一年的 1 月 1 日开始。第(g)类和第(h)类成员的任期由指派下达之时开始至当年或下一年的 12 月 31 日为止,具体安排由特别委员会分支视具体情况决定。若在任期中第(h)类成员失去在校生身份,则其同时失去图书馆特别委员会分支成员资格。

医学图书馆特别委员会分支

9. 医学图书馆特别委员会分支应包括以下成员:

(a) 由图书馆特别委员会任命的四人;

(b) 由科学图书馆特别委员会分支任命的一人;

(c) 由临床医学学部委员会任命的三人;

(d) 由图书馆特别委员会分支指派的不超过三人(图书馆特别委员会分支的任命并非必须);

(e) 一名由特别委员会分支指派的剑桥大学在校生,原则上要求是研究生。

第(a)类至第(c)类成员的任期四年,自任命后一年的 1 月 1 日开始。第(d)类和第(e)类成员的任期由指派下达之时开始至当年或下一年的 12 月 31 日为止,具体安排由特别委员会分支视具体情况决定。若在任期中第(e)

类成员失去在校生身份，则其同时失去图书馆特别委员会分支成员资格。

10. 法学图书馆特别委员会分支应包括以下成员：

法学图书馆特别委员会分支

(a) 由图书馆特别委员会任命的四人；

(b) 由法学学部委员会任命的三人；

(c) 由图书馆特别委员会分支指派的不超过三人(图书馆特别委员会分支的任命并非必须)；

(d) 不超过两名由特别委员会分支指派的剑桥大学在校生。

第(a)类和第(b)类成员的任期四年，自任命后一年的1月1日开始。第(c)类和第(d)类成员的任期由指派下达之时开始至当年或下一年的12月31日为止，具体安排由特别委员会分支视具体情况决定。若在任期中第(d)类成员失去在校生身份，则其同时失去图书馆特别委员会分支成员资格。

特别委员会分支

11. (a) 每个特别委员会分支自其在图书馆特别委员会的成员中选举产生一名特别委员会分支主席。

(b) 特别委员会分支会议人数未达到四人时不得决定任何事项。

(c) 章程K第20条有关保留事项的条款同样适用于图书馆特别委员会分支，特别委员会分支在此相当于依照章程设立的机构；主席的选举和特别委员会分支的成员指派应被视为保留事项。

(d) 图书馆管理委员应担任每个特别委员会分支的秘书。

职责

12. 特别委员会分支就相应分馆承担以下职责：

(a) 协调剑桥大学图书馆和分馆的政策；

(b) 向图书馆特别委员会推荐分馆根据版权法所获得图书馆资料的收藏位置；

(c) 在获得批准的情况下代表图书馆特别委员会制定分馆使用规章；

(d) 向图书馆特别委员会提交分馆需求声明，其中医学图书馆和斯奎尔法学图书馆的需求声明需要在提交前分别征询临床医学学部委员会和法学学部委员会的意见。

协调期刊

13. 图书馆特别委员会应在学部、系图书馆或学部总委员会的请求下协调剑桥大学内图书馆的期刊馆藏。

剑桥大学图书馆和分馆的职员

规程

1. 剑桥大学图书馆(包括其分馆即贝蒂和戈登·摩尔图书馆、中央科学图书馆、医学图书馆和斯奎尔法学图书馆在内)职员包括图书馆馆长、图书馆常务副馆长、高级分馆馆长、分馆馆长、助理分馆馆长、助理图书馆员、实习生。图书馆可以视情况设立其他职务，比如大学助理。

委派职务

2. (a) 图书馆职员包括由图书馆特别委员会在图书馆馆长的推荐下委

派的以下人员：

(i) 剑桥大学档案馆馆长一名，剑桥大学档案馆副馆长一名；

(ii) 任职于分馆的三名教员，负责分馆的管理。

(b) 在第(a)款第(ii)项规定的职务之外，图书馆特别委员会可以在图书馆馆长的推荐下向任一分馆委派教员。

(c) 图书馆特别委员会可以在获得学部总委员会的批准后任命名誉馆长，也可以在特别委员会认为合适的情况下任命荣誉管理员。

3. 图书馆馆长、图书馆常务副馆长、高级分馆馆长、分馆馆长、助理分馆馆长、助理图书馆员、实习生的具体人数由学部总委员会在图书馆特别委员会的建议下视具体情况而定，前提是图书馆常务副馆长的人数不得超过两人。大学助理的人数应视具体情况依据剑桥大学聘用规定而定。

4. 图书馆职员中大学职员职务(馆长或荣誉馆长除外)的任命和连任应根据相关负责机构同意的安排决定。

5. 实习生的任命和连任应按第 4 条决定，前提是实习生的总任期不得超过三年。

住宿

6. 图书馆馆长和常务副馆长学期中应住在校内，长假期间也应该有四周住在校内。学期中在未获得特别委员会主席的许可下每周不得超过两晚不在学校。

7. 当图书馆馆长无法履职或馆长一职出现空缺时，特别委员会有权任命一名图书馆常务副馆长为代理馆长。

8. 图书馆馆长的职责包括：

(a) 在图书馆特别委员会的领导下，对图书、手稿、期刊、微缩胶卷和其他对剑桥大学图书馆和分管有用材料的采购以及编目、分类、放置、保管负责，并且对其进行装订、维护和保护，以使其可供查阅；

(b) 履行章程 C 第五章 3(b)和(c)对系主任的工作要求中与剑桥大学图书馆以及分馆相关的工作；

(c) 作为学部总委员会有关图书馆事务的主要顾问。

9. 剑桥大学图书馆及其分馆中兼任其他大学教员职务的职员应根据特别委员会或特别委员会分支的指示协助图书馆馆长履行其职责。

馆长

10. 根据第 2 条(c)任命的名誉馆长的津贴金额(若有津贴的话)应由学部总委员会在图书馆特别委员会的建议下决定。名誉馆长的任期和职责由特别委员会决定。

助理

11. 助理的具体职责由图书馆馆长决定，并须获得特别委员会的批准。

剑桥大学图书馆使用规定[①]

开馆与闭馆

1. 图书馆周六至少开放四小时，其余日期至少开放六小时(第2条和第3条规定的闭馆日期除外)。在本规定基础上特别委员会可以视情况确定具体的开馆时间。

2. 图书馆在以下日期关闭：

周日；

平安夜至新年公休日；

耶稣受难节以及之后的三天；

八月公休日。

3. 图书馆自9月16日或其后的第一个工作日开始关闭7个工作日，以进行年度检查并确定遗失书目。在此期间图书不得外借。

入馆

4. 图书馆向所有剑桥大学的成员开放，入馆时须出示经图书馆注册的剑桥大学证件或有效的读者证。剑桥大学成员可以申办读者证。以上证件需在读者出入图书馆时进行登记，以记录不同读者对图书馆使用情况的统计信息。上述证件均不可转让，图书馆职员有权在工作职权范围内要求读者出示证件。此外，特别委员会有权通过规定决定大学成员之外的人员可以在何种情况下进入图书馆。特别委员会对永久或暂时拒绝其认为对图书馆或其他读者的利益构成危害的人员进入图书馆拥有绝对权力。

借阅

5. (1) 以下人员的借书量不得超过十本：评议会成员，大学教员，学院院士，剑桥大学荣誉毕业生，医学学士和外科学学士，剑桥大学或其他大学的研究生(附属学生除外)，正在攻读荣誉学位或剑桥大学的学位、文凭、证书课程的学生。[②] 若理由充分，委员会可以批准给予更高的借书额度。

(2) 以下人员的借书量不得超过五本：任何大学的研究生并且是瑞德例学堂、韦斯特科特学堂、韦斯特敏斯特学院或韦斯利学堂的常驻成员。

(3) 以下人员的借书量不得超过五本：(a) 在读超过六学期的本科生，包括依据第5条具备资格的哈默顿学院学生；(b) 附属学生。

(4) 以下人员的借书量不得超过五本，这一部分人员须获得学部委员会主席、系主任、学院院长或获批学会负责人的推荐并获得图书馆委员会的批

---

① 不包括贝蒂和戈登·摩尔图书馆、中央科学图书馆(原科学期刊图书馆)、医学图书馆和斯奎尔法学图书馆。

② 该规定中所说的“剑桥大学的文凭或证书”并不包括由继续教育研究所颁发的证书、教育学学部委员会颁发的文凭或证书以及牧师神学证书。

准，同时需要遵守委员会视情况订立的具体条款：

(a) 正在剑桥大学、学院、学会或与剑桥大学有关机构从事教育科研或行政工作的大学毕业生，此类机构名录须由学部总委员会在征求特别委员会的意见之后制定；

(b) 访问学者以及其他正在学部、系、学院或学会从事工作的人员。

(5) 在特殊情况下，图书馆委员会可以授予某人其认为合适的特别借书权。

6. (a) 根据第5条第(1)，(4)或第(5)款借出的图书应在借出后八周内归还，图书馆馆长可以要求提前归还。

(b) 根据第5条第(2)或第(3)款借出的图书应在借出后十四天内归还，图书馆馆长可以要求提前归还。

(c) 根据第5条第(3)款在米迦勒学期或完整四旬斋学期最后一周的周一至周五间借出的图书可以最晚在下学期的第一天归还，图书馆馆长亦可要求提前归还。本款不受第6条第(b)款影响。

7. 若某本书已经借出，想要借阅该书的读者可以告知图书馆馆长，然后由馆长通知借阅该书的读者归还该书。持有该书的读者应在七日内归还此书。

8. 借阅记录应由图书馆职员在借阅者或代办人在场的情况下更新。若在线续借，则借阅记录应由图书馆目录系统记录。

9. (a) 除非获得图书馆特别委员会的批准，图书馆的外借图书皆不可被带至或寄往不列颠岛外。

(b) 除非获得图书馆特别委员会的书面批准，图书馆的外借图书不可被用于商业目的。

10. 未能遵守第6条归还图书的读者将被罚款。在不违背第15条的前提下，特别委员会可以视具体情况决定具体罚款数额。

11. 图书馆特别委员会可以对出现以下情况的人员处以175英镑以内的罚款：未按照特别委员会制定的程序将图书或其他物品带离图书馆、无法归还借出图书或其他物品并且缺乏正当理由、有意损坏图书或其他物品。罚款与剑桥大学获取赔偿的权利并不矛盾。

12. 具有特殊价值和重要意义的手稿、其他稀有物品以及适用特殊规定的馆藏物品不可外借，除非获得图书馆特别委员会的批准并且对具体条件和租借时间进行详细规定，租借时间不得超过六个月。

13. 保存在图书馆的作业和候选人的学位论文可供查阅，除非研究生院或其他负责机构规定特定作业或论文应在一段时间内只允许作者本人以及持作者书面授权的人员查阅。作业和论文不可外借。

14．特别委员会制定的规定应在图书馆公示。 规定

15．图书馆特别委员会可以对任何有意违背特别委员会制定的规章制度的人员处以175英镑以内的罚款。在缴纳罚款之前，相关人员不得进入图书馆，不可借出图书。 违章处罚

图书馆借阅通知[①]

学部总委员会宣布以下机构的成员有资格根据图书馆使用规定第5条(4)(a)从图书馆外借图书。

生物技术和生物科学研究会下属机构：

巴布拉罕研究所

国家农业植物学研究所

植物科学研究所

统计学研究小组

自然环境研究会下属机构：

不列颠南极科考项目

陆地生态学研究所

其他机构：

动物健康信托基金

国际鸟类联盟

剑桥人口与社会结构史研究小组

英联邦植物育种和遗传局

欧洲生物信息学研究所

剑桥地区医学研究会理事机构

尼达姆研究所

剑桥郡地区国民健康服务机构和信托基金

四分仪研究基金会

斯特兰奇韦研究实验室

廷代尔学堂圣经研究居住中心

联合国环境规划署世界保护监控中心

兽医调查中心

西萨克福医院

① 不包括贝蒂和戈登·摩尔图书馆、中央科学图书馆、医学图书馆和斯奎尔法学图书馆。

贝蒂和戈登·摩尔图书馆、中央科学图书馆、医学图书馆和斯奎尔法学图书馆

1. 图书馆使用规定的第10、11、15条涉及罚款的条文同样适用于贝蒂和戈登·摩尔图书馆、中央科学图书馆、医学图书馆和斯奎尔法学图书馆。

2. 各分馆依据图书馆特别委员会规章的第6条(b)和第12条(c)制定的图书馆使用规定应就图书馆开闭馆时间、入馆、借阅作出明确规定。这些规定应张贴在图书馆内。

学部图书馆、系图书馆以及其他图书馆

适用范围

以下规定适用于学部图书馆、系图书馆(斯奎尔法学图书馆除外)以及非洲研究中心、拉丁美洲研究中心和南亚研究中心的图书馆。

负责机构

1. 学部总委员会监督下的学部、系和其他机构图书馆应由理事会、特别委员会、委员会或其他相应机构负责管理。学部委员会或其他图书馆所属机构亦可部分或完全将图书馆事务授权于系主任、其他大学职员或某个委员会。负责机构有权根据图书馆管理的规章制度从其所支配的资金内进行图书采购、编目或其他开支。

图书馆规章

2. 图书馆负责机构可以依据本规章为图书馆的使用,包括借阅等方面制定规章制度,规章制度须获得学部总委员会的批准,并且应在图书馆内张贴公示。

入馆

借阅

3. 除非学部总委员会作出其他规定,负责机构应允许除剑桥大学成员之外的希望使用图书馆资源的摄政院成员或注册在案的研究生出于学习或研究的目的进入图书馆。负责机构可以批准其他成员进入图书馆,以及借阅图书,具体规定可由负责机构决定。

接受捐赠

4. 图书馆的负责机构有权接受图书以及其他图书馆资料,如出现以下情况,负责机构须征得学部总委员会的批准:

(a) 若接受特定礼物可能会导致剑桥大学总体开支的增加;或

(b) 若捐赠人提出特定要求,不允许图书馆在不需要相关图书和资料时进行分配和处置。

图书等的处理

5. 图书馆的负责机构有权通过出售等方法处理其认为合适的图书、画册或期刊。处理之前负责机构应完成学部总委员会规定的工作程序,包括将物品提交给剑桥大学图书馆特别委员会成员、转移至相应图书馆(包括分馆)、提交至其他图书馆负责机构(学部总委员会有其他规定的情况除外)。负责机构处理任何文学、历史或科学手稿、论文、微缩胶卷或其他档案前,应

首先将其提交给剑桥大学图书馆特别委员会成员或剑桥大学档案馆管理员，由其转移至合适的图书馆或剑桥大学档案馆。

6. 负责机构首次订阅期刊时应告知剑桥大学图书馆期刊部，并由后者进行订阅。负责机构应在订阅期满之前再次获得学部总委员会对续订的批准。

期刊

艾萨克·牛顿数学科学研究所

数学科学

规　　章

艾萨克·牛顿数学科学研究所为学部总委员会监督下独立于任何学部或系的机构，研究所隶属于物理科学学院。

科学指导委员会

规程

1. 研究所设有包括以下成员的科学指导委员会：

(a) 研究所主任；

(b) 由学部总委员会任命的四人，其中三人由工程与物理科学研究会推荐，一人由分子物理学和天文学研究会推荐；

(c) 由学部总委员会根据伦敦数学学会的推荐任命的两人；

(d) 由学部总委员会在咨询以下机构的建议后任命的六人：物理科学学院理事会、技术学院理事会、生物科学学院理事会、临床医学院理事会、人文与临床医学院理事会以及其他全国性科研机构，这些机构的名单由学部总委员会视具体情况为此而定；

(e) 由科学指导委员会指派的一名额外成员。

2. 第(b)，(c)和(d)类成员的任命应在米迦勒学期内完成，任期四年，由任命后一年的1月1日开始。第(e)类成员的任期自指派下达之时开始至当年或下一年的12月31日为止，具体安排由委员会视具体情况决定。

3. 学部总委员会在任命委员会成员时应确保其中至少七人为非剑桥大学常驻成员。

4. 学部总委员会从委员会第(b)，(c)和(d)类成员中任命一人为委员会主席。主席的任期不超过三年，并且可以在任期末寻求一次连任，任期不得超过三年。

主席

5. 研究所主任应担任科学指导委员会秘书。

秘书

6. 委员会每年至少召开一次会议，参会人数不得少于六人。

会议

7. 委员会的职责为就研究所各项科学工作以及政策向研究所主任提供建议。

职责

管理委员会

规程

1. 研究所由包括以下成员的管理委员会负责管理：

(a) 研究所主任；

(b) 研究所副主任；

(c) 应用数学和理论物理学系系主任、数学和数理统计学系系主任；

(d) 由学部总委员会任命的一名委员会主席，学部总委员会亦有权自管理委员会的第(c)，(e)和(f)类成员中任命一人为委员会主席；

(e) 由学部总委员会任命的五人，其中一人由物理科学学院理事会推荐，一人由技术学院理事会推荐，一人由数学学部委员会推荐；

(f) 由圣约翰学院任命的一人、由三一学院任命的一人；

(g) 由工程与物理科学研究会任命的一人；

(h) 由管理委员会指派的一人。

2. 第(d)类至第(g)类成员的任命应在米迦勒学期内完成，任期四年，自任命后一年的 1 月 1 日开始。第(h)类成员的任期自指派下达之时开始至当年或下一年的 12 月 31 日为止，具体安排由委员会视具体情况决定。

3. 学部总委员会在任命委员会成员时应确保其中至少两人为非剑桥大学常驻成员。

秘书

4. 研究所主任应担任管理委员会秘书，若研究所设有副主任一职，则由后者担任管理委员会秘书。

会议

5. 管理委员会每学期至少召开一次会议。

职责

6. 管理委员会接受校务理事会、学部总委员会的领导，其职责包括：

(a) 推动数学科学领域的研究以及研究成果的出版；

(b) 与校外机构合作鼓励对数学科学领域的研究；

(c) 管理为以上(a)(b)两款中规定的目标所分配的资金；

(d) 监督研究所职员的工作；

(e) 起草向学部总委员会提交的年度预算；

(f) 向学部总委员会、各学院理事会以及以上第 1 条第(e)，(f)和(g)款提到的机构提交年度报告。

研究所职员

主任

1. 研究所设立主任职务，由 N. M. 罗斯恰尔兹和桑斯数学科学教授担任。

主任职责

2. 研究所主任在管理委员会的总体监督之下作为研究所的行政负责人。研究所主任负责决定研究所研究项目的选题，主任应就此事项咨询科学指导委员会的建议并须获得管理委员会的批准。

副主任

3. 研究所设立副主任职务(大学职员职务),副主任可以由其他大学职员兼任。副主任的任命和连任应由管理委员会决定。若副主任由其他大学职员兼任,则其任命和连任的单届任期不得超过五年,最长不得超过六年。

副主任职责

4. 副主任的职责包括:就与研究所有关的各项工作协助主任、担任管理委员会秘书、积极参与研究活动、承担由应用数学和理论物理学系系主任或数学和数理统计学系系主任要求的教学任务(须获得主任的同意,保证教学工作不与副主任的其他职责冲突)。

罗斯恰尔兹客座教授

基金

1. 在由 N. M. 罗斯恰尔兹和桑斯捐赠的款项基础上设立罗斯恰尔兹客座教授基金,用于支付罗斯恰尔兹客座教授的津贴、旅费和物质补助。

选举与任期

2. 罗斯恰尔兹客座教授应根据章程 D 第十五章第 1 条(c)(iii)由学部总委员会在管理委员会的推荐下选举产生。罗斯恰尔兹客座教授的任期原则上不超过六个月,但学部总委员会可以在管理委员会的推荐下在任命时破格任命其不超过一年。

职责

3. 罗斯恰尔兹客座教授应参与研究所的科研活动。

津贴

4. 罗斯恰尔兹客座教授的津贴、旅费和物质补助由学部总委员会在管理委员会的推荐下决定。

住宿

5. 罗斯恰尔兹客座教授应住在校内,离校应获得学部总委员会的批准。

其他开支

6. 学部总委员会可以在管理委员会的推荐下依据第 1 条和第 4 条从客座教授基金向罗斯恰尔兹客座教授支付额外款项,用于资助其工作。

访问学者

目的与定义

1. 旨在鼓励剑桥大学之外的学者参与并对研究所的研究工作作出贡献,研究所为符合以下条件的个人设立访问学者职务:已经或正在对数学科学研究作出重大贡献、正在数学科学研究领域从事高级研究。

任命

2. 访问学者的任命和连任应由研究中心管理委员会决定,访问学者的单届任期不得超过一年。

3. 访问学者的津贴金额(若有津贴的话)应由中心主任在任命或连任时决定,并须获得学部总委员会的批准。

高级研究员

1. 管理委员会有权在获得学部总委员会的批准后授予任何与研究所有关的人员(研究所职员除外)以高级学者称谓,高级研究员应已经或正在为数学研究作出巨大贡献。

2. 高级研究员称谓持有期不超过五年，可以谋求连任但连续任期不超过五年。

中东和伊斯兰研究

中东和伊斯兰研究中心

根据2008年4月23日第三号动议废止

聚合物

梅尔维尔聚合物实验室

根据2008年2月13日第一号动议修订

1. 化学系下设梅尔维尔聚合物实验室主任[①]一职（大学职员职务）。

2. 梅尔维尔聚合物实验室主任的任命和连任应由包括以下成员的任命委员会决定：

(a) 校长（或一名就此事项任命的校长代理）任任命委员会主席；

(b) 产业联络主任；

(c) 化学系系主任；

(d) 由物理科学学院理事会任命的两人；

(e) 由技术学院理事会任命的一人；

(f) 由学部总委员会任命的三人。

第(d)，(e)和(f)类成员的任命应在奇数年米迦勒学期内完成，任期两年，自任命后的1月1日开始。

职责

管理委员会

3. 实验室主任的职责包括：参与聚合物研究、管理梅尔维尔聚合物实验室并推动剑桥大学的聚合物研究事业。实验室主任处于包括以下成员的管理委员会的监督之下：

(a) 物理科学学院理事会主席，担任管理委员会主席；

(b) 工程学系系主任、化学工程和生物技术系系主任、化学系系主任、材料科学和冶金学系系主任、物理学系系主任；系主任可以委托副系主任参加管理委员会会议；

(c) 由梅尔维尔聚合物实验室资助单位各自任命一名代表，资助单位名录由剑桥大学校方和资助单位协商确定；

(d) 产业联络主任；

(e) 由管理委员会指派的不超过三人，任期自指派之日开始，不得超过两年；

① 该职位在章程的附录B和附录J中已经详细列出。

(f) 梅尔维尔聚合物实验室主任，担任管理委员会秘书。

管理委员会每学年至少召开两次会议。

4. 章程D第十四章第10条适用于教授的条款同样适用于梅尔维尔聚合物实验室主任。

5. 实验室主任应遵守学部总委员会在咨询管理委员会建议之后制定的住校规定。

南亚研究中心

南亚研究

经公示修订(2007—2008学年《通讯》，第956页)

南亚研究中心为学部总委员会监督下独立于任何学部或系的机构，隶属于人文与社会科学学院。

管　理

管理委员会

1. 南亚研究中心由包括以下成员的管理委员会总体负责：

(a) 南亚研究中心主任；

(b) 由学部总委员会任命的一人、由考古学和人类学学部委员会任命的一人、由亚洲与中东研究学部委员会任命的一人、由商业和管理学学部委员会任命的一人、由地球科学和地理学学部委员会任命的一人、由经济学学部委员会任命的一人、由历史学学部委员会任命的一人、由社会与政治科学学部委员会任命的一人；获得任一学部委员会任命的成员亦可同时获得学部总委员会的任命；

(c) 由管理委员会视情况指派的额外成员。

2. 第(b)类成员的任命应在米迦勒学期内完成，任期四年，自任命后一年的1月1日开始。第(c)类成员的任期由指派下达之时开始至当年或下一年的12月31日为止，具体安排由委员会视具体情况决定。

主席和秘书

3. 管理委员会应自其成员中(研究中心主任除外)选举一人担任管理委员会主席，任期三年，自选举后的1月1日开始。中心主任应担任管理委员会秘书。

委员会职责

4. 管理委员会接受校务理事会、学部总委员会和相关学部委员会的领导，其职责包括：

(a) 与相关学部委员会协作推动南亚研究的教学和科研以及研究成果的出版；

(b) 与校外单位合作鼓励南亚研究相关科目的教学和研究；

(c) 管理为以上(a)(b)两款中规定的目标所分配的资金；

(d) 监督研究中心职员的工作。

5. 管理委员会应起草向学部总委员会提交的年度预算。

6. 管理委员会有权向校方汇报工作。

7. 若中心主任在一段时间内无法履行职责,学部总委员会有权在管理委员会的推荐下任命代理主任。代理主任应被视为主任。

中 心 职 员

主任

1. 中心主任应由其他大学职员兼任。

2. 中心主任的任命应由学部总委员会在管理委员会的推荐下决定。任期五年,可以连任。

3. 中心主任担任中心的行政负责人并且处于管理委员会的总体监督之下,负责指导中心的南亚研究以及推动剑桥大学的南亚研究事业。

4. 南亚研究中心图书馆馆长(大学职员职务)的任命和连任由管理委员会决定,并须获得学部总委员会的批准。

研究生导师

5. 大学教员职务中心研究生导师的任命和连任(图书馆馆长除外)应由管理委员会决定,并须获得学部总委员会的批准。研究生导师任期不超过五年。

职责

6. 研究生导师、图书馆秘书(中心主任除外)的职责由管理委员会决定,并须获得学部总委员会的批准。

住宿

7. 研究中心主任和其他职员应遵守管理委员会制定的住校规定,该规定须获得学部总委员会的批准。

第十章　校务理事会监督下的机构

费兹威廉博物馆

费兹威廉博物馆特别委员会

规程

1. 费兹威廉博物馆特别委员会包括以下成员：

(a) 校长(或一名就此事项任命的校长代理)任特别委员会主席；

(b) 由校务理事会任命的八人；

(c) 由特别委员会指派的不超过四人(特别委员会的指派并非必须)。

第(b)类成员的任命应在米迦勒学期内完成,任期四年,自任命的1月1日开始。获特别委员会指派的成员任期一年,自指派之后的1月1日开始。

2. 特别委员会的所有会议须由校长召集,每学期至少召开两次会议。

法定人数

3. 特别委员会会议人数少于四人时不得决定任何事项,但紧急情况下若获得一致同意亦可召开与会人数更少的会议。

职责

4. 特别委员会的职责包括以下几方面：

(a) 监督博物馆的管理；

(b) 根据需要视情况在博物馆安排讲座、授课、会议、展览(由特别委员会决定是否收费)或其他集会；

(c) 依据剑桥大学聘用规定任命或解雇助理职员；

(d) 管理用于博物馆事务各项款项的开支,并向校务理事会下属财务委员会提交年度账目；

(e) 在咨询博物馆主任之后决定是否接受对博物馆的捐赠或礼物,或是否应该就此请求剑桥大学校方；

(f) 就其认为剑桥大学应获知的事务随时向剑桥大学校方汇报；

年度报告

(g) 就其认为有必要告知校方与博物馆馆藏和建筑状况相关的情况向校务理事会提交年度报告；

(h) 根据汉密尔顿·科尔研究所的规章制度负责汉密尔顿·科尔研究所的考试和证书颁发。

费兹威廉博物馆职员

1. 费兹威廉博物馆职员包括博物馆主任和玛蕾馆长、助理主任、高级管理员、管理员、高级助理管理员、助理管理员、博物馆研究助理和剑桥大学助理。费兹威廉博物馆特别委员会应委任一名高级管理员或管理员为图书管理员。助理主任、高级管理员、管理员、高级助理管理员、助理管理员、博物馆研究助理(均为大学职员职务)的总人数以及每一类职务的人数应由校务理事会视具体情况而定。剑桥大学助理的人数应依据剑桥大学聘用规定视具体情况而定。

主任选举

2. 博物馆主任由包括以下成员的选举委员会选举产生:

(a) 校长(或一名就此事项任命的校长代理);

(b) 校务理事会任命的三人,其中一人须不住在剑桥大学且与大学没有正式关系;

(c) 费兹威廉博物馆特别委员会任命的四人,其中三人须为特别委员会成员,另一人须为下列机构之一的主任:大英博物馆、国家美术馆、维罗利亚和阿尔伯特博物馆、华莱士收藏馆、阿什莫尔博物馆;

(d) 建筑学和艺术史学部委员会任命的一人。

第(b)类至第(d)类成员的任命应在奇数年的米迦勒学期内完成,任期四年。

教务长,或一名就此事项任命的教务长代理任选举委员会秘书。

3. 若选举委员会成员成为博物馆主任或博物馆主任候选人,则其同时失去选举人资格。

4. 在选举委员会讨论博物馆主任空缺事宜之后被任命为选举委员会成员的选举人不应参加主任选举投票,但是其前任(若不是主任候选人)可以参与本次选举的投票。

5. (a) 博物馆主任依据章程规定退休时,校长应在不晚于其退休一年之前的米迦勒学期期中就这一情况向校务理事会提交报告。

(b) 当校长获知博物馆主任一职已经或即将出现空缺时(依据章程退休的情况除外),校长应在下一次校务理事会会议上就此提交报告。

6. 校长根据规章第五条就博物馆主任的空缺情况进行汇报之后的十六天内,校长应发布招聘通告;校务理事会有权推迟这一通告的发布,但最多不超过一年。

7. 选举人即便在出现一人或更多空缺的情况下依然有权推迟会议并规范选举程序,但是须符合以下条件:

(a) 选举人会议第一次讨论候选人资格之前不得举行选举;

(b) 选举需要超过三分之二的选举人参加投票(因成为候选人而失去投票资格的选举人除外),获选候选人须获得多数赞成票。

8. 选举委员会有权询问未提交申请人员是否愿意担任博物馆主任,并且可以任命未提交申请的人员担任博物馆主任(该候选人的资格须在两次不同日举行的会议上讨论通过)。

9. 若根据第6条发布招聘通告之后两年内选举委员会仍未能举行选举,应由名誉校长任命一人担任博物馆主任,若校长职位空缺则由总务长进行任命。

主任职责

10. 博物馆主任的职责应包括以下几方面:

(a) 负责管理博物馆的馆藏和图书,对新增展品进行登记,采取特别委员会批准的方式保护藏品并进行展示;

(b) 从总体上监督博物馆职员,确保特别委员会制定的各项规定得以执行;

(c) 在获得特别委员会的批准后,进行馆藏清单和目录的编纂和监督,主任可以就此事项寻求必要的协助;

(d) 在符合上述工作职责要求范围之内对为学习目的前来参观博物馆的访客提供帮助和指导;

(e) 就博物馆进行购置、接受捐赠、遗产捐赠方面事务提供意见和建议。

11. 博物馆主任应为建筑学和艺术史学部成员。

主任住宿

12. 博物馆主任学期中应住在校内,长假期间也应该有四周住在校内。原则上工作时间主任应在博物馆办公。学期中在未获得特别委员会主席的许可下每周不得超过两晚不在学校。在章程未提及的情况下若博物馆主任因故在一段时间内无法履行主任职责,则可以向博物馆特别委员会提名一名博物馆职员代为行使职权。

13. 博物馆主任应在每年米迦勒学期的第一次特别委员会会议上向特别委员会就其过去一年的住校以及出勤情况提交报告。报告中应指出其居住在校内的星期数以及其是否遵守第12条关于在博物馆办公的出勤情况。

职员职责

14. 助理主任、高级管理员、管理员、高级助理管理员、助理管理员以及博物馆研究助理(包括图书管理员)应在博物馆主任的要求下协助其开展各项工作。博物馆职员应根据特别委员会的要求在工作日出勤。

任命委员会

15. 助理主任、高级管理员、管理员、高级助理管理员、助理管理员以及博物馆研究助理应由包括以下成员的任命委员会决定:

(a) 校长(或一名就此事项任命的校长代理)任特别委员会主席;

(b) 费兹威廉博物馆特别委员会主席;

(c) 费兹威廉博物馆主任;

(d) 由费兹威廉博物馆特别委员会任命的两名特别委员会成员；

(e) 由校务理事会任命的两人。

章程D第十七章第5条对学部任命委员会的规定同样适用于费兹威廉博物馆任命委员会。

博物馆研究助理不应参与除剑桥大学或其下属学院之外组织的教学活动。博物馆研究助理在各学院每周的教学量不得超过六小时。

费兹威廉博物馆入馆规定

美术馆

1. 除非校务理事会在费兹威廉博物馆特别委员会的推荐下作出其他规定，美术馆应在工作日上午10点至下午5点(法定假日的周一以及其他在后文中提到的日期除外)以及周日的中午12点至下午5点向公众开放。

禁入

2. 特别委员会完全有权拒绝其认为不应进入博物馆的人员进入。

闭馆日期

3. 博物馆在以下日期关闭：12月24日、25日、26日、31日，1月1日以及其他特别委员会认为有必要闭馆的日期。

图书馆和特藏

4. 特别委员会应视情况制定馆藏图书以及特殊保留藏品的观察和学习的使用规定。

汉密尔顿·科尔研究所

目的

1. 汉密尔顿·科尔研究所处在位于惠特尔斯福德的希尔学堂，致力于绘画保护和绘画保护的训练。

2. 汉密尔顿·科尔研究所为费兹威廉博物馆下属的单位。

3. 汉密尔顿·科尔研究所设主任一名(大学职员职务)，以及主任助理若干名(大学职员职务)，具体人数由校务理事会视具体情况而定。

顾问委员会

4. 汉密尔顿·科尔研究所下设顾问委员会，顾问委员会就研究所开展工作的最优方案向研究所主任提供建议，并且推动与其他从事绘画保护的机构合作。顾问委员会包括以下成员：

(a) 费兹威廉博物馆特别委员会主席，担任顾问委员会主席；

(b) 费兹威廉博物馆主任；

(c) 由剑桥大学校务理事会任命的两人；

(d) 由费兹威廉博物馆特别委员会任命的四至八人，其中至少有两人应是国际保护研究所的研究员，至少一人应是艺术史系的大学教员；

(e) 由顾问委员会指派的不超过三人(顾问委员会的指派并非必须)。

第(c)类和第(d)类成员的任命应在米迦勒学期内完成，任期四年，自任命后的1月1日开始。第(e)类成员的任期由指派下达之时开始至当年或下一年的12月31日为止，具体安排由委员会视具体情况决定。

顾问委员会每年至少召开两次会议；会议的法定人数为五人。研究所主任担任顾问委员会秘书，并且向费兹威廉博物馆特别委员会提交顾问委员会会议记录。

5．研究所主任应为绘画保护领域的从业人员，并且在费兹威廉博物馆主任的指导下监督研究所工作。

主任职责

6．研究所主任就研究所的所有行政和财务事务向费兹威廉博物馆主任负责；向费兹威廉博物馆主任提交研究所下一财年的财务支出计划，并向费兹威廉博物馆主任就财务计划中涉及并获校务理事会批准的书记和助理职务任命提供建议。

7．研究所主任的任命和连任应由为此设立的任命委员会决定，任命委员会包括以下成员：

主任任命和连任

(a) 校长或一名由校长就此事项任命的校长代理；

(b) 费兹威廉博物馆主任；

(c) 由校务理事会根据费兹威廉博物馆特别委员会提名任命的四人；

(d) 由校务理事会任命的两人。

至少一名第(c)类成员和至少一名第(d)类成员不应为剑桥大学常驻成员或与剑桥大学有任何正式关系。

8．研究所主任助理或其他可能根据动议设立的研究所大学职员职务的任命和连任应由费兹威廉博物馆任命委员会决定。就此事项研究所主任应作为任命委员会的额外成员，并且费兹威廉博物馆特别委员会可以为此任命一人或两人为任命委员会的额外成员。其他可能根据动议设立的研究所大学职员职务（该规定优先于第15条对费兹威廉博物馆职员的规定）的单届任期不得超过五年，具体由任命委员会决定。

研究所职员

担任这些职务的职员应协助研究所主任履行其职责。

9．主任以及研究所的其他大学职员均不得担任独立学院的导师、助理导师、财务主管、助理财务主管、伙食管理员，也不得在未获得校务理事会批准的情况下代表独立学院授课。除非校务理事会作出专门规定，主任以及研究所的其他大学职员从事与绘画保护相关的工作或咨询获得的收入应被纳入研究所基金。

限制

10．学期中，主任以及研究所的其他大学职员应住在剑桥大学校内，长假期间也应有四周住在校内。

住宿

11．费兹威廉博物馆特别委员会有权：

(a) 为非剑桥大学成员但是正在接受研究所职员训练的人员组织考试、制定费用标准、发放课程提纲、任命考官并向考官支付报酬；

(b) 为顺利完成学业的候选人颁发研究所的证书和文凭。

剑桥大学中心

剑桥大学中心会员资格

1. 以下人员有权获得剑桥大学中心会员资格：

(a) 摄政院成员；

(b) 大学职员和各独立学院院士；

(c) 注册的研究生。

2. 其他类型的会员资格由校务理事会视具体情况而定。

3. 教务长在有充分理由支持下可以暂时或永久终止任意一名会员的会员资格。本条所规定的资格终止应立即在第一时间向校务理事会汇报，被终止资格的会员可以向校务理事会对终止资格或终止时间提出申诉，校务理事会的决定为最终决定。

剑桥大学中心总经理

总经理

1. 剑桥大学中心设有总经理职务（大学职员职务），总经理可以同时被剑桥大学校务理事会任命为剑桥大学餐饮顾问。

任命委员会

2. 剑桥大学中心任命委员会包括以下成员：

(a) 校长（或一名就此事项任命的校长代理），担任任命委员会主席；

(b) 中心行政职务常设任命委员会主席；

(c) 由校务理事会任命的五名摄政院成员，其中两人由校务理事会提名，一人由财务委员会提名，两人由一名作为剑桥大学中心使用者的校务理事会成员提名。

教务长（或一名副主任）担任任命委员会主席。第(c)类成员的任命应在米迦勒学期内完成，任期四年，自任命后的1月1日开始。

任命

3. 总经理（大学职员职务）的任命和连任应由剑桥大学中心任命委员会决定。

职责

4. 总经理负责根据校务理事会制定的财务以及其他政策管理剑桥大学中心以及其他餐饮和社会设施，具体范围由校务理事会视情况而定。总经理通过教务长向校务理事会负责：

(a) 每年米迦勒学期向财务委员会提交年度账目；

(b) 就中心的各项事务向校务理事会提交年度报告。

剑桥大学发展办公室

剑桥大学发展办公室为校务理事会监督下独立于学部的机构。

发展和校友关系主任

1. 发展和校友关系主任(大学职员职务)的任命和连任应由校务理事会决定,并须咨询校务理事会专门组建的特殊委员会的建议。 任命

2. 发展和校友关系主任应就资金需求、启动和举行募资活动提供建议和协助。 职责

3. 发展和校友关系主任应遵守校务理事会制定的有关住校的规定。 住宿

4. 发展和校友关系主任不应在未获得校务理事会同意的情况下代表独立学院授课。 限制

剑桥大学农场

剑桥大学农场主任

1. 剑桥大学农场主任(大学职员职务)的任命和连任应由校务理事会在财务委员会的推荐下决定。 任命

2. 剑桥大学农场主任向教务长或一名由校务理事会任命的大学雇员负责。主任的职责包括以下几方面: 职责

(a) 在剑桥大学农场管理委员会的总体指导下监督农场的工作并确保工作效率;

(b) 提升农业科学的知识,推动和指导农业科学的研究。

3. 农场主任应遵守校务理事会制定的有关住校的规定。

4. 主任不得担任独立学院的导师、助理导师、财务主管、助理财务主管、伙食管理员,也不得在未获得校务理事会批准的情况下每周代表独立学院授课超过六小时。

剑桥大学健康服务部

根据 2007 年 11 月 7 日第二号动议修订

通　　则

剑桥大学健康服务部包括牙科服务部和剑桥大学心理咨询服务部。

University Statutes

管　理

规程

1．剑桥大学健康服务部由包括以下成员的管理委员会总体负责，管理委员会向校务理事会负责：

(a) 校长(或一名就此事项任命的校长代理)任管理委员会主席；

(b) 由校务理事会任命的四名摄政院成员，其中一人由校务理事会提名，一人由高级导师委员会提名，一人由财务总管委员会提名，一人由独立学院委员会任命；

(c) 由校务理事会任命的两名剑桥大学在校生，其中至少一人须为研究生；

(d) 由临床医学学部委员会任命的一名摄政院成员；

(e) 健康和安全主任；

(f) 心理咨询服务部主任和牙科服务部的高级职员；

(g) 体育教育主任；

(h) 职业咨询医师；

(i) 心理资源服务部执行委员会主席；

(j) 由管理委员会指派的不超过六人(管理委员会的指派并非必须)；获指派成员的任期至指派之后一年的12月31日为止。

第(b)类和第(d)类成员的任命应在米迦勒学期内完成，任期四年，自任命后的1月1日开始。第(c)类成员应在每年的复活节学期任命，任期为任命之后的下一学年。

主席和秘书

2．教务长或就此事项任命的教务长代理应担任管理委员会秘书。

职责

3．管理委员会的职责包括以下几方面：

(a) 安排剑桥大学健康服务部的日常运行；

(b) 设置必要的分支委员会以更有效地管理健康服务部；

(c) 对健康服务部职员的工作进行总体监督；

(d) 就健康服务部所需的专业人员和助理职员的人数向校务理事会提供建议；

(e) 起草向校务理事会提交的年度预算；

(f) 每年的米迦勒学期向校务理事会汇报工作。

执行委员会

4．健康服务部设有执行委员会就心理咨询服务部的运行向管理委员会负责。执行委员会包括以下成员：

(a) 校长(或一名就此事项任命的校长代理)任执行委员会主席；

(b) 由财务总管委员会任命的三名独立学院财务总管；

(c) 由高级导师委员会任命的两名独立学院高级导师；

(d) 由校务理事会任命的一人；

(e) 心理咨询服务部主任；

(f) 由管理委员会任命的一名心理咨询服务部职员；

(g) 由管理委员会任命的两名医护人员；

(h) 由校务理事会任命的两名剑桥大学在校生，其中一人须为研究生。

第(b)类至第(d)类以及第(g)类成员的任命应在米迦勒学期内完成，任期三年，自任命后的1月1日开始。第(f)类成员的任命应在米迦勒学期内完成，任期三年或至其离职，自任命后的1月1日开始。第(h)类成员的任命应在复活节学期内完成，任期一年，自任命后的10月1日开始。

财务

5. (a) 牙科服务部的收费标准由剑桥大学健康服务部管理委员会在牙科服务部高级职员的推荐下确定。牙科服务部的经常性费用应由病人承担。剑桥大学负责填补赤字。

(b) 剑桥大学心理咨询服务部的经常性费用(成本价格、光照、取暖、供水和建筑维护除外)应由独立学院承担。独立学院负责填补赤字。

保留事项

6. 章程K第20条有关保留事项的条款同样适用于管理委员会和执行委员会，委员会在此相当于依照章程设立的机构。

职　　员

组成

1. 设立心理咨询服务部主任一职(大学职员职务)以及一级、二级、三级心理咨询师和牙科医生，心理咨询师和牙科医生的人数由校务理事会视具体情况而定。

2. 心理咨询服务部主任在执行委员会的总体监督下负责心理咨询服务部的专业和行政管理，并确定其他心理咨询师的职责。

高级职位的任命和连任

3. 心理咨询服务部主任、一级心理咨询师和牙科医生(大学职员职务)的任命和连任由任命委员会决定。教务长或一名由其任命的代理人担任任命委员会秘书，任命委员会还应包括以下成员：

(a) 校长(或一名就此事项任命的校长代理)任任命委员会主席；

(b) 剑桥大学健康服务部管理委员会主席；

(c) 心理咨询服务部执行委员会主席；

(d) 由剑桥大学健康服务部管理委员会任命的一名委员；

(e) 由校务理事会任命的一名摄政院成员；

(f) 心理咨询服务部主任(当决定一级心理咨询师的任命或连任时)；

(g) 牙医服务部高级教员(当决定非高级教员的牙科医生的任命或连任时)。

任命委员会投票决定任命或连任时应有至少四名委员会成员亲自参加

投票。章程D第十七章第5条同样适用于该任命委员会，剑桥大学健康服务部任命委员会在此等同于学部任命委员会。

其他职务的任命和连任

4. 二级、三级心理咨询师（大学职员职务）的任命和连任应由包括以下成员的委员会决定：

(a) 剑桥大学健康服务部管理委员会主席；

(b) 心理咨询服务部主任；

(c) 相关领域的一级心理咨询师；

(d) 剑桥大学心理咨询服务部执行委员会第(b)，(c)，或第(d)类成员中的一人。

委员会投票决定二级、三级心理咨询师（大学职员职务）的任命和连任时应有至少三名委员会成员参加投票。

牙医服务部主任

5. 校务理事会在剑桥大学健康服务部管理委员会的推荐下可委任一名牙医教员为牙医服务部主任，单届任期不得超过五年。该教员有权在其本职津贴之外获得一笔额外的可用于支付退休金的报酬，每年的数额由校务理事会决定。牙医服务部主任在管理委员会的总体监督下负责牙医服务部的专业和行政管理，并决定其他牙科医师的职责。

沃尔夫逊产业联络办公室

规　　章

沃尔夫逊产业联络办公室隶属于剑桥大学办公室，并在校务理事会的监督之下。

产业联络主任

任命

1. 产业联络主任（大学职员职务）的任命和连任由中心行政职务常务任命委员会决定。

职责

2. 产业联络主任的职责包括：

(a) 推动剑桥大学和产业界的合作，包括向产业界提供有关研究能力和技术转让机会的信息；

(b) 向剑桥大学成员就为其研究寻求产业基金来源、协商决定具体条款提供建议和协助，相关工作受制于剑桥大学的总体学术政策，尤其是有关可以进行商业开发研究成果的相关条款；

(c) 向剑桥大学成员就以下事务提供建议和协助：为其研究成果的知识产权申请专利和其他形式的保护、对这些知识产权进行有利于成员个人和剑桥大学的商业开发；

(d) 尽力保证剑桥大学科研工作所产生发明的商业开放，尤其确保由研究委员会资助项目成果的开发符合剑桥大学和研究委员会达成的一致意见；

(e) 负责沃尔夫逊产业联络办公室的各项工作，并承担校务理事会视具体情况要求承担的工作。

住宿

3. 产业联络主任应遵守校务理事会制定的有关住校的规定。

限制

4. 产业联络主任不应在未获得校务理事会同意的情况下代表独立学院授课。

第十一章　大学职员[①]

大学职员通则

1. 除非章程或条例对特定职务或特定类别职位作出专门规定：

职务设立

(a) 大学职员职务应由具有相应权限的负责机构在剑桥大学的学部、系或其他机构中设置。

任命机构

(b) 下文第 2 条作出专门规定的情况除外，大学职员的任命和连任应由学部、系或其他相应机构的任命委员会决定。任命委员会应依据章程 D 第十七章第 3 条组建，若学部总委员会认定某一大学职员职务涉及超过一个机构并且明确列出这些机构，则应依据章程 D 第十七章第 4 条组建特殊任命委员会。依此组建的任命委员会，或其他依据条例或动议组建旨在任命或选举大学职员的专门机构成员须符合以下条件：该成员在其任期或连任之初时，年龄不得超过七十岁。

投票

(c) 下文第 2 条作出专门规定的情况除外，大学职员的任命或连任应由至少获得以下票数的同意票决定（投票须召开会议，相应机构成员须亲自出席）：

(i) 学部、系或其他机构依据上文(b)款设立的任命委员会（或依据条例包括额外成员的任命委员会）的五名成员或出席成员的三分之二多数（若三分之二多数超过五人）；

或(ii) 第(i)项所规定的任命委员会之外的其他选举或任命机构的五名成员或出席成员的三分之二多数（若三分之二多数超过五人）。

任命

(d) 顺利完成试用期之后，大学职员职务的正式任命期至退休为止。

(e) 具有相应权限的负责机构可以在特殊情况下缩短试用期。

(f) 具有相应权限的负责机构有权在有确实客观依据并且该客观依据被证实的情况下设立非终身的大学职员职务。本条款优先于第 1 条(d)，任命委员会可以在相应人员顺利完成试用期之后，任命该大学职员职务至职

---

① University Officers 既包括主要从事教学研究的学术人员，也包括主要从事行政工作的人员，这里译为大学职员。——校者注

位的设定年限为止。大学职员职务的试用期由具有相应权限的负责机构决定。

(g) 大学职员职务的试用期须由具有相应权限的负责机构决定。 试用期

(h) 章程U第三章第1条所规定的责任人有权决定附录J之外的大学职员是否顺利完成试用期。若责任人没有予以确认，则可将此事提交相关任命委员会，由任命委员会决定是否应延长试用期或终止任命。

(i) 依据以上第(h)款被终止任命的相关人员可以根据章程U第五章上诉。 终止任命上诉

(j) 大学职员不得在未获得具有相应权限的负责机构的许可下在完整学期中从事旨在获得薪酬的剑桥大学及其独立学院之外的授课或讲座工作。 限制

(k) (i) 若某大学职员的主要工作为教学科研，则其可以代表独立学院授课的周学时在未获得具有相应权限负责机构的同意下不得超过十二小时，若该名职员同时担任导师、财务总管(除非具有相应权限的负责机构作出其他规定)、助理财务总管或伙食管理员，则其可以代表独立学院授课的周学时不得超过八小时。相应负责机构可以依据学科的特点和具体情况将上述两种授课时长分别延长至每周十五小时和每周十小时。

(ii) 若某大学职员的主要职责不是教学科研，则：

① 除非获得具有相应权限负责机构的同意，该名职员不得担任独立学院的导师、助理导师、财务主管、助理财务主管、伙食管理员；并且

② 除非获得具有相应权限负责机构的同意，该名职员在独立学院承担的授课任务不得超过每周六小时。

(l) 委员会、特别委员会或其他与附录J之外规定的特定大学职员职务相关的机构，可以要求其不得从事本职工作范围之外的任何工作[上文第(k)款中所列独立学院的授课任务除外]，或限制其工作时间；大学职员可以就委员会、特别委员会或其他机构的决定向具有相关权限的负责机构上诉，该机构的决定为最终决定。

(m) 大学职员职务的任期至退休为止，但根据条例规定的情况或任命时规定的情况除外，大学职员的雇佣关系可以在提前三个月通告的情况下予以终止(通告时间在特定情况下由条例或任命时决定)。 解聘

2. 由重新分级而导致的大学职员职务任命由具有相应权限的负责机构决定。

教授、副教授讲座课和授课报告

每学年结束时章程D所规定的教授以及所有副教授都应向学部总委员会就以下内容提交完整报告：

(a) 本年教授的讲座课数量；

(b) 本年承担的讲座课之外的教学。

荣誉退休教授和荣誉退休副教授

名誉授予

年龄达到六十岁退休后的教授和副教授可以被授予荣誉退休教授或荣誉退休副教授称谓。本规定在做必要修改后同样适用于退休的校长[①]、教务长、图书馆馆长、费兹威廉博物馆主任。

名誉教授和名誉副教授

名誉授予

1. 学部总委员会可以在学部或其他相应负责机构的推荐下授予非剑桥大学职员但是为剑桥大学带来实际利益的相关人员以名誉教授和名誉副教授称谓。

2. 名誉教授和名誉副教授称谓一次授予期限为五年。五年结束时可以延长期限，一次不超过五年，前提是称谓拥有者在学年结束时年龄不得超过六十七岁。达到六十七岁，且拥有名誉教授和名誉副教授超过五年的个人应被授予名誉退休教授或名誉退休副教授。

临时规定

3. 在2007年1月1日以及此前获得名誉教授或名誉副教授称谓的个人可以保有该称谓至其年龄达到七十岁的学年末。

大学职员的住校规定

住宿

1. 以下第3条作出另外规定或其他条文对特定职务作出专门规定的情况除外，在学部总委员会监督下的机构的大学职员应在每学年的完整学期

① 本规定适用于所有1992年10月1日以后自校长职位退休的人员。

内住在校内(根据章程D第二章第5条或第6条请假的情况除外)。所有其他大学职员应遵守其职务规定中的住校条款(若有的话)。

住校定义

2. 当符合以下条件时,大学职员应被视为居住在剑桥大学校内:

(a) 居住在圣玛丽教堂五英里范围之内,只偶尔每周超过两晚不在家;或

(b) 居住在圣玛丽教堂二十英里范围之内,并且白天大部分时间在剑桥;或

(c) 视情况在获得学部总委员会或校务理事会的批准后居住在圣玛丽教堂二十英里范围之外,并且该职员需要遵守学部总委员会或校务理事会制定的相应条款。

3. 学部总委员会可以批准教授或副教授的请假申请,并将任何一个学期内要求的住校时间与7月1日至8月31日之间的等长时间进行交换,前提是此类交换不对剑桥大学的利益造成损害。

拥有伊利大教堂牧师资格教员

4. 根据章程D第二章第13条拥有伊利大教堂牧师资格的大学职员居住在伊利大教堂牧师教规所规定的住房应被视为住在圣玛丽教堂五英里范围之内。

校务理事会和学部总委员会的通告

对特定学术相关职务的任命安排

根据2008年3月12日第四号动议修订

1. 本通告涉及的大学职员职务

本通告涉及以下大学职员职务的任命和连任安排:

- 统一行政服务职务
- 统一行政服务之外的学部、系和其他机构的秘书、助理秘书以及主管人职务
- 剑桥大学图书馆和分馆的职务
- 学部和系图书馆馆长职务
- 计算机职员职务
- 技术职员和高级技术职员职务

规章中有关以上职务任命的条款要求上述职务的任命和连任应基于具有相应权限的负责机构制定的规定。以下是在进一步通告之前应遵守的相应安排。

2. 通则

新任命机构的成员资格和构成

可以为每一个特定职务重新组建任命机构。任命机构的成员应由需任

命职务的同级或上级职员组成。

秘书

校务理事会和学部总委员会将视秘书为相应机构的行政管理人(若该机构设置了秘书)。

程序性建议

人力资源部的相关人事咨询师/职员应在要求下出席相关会议并对个人任命和聘用的程序以及法律问题提供建议。

档案

应保留相关事项的正式议程以及档案,比如申请表的副本、参考材料、候选人名单、供最后挑选用的候选人名单的选拔过程以及结果。作出任命决定的会议应保留会议记录。人力资源部应被告知任命机构的会议以及会议结果。

有效决定所要求的票数

会议有效决定所要求的票数为参会人数的多数或三票(当参会人数多数少于三票时)。

培训

校务理事会和学部总委员会要求任命机构的主席在履职前接受培训。此外,校务理事会和学部总委员会也要求任命机构的其他成员同样接受了其履行职责所需的培训。

3. 统一行政服务职务

主任、副主任、助理主任、主要助理教务长、高级助理教务长、主要助理财务主任、高级助理财务主任:

- 校务理事会常设任命委员会[①]

其他级别的大学职员职务:

- 教务长[②]
- 部门负责人
- 相关学科高级职员
- 具有该职务经验和兴趣的资深学者[③]

4. 学部、系和其他机构的秘书、助理秘书以及负责人

- 机构负责人或一名由其(主席和理事长)委托的代理人
- 学术秘书,或一名由其委托的代理人

① 参见规章第 6 条第 633 页(此页码为英文原文页码)。

② 教务长可自行决定是否参加此事项。

③ 原则上这名资深学者须符合下列条件之一:校务理事会成员、学部总委员会成员、财务委员会成员、负责该部门工作的委员会成员、该机构负责人。

• 具有该职务经验和兴趣的资深学者

• 具有该职务相关知识和经验的高级学术职员

• 至多两名由机构负责人指派的额外成员

法定人数：四人。资深学者或高级学术教员须出自该机构成员之外。

5. 剑桥大学图书馆及其分馆职务

剑桥大学图书馆馆长以及名誉馆长之外的职务：

• 剑桥大学图书馆馆长或一名由其（主席或理事长）委托的代理人

• 负责人事事务的图书馆副馆长以及一名高级管理团队成员①

• 剑桥大学图书馆相应部门/科室负责人

• 两名图书馆特别委员会的学术成员。若决定分馆职务任命，则这两名成员一名为相关特别委员会分支成员，一名为特别委员会成员

法定人数：四人。其中一人须为学术委员。

6. 学部、系以及其他机构图书馆馆长

• 学部委员会主席、相关机构负责人或一名由其（主席或理事长）委托的代理人

• 担任学部总委员会有关图书馆事务主要顾问的剑桥大学图书馆馆长或一名由其委托的代理人

• 一名学部/系图书馆馆长

• 相关学术机构的两名成员

法定人数：三人。其中一人出自该机构之外。

7. 计算机职员

一级至四级计算机职员、高级计算机职员、主要计算机职员：

• 机构负责人或一名由其（主席和理事长）委托的代理人

• 具有该职务经验和兴趣的资深学者

• 剑桥大学计算服务部主任或一名由其委托的代理人

• 具有该职务相关知识和经验的高级学术教员

• 不超过两名由机构负责人指派的额外成员

法定人数：四人。至少一名成员出自该机构之外。

在任何委员会选前安排中，机构负责人应确保计算机职员（一级或以上）参与其中。若该机构没有此类职员，机构负责人应要求剑桥大学计算服务部主任提供一名资深职员。

---

① 在任命图书馆副馆长时，该类两名成员须由三名图书馆特别委员会主席任命的人员代替，三人中须至少包括一名校外人士。

8. 技术和高级技术职员

- 机构负责人或一名由其(主席和理事长)委托的代理人
- 具有该职务经验和兴趣的资深学者
- 具有该职务相关知识和经验的高级技术职员
- 具有该职务相关知识和经验的高级学术教员
- 不超过两名由机构负责人指派的额外成员

若即将任命或连任的职员须承担1986年动物条例(科学程序)规定的动物看护工作,则任命委员会须加入两名由学部总委员会任命的额外成员——他/她应为剑桥大学指定证书的所有者,其中一人须为剑桥大学兽医外科医生。

若即将任命或连任的职员须承担剑桥大学的安全工作,则机构负责人应如下表所示。健康和安全执行委员会应任命两名额外成员。

附　录

大学职员职务所属机构:

学部总委员会监督下的机构	机构负责人
校务理事会监督下的机构	机构负责人
统一行政服务监督下的机构	教务长(若被任命职员在校务理事会下属机构中工作),或学术秘书(若被任命职员在学部总委员会下属机构中工作)

法定人数:四人。学术教员或高级技术职员须来自该机构之外。

9. 继续教育研究所的高级助理秘书、助理秘书和初级助理秘书

- 继续教育和终身学习主任或一名由其作为主席或召集人委托的代理人
- 学术秘书或由其委托的一名代理人
- 具有该职务经验和兴趣的资深学者
- 具有该职务相关知识和经验的高级学术教员
- 由主任指派的不超过两名额外成员

法定人数:四人。资深学者或高级学术教员必须来自该机构之外。

剑桥大学产假和其他与家庭事务有关的请假政策

剑桥大学产假

与大学职员相关的特别因素

所有剑桥大学女性大学职员可以享受最多十八周带薪产假和最多三十四周不带薪产假。鉴于法定支付条款已经延长至三十九周,符合法律规定的个人可以在剑桥大学产假政策不带薪产假的前二十一周享受法定标准支付或生产津贴(包括前十八周全额的薪酬支付)。(根据现行法规,生产后的女性不得在产后两周内开始工作。)

原则上相关人员只能在预产期前十一周之后申请休产假。希望休产假的大学职员应在预产期前十五周之前通过所属机构的人事顾问告知教务长(若她供职于校务理事会监督下的机构)或学术秘书(若她供职于学部总委员会监督下的机构)。产假应根据章程 D 第二章 6(b)予以批准。雇佣方将在带薪假期间继续缴纳雇员的养老保险;不带薪假期间大学职员需缴纳雇主和雇员两份养老保险款项。休假期间薪酬的增加不受影响。

休产假的学期将被视为为章程 D 第二章第 5 条的目的提供服务。

更多细节,包括新的旨在改善沟通的条款收录于下发给各机构负责人的政策声明中。具体参见剑桥大学网站(http://www.admin.cam.ac.uk/officers/hr/policy/maternity.shtml)。

剑桥大学产假条款

在 2002 年雇佣条例所规定对男性产假这一新权利及其薪酬支付规定的基础上,校务理事会和学部总委员会现颁布比现行法律更加有利的剑桥大学男性产假条款。符合资格的大学职员可以在确保缺席工作不会给学校造成额外开支的前提下申请最多两周男性产假。

章程 D 第二章 6(a)所规定的请假(病假)

根据 2008 年 3 月 12 日第四号动议修订

1. 根据章程 D 第二章 6(a)大学职员可以由于生病申请最长六个月的病假,病假不会导致津贴损失。病假可以由具有相应权限的负责机构批准延长,并且须规定可供支付的津贴(如有的话)。

疾病导致无法工作的通告

2. 学期内外由于疾病导致无法工作的时间应被视为章程 D 第二章 6(a)所规定的病假。需要请病假的大学职员应在无法工作当日告知所属机构负责人。大学职员应提交填写完整的连续七天无法出勤的自我鉴定表

(空表可以从人力资源部获得)或七天以上无法出勤的医疗证明(由其所属的家庭医生或医院提供,若该名职员接受住院治疗)。

3. 病假批准日期应由机构负责人进行记录并提交给具有相应权限的负责机构以决定津贴的支付标准(若有的话)。

4. 具有相应权限的负责机构可以征求大学职员的正式同意以获取其医疗记录信息,以备重复或持续缺勤时查看。

病假期间的津贴支付

5. 在确定病假期间支付津贴的时间长度以及总量(若有的话)时,具有相应权限的负责机构应考虑以下几方面因素:

(a) 该名大学职员在剑桥大学的工作年限。

(i) 自 2004 年 1 月 1 日开始受雇于剑桥大学的职员在其任期的第一年原则上在缺勤的前八周享受全额津贴,之后相应时长享受半额津贴:一年后享受时长为十二周;三年后为二十周;五年后享受时长上限为二十六周。

(ii) 关于 2004 年 1 月 1 日前便开始受雇于剑桥大学的职员(目前处于其任期第一年的职员除外),校务理事会和学部总委员会此前决定其在缺勤期间享受半年全额津贴。此后经过再次审议,职员可以获批延长全额津贴假期,十二个月后可能获批享受部分津贴假期。

(b) 全年获批的病假天数优先于现行病假开始日期。

(c) 上次病假之后与下次病假之间是否相隔至少四周,当根据第(a)款考虑是否延长带薪病假时须作考虑。

(d) 大学职员由于连续缺勤而获得的国家失去工作能力保障款。

6. 若无法工作的时间超过了以上第 5 条(a)规定的带薪病假时长,原则上不再予以发放津贴。特殊情况下具有相应权限的负责机构可以在人力资源委员会的建议下延长以上第 5 条(a)不同条款所规定的病假和津贴支付期(若支付津贴的话)。

章程 D 第二章第 5 条规定的请假权利

7. 具有相应权限的负责机构应决定每一个特殊情况下病假所属的学期是否被算作为章程 D 第二章第 5 条目的而服务的学期。通常情况下,一个学期中若请病假二十八天或更长时间,该学期不应被视为为章程 D 第二章第 5 条服务的学期。

指导

8. 人力资源委员会将视情况就与病假及病假期间支付政策的实行发布指导文件。[1]

---

[1] 指导文件已下发各机构负责人,并可从人力资源部网站获得(www. admin. cam. ac. uk/offices/hr)。

学部总委员会下发的通告

章程D第二章第5条所规定的假期(公休假)

1. 根据章程D第二章第5条,所有在附录J中列出的大学职员均有权每六学期享受一学期休假,休假须获得学部总委员会的同意,同意后不可随意撤销。此类休假通常被称为公休假,原则上被视为带薪假,具体参见以下第6条至第8条的规定。

2. 如需申请章程D第二章第5条的假期,大学职员须向学术秘书以及学部委员会或相应其他机构的秘书在完整学期一周前以及休假之前一周提交申请。

特定情况下的请假

3. 针对章程D第二章第5条所规定的公休假申请,当已知相关大学职员无法或不会按期回到工作岗位或只能短暂地回到工作岗位时,学部总委员会同意采纳下述政策。

4. (a) 学部总委员会原则上不同意在本学年结束后将退休的大学职员当年全年或部分时间进行章程D第二章第5条所规定的公休假。

(b) 学部总委员会原则上将以下申请直接视为申请章程D第二章第5条所规定的公休假:

(i) 若一名大学职员在他/她现任期即将结束当年,且连任情况不明(或将调任其他岗位)时申请全年或部分休假;或

(ii) 若一名大学职员已经提交了辞呈,并且辞呈将从其申请假期结束之后或所申请假期的三个学期之内生效。

5. 由于特别原因第4条(a)所述的请假申请可能获批,第4条(b)所述的请假申请亦可能不被直接认定,这不受制于上述第4条的总体政策。

休假期间的津贴发放

6. 根据章程D第二章第5条,学部总委员会有权规定章程规定情况下大学职员休假期间的津贴发放额度(如发放津贴的话)。学部总委员会同意在大学职员遵守以下条款的情况下,在享受章程D第二章第5条的公休假期间,其常规养老津贴(以及适用情况下的家庭补贴)将会全额发放:

(a) 休假的相当部分应用于学习;

(b) 大学职员中止履行剑桥大学或独立学院的教学、行政和考试职责,研究生的监督和考核或博士学位及独立学院学者的申请审核相关的工作

除外；

(c) 若在扣除了常规来源收入以及其他新来源收入的损失之后(并扣除新活动相关的各种开销)，大学职员的收入情况好于不休假，则该名大学职员应放弃部分剑桥大学支付的款项，以使其收入情况与不休假的情况下基本持平。假期结束后该名大学职员应告知学术秘书他/她是否决定放弃部分收入以及具体数额。

7. 考虑第 6 条(b)的情况时，地方考试特别委员会组织的考试不被学部总委员会视为剑桥大学考试。

8. 学部总委员会将出席校务理事会、特别委员会、委员会或其他类似机构的会议视为履行行政职责，因此以上第 6 条(b)对相关工作的规定要求大学职员在章程 D 第二章第 5 条所规定的公休假期间自相应机构辞职或确保不参加相关机构的会议。就此事项，学部总委员会已决定为确保任命委员会的正常工作，获批享受一个学期或更长假期的大学职员应辞去其在任命委员会的职务。

章程 D 第二章 6(b)所规定的假期

经公示修订(2007—2008 学年《通讯》，第 63 页)

1. 在法定的公休假权利之外，章程 D 第二章 6(b)授权学部总委员会批准其他情况下的请假申请；此类假期原则上为无薪假。一些年以来，学部总委员会同意批准借调无薪假申请，大学职员可以利用该假期前往其他机构工作。自 1987 年以来，学部总委员会同意批准大学职员在获得外部资助的情况下在公休假权利之外申请额外的无薪假，以便在剑桥大学或其他地方进行研究。学部总委员会关于批准章程 D 第二章 6(b)所规定的无薪假的政策如下所示。

借调假期

2. 旨在协助以下机构工作的大学职员可以申请借调假期：政府、国内机构、英国参与的国际组织、学术机构、慈善组织、工商业机构。以上机构借调大学职员的请求须和相关组织负责机构的一份完整说明一同提交，指出需要某名大学职员协助的理由。

3. 在考虑此类申请时，学部总委员会须将该大学职员所属机构从此次借调中可能获得的学术利益纳入考虑，并且应平衡校外机构所获得的利益和剑桥大学可能由于这一时期的职员借调所承受的损失。

借调之外其他原因的休假

4. 学部总委员会鼓励大学职员获得外部资助，支持其有效地在剑桥大学或其他地方开展研究。然而，学部总委员会希望不应为了大学职员个体的利益而忽视大学职员所属机构的利益。因此在考虑此类申请时，学部总委员会应考虑保持大学职员个人利益和其所属机构利益的平衡。

5. 大学职员须向学部总委员会提交详细说明，从学术角度支持其休假申请。申请须获得学部委员会或其他负责机构的支持，并且应证明该休假将有利于职员所属的机构。

6. 剑桥大学不应为该休假承担任何额外开支。

7. 学部总委员会在鼓励大学职员寻求外部资金对其研究项目支持的同时，也希望该政策被适度使用。原则上学部总委员会希望休假最长不超过三年，并且在该名职员任职于剑桥大学期间总共不超过六年。

8. 学部总委员会将为每个申请者确定公休假包括的学期是否被算作为章程 D，Ⅱ，5 目的服务。

无薪假导致的开支缩减

9. 由于大学职员无薪假导致的开支缩减（扣除其退休金或国民保险以及特定行政开支）将被纳入学部、系或其他相关机构的津贴账户。代课教师或全职代课的开支应从这部分开支缩减余款中支出。

休假期间的退休金支付

1. 每个案例须考虑其具体情况，下文列出的总体原则要考虑具体情况。

2. 大学职员带薪假期间，校方将依据其津贴标准缴纳退休金。

3. 若学部总委员会已经根据章程 D 第二章 6(a)延长了病假，并且病假已超过了六个月，即便学部总委员会已经决定在假期期间削减其津贴标准或完全不发放津贴，剑桥大学校方仍将继续按照其全额津贴的标准缴纳退休金。

4. 若一名大学职员获批享受章程 D 第二章第 5 条所规定的假期（公休假），即便休假期间其享受的津贴有所削减，剑桥大学校方将按照其全额津贴的标准缴纳退休金。

5. 若一名大学职员获批请假参加国家服务计划（强制或志愿），并获得学部总委员会的批准，即便休假期间其享受的津贴有所削减或不予发放，剑桥大学校方将按照其全额津贴的标准缴纳退休金。

6. 若一名大学职员申请章程 D 第二章 6(b)所规定的假期以参加校外非国家服务计划的带薪工作，相关负责机构应针对每一个案例考虑是否将借调的大学职员全额或部分偿还剑桥大学校方为其缴纳的退休金作为申请假期的条件。通常情况下，学部总委员会会要求申请借调无薪休假的大学职员接受以下条款:全额偿还剑桥大学校方缴纳的退休金,退休金的缴纳标准为该大学职员的常规津贴。

7. 若一名大学职员申请章程D第二章6(b)所规定的假期,并且其目的并非第5条和第6条所述的,则即便休假期间其享受的津贴有所削减,剑桥大学校方将按照常规津贴的标准缴纳退休金。

8. 若学部委员会依据章程D第二章第7条认定假期的全部或部分时间段不被计入大学职员任期,则剑桥大学校方不会为其缴纳津贴以及退休金。

9. 若休假期间剑桥大学校方一直为大学职员缴纳退休金,则该大学职员也应持续缴纳退休金的应缴份额。若休假期间剑桥大学校方并未给大学职员缴纳退休金,则该大学职员可以选择同时缴纳雇主和雇员两份退休金。

10. 若休假期间剑桥大学并未给大学职员支付全额津贴,则这些规定中退休金缴纳的常规津贴标准应为该大学职员未休假时所领取的津贴金额,以及休假期间的年功序列工资增长、补充收入(根据相应收入发放)以及研究资助或独立学院职务的额外津贴。不被计入职务任期的假期不得被纳入年功序列工资增长的计算。

一些大学职员的进修假

学部总委员会业已同意下表中的大学职员可以申请进修假,并须遵守章程D第二章第5条对附录J中所列大学职员申请进修假的条款。

地球科学和地理学学部

塞奇威克博物馆馆长

塞奇威克博物馆高级助理馆长

塞奇威克博物馆助理馆长

物理和化学学部

约翰·库奇·亚当斯天文学家

考古学和人类学学部

考古学和人类学博物馆馆长、主任

考古学和人类学博物馆高级助理馆长

考古学和人类学博物馆助理馆长

生物学学部

动物学博物馆高级助理馆长

动物学博物馆助理馆长

工程学学部

工程车间负责人

临床医学学部和其他相关学部

临床讲师

独立于任何学部的系等其他机构

农业经济学科室主任

惠普尔科学历史博物馆主任、馆长

商业研究中心主任

剑桥大学金融研究捐赠主任

艾萨克·牛顿数学科学研究所主任

根据章程D第十四章第10条和章程D第十七章第12条申请承担特定教学工作

学部总委员会必须视具体情况考虑附录J所列大学职员所提交的旨在完整学期期间获得剑桥大学或独立学院的常规教学之外额外教学工作的报酬的申请。申请的依据为章程D第十四章第10条和章程D第十七章第12条。学部总委员会认为不妨公布其依据章程审核此类申请所遵守的程序。

学部总委员会将申请转交相关学部委员会，并根据学部委员会提供的证据证明该大学职员承担校外机构的常规教学工作有利于剑桥大学，从而决定是否批准该申请。以下两种情况除外：大学职员申请临时帮助某一机构承担短期教学任务，以助其渡过难关；大学职员申请担任短期的客座教授或访问教师。承担此类校外机构的常规教学工作的许可须每年重新进行审核。

津　贴

1. 第2条至第7条中“剑桥大学职员”适用于所有章程和条例中所包括的大学职员以及剑桥大学雇佣的其他员工（以下人员除外：名誉校长、校长、总务长、副总务长、校长法律顾问、学监、助理学监、额外助理学监、特别助理学监、校方发言人、仪式官、管风琴家、校长陪同、剑桥大学出庭代诉人和副出庭代诉人，以上人员的工资由国家以及地方公职人员程序决定；以及校务理事会界定的某些类别人员[①])。

2. 剑桥大学职员津贴和薪级表如附录一所示。

3. 附录一所示的级别结构适用于所有剑桥大学员工。

4. 决定剑桥大学员工级别的通用分级方法须获得剑桥大学校方批准。[②]

5. (a) 校长、副校长、助理学监、额外助理学监、特别助理学监、管风琴家和校长陪同的津贴由校务理事会决定。

(b) 总务长、副总务长、校长法律顾问、学监、校方发言人、仪式官、剑桥大学出庭代诉人和副出庭代诉人的津贴根据动议决定。

(c) 教授、副教授、大学高级讲师和大学讲师的津贴级别如下所示：

教授	十二级	68—92分
副教授	十一级	63分
大学高级讲师	十级	59—61分
大学讲师	九级	49—57分

(d) 第1条中所述的所有其他剑桥大学职员的级别和津贴由具有相应权限的负责机构根据其制定的程序决定。

6. 具有相应权限的负责机构应根据剑桥大学校方批准的相关程序对剑桥大学员工的起始级别以及随着其对学校作出的贡献而增长的级数作出规定。

7. 若在修改剑桥大学员工薪酬方案时对剑桥大学总体津贴和薪级表的修订获得批准，具有相应权限的负责机构在必要时可以根据总体修订的目的和条件修改任何大学职员的薪酬。

---

① 校务理事会认定下列人员不适用于此规定：

(i) 剑桥大学出版社或地方考试特别委员会雇佣的非大学雇员；

(ii) 法定呈缴本图书馆与ADC剧院的代理处的工作人员；

(iii) 马丁利大厦的工作人员与剑桥大学农场雇佣的非大学雇员。

② 根据2005年7月27日第三号动议批准的分级方法为高等教育角色分析方案(HERA)，已经进行标准化加权(参见人力资源部网页 http://www.admin.cam.ac.uk/offices/hr/reward/hera/index.html)。

附 录 一

	级别													薪级分	单脊薪酬				
	T	1	2	3	4	5	6	7	8	9	10	11	12						
													561及以上		2006年1月1日	2006年8月1日	2007年2月1日	2007年8月1日	2008年5月1日
													*	92	£112,373	£115,744	£116,901	£120,408	£124,020
													*	91	£109,100	£112,373	£113,497	£116,902	£120,409
													CB4*	90	£105,922	£109,100	£110,191	£113,497	£116,902
													*	89	£102,837	£105,922	£106,981	£110,190	£113,496
													*	88	£99,842	£102,837	£103,865	£106,981	£110,190
													*	87	£96,934	£99,842	£100,840	£103,865	£106,981
													*	86	£94,110	£96,933	£97,902	£100,839	£103,864
													*	85	£91,369	£94,110	£95,051	£97,903	£100,840
													CB3*	84	£88,708	£91,369	£92,283	£95,051	£97,903
													*	83	£86,124	£88,708	£89,595	£92,283	£95,051
													*	82	£83,616	£86,124	£86,985	£89,595	£92,283
													*	81	£81,180	£83,615	£84,451	£86,985	£89,595
													*	80	£78,816	£81,180	£81,992	£84,452	£86,986
													*	79	£76,520	£78,816	£79,604	£81,992	£84,452
													CB2*	78	£74,291	£76,520	£77,285	£79,604	£81,992
													*	77	£72,128	£74,292	£75,035	£77,286	£79,605
													*	76	£70,027	£72,128	£72,849	£75,034	£77,285
													*	75	£67,987	£70,027	£70,727	£72,849	£75,034
													*	74	£66,000	£67,987	£68,667	£70,727	£72,849
													*	73	£64,084	£66,007	£66,667	£68,667	£70,727
													CB1*	72	£62,218	£64,085	£64,726	£66,668	£68,668
													*	71	£60,406	£62,218	£62,840	£64,725	£66,667
													*	70	£58,646	£60,405	£61,009	£62,839	£64,724

（续表一）

	级别													薪级分	单脊薪酬				
	T	1	2	3	4	5	6	7	8	9	10	11	12		2006 年 1 月 1 日	2006 年 8 月 1 日	2007 年 2 月 1 日	2007 年 8 月 1 日	2008 年 5 月 1 日
													561 及以上						
													*	69	£56,938	£58,646	£59,232	£61,009	£62,839
												521—560	*	68	£55,280	£56,938	£57,507	£59,232	£61,009
												6*		67	£53,670	£55,280	£55,833	£57,508	£59,233
												5*		66	£52,107	£53,670	£54,207	£55,833	£57,508
											481—520	4*		65	£50,589	£52,107	£52,628	£54,207	£55,833
											6*	3*		64	£49,115	£50,588	£51,094	£52,627	£54,206
											5*	2*		63	£47,685	£49,116	£49,607	£51,095	£52,628
										436—480	4*	1*		62	£46,296	£47,685	£48,162	£49,607	£51,095
										13*	3			61	£44,947	£46,295	£46,758	£48,161	£49,606
										12*	2			60	£43,638	£44,947	£45,397	£46,759	£48,161
									386—435	11*	1			59	£42,367	£43,638	£44,074	£45,397	£46,759
									14*	10*				58	£41,133	£42,367	£42,791	£44,074	£45,397
									13*	9				57	£39,935	£41,133	£41,544	£42,791	£44,074
									12*	8				56	£38,772	£39,935	£40,335	£41,545	£42,791
									11	7				55	£37,643	£38,772	£39,160	£40,335	£41,545
									10	6				54	£36,546	£37,642	£38,019	£39,159	£40,334
								346—385	9	5				53	£35,482	£36,546	£36,912	£38,019	£39,160
								14*	8	4				52	£34,448	£35,481	£35,826	£36,911	£38,019
								13*	7	3				51	£33,445	£34,448	£34,793	£35,837	£36,912
								12*	6	2				50	£32,471	£33,445	£33,779	£34,792	£35,836
							311—345	11*	5	1				49	£31,525	£32,471	£32,795	£33,779	£34,793
							12*	10	4					48	£30,607	£31,525	£31,840	£32,796	£33,780
							11*	9	3					47	£29,715	£30,606	£30,913	£31,840	£32,795
							10*	8	2					46	£28,850	£29,716	£30,013	£30,913	£31,840
						276—310	9*	7	1					45	£28,009	£38,849	£29,138	£30,012	£30,912
						11*	8*	6						44	£27,194	£28,010	£28,290	£29,139	£30,013
						10*	7*	5						43	£26,401	£27,193	£27,465	£28,289	£29,138

（续表二）

	级别													薪级分	单脊薪酬				
	T	1	2	3	4	5	6	7	8	9	10	11	12		2006年1月1日	2006年8月1日	2007年2月1日	2007年8月1日	2008年5月1日
													561及以上						
						9*	6	4						42	£25,633	£26,402	£26,666	£27,466	£28,290
						8*	5	3						41	£24,886	£25,633	£25,889	£26,666	£27,466
						7*	4	2						40	£24,161	£24,886	£25,135	£25,889	£26,665
					231—275	6*	3	1						39	£23,457	£24,161	£24,402	£25,134	£25,888
					10*	5	2							38	£22,774	£23,457	£23,692	£24,403	£25,135
（框架协议）					9*	4	1							37	£22,111	£22,774	£23,002	£23,692	£24,403
					8*	3								36	£21,367	£22,111	£22,332	£23,002	£23,692
					7*	2								35	£20,842	£21,467	£21,682	£22,332	£23,002
				201—230	6*	1								34	£20,235	£20,842	£21,050	£21,682	£22,332
				10*	5									33	£19,645	£20,234	£20,437	£21,050	£21,681
				9*	4									32	£19,073	£19,645	£19,841	£20,436	£21,049
				8*	3									31	£18,517	£19,073	£19,263	£19,841	£20,436
				7*	2									30	£17,978	£18,517	£18,703	£19,264	£19,841
			171—200	6*	1									29	£17,454	£17,978	£18,157	£18,702	£19,263
			10*	5										28	£16,946	£17,461	£17,636	£18,165	£18,710
			9*	4										27	£16,452	£16,967	£17,137	£17,651	£18,180
			8*	3										26	£15,973	£16,488	£16,653	£17,152	£17,667
			7*	2										25	£15,508	£16,023	£16,183	£16,669	£17,169
			6*	1										24	£15,056	£15,571	£15,727	£16,199	£16,684
			5											23	£14,618	£15,133	£15,284	£15,743	£16,215
		100—170	4											22	£14,192	£14,707	£14,854	£15,300	£15,759
		9*	3											21	£13,778	£14,293	£14,436	£14,869	£15,315
		8*	2											20	£13,387	£13,902	£14,041	£14,462	£14,896
		7*	1											19	£13,009	£13,524	£13,659	£14,069	£14,491
		6*												18	£12,692	£13,207	£13,339	£13,739	£14,159
		5												17	£12,335	£12,850	£12,979	£13,368	£13,788
		4												16	£11,989	£12,504	£12,629	£13,008	£13,428
		3												15	£11,703	£12,218	£12,340	£12,710	£13,130
		2												14	£11,377	£11,892	£12,011	£12,371	£12,791

（续表三）

	级别												薪级分	单脊薪酬				
	T	1	2	3	4	5	6	7	8	9	10	11	12					
													561及以上		2006年1月1日	2006年8月1日	2007年2月1日	2007年8月1日	2008年5月1日
		1												13	£11,060	£11,575	£11,691	£12,041	£12,461
	T12													12	£10,750	£11,265	£11,378	£11,719	£12,139
	T11													11	£10,451	£10,966	£11,076	£11,408	£11,828
	T10													10	£10,161	£10,676	£10,783	£11,106	£11,526
	T9													9	£9,880	£10,395	£10,499	£10,814	£11,234
	T8													8	£9,607	£10,122	£10,223	£10,530	£10,950
培训生	T7													7	£9,342	£9,857	£9,956	£10,255	£10,675
	T6													6	£9,084	£9,599	£9,695	£9,986	£10,406
	T5													5	£8,834	£9,349	£9,442	£9,725	£10,145
	T4													4	£8,591	£9,106	£9,197	£9,473	£9,893
	T3													3	£8,356	£8,871	£8,960	£9,229	£9,649
	T2													2	£8,127	£8,642	£8,728	£8,990	£9,410
	T1													1	£7,905	£8,420	£8,504	£8,759	£9,179

注1：* 贡献分。

注2：级别T为正在为资格认证学习或正在进行在岗培训的职员。

注3：自2006年1月1日起T1至T5等级不再使用。

注4：大学讲师和大学高级讲师分别为第9级和第10级。

大学讲师可以按照第9级内的1—9分段增加津贴。

大学高级讲师可以按照第10级内的1—3分段增加津贴。

副教授为第11级的2分段（总第63阶）。

第9、10、11级的贡献分不适用于大学讲师、大学高级讲师和副教授；仅适用于学术相关职员。

注5：除教授外的学术职员的贡献将通过晋升程序而非贡献分的使用体现。

注6：教授最低为第12级总第68阶。

注7：教授级的学术相关职员根据高等教育角色分析方案（HERA）对每一等级的边界设定属于第12级。

注8：2010年1月1日起第2、3、4级的第一分段贡献分转为服务分。

注9：根据谅解备忘录，特定安排适用于一些等级的服务相关积分的级数。

附　录　二

学部总委员会监督下大学职员的津贴和津贴级表：临床职务

以下津贴和津贴级表由学部总委员会决定：

临床讲师 29364 英镑，增加十级至 50972 英镑；

临床医学学部委员会中的助理院长职务、全科医学主任和助理主任为兼职工作，其津贴由当地协议参考全职咨询师薪酬后确定。

津贴以外的收入

经公示修订（2007—2008 学年《通讯》，第 238 页）

系主任

1. 具有相应权限的负责机构有权向以下第 2 条至第 9 条中所列出获得批准的大学职员支付津贴以外的与退休金挂钩的收入或与退休金无关的一次性收入。

2. 下文附录 1 至附录 6 中所包含的系主任有权在其大学职员职务的薪酬之外获得与退休金挂钩的额外收入，作为其承担行政工作的报酬，年度支付额度参见下面的薪级表：

	折合剑桥大学总体薪级表总第 68 阶津贴的百分比
附录 1	30%
附录 2	25%
附录 3	20%
附录 4	10%
附录 5	7.5%
附录 6	5%

3. 学部总委员会有权向根据系和系主任规定第 5 条任命的副系主任发放与退休金挂钩的额外收入，该收入被视为根据第 1 条支付给系主任收入的一部分。

4. 学部总委员会有权视具体情况更改附录中所列出的系。

与退休金挂钩的额外收入

5. 学部总委员会有权在咨询相关学部委员会之后向任何履行了与附录Ⅹ中所列学部委员会主席和秘书职务相关工作的个人发放与退休金挂钩的额外收入，前提是根据规定发放的收入总额不得超过规定第 1 条对附录 3 中系主任发放的额度。

与退休金挂钩的额外临床工作收入

6. 具有相应医学资质并且与国家健康服务计划签订了名誉合同担任顾问、高级登记员或全科医学负责人的大学职员在合同期内有权获得其大学职员津贴之外的额外从事临床工作的与退休金挂钩的收入，该笔收入每年的发放额度薪级表由学部总委员会通过通告发布。具体某名职员在薪级表中的级别由包括学部总委员会和剑桥大学医院国民健康服务信托基金会的联合委员会决定，委员会需考虑与国家健康服务计划签订的名誉合同的重要性并对其至少每年进行一次评估，委员会包括以下成员：

(a) 钦定医学教授，担任委员会主席；

(b) 由临床医学学部委员会任命的一人；

(c) 由学部总委员会任命的两人；

(d) 由剑桥大学医院国民健康服务信托基金会任命的两人。

与退休金无关收入

此外，学部总委员会有权在临床医学学部委员会的推荐下批准向承担了其本职工作之外临床工作的临床讲师或其他学部总委员会批准的个人发放与退休金无关的一次性收入。

7. 具有相应权限的负责机构有权向临时履行比其更高职位工作的大学职员发放与退休金挂钩的额外收入。

8. 具有相应权限的负责机构有权在学部委员会或其他相关机构的推荐下批准向大学职员或其他获得相应负责机构批准并以通告公示的个人发放可用于领取退休金或与退休金无关的收入。

9. 具有相应权限的负责机构有权在遵守校方有关政策和程序的前提下向剑桥大学员工发放可用于领取退休金或与退休金无关的额外收入。

临时规定

10. 具有相应权限的负责机构有权通过发放与退休金挂钩的额外收入调整剑桥大学职员的津贴，以确保该职员的津贴在 2006 年 1 月 1 日之后的四年时间内符合 2005 年 7 月 27 日第一号动议至第九号动议批准通过的薪酬标准以及等级结构。

附　录　1

化学	病理学
工程学	物理学

附　录　2

应用数学和理论物理学	医学
生物化学	生理学、发育和神经科学
计算机实验室	植物科学
地球科学	兽医学
教育学	动物学
材料科学和冶金学	

附　录　3

天文学(研究所)	血液学
化学工程和生物技术	贾奇管理学研究所
临床生物化学	药理学
临床神经科学	公共健康和基本护理
实验心理学	纯数学与数理统计
遗传学	外科学
地理学	

附　录　4

考古学	肿瘤学
建筑学	精神病学
土地经济	社会人类学
产科学和妇科学	

附　录　5

生物人类学	科学史和科学哲学
东亚研究	语言学
英语和应用语言学(研究中心)	中东研究
家庭研究(中心)	政治学
法语	斯考特极地研究所
德语和荷兰语	社会与发展心理学
艺术史	社会学

附　录　6

高级宗教和神学研究(中心)	医学遗传学
考古研究(麦克唐纳研究所)	中东和伊斯兰研究(中心)
非洲研究(中心)	儿科学
盎格鲁-撒克逊、古挪威语和凯尔特语	放射学
国际法(劳特派奇特研究中心)	斯拉夫研究
国际研究(中心)	南亚研究(中心)
意大利语	西班牙语和葡萄牙语
拉丁美洲研究(中心)	

附　录　X

古典学	法学
神学	现代与中世纪语言
经济学	音乐
英语	哲学
历史	

校务理事会和学部总委员会的通告

行政工作的额外报酬

根据公示（2007—2008 学年《通讯》，第 63 页）以及
2008 年 3 月 12 日第四号动议修订

1. 根据 2002 年 6 月 12 日第五号动议修订的有关行政工作额外报酬规定的条款，具有相应权限的负责机构有权在学部委员会或其他相关机构的推荐下批准向大学职员或其他由负责机构批准的个人发放行政工作的与退休金挂钩或无关的额外报酬。

与退休金挂钩报酬的支付方案

2. 具有相应权限的负责机构在机构行政负责人的推荐下向符合以下条件的个人发放与退休金挂钩的额外报酬：完成了额外工作并且承担了相应责任，具体须符合津贴以外获取额外收入的相关规定。

3. 额外的工作包括获得正式任命的附录 1 至附录 6 中所列系级单位第一负责人和第二负责人的工作，附录Ⅺ中所列不下设系级单位的学部委员会主席或秘书，以及所有接受代理补贴或其他临时额外工作报酬的职员。

支付安排

4. 系级单位的第一负责人、第二负责人以及不下设系级单位的学部委员会主席或秘书的报酬由分配给学院的款项支出。代理补贴和对在出现职位空缺或无薪假情况下承担额外工作职员发放的额外报酬由空缺职位的资金来源开支。在其他临时代职的情况下，比如带薪病假或产假，相关机构应在自有资金不足的情况下申请非常规性资金补助。所有与退休金挂钩的额外报酬和津贴或工资一同通过薪水册按月发放。

与退休金无关报酬的支付方案

5. 在机构行政负责人的推荐下，具有相应权限的负责机构可向完成了额外工作或承担了相应责任的个人发放与退休金无关的额外报酬，具体须符合津贴以外获取额外收入的相关规定。

6. 用于评判是否应发放额外报酬以及是否会获得具有相应权限的负责机构的批准包括以下几方面：

(a) 该职员承担的工作不在其本职工作要求范围之内；并且

(b) 此项工作对当事机构具有长期而重大的影响；并且

(c) 该职员承担的工作涉及挤占其大量工作时间的行政工作。

7. 获得不可用于领取退休金额外报酬所须承担的额外工作包括承担额外的行政工作[①](临时或整个学年)以及作为系安全职员、系火警职员、放射防护监督员、生物安全职员和激光安全职员承担额外的健康和安全工作。

8. 若剑桥大学员工承担其工作协议外的额外工作,则他应该获得根据额外工作的工作强度发放的额外报酬作为补偿。具体支付数额应由相关机构参照比较行政负责人的收入(在某些情况下参照第二负责人的收入)和工作量确定。例如,某机构对从事额外工作的员工在工作量、时间和所承担责任方面要求相对较小,则中心机构推荐额外报酬的数额不超过规章所规定的计划中相关负责人的收入的 15%;若工作要求适中,则额外报酬的数额不超过相关负责人收入的 35%;若工作要求较高,则这一比例不超过 70%。

支付安排

9. 额外报酬的资金由在其职权范围内向学部和系分配资金的学院理事会、处于校务理事会或学部总委员会直接监督下的机构以及其他有权决定和推荐向其职员支付额外收入的机构年度拨款中支出。

10. 学部、系和其他希望向员工发放额外收入的机构应为每个学期的发放计划向人力资源部提交指定格式的申请表,申请应在完整学期结束之前提交。收到表格之后,人力资源部将寻求具有相应权限负责机构的批准并通过工资单在额外工作完成后的学期进行发放。

11. 校务理事会、学部总委员会监督下的机构或学部总委员会可以在向具有相应权限的负责机构备案后为其认为必要的工作支付额外的款项。除中心拨付的资金外,学部、系和其他机构可以使用自身资金进行此类款项支付。

12. 对个别重要的额外行政工作的特别支出,应由相关机构自身资金按照财务部推荐操作程序进行支付。支付须获得具有相应权限负责机构的批准,并通过每月工资单发放。

13. 剑桥大学与校外机构签订有利于校外机构的实验室研究协议时,[②]所产生的与之相关的特别支出须在协议中写明,并且须按照财务部推荐操作程序进行支付。支付须由具有相应权限的负责机构在相关系主任的推荐下批准,并通过每月工资单发放。

---

① 包括每年发放到考试委员会的支付给主考官的报酬。

② 参见第 169 页(此页码为英文原文页码)。

职工宿舍

1. 若大学职员或助理的聘任条款要求其住在职工宿舍，则他/她须为此支付房租。房租价格须由不动产管理和建筑服务部确定，并且每三年须进行一次修订。 房租和估价

2. 根据第1条给出的房租价格可以在考虑其具体用途后进行适当减免；大学职员的具体数目由具有相关权限的负责机构进行评估，助理职员的具体数目由助理职员委员会进行评估，并且需要在占用住宅的工作发生变化后进行再次评估。 房租减免

3. 第2条进行房租减免后的剩余房款可以从相关人员的工资中扣除。

4. 对职工宿舍的使用应免征家庭税，并且须符合财务委员会视情况在咨询合适的大学机构后制定的相关政策。 家庭税

有关大学职员的特别规定

校长

1. 当出现以下两种情况中的任意一种时，校务理事会应任命一个顾问委员会就校长的提名人选提供建议：校长任期结束的一年前以及校长职务出现临时空缺。顾问委员会的成员不应少于八人，其中多数须为摄政院的住校成员，两人须为非剑桥大学住校成员。顾问委员会向校务理事会提交供参考的名单。校务理事会须将被提名候选人的名单进行公示并就校长的最终任命向摄政院提交动议。 顾问委员会 任命

2. 校务理事会应在校长就任之后尽快指定学期中的一天召开摄政院会议暨校长就职典礼。 就任

3. 摄政院会议上高级学监须向校长提问："你可以就忠实履行剑桥大学校长职责而宣誓吗？"校长须回答："是的，我宣誓。"高级学监须宣布："基于授予我的权威，我以圣父、圣子和圣灵的名义准许你履行本校校长职责。"[①]然后由初级学监授校长勋章。若已经动议建议根据章程B第三章第6条授予校长文学硕士或根据章程B第三章第7条授予其他学位，并且该动议获得了批准，则须由教务长向校长在典礼上颁发学位。除非名誉校长在场，校长应担任 会议程序

① 高级学监有权省略"in nomine Patris, et Filii, et Spiritus Sancti"等词。

摄政院会议主席。

住宿

4. 除非根据章程D第二章第6条获准离开，校长在学期中应住在剑桥大学内，并且在未获校务理事会的同意下每学年不得离开学校超过八周。

开支

5. 校长可以获得补贴以月于工作所需的开支。校务理事会可以根据工作所需的额外开支进一步发放补贴。

接受捐赠

6. 由校长代表剑桥大学接受捐赠，对于特定捐赠校长可以要求校务理事会就捐赠事宜向摄政院提交动议。

指定主管人

7. 根据高等教育基金理事会（英格兰）和剑桥大学的财务备忘录，校长为剑桥大学的指定主管人。

连任

8. 校长可以在当届任期结束前一年内根据章程D第三章第2条由摄政院根据校务理事会的任命获得连任。

副 校 长

根据2007年10月31日第二号动议修订

1. 副校长最多不超过五名。

提名委员会

规程

2. 副校长职务的提名委员会由以下成员构成：

(a) 校长（或一名就此事项任命的校长代理）任提名委员会主席，以及尚未就职的新当选校长（如果有的话）；

(b) 一名校务理事会第(a)类成员；

(c) 校务理事会的另外两名成员；

(d) 两名学部总委员会第(b)类成员，其中一名由学部总委员会从艺术与人文学院理事会以及人文与社会科学学院理事会任命的成员中提名，一名由其他学院理事会任命的成员中提名。

第(b)，(c)和(d)类成员的任命应在米迦勒学期内完成，任期两年，自任命后的1月1日开始。相关成员若不再担任校务理事会或学部总委员会成员（视具体情况而定），则提名委员会成员资格同时终止。

秘书

3. 教务长（或由其委托的一人）任提名委员会秘书。

津 贴

4. 副校长的岗位津贴数额由校务理事会决定。若副校长获得的是兼职任命，则其所得津贴为津贴全额的配额比例。若他/她同时担任其他大学职员职务，则其本职津贴须依照配额比例削减，并加上其他职务报酬、临床工作报酬或市场补助。

学监和助理学监

1. 以下格式证明用于章程 D 第六章第 2 条：

提交学监住校证明格式

我特此证明________学院的__________ 在三个学期中的大部分时间内都居住在校内。

特此证明。

________学院院长

2. 两名学监中一人为高级学监，一人为初级学监。先成为大学评议会成员的学监担任高级学监。若两人在同一天成为评议会成员，则成为高级学监的资格由毕业资历的相关规定决定。

高级资格

3. 每年复活节学期须提出动议为下一学年任命两名助理学监。学监候选人须获得根据学监轮换确定的独立学院的提名，独立学院有权隔年提名一名助理学监。提名应在每年的完整四旬斋学期末之前以书面形式提交校长。

助理学监

4. 学校可以任命两名额外助理学监以协助学监和助理学监维持学校纪律。额外助理学监须为评议会成员，并且任期超过三年。额外助理学监每年复活节学期须通过动议根据校长和学监的提名任命，任期为任命之后的下一学年。

额外助理学监

5. 在特定情况下校长可以在学监的推荐下任命额外助理学监。

6. 校长有权任命负责机动车事务的特别学监，特别学监根据相应规定负责剑桥大学在校生的机动车使用事务。

7. 特别学监应将在校生的机动车违章情况第一时间通报其导师。

特别学监

8. 学监的工资通过动议视具体情况决定。助理学监、额外助理学监以及机动车事务特别学监的工资由校务理事会根据财务委员会的建议视具体情况决定。

工资

治　安　官

9. 校长根据学监的提名为每一名学监、助理学监、额外助理学监任命两名治安官，为机动车事务特别助理学监任命一名或两名治安官。校长有权根据学监的提名任命额外治安官。

10. 根据第 9 条获得任命的相关人员的服务和工资条款由校务理事会下属财务委员会根据学监的推荐决定。

服务和工资条款

剑桥大学出庭代诉人和副出庭代诉人

任期

1. 剑桥大学出庭代诉人任期四年，可以连任，连任任期不超过两年。

2. 剑桥大学根据校务理事会的推荐视具体情况设立副出庭代诉人职务。副出庭代诉人第一届任期为两年，可以连任，单届连任任期不超过两年，当新任出庭代诉人履职后，副出庭代诉人的职务终止。

3. 若大学出庭代诉人或副出庭代诉人的任期结束时其手头仍有未结束的诉讼，则他/她可以继续完成该诉讼。

权力

4. 剑桥大学出庭代诉人或副出庭代诉人有权向校外单位寻求司法建议，所产生费用由剑桥大学承担，费用上限由校务理事会视具体情况决定；受制于章程 U，他们可以委托具有相关资格的高级律师或初级律师代表其处理诉讼。

津贴

5. 剑桥大学出庭代诉人的津贴根据动议视具体情况而定。副出庭代诉人职务没有岗位津贴。

6. 除岗位津贴之外，出庭代诉人有权按日获得额外的与退休金无关的报酬，具体标准由校务理事会视具体情况而定。若工作时间不满一天则获得相应比例的日报酬。副出庭代诉人或其他任何根据规章第三条代行大学出庭代诉人职务的相关人员有权获得与之类似的完整工作日或部分工作日的报酬。

发　言　人

为了履行其工作职责，发言人须住在剑桥大学校内。发言人不得在未获得校长批准的情况下缺席任何章程 B 第四章中所列颁发学位的大会。若发言人须离开学校超过七天，则他/她应该尽可能提前向校务理事会申请批准，或在返校后申请批准。

统一行政服务(大学公职职员)

根据 2008 年 3 月 12 日第四号动议修订

部门

1. 大学公职职员构成校务理事会监督下的统一行政服务，并包括以下部门：

学术部(包括规划和资源分配办公室)

不动产管理和建筑服务部

财务部

人力资源部

管理信息服务部

研究服务部

秘书处(包括法律服务)

2. 根据章程D第八章,统一行政服务的负责人为教务长。教务长在校务理事会的指导下管理大学行政部门和职员、预算以及其他由校务理事会为行政部门提供的资源。教务长的职责在于确保大学行政部门根据校务理事会同意的相关要求提供高质量的服务。教务长应在校务理事会提出相应要求的情况下向其提交大学公职履职情况的报告。

教务长职责

3. 统一行政服务的各部设有部长一职(大学职员职务,职务称谓可由校务理事会视具体情况而定),部长为部门负责人,须在教务长的指导下管理各部门工作。①

4. 统一行政服务设有以下大学职员职务,具体人数由校务理事会视情况而定:副部长、助理部长、助理教务长、助理财务主任(包括主要助理和高级助理)、行政职员(一级、二级和三级)、计算机职员(包括六个级别,主要计算机职员、高级计算机职员和一级、二级、三级、四级职员)以及顾问职员(包括高级顾问职员)。

大学职员

统一行政服务各部门的职务分配由校务理事会根据教务长的推荐决定。

5. 不同职务的职责和服务条款由校务理事会决定。

职责

6. 部长、副部长、助理部长、主要助理教务长、主要助理财务主任、高级助理教务长和高级助理财务主任的任命和连任应由校务理事会的常务任命委员会决定。高级职务的任命和连任须获得任命委员会至少五名成员的同意票(任命委员会成员须亲自出席并投票)。

高级职员的任命和连任

常务任命委员会包括以下成员:

常务任命委员会

(a) 校长(或由其委托的一名助理)任任命委员会主席;

(b) 由校务理事会任命的四人,其中一人由学部总委员会提名,一人由财务委员会提名,两人由校务理事会提名;

(c) 教务长(或由其委托的一名副主任)和任命职务所属部门的部长(决定部长的任命或连任的情况除外)。

第(b)类成员的任命应在米迦勒学期内完成,任期两年,自任命后的1月1日开始。教务长或由其委托的大学职员担任委员会秘书。

7. 助理教务长、助理财务主任、行政职员(一级、二级和三级)、高级顾问

其他职务的任命和连任

① 校务理事会已决定学术部部长享有学术秘书头衔,秘书处主任享有行政秘书头衔。

职员和顾问职员的任命和连任应根据校务理事会视具体情况制定的程序决定。[1] 应向常务任命委员会提交此类任命和连任的书面报告。

计算机职员的任命和连任

8. 统一行政服务下设的主要计算机职员、高级计算机职员、一级计算机职员的任命和连任应根据校务理事会视具体情况制定的程序决定。[2]

级别

9. 统一行政服务的职务级别需根据校方同意的程序决定。

住宿

10. 除非章程D第二章第6条作出其他规定，统一行政服务职员学期中应住在剑桥大学校内，并且每学年不得离开学校超过十二周；教务长、各部部长以及担任这一职务的副职人员在整年中除办公室关闭的时间外均应在校内，在完整学期内，教务长或各部部长均不能在一周内缺席两个晚上，除非得到校务理事会许可，或返校后申请校务理事会的许可。

11. 剑桥大学办公室应依照校务理事会批准的工作时间全年办公，圣诞节、复活节和其他校务理事会认定的公休日除外。

仪 式 官

仪式官学期中须住在校内。在需要陪同名誉校长或校长的情况下，学期中两名仪式官须在校，假期中也至少须有一人在校。

剑桥大学管风琴家

1. 剑桥大学管风琴家（大学职员职务）的任命和连任应由校务理事会决定，任期不得超过五年，具体由校务理事会在任命时决定。

2. 剑桥大学管风琴家根据校长的指导负责为圣玛丽大教堂提供剑桥大学音乐服务。

附录J中列出的职务

教授和教授职位

在未获得学部总委员会的同意之前，教授在完整学期期间不应该参与剑桥完整学期临时讲座之外的有偿教学活动。在未获得学部总委员会同意

① 参见第647页（此页码为英文原文页码）。
② 参见第711页（此页码为英文原文页码）。

的情况下，教授代表独立学院的教授课时不得超过每周六学时，教授同时担任导师、财务总管、助理导师、助理财务总管或伙食管理员的情况下不得超过每周两学时。

下文所列出的信息包括教授称谓、教授职位设立时间和教授所属的学部或系。

玛格丽特夫人神学教授，1502 年，神学

章程 E，第三十三章

捐赠报告，1904 年，第 57—65 页[1]

钦定神学教授，1540 年，神学

章程 E，第三十二章

捐赠报告，1904 年，第 153—164 页；有关杰米基金，见第 164 页；有关萨摩山姆教区条例，见第 50—54 页

钦定民法学教授，1540 年，法学

章程 E，第三十二章

捐赠报告，1904 年，第 153—154 页

钦定医学教授，1540 年，医学

章程 E，第三十二章

捐赠报告，1904 年，第 153—154 页

钦定医学教授不得从事私人医疗活动。

钦定希伯来语教授，1540 年，中东研究

捐赠报告，1904 年，第 153—165 页

钦定希伯来语教授的职责包括解释旧约。

钦定希腊语教授，1540 年，古典学

章程 E，第四章

捐赠报告，1904 年，第 153—165 页

托马斯·亚当斯爵士阿拉伯语教授[2]，1632 年，中东研究

捐赠报告，1904 年，第 172 页

卢卡斯数学教授，1663 年，应用数学和理论物理学

捐赠报告，1904 年，第 165 页

卢卡斯数学教授的职责包括通过研究推动应用数学和理论物理学的一些领域的发展，并承担其在应用数学和理论物理学系的工作。

奈特不列齐哲学教授，1683 年，哲学

捐赠报告，1904 年，第 178 页

音乐教授，1684 年，音乐

捐赠报告，1904 年，第 180 页

英国石油化学教授，1702 年，化学

捐赠报告，1904 年，第 181 页

① 参见第 810 页(此页码为英文原文页码)。

② 经 2006 年 5 月 17 日第五号动议废除，自 2009 年 10 月 1 日起生效。

章程E，第二十八章

普陆缅天文学和实验哲学教授，1704年，天文学研究所

捐赠报告，1904年，第79—88页

解剖学教授，1707年，生理学、发育和神经科学

捐赠报告，1904年，第182—183页

1. 解剖学教授的领域不仅限于人类解剖，还包括脊椎动物解剖学和胚胎学。

2. 同显微镜解剖学相对的细胞组织学应与生理学一同教授。

章程E，第三十二章

钦定现代史教授，1724年，历史

捐赠报告，1904年，第183—192页

植物学教授，1724年，植物科学

捐赠报告，1904年，第194—195页

伍德沃尔丁地理学教授，1728年，地球科学

捐赠报告，1904年，第196—202页

章程E，第三十四章

劳恩丁天文学和几何学教授，1749年，纯数学和数理统计学

捐赠报告，1904年，第202—206页

劳恩丁教授的职责包括通过研究推动几何学的一些领域的发展，并承担其在纯数学和数理统计学系的工作。

章程E，第四、五、十九和三十三章

诺里斯-赫尔斯神学教授，1777年，1860年，神学

捐赠报告，1904年，第104—121页

杰克逊自然哲学教授，1783年，物理学

捐赠报告，1904年，第206—216页

杰克逊自然哲学教授的职责包括通过研究推动物理学一些领域的发展，并承担其在物理学系的工作。

唐宁英格兰法学教授，1800年，法学

捐赠报告，1904年，第217页

迪士尼考古学教授，1851年，考古学

捐赠报告，1904年，第222—225页

萨德雷利安纯数学教授，1860年，纯数学和数理统计学

捐赠报告，1904年，第268—269页

政治经济学教授，1863年，经济学

捐赠报告，1904年，第225—226页

动物学教授，1866年，动物学

捐赠报告，1904年，第226页

章程E，第二十章

惠威尔国际法教授，1867年，法学

捐赠报告，1904年，第136—140页

肯尼迪拉丁文教授,1869年,古典学

捐赠报告,1904年,第234—240页

施莱德美术教授,1869年,艺术史

捐赠报告,1904年,第240—246页

1. 教授的选举应根据章程D第十五章的相关条款进行;但是选举人有权在教授职位空缺的学期或假期前至少一年以前举行选举。教授的任期不得超过三年,具体由选举人在选举时决定。

2. 受制于章程D第十四章第13条,现任或过去曾担任教授职务的个人可以获得连任。

3. 教授可以不住在校内。

4. 教授的职责为每年在剑桥大学至少教授十二次美术的历史、理论与实践或相关分支的讲座课;建筑学和艺术史学部委员会可以在艺术史系系主任的推荐下,批准教授以相关领域教学工作的同等工作量代替讲座课,但不得超过四门。讲座课应在完整学期开设,并面向剑桥大学的所有成员开放。若在上述讲座课之外,教授还代表学部委员会进行指导,则他/她应为此获得学部总委员会批准的额外报酬。

5. 教授应在讲座课的至少两周前发布公告。

卡文迪什物理学教授,1871年,物理学

捐赠报告,1904年,第247—248页

工程学教授,1875年,工程学

捐赠报告,1904年,第248页

埃尔林顿和博斯沃斯盎格鲁-撒克逊语教授,1878年,英语

捐赠报告,1904年,第228—233页

迪克西教会史教授,1882年,历史

捐赠报告,1904年,第248—249页

生理学教授,1883年,生理学、发育和神经科学

捐赠报告,1904年,第250页

病理学教授,1883年,病理学

捐赠报告,1904年,第251—252页

哲学教授,1896年,哲学

捐赠报告,1904年,第252页

1. 在为哲学教授(1896年)捐赠资金的基础上设立哲学教授基金。

2. 哲学学部负责管理基金,并有权委托一个由其任命的至少三人组成的委员会行使其部分或全部权力。

3. 基金收益应被优先用于教授的津贴、国民保险、退休金缴纳款以及其

他由剑桥大学向教授支付的间接费用。

4. 基金收益在支付了第3条所规定的款项之后可以由管理人用于在剑桥大学内支持哲学的教学和研究。

5. 年末的开支余款可以由管理人视情况决定用于充实基金资本金或根据第4条的要求用于来年开支。

古代史教授,1898年,古典学

捐赠报告,1904年,第254页

快克生物学教授,1906年,动物学,现任任期

基金名称和用途

1. 基金的名称为弗雷德里克·詹姆士·快克基金,基金收益应被用于推动植物科学和动物生物学的教学和研究。

数额

2. 基金包括已故的弗雷德里克·詹姆士·快克(下文中称为创建者)捐赠给剑桥大学的剩余遗产,捐赠目的包括上文所述的以及根据下文第16条(e)进行的投资。

基金管理人

3. 剑桥大学名誉校长、独立学院院长和大学学者有权管理基金本金,剑桥大学校长的收条应被视为创建者对基金使用的支配。

经理委员会

4. 基金收益的使用应由包括以下成员的经理委员会负责:校长、六名校务理事会任命的评议会成员(其中三人由学部总委员会提名,三人由生物学学部委员会提名)。经理委员会成员的任命须在米迦勒学期内完成,任期六年,自任命后的1月1日开始。

法定人数

5. 经理委员会的决议只有在符合以下条件时方为有效:所有经理均出席经理委员会会议并且有至少四名经理同意,此外获得所有经理签名同意的决议拥有会议决议同样的效力。

收据和支付

6. 基金收益应及时被纳入一个独立账户。该账户的支付应符合下文所述规定。包括收条、支付和基金持有证券的声明应发布于剑桥大学账目中。

教授津贴

7. 经理应视具体情况决定快克生物学教授自基金中获得的津贴和退休金缴纳款;具体数额不应少于1000英镑且不应超过基金收益的90%。

职责

8. (a) 快克生物学教授的职责包括承担植物和动物生物学的教学工作、通过研究以及其他方法推动该分支学科的总体发展。他/她每年须在一个学期中开设这一分支学科的讲座。

分配至学部或系

(b) 剑桥大学每任命一名教授时需决定将其分配至哪一个学部或系。

限制

(c) 教授不得兼任剑桥大学或其他单位的教授、副教授或讲师。

9. 快克教授由章程D第十五章第1条(c)(ii)授权学部总委员会根据第10条至第15条规定的程序选举产生。

10. (a) 若快克教授根据章程和法规的规定将要退休,校长须在米迦勒学期将这一情况向校务理事会和学部总委员会提交报告,汇报不得晚于教

授退休两学年前的米迦勒学期。

(b) 当校长获知教授一职已经或即将出现空缺时(依据章程退休的情况除外),校长应在下一次与校务理事会和学部总委员会会面时就此提交报告。

11. 学部总委员会应在校长就教授职位空缺提交报告后的十八个月内确定候选人范围和相应条件。学部总委员会须就此咨询合适的学部委员会、系主任以及生物科学学院理事会关于教授所属的领域和分配的意见。学部总委员会同时也应考虑是否开拓目前尚未开拓的生物学领域。

12. 在学部总委员会决定下次选举候选人的选择范围、候选条件之后的十二个月之内,校长应发布招聘通告,同时学部总委员会应任命一个根据教授选举人委员会标准组建的委员会,委员会成员须代表相关分支学科并就此向学部总委员会提供建议。

13. 作为候选人的学部总委员会成员不得参与与教授选举相关的事务,由学部总委员会其他成员行使权力。

14. 学部总委员会有权向提交申请的候选人征询若当选后将是否就任,并有权选举未提交申请的人员为教授。

15. 若发布招聘通告之后两年内学部总委员会仍未能举行教授选举,咨询第 11 条所列的相关机构的意见后,学部总委员会应:

(a) 改变候选人资格范围和候选条件,并重启第 12 条的相关程序;或

(b) 发布公报中止一个特定领域的教授职位,该职位的任期不得少于一年,但也不得超过第 12 条发布招聘通知后的七个学年。

收益用途

16. 基金收益应视具体情况用于以下方面:

教授津贴

(a) 基金收益的 90%或经理决定的比之更少的数额应被用于快克生物学教授的津贴;

余款

(b) 经理可将每年基金收益余款的一部分交由快克生物学教授分配用于协助和维护教授实验室;

盈余

(c) 在尊重捐赠人意愿的前提下,每年基金收益的盈余(若有盈余的话)应在经理的指导下被用于经理管理下的原始生物调查,以及通过增加现有教师的岗位津贴或设立新教职支持和推动植物和动物生物学学科发展;

储备金

(d) 若每年基金收益的一部分有所剩余,则应被纳入储备金,储备金可用于上文以及下文规定中所述的各方面工作;

(e) 部分基金或储备金可以在经理委员会的建议下视具体情况进行投资。

如何修改规定

17. 上文所述的规定须通过动议修改;除非本条规定被废止,未征求经理委员会意见不得对规定进行修改。

天体物理学教授，1909年，天文学研究所

旨在设立天体物理学教授职位的捐赠构成天体物理学教授基金。基金应被优先使用于教授的津贴和退休金缴纳款。

施罗德德语教授，1909年，德语和荷兰语

1. 自J.亨利·施罗德和其公司获得的20000英镑旨在设立德语教授职位的捐赠构成施罗德基金。

2. 若施罗德基金的收益超过教授津贴的发放需要，则超出部分应被用于推动剑桥大学对德语语言和文学的学习和研究，具体方案由学部总委员会推荐，并须以动议形式获得批准。

章程E，第三十二章

爱德华七世国王英语文学教授，1911年，英语

1. 自哈罗德·哈姆斯沃思男爵获得的20000英镑旨在设立英语文学教授职位的捐赠构成哈姆斯沃思基金。

2. 教授职务的名称为爱德华七世国王英语文学教授，哈罗德·哈姆斯沃思男爵于国王陛下逝世当年捐赠基金，此举旨在纪念国王陛下。

3. 教授的职责包括开设乔叟之后的英语文学讲座课，以及以其他方式推动剑桥大学对英语文学的学习和研究。爱德华七世国王英语文学教授应侧重文学，而非文献学或语言学的研究。

4. 教授的任命须由国王决定。

5. 教授的住校规定和职责由章程D第十四章规定。

6. 爱德华七世国王英语文学教授职位属于英语学部。

7. 哈姆斯沃思基金若有足够收益，则可以被用于以下方面：

(a) 发放教授津贴，不少于800英镑；

(b) 由剑桥大学支付的教授退休金缴纳款；

(c) 推动剑桥大学对德语语言和文学的学习和研究，具体方案由学部总委员会推荐，并须以动议形式获得批准。

8. 除第2条至第5条以及第8条外，其他规章可通过动议修改。

章程E，第六章

亚瑟·巴尔弗遗传学教授，1912年，遗传学

亚瑟·巴尔弗遗传学教授的职责在于通过教学和研究推动对遗传和血统发展的实验研究。

萨雷纳意大利语教授，1919年，意大利语

1. 亚瑟·萨雷纳先生捐赠的10000英镑应称为萨雷纳捐赠；它构成意大利语基金的一部分，其他旨在设立这一职位的捐赠应被纳入意大利语基金。

2. 若意大利语基金的收益超过教授津贴的发放需要，则超出部分应被用于推动剑桥大学对意大利语的学习和研究，具体方案由学部总委员会在

咨询现代与中世纪语言学部委员会的建议后推荐，并须以动议形式获得批准。

维尔·哈姆斯沃思帝国和海军史教授，1919年，历史

章程E，第三十四章

1. 自罗瑟梅尔勋爵获得的20000英镑旨在设立维尔·哈姆斯沃思帝国和海军史教授[①]职位的捐赠设立基金，基金名称为维尔·哈姆斯沃思基金。

2. 教授职务的名称为维尔·哈姆斯沃思帝国和海军史教授，此举旨在纪念罗瑟梅尔勋爵的儿子维尔·哈姆斯沃思。维尔·哈姆斯沃思在皇家海军霍克团服役期间牺牲于安可里战役。

德雷柏斯法语教授，1919年，法语

弗朗西斯·蒙德航空工程教授，1919年，工程学

1. 自埃米尔·蒙德先生获得的20000英镑旨在设立弗朗西斯·蒙德航空工程教授职务的捐赠设立基金，基金名称为弗朗西斯·蒙德基金。

2. 教授职务的名称为弗朗西斯·蒙德航空工程教授，此举旨在纪念彼得学院的弗朗西斯·蒙德上尉，蒙德上尉在皇家空军服役期间的一次任务中牺牲。

3. 弗朗西斯·蒙德基金收益在支付教授津贴之后的余款应被转入工程学系基金。

物理化学教授，1920年，化学

威廉·当恩爵士生物化学教授，1921年，生物化学

政治科学教授[②]，1927年，历史

1. 自劳拉·史贝尔曼·洛克菲勒纪念基金获得的150000美元旨在设立政治科学教授职务的捐赠设立基金，基金名称为政治科学基金。

2. 若基金收益在支付了剑桥大学需支付的教授津贴、国民保险和退休金缴纳款之后仍有盈余，则余款应由历史学部委员会通过支付教授的研究开支或资助学生的旅行或研究计划用于推动政治科学的研究，学部委员会亦可确定其他可行的使用方案。

3. 教授须担任社会与政治科学学部委员会成员。

4. 每年基金收益的未使用部分以及由于教授职位空缺期间的收益可根据第2条用于来年开支。

劳斯·鲍尔数学教授，1927年，纯数学和数理统计学

1. 自已故三一学院院士威廉·劳斯·鲍尔爵士的委托人获得旨在用于

① 在1933年6月26日枢密院通过的章程中，教授的头衔被扩展了。

② 经2008年7月16日第六号动议批准，该头衔更名为政治思想史教授，自2010年10月1日起生效。

设立数学或其他分支领域的教授或副教授职务的款项设立基金，基金名称为劳斯·鲍尔数学基金。捐赠者希望(并未写入捐赠条款)教授和副教授在其讲座课中探讨本专业的历史和哲学方面。基金收益应被用于教授职务的基本运行开支。

2. 劳斯·鲍尔数学教授的职责包括通过研究或其他活动推动应用数学的一些领域的发展，并承担其在应用数学和理论物理学系的工作。

劳斯·鲍尔英格兰法律教授，1927年，法学

自已故三一学院院士威廉·劳斯·鲍尔爵士的委托人获得旨在用于设立现代英格兰法律领域或其他分支领域的教授或副教授职务的款项设立基金，基金名称为劳斯·鲍尔英格兰法律基金。捐赠者希望(并未写入捐赠条款)教授和副教授在其讲座课中探讨本专业的历史和哲学方面。基金收益应被用于教授职务的基本运行开支。

经济史教授，1928年，历史

经济史教授应为经济学学部委员会成员。

现代史教授，1930年，历史

劳伦斯古代哲学教授，1930年，古典学

劳伦斯古典考古学教授，1930年，古典学

蒙塔古·波顿产业关系教授，1931年，经济学

1. 自蒙塔古·波顿先生转让给剑桥大学的股份设立基金，基金名称为蒙塔古·波顿基金。

2. 基金收益应被优先使用于蒙塔古·波顿产业关系教授职务的基本运行开支。

3. 教授的职责包括对雇佣条件、劳资关系，尤其是产业纠纷和增进产业和平进行研究和指导。

4. 若教授职位存在的某一年中，基金由于职位空缺或其他原因在支付了剑桥大学需要发放的教授津贴、退休金缴纳款之后仍有剩余，则余款应设立单独账目，并且用于支付教授在调查产业关系或相关事务过程中所产生的差旅费用，此类事务包括进行相关的教学和研究，尤其是与国际劳工组织保持联系。

地理学教授，1931年，地理学

实验心理学教授，1931年，实验心理学

矿物学和岩石学教授，1931年，地球科学

约翰·汉弗莱·普鲁默基金会教授：通则

1. 约翰·汉弗莱·普鲁默教授由学部总委员会根据章程D第十五章第1条(c)(i)授权根据下述规定的程序选举产生。

2.（a）若约翰·汉弗莱·普鲁默教授根据章程和条例的规定将要退休，校长须在米迦勒学期将这一情况向校务理事会和学部总委员会提交报告，汇报不得晚于教授退休两学年前的米迦勒学期。

（b）当校长获知教授一职已经或即将出现空缺时（依据章程退休的情况除外），校长应在下一次与校务理事会和学部总委员会会面时就此提交报告。

3. 校长就约翰·汉弗莱·普鲁默教授职务已经或将要出现空缺的情况提交报告后，学部总委员会须就是否保留这一教授职务或在保留的情况下是否在同一或其他领域设置该教授职务事宜咨询生物科学学院理事会、临床医学学院理事会、物理科学学院理事会和技术学院理事会的意见。

4. 在决定是否保留教授职务之后（若决定保留教授职务的话还须决定在哪个专业方向上设置教授职务并决定进行教授选举），校长应发布招聘通告，同时学部总委员会应任命一个根据教授选举委员会标准组建的委员会，委员会成员须代表相关分支学科并就此向学部总委员会提供建议。

5. 作为候选人的学部总委员会成员不得参与与教授选举相关的事务，由学部总委员会其他成员行使权力。

6. 学部总委员会有权向提交申请的候选人征询若当选后将是否就任，并有权选举未提交申请的人员为教授。

7. 若发布招聘通告之后两年内学部总委员会仍未能举行教授选举，咨询相关机构的意见后，学部总委员会应：

（a）建议在其他专业方向上设置教授职位；或

（b）发布通告在一定时间范围内暂时中止教授职位。

若根据第（a）款建议的新专业方向获得校方批准，则应重启第 4 条所规定的选举程序。第（b）款发布的时间范围不得短于一年，也不得超过根据第 4 条发布招聘通知后的第七个学年。

特别规定

约翰·汉弗莱·普鲁默理论物理学教授，1993 年，应用数学和理论物理学

约翰·汉弗莱·普鲁默发育生物学教授，2001 年，动物学

约翰·汉弗莱·普鲁默化学和结构生物学教授，2001 年，化学

约翰·汉弗莱·普鲁默材料物理学教授，2004 年，物理学

约翰·汉弗莱·普鲁默基金会计划

根据于 1929 年 2 月 26 日证实的已故约翰·汉弗莱·普鲁默的遗嘱和遗嘱附录建立的公益信托，其事务受制于 1931 年 3 月 23 日由兰开斯特伯爵辖地大法官法院以及由剑桥大学摄政院 1931 年 5 月 9 日第二号动议（《慈善》）批准的约翰·汉弗莱·普鲁默基金会方案。

与1993年慈善条例相关事务

英格兰和威尔士慈善专员根据1993年慈善条例授权要求以下计划代替已有的已故约翰·汉弗莱·普鲁默的遗嘱和遗嘱附录以及慈善方案。

1. 公益信托的委托人应为剑桥大学名誉校长、学院院长和大学学者（"委托人"），应取代公益信托退休或离职的委托人。

2. 计划中所属的公益信托资产应构成信托基金，基金名为约翰·汉弗莱·普鲁默基金（"基金"）。

3. 基金收益须用于推动剑桥大学化学、生物化学、物理科学以及其他委托人认为相关的专业的教育，尤其是设立相关专业教授职位。设立教授职位开支之外的基金收益余额可以被用于资助该职位教授的委托人认为合适的工作。

4. 所有教授职位的名称中须包括"约翰·汉弗莱·普鲁默"，公益信托基金和教授须遵守剑桥大学章程。

5. 委托人可以视具体情况制定有关公益信托基金的管理和使用的规定，所制定规定受制于本计划以及剑桥大学章程的有关条款。

6. 专员可以对以下问题作出决定：

(1) 对本计划的解释；或

(2) 根据本计划开展工作的适合性和有效性。

(2007年4月4日经慈善专员盖章)

戈德史密斯材料科学教授，1931年，材料科学和冶金学

1. 教授的职责为促进材料科学与技术的教学和研究。

2. 教授津贴须尽可能从戈德史密斯基金中支出。

威廉·怀斯社会人类学教授，1932年，社会人类学

剑桥大学设立威廉·怀斯社会人类学教授职位，由三一学院的院长、院士和学者使用已故三一学院院士和荣誉院士威廉·怀斯硕士捐赠的款项部分资助。

西班牙语教授，1933年，西班牙语

该教授的学术领域除西班牙语言、文学和历史之外，还应包括不列颠群岛与西班牙以及美洲西班牙语国家的关系。

比较语言学教授，1937年，古典学

中世纪史教授，1937年，历史

教育学教授，1938年，教育学

皮特美洲历史与制度教授，1944年

1. 该教授由学部总委员会根据章程D第十五章第1条(c)(iii)每年选举产生。

2. 教授任期一年。

3. 由自剑桥大学出版社转入的49000英镑设立皮特教授基金。

4. 教授津贴须自基金支出，并且年度余款须经学部总委员会批准用于教授的公务差旅开支。

电气工程教授，1944年，工程学

电气工程基金的收益应首先被用于支付剑桥大学发放的电气工程教授的津贴和退休金缴纳款。

壳牌化学工程教授，1945年，化学工程和生物技术

根据2008年2月13日第一号动议重新分配

霍普金森与帝国化学工业应用热力学教授，1950年，工程学

1. 霍普金森与帝国化学工业基金收益应首先被用于支付剑桥大学发放的霍普金森与帝国化学工业应用热力学教授津贴和退休金以及国民保险的单位缴纳款，但是霍普金森与帝国化学工业基金的储备金在此不应被视为基金收益或资本金。

2. 在支付了规章第一条规定的款项之后，基金收益的余款可以由工程学系系主任决定在合适的情况下用于购置设备或支付其他与热力机研究相关的需求。

临床兽医教授，1950年，兽医学

斯玛茨英联邦历史教授，1952年，历史

中世纪与文艺复兴时期英语教授，1954年，英语

中世纪与文艺复兴时期英语教授应侧重文学和评论，而非文献学或语言学的研究。

沃尔夫逊犯罪学教授，1959年，犯罪学研究所

1. 1959年由艾萨克·沃尔夫逊基金会的捐赠所设立基金的基金收益应被首先用于支付剑桥大学发放的沃尔夫逊犯罪学教授津贴和退休金以及国民保险的单位缴纳款。

2. 基金年收益的余额应用于资助犯罪学研究所包括图书馆的工作。

制造工程教授，1960年，工程学

谢尔德药理学教授，1961年，药理学

数理统计学教授，1961年，纯数学和数理统计学

医学教授，1962年，医学

应用数学教授，1964年，应用数学和理论物理学

弗兰克·拉姆齐经济学教授[1]，1965年，经济学

---

① 根据1994年4月27日第十三号动议重命名。

英语教授，1966年（1965年12月1日第二号动议），英语

现代语言教授，1966年，德语和荷兰语

工程学教授，1966年（1965年12月1日第五号动议），工程学

工程学教授，1966年（1965年12月1日第六号动议），工程学

物理学教授，1966年（1965年12月1日第七号动议），工程学

地球物理学教授，1966年，地球科学

物理学教授①，1966年（1965年12月1日第十九号动议），物理学

丘吉尔运筹学数学教授，1966年，纯数学和数理统计学

李约瑟中国历史、科学和文明教授②，1966年，东亚研究

根据2008年4月23日第一号动议更名并修订

1. 自东亚科学史研究基金会获得的1250000英镑款项以及自三一学院获得的750000英镑款项以及其他目的类似的捐赠应设立基金，基金名称为中国历史、科学和文明李约瑟基金。

2. 基金经理包括东亚研究系系主任，李约瑟中国历史、科学和文明教授以及另一名由亚洲与中东研究学部委员会任命的任期五年的经理。若其中的两个或更多职位由一人兼任、空缺或任期结束，亚洲与中东研究学部委员会应任命一名或更多经理以确保有三名基金经理在任。

3. 基金收益应被用于李约瑟中国历史、科学和文明教授的津贴、国民保险、养老金缴纳款和其他相关的间接开支。

4. 基金收益在根据第3条进行了相关款项的支付以后，应被用于资助对中国历史、科学和文明一些方面的教学或研究，具体方案由学部总委员会在咨询现代与中世纪语言学部委员会的建议后批准。

5. 每年基金收益的余款可以按照第3条和第4条的要求用于下一年或后续年份的开支。

玛丽·马歇尔和亚瑟·沃尔顿生殖生理学教授，1967年，生理学、发育和神经科学

数理物理学教授，1967年，应用数学和理论物理学

斯拉夫研究教授，1968年，斯拉夫研究

西蒙·玻利瓦尔拉丁美洲研究教授，1968年

1. 自委内瑞拉政府获得的1280000玻利瓦尔款项构成西蒙·玻利瓦尔教授基金。

2. 教授津贴以及其他相关开支须由本基金支出并且基金余款应由学部

---

① 经2006年5月10日第一号动议批准，现任教授是任后职位废除。

② 此前头衔为汉学教授。

总委员会决定用于支付教授的公务差旅费用和工作开支。

3. 教授由学部总委员会根据章程 D 第十五章第 1 条(c)(iii)的授权选举产生。

4. 教授任期一年,但是学部总委员会有权选举产生任期更短的教授,不过须在选举时便作出决定。

5. 财年中未使用的基金收益须在来年或后续年份用于充实资本金,或用于资助拉丁美洲研究专业的科研与教学,具体方案须由学部总委员会在拉丁美洲研究中心管理委员会的推荐下批准通过。

化学教授,1968 年,物理和化学

杰弗里·穆尔豪斯·吉布森化学教授,1970 年,化学

1. 马乔里·穆尔豪斯·吉布森夫人为纪念其夫设立杰弗里·穆尔豪斯·吉布森基金会,自基金会委托人三一学院获得的用于化学研究的两百万英镑设立基金,基金名称为杰弗里·穆尔豪斯·吉布森化学教授基金。

2. 基金由物理和化学学部委员会任命的三名经理进行管理,包括:化学系系主任(若化学系系主任由杰弗里·穆尔豪斯·吉布森化学教授担任则由化学系副系主任出任)担任主席、杰弗里·穆尔豪斯·吉布森化学教授和由三一学院提名的一人。

3. 若基金收益超过了津贴、国民保险、养老金缴纳款以及其他由剑桥大学支付的相关款项,则余款可以被用于资助教授的工作,具体须由学部总委员会在经理的建议下批准。

4. 每年基金收益的余款可以按照第 3 条的要求用于下一年或后续年份的开支。

建筑学教授,1970 年,建筑学

经济学教授,1970 年,经济学

射电天文学教授[1],1971 年,物理学

兰克工程学教授,1971 年,工程学

1. 自兰克组织获得的 75000 英镑设立基金,基金名称为兰克教授基金。

2. 本基金收益应首先被用于支付兰克教授的岗位津贴。

3. 在章程 D 第十四章规定的职责之外,兰克工程学教授还应承担剑桥大学声学的教学与科研工作。

4. 教授职位出现空缺时,学部总委员会应咨询兰克组织的意见,然后根据章程 D 第十四章第 2 条规定在下一次教授选举中选举人推选的候选人是否应被限定为某一领域之内。

---

① 根据 2007 年 7 月 18 日第三号动议在现任教授退休后取消该职位。

亚瑟·古德哈特法学客座教授，1971年，法学

1. 自欧沃布鲁克基金会获得的旨在纪念亚瑟·莱曼·古德哈特教授八十岁华诞的捐赠设立基金，基金名称为亚瑟·古德哈特基金。

2. 本基金收益应被首先用于支付亚瑟·古德哈特法学客座教授的岗位津贴、国民保险、退休金缴纳款以及家庭补贴（如有必要发放的话）。

3. 基金收益在根据第2条进行了相关款项的支付以后应被用于资助包括差旅和教授宿舍维护等与教授工作相关的开支。

4. 教授应由学部总委员会根据章程D第十五章第1条(c)(iii)在征询了一个根据教授选举委员会原则组建的委员会的建议下任命。

5. 教授任期一年。在特殊情况下教授可以连选连任，但是任何人担任教授的时间不得超过两年。

亚历山大·托德化学客座教授，1972年，物理和化学

1. 旨在纪念1971年亚历山大·托德教授自有机化学教授岗位退休的捐赠款项设立基金，基金名称为亚历山大·托德化学客座教授。

2. 基金经理包括化学教授（1968年设立）、化学教授（1970年设立）、联合利华分子科学信息学教授（1999年设立）、英国石油化学教授（1702年设立）、赫切尔·史密斯有机化学教授（1988年设立）、物理化学教授（1920年设立）、梅尔维尔聚合物实验室主任以及化学系系主任。

3. 亚历山大·托德化学客座教授由学部总委员会在基金经理的推荐下根据章程D第十五章第1条(c)(iii)任命。客座教授在任期间应住在校内，教授外出须获得学部总委员会的批准，请假时间不得超过三个月。具体任期由学部总委员会在经理的建议下决定。

4. 若当基金收益在支付了客座教授就任所需的差旅费以及学部总委员会经基金经理推荐在任命时决定的教授工资后仍有剩余，则收益余款可用于资助有机化学的教学和研究，具体方案由化学系系主任推荐并须学部总委员会批准通过。

5. 财年中未开支的基金收益可以在来年或后续年份中根据第4条予以使用。

法学教授，1973年，法学

工程学教授，1974年，工程学

流行病学与医学教授，1975年，公共健康和基本护理

产科学和妇科学教授[1]，1975年，产科学和妇科学

临床生物化学和医学，1977年，临床生物化学

① 根据2006年5月17日第六号动议中止，直至流行病学与医学教授（2000年）出现空缺。

放射学教授，1977 年，放射学

希拉·琼·史密斯免疫学教授，1977 年，临床医学

1. 美国剑桥之友代表赫切尔·史密斯博士向剑桥大学捐赠 650000 美元，该笔捐赠旨在设立医学研究领域的教授职位，由此设立基金，基金名称为希拉·琼·史密斯教授基金。

2. 若当基金收益在支付了教授津贴、国民保险、剑桥大学需缴纳的退休金缴纳款之后仍有剩余，则基金收益的余款可以被用于教授的工作，具体方案须由钦定医学教授推荐，并由学部总委员会批准。

3. 财年中未开支的基金收益可按照第 2 条进行使用。

4. 希拉·琼·史密斯免疫学教授职位只限于一任任期。

儿科学教授，1978 年，儿科学

数理物理学教授，1978 年，应用数学和理论物理学

保罗·梅隆美国史教授，1980 年，历史

1. 自安德鲁·W. 梅隆基金会获得的旨在设立保罗·梅隆美国史教授的 1000000 美元捐赠设立基金，基金名称为梅隆教授基金。在此，美国史被界定为自殖民时期以来的美利坚合众国历史。

2. 若当基金收益在支付了教授津贴、国民保险、剑桥大学需缴纳的退休金缴纳款之后仍有剩余，则基金收益的余款可以被用于支付教授的行政、秘书、研究和差旅开支，具体方案须由历史学部委员会推荐，并由学部总委员会批准。

3. 财年中未开支的基金收益应被纳入基金资本金。

赫切尔·史密斯医学化学教授，1982 年，临床医学

1. 自美国剑桥之友获得的旨在设立赫切尔·史密斯医学化学教授职位的 1000000 美元捐赠设立基金，基金名称为赫切尔·史密斯医学化学教授基金。

2. 若当基金收益在支付了教授津贴、国民保险、剑桥大学需缴纳的退休金缴纳款之后仍有剩余，则基金收益的余款可以被用于教授的工作，具体方案须获得学部总委员会批准。

3. 财年中未开支的基金收益应被纳入基金资本金。

查尔斯·达尔文动物胚胎学教授，1982 年，动物学

查尔斯·达尔文动物胚胎学教授职位只限于一任任期。

贾瓦哈拉尔·尼赫鲁客座教授，1983 年

章程 H

1. 旨在设立贾瓦哈拉尔·尼赫鲁客座教授职位的捐赠设立基金，基金名称为贾瓦哈拉尔·尼赫鲁基金。

2. 贾瓦哈拉尔·尼赫鲁客座教授的津贴和其他相关费用应由基金支

出，此外贾瓦哈拉尔·尼赫鲁客座教授工作所需的开支亦可在获得学部总委员会批准后由基金支付。

3. 贾瓦哈拉尔·尼赫鲁客座教授由学部总委员会根据章程D第十五章第1条(c)(iii)的授权选举产生。教授的研究领域和名称须由学部总委员会在选举时决定。学部总委员会须任命一个特别委员会就贾瓦哈拉尔·尼赫鲁客座教授的相关问题和教授选择提供建议。

4. 教授任期一年，在特殊情况下任期可以延长至两年以内的时间段，但不得有超过一名教授在任。

日本研究教授，1984年，东亚研究

1. 自日本经济团体联合会获得的旨在设立日本研究教授职位的217500000日元捐赠设立基金，基金名称为日本经济团体联合会基金。

2. 若当基金收益在支付了教授津贴、国民保险、剑桥大学需缴纳的退休金缴纳款之后仍有剩余，则基金收益的余款可以被用于推动剑桥大学的日本研究，具体方案由亚洲与中东研究学部委员会推荐，交由学部总委员会批准通过。

3. 财年中未开支的基金收益可按照第2条进行使用。

临床药理学教授，1984年，医学

临床药理学教授职位只限于一任任期。

社会学教授，1985年，社会学

皇家学会地球科学教授，1985年，地球科学

皇家学会地球科学教授职位只限于一任任期。

血液学教授，1986年，血液学

毕马威管理学教授，1986年，贾奇管理学研究所

1. 自毕马威前身皮特、马维克和米特谢尔公司及毕马威获得的旨在设立管理学教授职位的捐赠设立基金，基金名称为毕马威管理学基金。

2. 若当基金收益在支付了教授津贴、国民保险、剑桥大学需缴纳的退休金缴纳款之后仍有剩余，则基金收益的余款可以被用于教授的工作，具体方案须由贾奇管理学研究所主任推荐，并由学部总委员会批准。

3. 财年中未开支的基金收益可按照第2条进行使用。

科林·麦克里奥动物福利教授，1986年，兽医学

科林·麦克里奥动物福利教授职位只限于一任任期。

临床老人医学教授，1987年，公共健康和基本护理

1. 自旨在设立临床老人医学教授职位的捐赠设立基金，基金名称为临床老人医学教授基金。

2. 若当基金收益在支付了教授津贴、国民保险、剑桥大学需缴纳的退休

金缴纳款之后仍有剩余，则基金收益的余款可以被用于资助教授的工作，具体方案由临床医学学部委员会推荐，并须获得学部总委员会批准通过。

3. 财年中未开支的基金收益可按照第 2 条进行使用。

医学教授，1987 年，医学

赫切尔·史密斯有机化学教授，1988 年，化学

1. 自美国剑桥之友获得的旨在设立赫切尔·史密斯有机化学教授职位的 1050000 美元捐赠设立基金，基金名称为赫切尔·史密斯有机化学教授基金。

2. 若当基金收益在支付了教授津贴、国民保险、剑桥大学需缴纳的退休金缴纳款之后仍有剩余，则基金收益的余款可以被用于资助教授的工作，具体方案须获得学部总委员会批准通过。

3. 财年中未开支的基金收益应被纳入基金资本金。

神经病学教授，1988 年，临床神经科学

神经病学教授职位只限于一任任期。

英语和应用语言学教授，1988 年，英语

应用经济学教授，1988 年，经济学

1. 应用经济学教授职位只限于一任任期。

2. 至 1998 年 9 月 30 日应用经济学教授须为应用经济学系系主任。学部总委员会在 1997 年 9 月 30 日完成对应用经济学习的审查后有权要求应用经济学教授留任系主任至 2003 年 9 月 30 日。

经济学教授，1988 年，经济学

经济学教授职位只限于一任任期。

材料科学教授，1988 年，材料科学和冶金学

材料科学教授的职责在于通过教学和科研推动材料科学和技术的发展。

理论地球物理学教授，1989 年，应用数学和理论物理学

气动热技术教授，1989 年，工程学

气动热技术教授职位只限于一任任期。

乔治·皮特-里弗斯考古科学教授，1990 年，考古学

1. 自旨在设立乔治·皮特-里弗斯考古科学教授职位的 1100000 英镑捐赠设立基金，基金名称为乔治·皮特-里弗斯考古科学教授基金。

2. 若当基金收益在支付了教授津贴、国民保险、剑桥大学需缴纳的退休金缴纳款之后仍有剩余，则基金收益的余款可以被用于资助教授的工作，具体方案由考古学系系主任推荐，并须获得学部总委员会批准通过。

3. 财年中未开支的基金收益可按照第 2 条进行使用。

输血医学教授,1990 年,血液学

输血医学教授职位只限于一任任期。

神经外科学教授,1990 年,临床神经科学

神经外科学教授职位只限于一任任期。

帝亚吉欧管理学教授,1990 年,贾奇管理学研究所

1. 自阿瑟·健力士公司以及后来的帝亚吉欧公司捐赠的旨在设立管理学教授的款项设立基金,基金名称为健力士管理学基金。

2. 若当基金收益在支付了教授津贴、国民保险、剑桥大学需缴纳的退休金缴纳款之后仍有剩余,则基金收益的余款可以被用于资助教授的工作,具体方案由贾奇管理学研究所主任推荐,并须获得学部总委员会批准通过。

3. 财年中未开支的基金收益可按照第 2 条进行使用。

系统数学教授,1990 年,纯数学和数理统计学

系统数学教授职位只限于一任任期。

医学生理学教授,1990 年,生理学

医学生理学教授职位只限于一任任期。

雪兰诺分子内分泌学教授,1990 年,临床生物化学

雪兰诺分子内分泌学教授职位只限于一任任期。

土地经济教授,1991 年,土地经济

不动产管理基金收益应首先被用于支付教授津贴、国民保险、剑桥大学需缴纳的退休金缴纳款。

滤过性微生物学教授,1991 年,病理学

S.J. 伯温公司法教授,1991 年,法学

1. 自 S.J. 伯温公司捐赠的旨在设立 S.J. 伯温公司法教授的款项设立基金,基金名称为 S.J. 伯温公司法教授基金。

2. 基金收益应首先被用于支付剑桥大学讲师的所有开支和 S.J. 伯温公司法教授的教授津贴、国民保险、剑桥大学需缴纳的退休金缴纳款三者综合之间的差额。

3. 根据第 2 条支付了相关款项后,基金收益的余款可以用于学部总委员会在法学学部委员会推荐下批准的用途。

4. 财年中未开支的基金收益可以被纳入基金资本金或根据第 2 条用于来年或后续年份的开支,具体由学部总委员会决定。

人类科学教授,1991 年,社会人类学

人类科学教授职位只限于一任任期。

生物学教授,1991 年,遗传学

生物学教授职位只限于一任任期。

大分子生物化学教授，1991年，生物化学

大分子生物化学教授职位只限于一任任期。

葛兰素寄生虫学教授，1991年，医学

1. 自葛兰素控股公司捐赠的旨在设立葛兰素寄生虫学教授的款项设立基金，基金名称为葛兰素基金。

2. 若当基金收益在支付了教授津贴、国民保险、剑桥大学需缴纳的退休金缴纳款之后仍有剩余，则基金收益的余款可以被用于资助教授的工作，具体方案由葛兰素寄生虫学教授所属系系主任推荐，并须获得学部总委员会批准通过。

3. 财年中未开支的基金收益可按照第2条在来年或后续年份进行使用。

组织病理学教授，1992年，病理学

G. I. 泰勒流体力学教授，1992年，应用数学和理论物理学

1. 自旨在纪念前皇家学会研究教授以及三一学院院士杰弗里·英格拉姆·泰勒而向剑桥大学捐赠的款项，包括依据拉迪斯·戴维斯的遗愿捐赠的200000英镑设立基金，基金名称为G. I. 泰勒纪念基金。

2. 若当基金收益在支付了教授津贴、国民保险、剑桥大学需缴纳的退休金缴纳款之后仍有剩余，则基金收益的余款可以被用于资助教授的工作，具体方案由应用数学和理论物理学系系主任推荐，并须获得学部总委员会批准通过。

3. G. I. 泰勒流体力学教授在任期内须同时担任G. I. 泰勒流体力学研究员。

4. 财年中未开支的基金收益应被纳入基金资本金。

儿童和青少年精神病学教授，1992年，精神病学

儿童和青少年精神病学教授职位只限于一任任期。

BBV基金会客座教授，1992年[①]

法学教授，1992年，法学

健康研究和发展教授，1992年，公共健康和基本护理

健康研究和发展教授职位只限于一任任期。

现代欧洲史教授，1992年，历史

现代欧洲史教授职位只限于一任任期。

犯罪心理学教授，1992年，犯罪学研究所

犯罪心理学教授职位只限于一任任期。

① 参见第724页(此页码为英文原文页码)。

生殖科学教授,1992 年,生理学、发育和神经科学

生殖科学教授职位只限于一任任期。

神经心理学教授,1992 年,生理学、发育和神经科学

神经心理学教授职位只限于一任任期。

科学史和科学哲学教授,1992 年,科学史和科学哲学

科学史和科学哲学教授职位只限于一任任期。

土地使用和交通研究教授,1993 年,建筑学

土地使用和交通研究教授职位只限于一任任期。

机械工程教授,1993 年,工程学

机械工程教授职位只限于一任任期。

约翰·维尔弗里德·林尼特化学客座教授,1993 年,化学

1. 自旨在纪念杰克·林尼特教授(1973—1975 年任校长,1965—1975 年任物理化学教授)捐赠的款项设立基金,基金名称为约翰·维尔弗里德·林尼特化学客座教授基金。

2. 基金经理包括化学教授(1968 年设立),物理化学教授(1920 年设立),化学系系主任(若并非以上教授兼任的话),悉尼苏萨克斯学院院长以及一名学院委托的代表。

3. 约翰·维尔弗里德·林尼特化学客座教授由学部总委员会根据章程 D 第十五章第 1 条(c)(iii)的授权在基金经理的建议下选举产生。客座教授在任期间应住在校内,教授外出须获得学部总委员会的批准,请假时间不得超过三个月。具体任期由学部总委员会在经理的推荐下决定。

4. 若当基金收益在支付了客座教授就任所需的旅费以及学部总委员会经基金经理推荐在任命时决定的教授工资后仍有剩余,则收益余款可用于资助物理化学或理论化学的教学和研究,具体方案由化学系系主任推荐并须学部总委员会批准通过。

5. 财年中未开支的基金收益可以在来年或后续年份中根据第 4 条进行使用。

超导体研究教授,1993 年,物理学

超导体研究教授职位只限于一任任期。

地理学教授,1993 年,地理学

赫切尔·史密斯知识产权法教授,1993 年,法学

1. 自美国剑桥之友捐赠的旨在设立赫切尔·史密斯知识产权法教授的两百万美元设立基金,基金名称为赫切尔·史密斯知识产权法教授基金。

2. 若当基金收益在支付了教授津贴、国民保险、剑桥大学需缴纳的退休金缴纳款之后仍有剩余,则基金收益的余款可以被用于资助教授的工作,具

体方案由法学学部委员会推荐，并须获得学部总委员会批准通过。

3. 财年中未开支的基金收益可按照第2条进行使用。

统计科学教授，1994年，纯数学和数理统计学

计算机科学教授，1994年，计算机实验室

欧洲法教授，1994年，法学

亚述学教授，1994年，考古学

根据2007年5月2日第二号动议重新分配

亚述学教授职位只限于一任任期。

信息工程教授，1994年，工程学

医学遗传学教授[①]，1995年，医学遗传学

医学遗传学教授职位只限于一任任期。

免疫学教授，1995年，病理学

风湿病学教授，1995年，医学

风湿病学教授职位只限于一任任期。

希腊语和拉丁语教授，1995年，古典学

希腊语和拉丁语教授职位只限于一任任期。

经济学教授，1995年，经济学

经济学教授职位只限于一任任期。

经济学与社会史教授，1995年，历史

经济学与社会史教授职位只限于一任任期。

法学教授，1995年，法学

法学教授职位只限于一任任期。

进化古生物学教授，1995年，地球科学

进化古生物学教授职位只限于一任任期。

行为生态学教授，1995年，动物学

行为生态学教授职位只限于一任任期。

听觉研究教授，1995年，实验心理学

听觉研究教授职位只限于一任任期。

皇家学会分子药理学教授，1995年，药理学

皇家学会分子药理学教授职位只限于一任任期。

马科斯和斯宾塞畜牧健康、食物科学和食物安全教授，1996年，兽医学

1. 自马科斯和斯宾塞公司及其供应商联盟捐赠的旨在设立畜牧健康、食物科学和食物安全教授职位的款项设立基金，基金名称为马科斯和斯宾

---

① 参见第703页(此页码为英文原文页码)。

塞畜牧健康基金。

2. 基金收益应被用于支付教授津贴、国民保险、退休金缴纳款以及其他与之相关的须由剑桥大学支付的款项。

3. 财年中未开支的基金收益应被纳入基金资本金。

分子微生物学教授,1996年,生物化学

分子微生物学教授职位只限于一任任期。

全科医学教授,1996年,公共健康和基本护理

全科医学教授职位只限于一任任期。

外科学教授,1996年,外科学

化学教授,1996年,化学

计算机辅助推理教授,1996年,计算机实验室

计算机辅助推理教授职位只限于一任任期。

植物分子生物学教授,1996年,植物科学

植物分子生物学教授职位只限于一任任期。

计量经济学教授,1996年,计量经济学

计量经济学教授职位只限于一任任期。

植物细胞遗传学教授,1996年,植物科学

1. 植物细胞遗传学教授职位只限于一任任期。

2. 植物细胞遗传学教授在任期内应同时担任植物园主任。

贝克维斯管理学教授,1996年,贾奇管理学研究所

1. 自彼得·贝克维斯先生捐赠的旨在设立管理学教授职位的1000000英镑设立基金,基金名称为贝克维斯管理学基金。

2. 若当基金收益在支付了教授津贴、国民保险、剑桥大学需缴纳的退休金缴纳款之后仍有剩余,则基金收益的余款可以被用于资助教授的工作,具体方案由贾奇管理学研究所主任推荐,并须获得学部总委员会批准通过。

3. 财年中未开支的基金收益可按照第2条进行使用。

帕特里克·熙和爵士国际关系教授,1996年,国际研究中心

1. 自B.A.T.工业公司捐赠的旨在设立国际关系教授职位的款项设立基金,基金名称为帕特里克·熙和爵士国际关系基金。

2. 若当基金收益在支付了教授津贴、国民保险、剑桥大学需缴纳的退休金缴纳款之后仍有剩余,则基金收益的余款可以被用于资助教授的工作,具体方案由国际研究中心主任推荐,并须获得学部总委员会批准通过。

3. 财年中未开支的基金收益可按照第2条在来年或后续年份进行使用。

医学遗传学教授，1997年，医学遗传学

汉斯·劳星科学史和科学哲学教授，1997年，科学史和科学哲学

厄休拉·佐勒纳癌症研究教授，1997年，肿瘤学

1. 自F.A.佐勒纳博士捐赠的旨在设立癌症研究教授职位的款项设立基金，基金名称为厄休拉·佐勒纳癌症研究基金。

2. 若当基金收益在支付了教授津贴、国民保险、剑桥大学需缴纳的退休金缴纳款以及与之相关的开支之后仍有剩余，则基金收益的余款可以被用于资助临床医学学部有关肿瘤学的工作，具体方案由临床医学学部委员会推荐，并须获得学部总委员会批准通过。

3. 财年中未开支的基金收益可按照第2条在来年或后续年份进行使用。

机械工程教授，1997年，工程学

计算机技术教授，1997年，计算机实验室

信义中国管理学教授，1997年，贾奇管理学研究所

1. 自信义基金会捐赠的旨在设立中国管理学教授职位的款项设立基金，基金名称为信义管理学基金。

2. 若当基金收益在支付了教授津贴、国民保险、退休金缴纳款以及其他由剑桥大学支付的间接开支之后仍有剩余，则基金收益的余款可以被用于资助教授的工作，具体方案由贾奇管理学研究所主任推荐，并须获得学部总委员会批准通过。

3. 财年中未开支的基金收益可按照第2条在来年或后续年份进行使用。

呼吸医学教授，1997年，医学

呼吸医学教授职位只限于一任任期。

动物学教授，1997年，动物学

1. 动物学教授职位只限于一任任期。

2. 动物学教授在任期内应同时担任动物学博物馆主任。

理论地理学教授，1997年，地理学

理论地理学教授职位只限于一任任期。

理论物理学教授，1997年，应用数学和理论物理学

理论物理学教授职位只限于一任任期。

凝聚态物理学教授，1997年，物理学

凝聚态物理学教授职位只限于一任任期。

材料力学教授，1997年，工程学

材料力学教授职位只限于一任任期。

行为神经科学教授,1997 年,实验心理学

行为神经科学教授职位只限于一任任期。

罗伯特·桑塞姆计算机科学教授,1998 年,计算机实验室

1. 自伊曼纽尔学院罗伯特·桑塞姆博士捐赠的旨在设立计算机科学教授职位的款项设立基金,基金名称为罗伯特·桑塞姆计算机科学基金。

2. 若当基金收益在支付了教授津贴、国民保险、退休金缴纳款以及其他由剑桥大学支付的间接开支之后仍有剩余,则基金收益的余款可以被用于资助教授的工作,具体方案由计算机科学与技术学部委员会推荐,并须获得学部总委员会批准通过。

3. 财年中未开支的基金收益可按照第 2 条在来年或后续年份进行使用。

内分泌学教授,1998 年,医学

丹尼斯·吉林斯健康管理教授,1998 年,贾奇管理学研究所

1. 自美国剑桥大学发展办公室捐赠的旨在设立丹尼斯·吉林斯健康管理教授职位的 2000000 英镑设立基金,基金名称为昆泰健康管理基金。

2. 若当基金收益在支付了教授津贴、国民保险、退休金缴纳款以及其他由剑桥大学支付的间接开支之后仍有剩余,则基金收益的余款可以被用于资助教授的工作,具体方案由贾奇管理学研究所主任推荐,并须获得学部总委员会批准通过。

3. 财年中未开支的基金收益可按照第 2 条在来年或后续年份进行使用。

玛格丽特·泰彻企业研究教授,1998 年,贾奇管理学研究所

1. 自玛格丽特·泰彻基金会捐赠的旨在设立企业研究教授职位的 2000000 英镑设立基金,基金名称为玛格丽特·泰彻管理学基金。

2. 若当基金收益在支付了教授津贴、国民保险、退休金缴纳款以及其他由剑桥大学支付的间接开支之后仍有剩余,则基金收益的余款可以被用于资助教授的工作,具体方案由贾奇管理学研究所主任推荐,并须获得学部总委员会批准通过。

3. 财年中未开支的基金收益可按照第 2 条在来年或后续年份进行使用。

儿科学教授,1998 年,儿科学

儿科学教授职位只限于一任任期。

古代哲学教授,1998 年,古典学

古代哲学教授职位只限于一任任期。

犹太教和早期基督教研究教授,1998 年,神学

犹太教和早期基督教研究教授职位只限于一任任期。

视觉神经科学教授,1998年,实验心理学

视觉神经科学教授职位只限于一任任期。

皇家学会发展神经生物学教授,1998年,动物学

皇家学会发展神经生物学教授职位只限于一任任期。

行为神经科学教授,1998年,动物学

行为神经科学教授职位只限于一任任期。

不列颠与爱尔兰历史教授,1998年,历史

不列颠与爱尔兰历史教授职位只限于一任任期。

流体力学教授,1998年,应用数学和理论物理学

流体力学教授职位只限于一任任期。

数理物理学教授,1998年,应用数学和理论物理学

数理物理学教授职位只限于一任任期。

理论物理学教授,1998年,应用数学和理论物理学

理论物理学教授职位只限于一任任期。

实验物理学教授,1998年,物理学

实验物理学教授职位只限于一任任期。

精神病学教授,1998年,精神病学

精神病学教授职位只限于一任任期。

联合利华分子科学信息学教授,1999年,化学

1. 自联合利华公司捐赠的旨在设立分子科学信息学教授职位的1715000英镑设立基金,基金名称为联合利华分子科学信息学基金。

2. 若当基金收益在支付了教授津贴、国民保险、剑桥大学需缴纳的退休金缴纳款之后仍有剩余,则基金收益的余款可以被用于资助教授的工作,具体方案由化学系系主任推荐,并须获得学部总委员会批准通过。

3. 财年中未开支的基金收益可按照第2条在来年或后续年份进行使用。

呼吸生物学教授,1999年,医学

呼吸生物学教授职位只限于一任任期。

英国石油公司石油科学教授,1999年,地球科学

神经遗传学教授,1999年,病理学

神经遗传学教授职位只限于一任任期。

格罗夫纳房地产金融教授,1999年,土地经济

斯伦贝谢复杂物理系统教授,1999年,应用数学和理论物理学

血液肿瘤学教授,1999年,血液学

血液肿瘤学教授职位只限于一任任期。

化学工程教授，1999年，化学工程和生物技术

2008年2月13日根据第一号动议重新分配

麻醉学教授，1999年，临床医学

麻醉学教授职位只限于一任任期。

哲学教授，1999年，哲学

哲学教授职位只限于一任任期。

分子酶学教授，1999年，生物化学

分子酶学教授职位只限于一任任期。

比较心理学教授，1999年，实验心理学

比较心理学教授职位只限于一任任期。

数理生物学教授，1999年，植物科学

数理生物学教授职位只限于一任任期。

动物力学教授，1999年，动物学

动物力学教授职位只限于一任任期。

人类人口生物学和健康教授，1999年，生物人类学

人类人口生物学和健康教授职位只限于一任任期。

商业合同法教授，1999年，法学

商业合同法教授职位只限于一任任期。

微分方程数值分析教授，1999年，应用数学和理论物理学

微分方程数值分析教授职位只限于一任任期。

理论天文学教授，1999年，天文学研究所

理论天文学教授职位只限于一任任期。

表面化学教授，1999年，化学

表面化学教授职位只限于一任任期。

海洋地理化学和古化学教授，1999年，地球科学

海洋地理化学和古化学教授职位只限于一任任期。

物理冶金学教授，1999年，材料科学和冶金学

物理冶金学教授职位只限于一任任期。

材料力学教授，1999年，材料科学和冶金学

材料力学教授职位只限于一任任期。

流程创新教授，1999年，化学工程和生物技术

根据2008年2月13日第一号动议重新分配

流程创新教授职位只限于一任任期。

物理电子学教授，1999年，工程学

物理电子学教授职位只限于一任任期。

纳米技术教授,1999 年,工程学

纳米技术教授职位只限于一任任期。

结构动力学教授,1999 年,工程学

结构动力学教授职位只限于一任任期。

生物技术教授,1999 年,化学工程和生物技术

根据 2008 年 2 月 13 日第一号动议重新分配

生物技术教授职位只限于一任任期。

化学物理学教授,1999 年,化学

化学物理学教授职位只限于一任任期。

理论物理学教授,1999 年,物理学

理论物理学教授职位只限于一任任期。

科威特数论和代数学教授,2000 年,纯数学和数理统计学

科威特数论和代数学教授职位只限于一任任期。

教育学教授,2000 年,教育学

教育学教授,2000 年[①],教育学

根据 2007 年 11 月 7 日第四号动议更名

中风医学教授,2000 年,临床神经科学

中风医学教授职位只限于一任任期。

语言学教授,2000 年,语言学

社会科学心理学教授,2000 年,社会和发展心理学

植物生态学教授,2000 年,植物科学

自然地理学教授,2000 年,地理学

人文地理学教授,2000 年,地理学

公共健康医学教授,2000 年,公共健康和基本护理

公共健康医学教授职位只限于一任任期。

非线性数学科学教授,2000 年,应用数学和理论物理学

非线性数学科学教授职位只限于一任任期。

行为科学教授,2000 年,公共健康和基本护理

行为科学教授职位只限于一任任期。

产科学和妇科学教授,2000 年,产科学和妇科学

产科学和妇科学教授职位只限于一任任期。

精神病学教授,2000 年,精神病学

临床肿瘤学教授,2000 年,肿瘤学

① 之前名称为教育领导力教授。

临床肿瘤学教授职位只限于一任任期。

GKN 制造工程教授,2000 年,工程学

GKN 制造工程教授职位只限于一任任期。

不列颠心脏基金会心血管科学教授,2000 年,医学

不列颠心脏基金会心血管科学教授职位只限于一任任期。

思想史和英语文学教授,2000 年,英语

思想史和英语文学教授职位只限于一任任期。

核糖核酸生物化学教授,2000 年,生物化学

核糖核酸生物化学教授职位只限于一任任期。

结构生物学教授,2000 年,生物化学

结构生物学教授职位只限于一任任期。

免疫生物学教授,2000 年,病理学

免疫生物学教授职位只限于一任任期。

传染病学教授,2000 年,医学

传染病学教授职位只限于一任任期。

科学史和科学哲学教授,2000 年,科学史和科学哲学

科学史和科学哲学教授职位只限于一任任期。

地中海地区历史教授,2000 年,历史

地中海地区历史教授职位只限于一任任期。

构造学教授,2000 年,地球科学

构造学教授职位只限于一任任期。

经济地理学教授,2000 年,地理学

经济地理学教授职位只限于一任任期。

天体物理流体力学教授,2000 年,应用数学和理论物理学

天体物理流体力学教授职位只限于一任任期。

代数几何学教授,2000 年,纯数学和数理统计学

代数几何学教授职位只限于一任任期。

实验哲学教授,2000 年,天文学研究所

实验哲学教授职位只限于一任任期。

化学物理学教授,2000 年,化学

化学物理学教授职位只限于一任任期。

大气科学教授,2000 年,化学

大气科学教授职位只限于一任任期。

天体物理学和宇宙学教授,2000 年,物理学

天体物理学和宇宙学教授职位只限于一任任期。

计算物理学教授，2000 年，物理学

计算物理学教授职位只限于一任任期。

生物化学工程教授，2000 年，化学工程和生物技术

根据 2008 年 2 月 13 日第一号动议重新分配

生物化学工程教授职位只限于一任任期。

土壤力学教授，2000 年，工程学

土壤力学教授职位只限于一任任期。

电磁学教授，2000 年，工程学

电磁学教授职位只限于一任任期。

信息工程教授，2000 年，工程学

信息工程教授职位只限于一任任期。

应用热力学教授，2000 年，工程学

应用热力学教授职位只限于一任任期。

N. M. 罗斯恰尔兹和桑斯数学科学教授，2001 年

1. 自 N. M. 罗斯恰尔兹和桑斯捐赠的旨在设立数学科学教授职位的款项设立基金，基金名称为罗斯恰尔兹数学科学基金。

2. N. M. 罗斯恰尔兹和桑斯数学科学教授的任期为五年，不可连任。学部总委员会在专门组建的顾问委员会的建议下行使章程 D 第十五章第 1 条(c)(iii)赋予的权力。N. M. 罗斯恰尔兹和桑斯数学科学教授须同时担任艾萨克·牛顿数学科学研究所主任，并且在卸去主任职务时同时终止教授职务。

3. 若基金收益在支付了教授津贴、国民保险、剑桥大学需缴纳的退休金缴纳款以及其他须由剑桥大学承担的相关间接开支之后仍有剩余，则基金收益的余款可以被用于资助教授的工作，具体方案由艾萨克·牛顿研究所管理委员会推荐，并须获得学部总委员会批准通过。

4. 财年中未开支的基金收益可以由学部总委员会决定是否将其纳入基金资本金或按照第 3 条在来年或后续年份进行使用。

马可尼通信系统教授，2001 年，计算机实验室

1. 自马可尼公司捐赠的旨在设立通信系统教授职位的款项设立基金，基金名称为马可尼通信系统基金。

2. 资金和基金收益应被用于支付教授津贴、国民保险、退休金缴纳款以及其他须由剑桥大学承担的相关间接开支。

3. 根据第 2 条支付了相应款项后若基金收益还有余额，则余额可以被用于资助教授的工作，具体方案由计算机科学与技术学部委员会推荐，并须获得学部总委员会批准通过。

4. 财年中未开支的基金收益可以由学部总委员会决定是否将其纳入基

金资本金或按照第 3 条在来年或后续年份进行使用。

肿瘤病理学教授,2001 年,病理学

癌症研究教授,2001 年,肿瘤学

癌症研究教授职位只限于一任任期。

癌症研究教授,2001 年,肿瘤学

癌症研究教授职位只限于一任任期。

癌症研究教授,2001 年,外科学

癌症研究教授职位只限于一任任期。

胸心外科学教授,2001 年,外科学

临床核磁共振成像教授,2001 年,放射学

临床核磁共振成像教授职位只限于一任任期。

罗伯特·蒙克斯公司治理教授,2001 年,贾奇管理学研究所

1. 自 D.科兹洛斯基先生和泰科公司捐赠的旨在设立公司治理教授职位的四百万美元设立基金,基金名称为罗伯特·蒙克斯公司治理基金。

2. 若基金收益在支付了教授津贴、国民保险、退休金缴纳款以及其他须由剑桥大学承担的相关间接开支之后仍有剩余,则基金收益的余款可以被用于资助教授的工作,具体方案由贾奇管理学研究所主任推荐,并须获得学部总委员会批准通过。

3. 财年中未开支的基金收益可按照第 2 条在来年或后续年份进行使用。

英语教授,2001 年,英语

范·艾克工程学教授,2001 年,工程学

1. 自根据弗雷德·范·艾克先生遗嘱捐赠的旨在设立高级科学和技术教授职位的 350 万美元设立基金,基金名称为范·艾克基金。

2. 若基金收益在支付了教授津贴、国民保险、退休金缴纳款以及其他须由剑桥大学承担的相关间接开支之后仍有剩余,则基金收益的余款可以被用于资助教授的工作,具体方案由工程学系系主任推荐,并须获得学部总委员会批准通过。

3. 财年中未开支的基金收益可按照第 2 条在来年或后续年份进行使用。

菲利普亲王技术教授,2001 年,工程学

1. 菲利普亲王技术教授职位可由任何其研究领域在技术学院的选课范围之内的个人担任。菲利普亲王技术教授的职责为承担其专业领域的教学和研究工作,并推动剑桥大学技术领域的发展。

2. 当菲利普亲王技术教授职位出现空缺时,学部总委员会应就章程 D

第十五章第 17 条规定的有关聘用新的教授和教授候选人的事宜咨询技术学院理事会、学部委员会或其他具有相应权限的负责机构。

3. 教授应由根据章程 D 第十五章第 5 条组建的选举人委员会选举产生。

数学科学教授,2001 年,应用数学和理论物理学

数学科学教授职位只限于一任任期,由 2001 年 10 月 1 日至 2009 年 9 月 30 日为止。

医学研究理事会行为神经学教授,2001 年,临床神经科学

医学研究理事会行为神经学教授职位只限于一任任期。

蛋白结晶学教授,2001 年,血液学

根据 2008 年 5 月 21 日第五号动议重新设立

蛋白结晶学教授职位只限于一任任期。

铁性体研究教授,2001 年,地球科学

铁性体研究教授职位只限于一任任期,由 2004 年 9 月 1 日至 2009 年 8 月 31 日为止。

管理学教授,2001 年,贾奇管理学研究所

管理学教授职位只限于一任任期,由 2001 年 10 月 1 日至 2013 年 9 月 30 日为止。

皇家学会奈培癌症生物学研究教授,2001 年,病理学

皇家学会奈培癌症生物学研究教授职位只限于一任任期,由 2001 年 10 月 1 日至 2013 年 9 月 30 日为止。

旧约研究教授,2001 年,神学

旧约研究教授职位只限于一任任期。

希伯来和犹太研究,2001 年,神学

希伯来和犹太研究教授职位只限于一任任期。

作曲教授,2001 年,音乐

作曲教授职位只限于一任任期。

建筑史教授,2001 年,建筑学和艺术史

建筑史教授职位只限于一任任期。

东亚研究教授,2001 年,东亚研究

东亚研究教授职位只限于一任任期。

英语教授,2001 年,英语

英语教授职位只限于一任任期。

发展精神病理学教授,2001 年,精神病学

发展精神病理学教授职位只限于一任任期。

微生物学教授,2001 年,病理学

微生物学教授职位只限于一任任期。

分子膜生物学教授,2001 年,临床生物化学

分子膜生物学教授职位只限于一任任期。

细胞药理学教授,2001 年,药理学

细胞药理学教授职位只限于一任任期。

社会学教授,2001 年,社会学

社会学教授职位只限于一任任期。

生态与发展犯罪学教授,2001 年,犯罪学研究所

生态与发展犯罪学教授职位只限于一任任期。

矿物物理学教授,2001 年,地球科学

矿物物理学教授职位只限于一任任期。

实验粒子物理学教授,2001 年,物理学

实验粒子物理学教授职位只限于一任任期。

材料科学教授,2001 年,材料科学和冶金学

材料科学教授职位只限于一任任期。

量子场理论教授,2001 年,应用数学和理论物理学

量子场理论教授职位只限于一任任期。

有机化学教授,2001 年,化学

有机化学教授职位只限于一任任期。

海洋物理学教授,2001 年,应用数学和理论物理学

海洋物理学教授职位只限于一任任期。

理论物理学教授,2001 年,物理学

理论物理学教授职位只限于一任任期。

代数几何学教授,2001 年,纯数学和数理统计学

代数几何学教授职位只限于一任任期。

环境流体力学教授.2001 年,工程学

环境流体力学教授职位只限于一任任期。

理论计算机科学教授,2001 年,计算机实验室

理论计算机科学教授职位只限于一任任期。

电气学教授,2001 年,工程学

电气学教授职位只限于一任任期。

工程设计教授,2001 年,工程学

工程设计教授职位只限于一任任期。

日立电子设备物理学教授,2002 年,物理学系

1. 自日立公司捐赠的旨在设立电子设备物理学教授职位的款项设立基金，基金名称为日立电子设备物理学基金。

2. 若基金收益在支付了教授津贴、国民保险、退休金缴纳款以及其他须由剑桥大学承担的相关间接开支之后仍有剩余，则基金收益的余款可以用于资助教授以及微电子研究中心的工作，具体方案由物理学系系主任推荐，并须获得学部总委员会批准通过。

3. 财年中未开支的基金收益可按照第 2 条在来年或后续年份进行使用。

实验燃烧学教授，2002 年，工程学

实验燃烧学教授职位只限于一任任期。

利·特拉普内尔量子物理学教授，2002 年，应用数学和理论物理学

1. 自黑兹尔·N. 特拉普内尔夫人为纪念其夫，国王学院的罗杰·利·特拉普内尔先生而捐赠的旨在设立利·特拉普内尔量子物理学教授职位的款项设立基金，基金名称为利·特拉普内尔量子物理学基金。

2. 若基金收益在支付了教授津贴、国民保险、退休金缴纳款以及其他须由剑桥大学承担的相关间接开支之后仍有剩余，则基金收益的余款可以用于资助量子物理学的教学和研究，具体方案由数学学部委员会推荐，并须获得学部总委员会批准通过。

3. 财年中未开支的基金收益可按照第 2 条在来年或后续年份进行使用。

国际宏观经济学教授，2002 年，经济学

国际宏观经济学教授职位只限于一任任期。

默克公司基金会实验神经学教授，2002 年，临床神经科学

默克公司基金会实验神经学教授职位只限于一任任期。

会计学教授，2002 年，贾奇管理学研究所

教育学教授，2002 年，教育学

教育学教授职位只限于一任任期。

分子材料光子学教授，2002 年，工程学

学习障碍精神病学教授，2002 年，精神病学

学习障碍精神病学教授职位只限于一任任期。

金融政策教授[①]，2002 年，贾奇管理学研究所

金融政策教授职位只限于一任任期。

市场、策略和创新客座教授，2002 年，贾奇管理学研究所

① 参见第 703 页(此页码为英文原文页码)。

1. 自吉安尼和琼·蒙特泽莫罗捐赠1000000英镑设立基金，基金名称为市场、策略和创新客座教授基金。

2. 基金经理包括：毕马威管理学教授、贝克维斯管理学教授、贾奇管理学研究所主任（若并非上述两位教授中的一人的话），以及另外一名由商业和管理学学部委员会任命的任期五年的经理。

3. 客座教授由学部总委员会在基金经理的建议下根据章程D第十五章第1条(c)(iii)任命。客座教授在任期间应住在校内，教授外出须获得学部总委员会的批准，请假时间不得超过三个月。具体任期由学部总委员会在经理的推荐下决定。

4. 若基金收益在支付了客座教授就任所需的旅费以及学部总委员会经基金经理推荐在任命时决定的教授工资后仍有剩余，则收益余款可用于资助市场、策略和创新领域的教学和研究，具体方案由贾奇管理学研究所主任推荐并须学部总委员会批准通过。

5. 财年中未开支的基金收益可按照第4条在来年或后续年份进行使用。

神经科学教授，2002年，心理学、发展和神经科学

神经科学教授职位只限于一任任期，由2002年10月1日至2011年3月14日为止。

发展遗传学教授，2002年，遗传学

发展遗传学教授职位只限于一任任期。

比较胚胎学教授，2002年，动物学

比较胚胎学教授职位只限于一任任期，由2002年10月1日至2010年7月31日为止。

分子细胞生物学教授，2002年，临床生物化学

分子细胞生物学教授职位只限于一任任期，由2002年10月1日至2009年6月30日为止。

生物统计学教授，2002年，医学遗传学

生物统计学教授职位只限于一任任期，由2002年10月1日至2010年9月30日为止。

免疫遗传学教授，2002年，医学遗传学

免疫遗传学教授职位只限于一任任期。

皇家学会天文学教授，2002年，天文学

根据2007年11月14日第三号动议重新设立

皇家学会天文学教授职位只限于一任任期。

希腊语教授，2002年，古典学

希腊语教授职位只限于一任任期。
基督教史教授,2002 年,神学
基督教史教授职位只限于一任任期。
意大利语和英语文学教授,2002 年,意大利语
意大利语和英语文学教授职位只限于一任任期。
现代西班牙语文学和思想史教授,2002 年,西班牙语和葡萄牙语
现代西班牙语文学和思想史教授职位只限于一任任期。
闪米特语言学教授,2002 年,中东研究
闪米特语言学教授职位只限于一任任期。
妊娠期生理学教授,2002 年,生理学、发育和神经科学
妊娠期生理学教授职位只限于一任任期。
细胞生理学教授,2002 年,生理学、发育和神经科学
细胞生理学教授职位只限于一任任期。
临床神经心理学教授,2002 年,精神病学
临床神经心理学教授职位只限于一任任期。
再生医学教授,2002 年,外科学
再生医学教授职位只限于一任任期。
世界史教授,2002 年,历史学
世界史教授职位只限于一任任期。
科学史和科学哲学教授,2002 年,科学史和科学哲学
科学史和科学哲学教授职位只限于一任任期。
法律和政治哲学教授,2002 年,法学
法律和政治哲学教授职位只限于一任任期。
活动构造学教授,2002 年,地球科学
活动构造学教授职位只限于一任任期。
理论物理学教授,2002 年,应用数学和理论物理学
理论物理学教授职位只限于一任任期。
数学基础理论教授,2002 年,纯数学和数理统计学
数学基础理论教授职位只限于一任任期。
傅里叶分析教授,2002 年,纯数学和数理统计学
傅里叶分析教授职位只限于一任任期。
应用概率论教授,2002 年,纯数学和数理统计学
应用概率论教授职位只限于一任任期。
观测天文学教授,2002 年,天文学研究所
观测天文学教授职位只限于一任任期。

生物化学教授,2002年,化学

生物化学教授职位只限于一任任期。

物理学教授,2002年,物理学

物理学教授职位只限于一任任期。

实验物理学教授,2002年,物理学

实验物理学教授职位只限于一任任期。

理论物理学教授,2002年,物理学

理论物理学教授职位只限于一任任期。

计算逻辑教授,2002年,计算机实验室

计算逻辑教授职位只限于一任任期。

应用统计学和信号处理教授,2002年,工程学

应用统计学和信号处理教授职位只限于一任任期。

光子学教授,2002年,工程学

光子学教授职位只限于一任任期。

控制工程教授,2002年,工程学

控制工程教授职位只限于一任任期。

信息工程教授,2002年,工程学

信息工程教授职位只限于一任任期。

环境系统分析教授,2003年,地理学

植物系统分类学与进化教授,2003年,植物科学

肠胃病学教授,2003年,医学

新陈代谢医学教授,2003年,医学

新陈代谢医学教授职位只限于一任任期。

古典学教授,2003年,古典学

古典学教授职位只限于一任任期。

印度教和比较宗教学教授,2003年,神学

印度教和比较宗教学教授职位只限于一任任期。

语音科学教授,2003年,语言学

语音科学教授职位只限于一任任期。

发展神经科学教授,2003年,生理学、发育和神经科学

发展神经科学教授职位只限于一任任期。

发展机械学教授,2003年,遗传学

发展机械学教授职位只限于一任任期。

骨科学教授,2003年,医学

骨科学教授职位只限于一任任期。

遗传流行病学教授,2003 年,公共健康和基本护理

遗传流行病学教授职位只限于一任任期。

整形外科学教授,2003 年,外科学

整形外科学教授职位只限于一任任期。

利弗休姆人类进化教授,2003 年,生物人类学

利弗休姆人类进化教授职位只限于一任任期。

教育社会学教授,2003 年,教育学

教育社会学教授职位只限于一任任期。

科学哲学和科学社会学教授,2003 年,科学史和科学哲学

科学哲学和科学社会学教授职位只限于一任任期。

科学史教授,2003 年,科学史和科学哲学

科学史教授职位只限于一任任期。

公法和法理学教授,2003 年,法学

公法和法理学教授职位只限于一任任期。

国际关系史教授,2003 年,国际研究中心

国际关系史教授职位只限于一任任期。

计算矿物物理学教授,2003 年,地球科学

计算矿物物理学教授职位只限于一任任期。

历史地理学和人口统计学教授,2003 年,地理学

历史地理学和人口统计学教授职位只限于一任任期。

应用数学教授,2003 年,应用数学和理论物理学

应用数学教授职位只限于一任任期。

理论物理学教授,2003 年,应用数学和理论物理学

理论物理学教授职位只限于一任任期。

数理逻辑教授,2003 年,纯数学和数理统计学

数理逻辑教授职位只限于一任任期。

代数学教授,2003 年,纯数学和数理统计学

代数学教授职位只限于一任任期。

皇家学会化学生物学研究教授,2003 年,化学

皇家学会化学生物学研究教授职位只限于一任任期。

自然哲学教授,2003 年,物理学

自然哲学教授职位只限于一任任期。

理论和计算物理学教授,2003 年,物理学

理论和计算物理学教授职位只限于一任任期。

高能物理学教授,2003 年,物理学

高能物理学教授职位只限于一任任期。

分析生物技术教授，2003年，化学工程和生物技术

根据2008年2月13日第一号动议重新分配

分析生物技术教授职位只限于一任任期。

安全工程教授，2003年，计算机实验室

安全工程教授职位只限于一任任期。

超导工程教授，2003年，工程学

超导工程教授职位只限于一任任期。

管理科学教授，2003年，贾奇管理学研究所

管理科学教授职位只限于一任任期。

神经生物学教授，2004年，动物学

神经生物学教授职位只限于一任任期。

英联邦教育和发展教授，2004年，教育学

根据2008年7月16日第七号动议更名并修订

英联邦教育和发展教授职位单一任期十年，自2004年4月1日开始。

宇宙学和天体物理学教授，2004年，天文学研究所

宇宙学和天体物理学教授职位只限于一任任期。

赫切尔·史密斯纯数学教授，2004年，纯数学和数理统计学

1. 自已故赫切尔·史密斯博士的委托人捐赠的旨在设立纯数学领域教授职位的款项设立基金，基金名称为赫切尔·史密斯纯数学基金。

2. 基金由数学学部委员会任命的三名经理进行管理，其中纯数学和数理统计学系系主任担任经理委员会主席，还包括赫切尔·史密斯纯数学教授以及物理科学学院理事会主席。

3. 基金收益应首先被用于支付教授津贴、国民保险、退休金缴纳款以及其他须由剑桥大学承担的相关间接开支。

4. 根据第3条支付了相应款项后若基金收益还有余额，则基金收益的余款应被用于资助纯数学领域的教学和研究，具体方案由基金经理推荐，并须获得学部总委员会批准通过。

5. 财年中未开支的基金收益可按照第4条在来年或后续年份进行使用。

赫切尔·史密斯分子遗传学教授，2004年，遗传学

1. 自已故赫切尔·史密斯博士的委托人捐赠的旨在设立分子遗传学领域教授职位的款项设立基金，基金名称为赫切尔·史密斯分子遗传学基金。

2. 基金由学部总委员会根据生物科学学院理事会的推荐任命的三名经理进行管理，其中包括赫切尔·史密斯分子遗传学教授和生物科学学院理

事会主席。

3. 基金收益应首先被用于支付教授津贴、国民保险、退休金缴纳款以及其他须由剑桥大学承担的相关间接开支。

4. 根据第3条支付了相应款项后若基金收益还有余额，则基金收益的余款应被用于资助分子遗传学的教学和研究，具体方案由基金经理推荐，并须获得学部总委员会批准通过。

5. 财年中未开支的基金收益可按照第4条在来年或后续年份进行使用。

教育学教授，2004年，教育学

教育学教授，2004年，教育学

伯纳德·沃尔夫健康神经科学教授，2004年，精神病学[①]

根据2008年2月20日第六号动议分配

信息工程教授，2004年，工程学

医学物理学教授，2004年，物理学

医学物理学教授职位只限于一任任期。

赫切尔·史密斯物理学教授，2004年，物理学

1. 自已故赫切尔·史密斯博士的委托人捐赠的旨在设立物理学领域教授职位的款项设立基金，基金名称为赫切尔·史密斯物理学基金。

2. 基金由物理和化学学部委员会任命的三名经理进行管理，其中物理学系系主任担任经理委员会主席，还包括赫切尔·史密斯物理学教授以及物理科学学院理事会主席。

3. 基金收益应首先被用于支付教授津贴、国民保险、退休金缴纳款以及其他须由剑桥大学承担的相关间接开支。

4. 根据第3条支付了相应款项后若基金收益还有余额，则基金收益的余款应被用于资助物理学的教学和研究，具体方案由基金经理推荐，并须获得学部总委员会批准通过。

5. 财年中未开支的基金收益可按照第4条在来年或后续年份进行使用。

继续教育和终身学习教授，2004年，继续教育研究所

1. 继续教育和终身学习教授职位为单一任期，自2004年11月1日开始。

2. 继续教育和终身学习教授须同时担任继续教育和终身学习主任，并且在卸去主任职务时同时终止教授职务。

① 现任职位持有者的职位分配至精神病学系。

古典学教授,2004年,古典学

古典学教授职位只限于一任任期。

英语文学教授,2004年,英语

英语文学教授职位只限于一任任期。

法语和新拉丁语文学教授,2004年,法语

法语和新拉丁语文学教授职位只限于一任任期。

艺术史教授,2004年,艺术史

艺术史教授职位只限于一任任期。

艺术史教授,2004年,艺术史

艺术史教授职位只限于一任任期。[①]

语音学教授,2004年,语言学

语音学教授职位只限于一任任期。

现代中国史教授,2004年,东亚研究

现代中国史教授职位只限于一任任期。

生殖生物学教授,2004年,生理学、发育和神经科学

生殖生物学教授职位只限于一任任期。

寄生虫学教授,2004年,病理学

寄生虫学教授职位只限于一任任期。

分子生物学教授,2004年,生理学、发育和神经科学

分子生物学教授职位只限于一任任期。

心理学教授,2004年,精神病学

心理学教授职位只限于一任任期。

经济史教授,2004年,经济学

经济史教授职位只限于一任任期。

理论与数理物理学教授,2004年,应用数学和理论物理学

理论与数理物理学教授职位只限于一任任期。

流体力学教授,2004年,应用数学和理论物理学

流体力学教授职位只限于一任任期。

理论化学教授,2004年,化学

理论化学教授职位只限于一任任期。

环境和政策学教授,2004年,地理学

环境和政策学教授职位只限于一任任期。

---

① 第一个教授职位英文为 Art History,第二个职位为 History of Art. 此处均译为艺术史。——校者注

设备材料学教授，2004年，材料科学和冶金学

设备材料学教授职位只限于一任任期。

组合数学教授，2004年，纯数学和数理统计学

组合数学教授职位只限于一任任期。

分子生物技术教授，2004年，化学工程和生物技术

根据2008年2月13日第一号动议重新分配

分子生物技术教授职位只限于一任任期。

计算语言学教授，2004年，计算机实验室

计算语言学教授职位只限于一任任期。

计算机教授，2004年，计算机实验室

计算机教授职位只限于一任任期。

工程设计教授，2004年，工程学

工程设计教授职位只限于一任任期。

赫切尔·史密斯生物化学教授，2005年，生物化学

1. 自已故赫切尔·史密斯博士的委托人捐赠的旨在设立生物化学领域教授职位的款项设立基金，基金名称为赫切尔·史密斯生物化学基金。

2. 基金由生物科学学院理事会任命的三名经理进行管理，其中生物化学系系主任担任经理委员会主席，还包括赫切尔·史密斯生物化学教授以及生物科学学院理事会主席。

3. 基金收益应首先被用于支付教授津贴、国民保险、退休金缴纳款以及其他须由剑桥大学承担的相关间接开支。

4. 根据第3条支付了相应款项后若基金收益还有余额，则基金收益的余款应被用于资助生物化学的教学和研究，具体方案由基金经理推荐，并须获得学部总委员会批准通过。

5. 财年中未开支的基金收益可按照第4条在来年或后续年份进行使用。

家庭研究教授，2005年，社会与政治科学

可持续设计教授，2005年，建筑学

可持续设计教授职位只限于一任任期。

法国政府客座教授，2005年，法语

章程H

1. 法国政府客座教授由学部总委员会每年根据章程D第十五章第1条(c)(iii)的授权进行任命，学部总委员会须就此听取由现代与中世纪语言学部委员会主席任主席的顾问委员会的意见，顾问委员会成员还包括法语系主任、德雷柏斯法语教授（若并非由上述人员兼任的话）和两名学部总委员会任命的成员。

2. 法国政府客座教授的任期不超过两届，客座教授在任期间应住在剑桥，外出须获得学部总委员会的批准。

3. 法国政府客座教授应参与法语系的教学活动。

医学肿瘤学教授，2005 年，肿瘤学

医学肿瘤学教授职位只限于一任任期。

教育学教授，2005 年，教育学

服务与支持工程教授，2005 年，工程学

服务与支持工程教授职位单一任期五年，由 2006 年 10 月 1 日开始。

认知神经科学教授，2005 年，实验心理学

认知神经科学教授职位只限于一任任期，自 2005 年 10 月 1 日至 2012 年 9 月 30 日为止。

英语与法语文学和文化教授，2005 年，英语

英语与法语文学和文化教授职位只限于一任任期。

法语文献学与语言学教授，2005 年，法语

法语文献学与语言学教授职位只限于一任任期。

历史音乐学教授，2005 年，音乐

历史音乐学教授职位只限于一任任期。

中世纪音乐教授，2005 年，音乐

中世纪音乐教授职位只限于一任任期。

赫伯特·汤姆森埃及古物学教授，2005 年，考古学

赫伯特·汤姆森埃及古物学教授职位只限于一任任期。

生物医学核磁共振教授，2005 年，生物化学

生物医学核磁共振教授职位只限于一任任期。

植物与微生物生物化学教授，2005 年，生物化学

植物与微生物生物化学教授职位只限于一任任期。

比较认知学教授，2005 年，实验心理学

比较认知学教授职位只限于一任任期。

分子遗传学和基因组学教授，2005 年，病理学

分子遗传学和基因组学教授职位只限于一任任期。

标记药理学教授，2005 年，药理学

标记药理学教授职位只限于一任任期。

神经科学教授，2005 年，兽医学

神经科学教授职位只限于一任任期。

肾脏学教授，2005 年，医学遗传学

肾脏学教授职位只限于一任任期。

分子神经遗传学教授，2005年，遗传医学

分子神经遗传学教授职位只限于一任任期。

免疫学和医学教授，2005年，医学

免疫学和医学教授职位只限于一任任期。

分子滤过性微生物学教授，2005年，医学

分子滤过性微生物学教授职位只限于一任任期。

经济学和博弈论教授，2005年，经济学

经济学和博弈论教授职位只限于一任任期。

中世纪英国史教授，2005年，历史学

中世纪英国史教授职位只限于一任任期。

美国思想史教授，2005年，历史学

美国思想史教授职位只限于一任任期。

城市与区域经济学教授，2005年，土地经济

城市与区域经济学教授职位只限于一任任期。

公司与证券法教授，2005年，法学

公司与证券法教授职位只限于一任任期。

公法和国际私法教授，2005年，法学

公法和国际私法教授职位只限于一任任期。

经验社会学教授，2005年，社会学

经验社会学教授职位只限于一任任期。

理论物理学教授，2005年，应用数学和理论物理学

理论物理学教授职位只限于一任任期。

大气科学教授，2005年，化学

大气科学教授职位只限于一任任期。

矿物物理学教授，2005年，地球科学

矿物物理学教授职位只限于一任任期。

第四纪古环境教授，2005年，地理学

第四纪古环境教授职位只限于一任任期。

材料化学和腐蚀学教授，2005年，材料科学和冶金学

材料化学和腐蚀学教授职位只限于一任任期。

物理学教授，2005年，物理学

物理学教授职位只限于一任任期。

量子物理学教授，2005年，物理学

量子物理学教授职位只限于一任任期。

实验量子物理学教授，2005年，物理学

实验量子物理学教授职位只限于一任任期。

聚合物理学教授,2005 年,物理学

聚合物理学教授职位只限于一任任期。

粒子物理学教授,2005 年,物理学

粒子物理学教授职位只限于一任任期。

分析物理学教授,2005 年,物理学

分析物理学教授职位只限于一任任期。

纯数学教授,2005 年,纯数学和数理统计学

纯数学教授职位只限于一任任期。

统计学教授,2005 年,纯数学和数理统计学

统计学教授职位只限于一任任期。

分布式系统教授,2005 年,计算机实验室

分布式系统教授职位只限于一任任期。

计算机技术教授,2005 年,计算机实验室

计算机技术教授职位只限于一任任期。

工程摩擦学教授,2005 年,工程学

工程摩擦学教授职位只限于一任任期。

农村经济教授,2005 年,土地经济

农村经济教授职位只限于一任任期。

赫切尔·史密斯分子生物学教授,2006 年,生理学、发育和神经科学

1. 自已故赫切尔·史密斯博士的委托人捐赠的旨在设立分子生物学领域教授职位的款项设立基金,基金名称为赫切尔·史密斯分子生物学基金。

2. 基金由生物科学学院理事会任命的三名经理进行管理,其中生理学、发育和神经科学系系主任担任经理委员会主席,还包括赫切尔·史密斯分子生物学教授以及生物科学学院理事会主席。

3. 基金收益应首先被用于支付教授津贴、国民保险、退休金缴纳款以及其他须由剑桥大学承担的相关间接开支。

4. 根据第 3 条支付了相应款项后若基金收益还有余额,则基金收益的余款应被用于资助分子生物学的教学和研究,具体方案由基金经理推荐,并须获得学部总委员会批准通过。

5. 财年中未开支的基金收益可按照第 4 条在来年或后续年份进行使用。

西格丽德·劳星合作人类学教授,2006 年,社会人类学

1. 自西格丽德·劳星基金会捐赠的旨在设立西格丽德·劳星合作人类学教授职位的款项设立基金,基金名称为西格丽德·劳星基金。

2. 若基金收益在支付了教授津贴、国民保险、退休金缴纳款以及其他须由剑桥大学承担的相关间接开支之后仍有剩余，则基金收益的余款可以被用于资助教授的工作，具体方案由社会人类学系系主任推荐，并须获得学部总委员会批准通过。

3. 财年中未开支的基金收益可按照第2条在来年或后续年份进行使用。

米里亚姆·罗斯恰尔兹保护生物学教授，2006年，动物学

1. 自里斯贝特·劳星慈善基金会捐赠的旨在设立保护生物学教授职位的款项设立基金，基金名称为米里亚姆·罗斯恰尔兹保护生物学基金。

2. 若基金收益在支付了教授津贴、国民保险、退休金缴纳款以及其他须由剑桥大学承担的相关间接开支之后仍有剩余，则基金收益的余款可以被用于资助教授的工作，具体方案由动物学系系主任或其他教授所属的学部或系负责人推荐，并须获得学部总委员会批准通过。

3. 财年中未开支的基金收益可按照第2条在来年或后续年份进行使用。

4. 当米里亚姆·罗斯恰尔兹保护生物学教授职位出现空缺时，学部总委员会应根据章程D第十五章第17条就教授职位的重新评议事宜咨询生物科学学院理事会。

苏丹卡布斯·本·赛义德陛下现代阿拉伯研究教授，2006年，中东研究

1. 自苏丹卡布斯·本·赛义德陛下捐赠的旨在设立现代阿拉伯研究教授职位的款项设立基金，基金名称为苏丹卡布斯·本·赛义德陛下基金。

2. 若基金收益在支付了教授津贴、国民保险、退休金缴纳款以及其他须由剑桥大学承担的相关间接开支之后仍有剩余，则基金收益的余款可以被用于资助阿拉伯与中东研究的教学与科研，具体方案由亚洲与中东研究学部委员会推荐，并须获得学部总委员会批准通过。

3. 财年中未开支的基金收益可按照第2条在来年或后续年份进行使用。

分子免疫学教授，2006年，病理学

分子免疫学教授职位只限于一任任期。

干细胞生物学教授，2006年，生物化学

干细胞生物学教授职位只限于一任任期。

管理学教授，2006年，贾奇管理学研究所

1. 管理学教授职位只限于一任任期。

2. 管理学教授须同时担任贾奇管理学研究所主任，首届任期六年，可以由学部总委员会批准后连任，连任任期不超过四年。

统计学教授,2006年,纯数学和数理统计学

统计学教授职位只限于一任任期。

应用数学教授,2006年,纯数学和数理统计学

物理学教授,2006年,物理学

比较病理学教授[1],2006年,兽医学

1. 农业渔业部根据1923年2月16日第三号动议捐赠的款项须置于独立账户中,自其设立基金,基金名称为比较病理学教授基金。

2. 若基金收益在支付了教授津贴、国民保险、退休金缴纳款以及其他须由剑桥大学承担的相关间接开支之后仍有剩余,则基金收益的余款可以被用于资助比较病理学教授的工作,具体方案由兽医学部委员会推荐,并须获得学部总委员会批准通过。

3. 财年中未开支的基金收益可按照第2条在来年或后续年份进行使用。

健赞实验医学教授[2],2006年,医学

1. 自美国剑桥委员会代表健赞公司捐赠的旨在资助健赞实验医学教授职位的款项设立基金,基金名称为健赞实验医学基金。

2. 若基金收益在支付了教授津贴、国民保险、退休金缴纳款以及其他须由剑桥大学承担的相关间接开支之后仍有剩余,则基金收益的余款可以被用于资助健赞实验医学教授的工作,具体方案由医学系系主任推荐,并须获得临床医学学部委员会批准通过。

3. 财年中未开支的基金收益可按照第2条在来年或后续年份进行使用。

历史人类学教授,2006年,考古学和人类学

1. 历史人类学教授职位自2006年10月1日起只限于一任任期。

2. 历史人类学教授须同时担任考古学和人类学博物馆主任,并且在卸去主任职务时同时终止教授职务。

中世纪艺术史教授,2006年,艺术史

中世纪艺术史教授职位只限于一任任期。

现代希腊语教授,2006年,现代与中世纪语言

现代希腊语教授职位只限于一任任期。

核糖核酸分子生物学教授,2006年,生物化学

核糖核酸分子生物学教授职位只限于一任任期。

---

① 之前名为兽医科学教授。

② 至2011年9月30日为止教授职位名称为健赞实验医学教授。

进化教授，2006 年，遗传学

进化教授职位只限于一任任期。

细胞神经科学教授，2006 年，生理学、发育和神经科学

细胞神经科学教授职位只限于一任任期。

神经科学教授，2006 年，生理学、发育和神经科学

神经科学教授职位只限于一任任期。

古脊椎动物学教授，2006 年，动物学

古脊椎动物学教授职位只限于一任任期，并且同时任动物学博物馆高级助理馆长。

精神病学认识论教授，2006 年，精神病学

精神病学认识论教授职位只限于一任任期。

计量经济学理论和经济统计学教授，2006 年，经济学

计量经济学理论和经济统计学教授职位只限于一任任期。

国际法教授，2006 年，法学

国际法教授职位只限于一任任期。

犯罪学和犯罪法律制裁教授，2006 年，犯罪学研究所

犯罪学和犯罪法律制裁教授职位只限于一任任期。

社会学、人类学和音乐教授，2006 年，社会学

社会学、人类学和音乐教授职位只限于一任任期。

流体力学教授，2006 年，应用数学和理论物理学

流体力学教授职位只限于一任任期。

理论矿物物理学教授，2006 年，地球科学

理论矿物物理学教授职位只限于一任任期。

表象理论教授，2006 年，纯数学和数理统计学

表象理论教授职位只限于一任任期。

随机分析教授，2006 年，纯数学和数理统计学

随机分析教授职位只限于一任任期。

机械工程学教授，2006 年，工程学

机械工程学教授职位只限于一任任期。

流体力学教授，2006 年，工程学

流体力学教授职位只限于一任任期。

统计信号处理教授，2006 年，工程学

统计信号处理教授职位只限于一任任期。

控制工程教授，2006 年，工程学

控制工程教授职位只限于一任任期。

法学教授,2006 年,法学

法学教授职位只限于一任任期。

比较免疫遗传学教授,2006 年,病理学

比较免疫遗传学教授职位只限于一任任期。

莫兰保护和发展教授,2006 年,地理学

1. 自美国剑桥委员会代表詹姆士·威尔逊和简·威尔逊捐赠的旨在设立保护和发展教授职位的款项设立基金,基金名称为莫兰保护和发展基金。

2. 若基金收益在支付了教授津贴、国民保险、退休金缴纳款以及其他须由剑桥大学承担的相关间接开支之后仍有剩余,则基金收益的余款可以被用于资助教授的工作,具体方案由地理学系系主任或其他教授所属的学部或系负责人推荐,并须获得学部总委员会批准通过。

3. 财年中未开支的基金收益可按照第 2 条在来年或后续年份进行使用。

4. 当教授职位出现空缺时,学部总委员会应根据章程 D 第十五章第 17 条决定下一任期将教授职位分配至哪一个学部、系或机构以及教授的研究领域。

系统生物学和生物化学教授,2006 年,生物化学

系统生物学和生物化学教授职位只限于一任任期。

温顿公共风险理解教授[①],2006 年,纯数学和数理统计学

政治学教授,2007 年,政治学

金融政策教授,2007 年,贾奇管理学研究所

1. 金融政策教授职位只限于一任任期,由 2007 年 10 月 1 日开始。

2. 金融政策教授须同时担任剑桥大学金融研究捐赠主任,并且在卸去主任职务时同时终止教授职务。

传染病信息学教授,2007 年,动物学

传染病信息学教授职位只限于一任任期。

贾瓦哈拉尔·尼赫鲁印度商业与企业教授,2007 年,贾奇商学院

1. 自印度高级专员署捐赠的旨在设立贾瓦哈拉尔·尼赫鲁印度商业与企业教授职位的款项设立基金,基金名称为贾瓦哈拉尔·尼赫鲁印度商业与企业基金。

2. 若基金收益在支付了教授津贴、国民保险、退休金缴纳款以及其他须由剑桥大学承担的相关间接开支之后仍有剩余,则基金收益的余款可以被用于资助教授的活动以及对印度商业与企业的研究,具体方案由贾奇商学院主任推荐,并须获得学部总委员会批准通过。

① 参见第 931 页(此页码为英文原文页码)。

3. 财年中未开支的基金收益可以被纳入资本金或按照第 2 条在来年或后续年份进行使用，具体由学部总委员会在贾奇商学院主任的推荐下决定。

医学遗传学教授，2007 年，医学遗传学

医学遗传学教授职位只限于一任任期。

李嘉诚肿瘤学教授，2007 年，肿瘤学

1. 自旨在设立李嘉诚肿瘤学教授职位的捐赠款项设立基金，基金名称为李嘉诚肿瘤学基金。

2. 若基金收益在支付了教授津贴、国民保险、退休金缴纳款以及其他须由剑桥大学承担的相关间接开支之后仍有剩余，则基金收益的余款可以被用于资助教授的活动，具体方案由临床医学院理事会主席推荐，并须获得学部总委员会批准通过。

3. 财年中未开支的基金收益应按照第 2 条在后续年份进行使用。

菲利普亲王生态学和进化生物学教授，2007 年，动物学

1. 自亲王拨付的旨在资助菲利普亲王生态学和进化生物学教授职位的捐赠款项设立基金，基金名称为菲利普亲王生态学和进化生物学基金。

2. 若基金收益在支付了教授津贴、国民保险、退休金缴纳款以及其他须由剑桥大学承担的相关间接开支之后仍有剩余，则基金收益的余款可以被用于资助教授的工作，具体方案由动物学系系主任推荐，并须获得学部总委员会批准通过。

3. 财年中未开支的基金收益可按照第 2 条在来年或后续年份进行使用。

基本护理研究教授，2007 年，公共健康和基本护理

基本护理研究教授职位只限于一任任期。

实验天体物理学教授，2007 年，物理学

伊夫林·德·罗斯恰尔兹爵士金融学教授，2007 年，贾奇商学院

伊夫林·德·罗斯恰尔兹爵士金融学教授职位只限于一任任期，由 2007 年 10 月 1 日开始。

现代教会史教授，2007 年，神学

现代教会史教授职位只限于一任任期。

英语文学教授，2007 年，英语

英语文学教授职位只限于一任任期。

中世纪法语文学教授，2007 年，法语

中世纪法语文学教授职位只限于一任任期。

古典阿拉伯语教授,2007 年,中东研究

古典阿拉伯语教授职位只限于一任任期。

哲学教授,2007 年,哲学

哲学教授职位只限于一任任期。

植物生物化学教授,2007 年,植物科学

植物生物化学教授职位只限于一任任期。

保护科学教授,2007 年,动物学

保护科学教授职位只限于一任任期。

分子神经学教授,2007 年,临床神经科学

分子神经学教授职位只限于一任任期。

心肺医学教授,2007 年,医学

心肺医学教授职位只限于一任任期。

经济学教授,2007 年,经济学

经济学教授职位只限于一任任期。

现代不列颠史教授,2007 年,历史学

现代不列颠史教授职位只限于一任任期。

法国史教授,2007 年,历史学

法国史教授职位只限于一任任期。

英国私法教授,2007 年,法学

英国私法教授职位只限于一任任期。

心理学教授,2007 年,社会与发展心理学

心理学教授职位只限于一任任期。

理论物理学教授,2007 年,应用数学和理论物理学

理论物理学教授职位只限于一任任期。

流体力学教授,2007 年,应用数学和理论物理学

流体力学教授职位只限于一任任期。

观测宇宙学和天体物理学教授,2007 年,天文学研究所

观测宇宙学和天体物理学职位只限于一任任期。

化学生物学教授,2007 年,化学

化学生物学教授职位只限于一任任期。

大分子化学教授,2007 年,化学

大分子化学教授职位只限于一任任期,并须同时担任梅尔维尔聚合物实验室主任。

材料化学教授,2007 年,化学

材料化学教授职位只限于一任任期。

生物物理化学教授，2007 年，化学

生物物理化学教授职位只限于一任任期。

材料科学教授，2007 年，材料科学和冶金学

材料科学教授职位只限于一任任期。

理论物理学教授，2007 年，物理学

理论物理学教授职位只限于一任任期。

信号处理教授，2007 年，工程学

信号处理教授职位只限于一任任期。

土木工程教授，2007 年，工程学

土木工程教授职位只限于一任任期。

运筹学教授，2007 年，贾奇商学院

运筹学教授职位只限于一任任期。

癌症治疗法教授，2007 年，肿瘤学

2007 年 10 月 17 日第二号动议

癌症治疗法教授职位只限于一任任期。

免疫学和细胞生物学教授，2007 年，医学

2007 年 10 月 17 日第三号动议

免疫学和细胞生物学教授职位只限于一任任期。

实验神经科学教授，2007 年，临床神经科学

2007 年 10 月 17 日第三号动议

实验神经科学教授职位只限于一任任期。

教育学教授，2008 年，教育学

2008 年 1 月 30 日第二号动议

宏观经济学教授，2008 年，经济学

2008 年 1 月 30 日第三号动议

宏观经济学教授职位只限于一任任期。

阿尔鲍勒达马与畜牧科学教授，2008 年，兽医学①

2008 年 6 月 18 日第四号动议

1. 自阿尔鲍勒达信托基金分十年捐赠的旨在资助马与畜牧科学教授职位的总计 1440000 英镑设立基金，基金名称为阿尔鲍勒达马与畜牧科学基金。

2. 基金的资本金和收益应被用于支付马与畜牧科学教授任职期间剑桥大学为其支付的津贴、国民保险和退休金缴纳款以及兽医学系的相关间接

① 教授职位名称维持现状至 2018 年 9 月 30 日。

开支。

3. 根据第 2 条支付了相应款项后，基金资本金和收益可以用于资助马与畜牧科学一些领域的教学与研究，具体方案由兽医学学部委员会推荐，并须获得学部总委员会批准通过。

4. 除非获得阿尔鲍勒达信托基金的同意，教授职位以及基金资本金和收益用于教育与科研方面应给予马与畜牧科学各领域同等重视。

5. 财年中未开支的基金收益可按照第 2 条和第 3 条在来年或后续年份进行使用。

6. 若教授任期结束时仍有部分基金资本金和收益未开支，则应将其返还给阿尔鲍勒达信托基金以用于其慈善活动。

健康服务研究教授，2008 年，公共健康和基本护理

2008 年 7 月 16 日第九号动议

健康服务研究教授职位只限于一任任期。

核医学教授，2008 年，放射学

2008 年 7 月 16 日第十号动议

核医学教授职位只限于一任任期。

A. G. 列文提斯希腊文化教授，2008 年，古典学

2008 年 7 月 16 日第十一号动议

1. 自 A. G. 列文提斯基金会捐赠的旨在设立 A. G. 列文提斯希腊文化教授职位，以研究前拜占庭时期的希腊文化的 2361000 英镑设立基金，基金名称为 A. G. 列文提斯希腊文化基金。

2. 基金经理为古典学学部委员会主席、A. G. 列文提斯希腊文化教授以及另一名由古典学学部委员会任命的任期五年的经理。若两名或以上经理由同一人兼任或一名或以上经理空缺或职位到期，古典学学部委员会应任命一名或更多经理以确保总共有三名经理。

3. 基金收益和可用资本金应首先被用于支付 A. G. 列文提斯希腊文化教授的津贴、国民保险、退休金缴纳款以及其他须由剑桥大学承担的相关间接开支。

4. 根据第 3 条支付了相应款项后，基金收益可以用于资助前拜占庭时期希腊文化的教学和研究，具体方案由基金经理推荐，并须获得学部总委员会批准通过。

5. 财年中未开支的基金收益可按照第 4 条在来年或后续年份进行使用。

戈利·帕特诗歌和诗学教授，2008 年，英语

2008 年 6 月 18 日第三号动议

戈利·帕特诗歌和诗学教授职位只限于一任任期。

波斯史教授,2008 年,中东研究

2008 年 6 月 18 日第三号动议

波斯史教授职位只限于一任任期。

矩阵生物化学教授,2008 年,生物化学

2008 年 6 月 18 日第三号动议

矩阵生物化学教授职位只限于一任任期。

细胞生物学和寄生虫学教授,2008 年,病理学

2008 年 6 月 18 日第三号动议

细胞生物学和寄生虫学教授职位只限于一任任期。

生殖免疫学教授,2008 年,病理学

2008 年 6 月 18 日第三号动议

生殖免疫学教授职位只限于一任任期。

发育生物学教授,2008 年,生理学、发育和神经科学

2008 年 6 月 18 日第三号动议

发育生物学教授职位只限于一任任期。

发育遗传学教授,2008 年,生理学、发育和神经科学

2008 年 6 月 18 日第三号动议

发育遗传学教授职位只限于一任任期。

小动物医学教授,2008 年,兽医学

2008 年 6 月 18 日第三号动议

小动物医学教授职位只限于一任任期。

进化遗传学教授,2008 年,动物学

2008 年 6 月 18 日第三号动议

进化遗传学教授职位只限于一任任期。

神经辐射学教授,2008 年,放射学

2008 年 6 月 18 日第三号动议

神经辐射学教授职位只限于一任任期。

现代欧洲史教授,2008 年,历史学

2008 年 6 月 18 日第三号动议

现代欧洲史教授职位只限于一任任期。

欧洲国际关系史教授,2008 年,国际研究中心

2008 年 6 月 18 日第三号动议

欧洲国际关系史教授职位只限于一任任期。

欧盟和劳工法教授,2008年,法学

2008年6月18日第三号动议

欧盟和劳工法教授职位只限于一任任期。

宇宙学教授,2008年,应用数学和理论物理学

2008年6月18日第三号动议

宇宙学教授职位只限于一任任期。

理论天体物理学教授,2008年,天文学研究所

2008年6月18日第三号动议

理论天体物理学教授职位只限于一任任期。

化学物理学教授,2008年,化学

2008年6月18日第三号动议

化学物理学教授职位只限于一任任期。

材料科学教授,2008年,材料科学和冶金学

2008年6月18日第三号动议

材料科学教授职位只限于一任任期。

实验物理学教授,2008年,物理学

2008年6月18日第三号动议

实验物理学教授职位只限于一任任期。

实验粒子物理学教授,2008年,物理学

2008年6月18日第三号动议

实验粒子物理学教授职位只限于一任任期。

数学教授,2008年,纯数学和数理统计学

2008年6月18日第三号动议

数学教授职位只限于一任任期。

计算工程教授,2008年,工程学

2008年6月18日第三号动议

计算工程教授职位只限于一任任期。

工程学教授,2008年,工程学

2008年6月18日第三号动议

工程学教授职位只限于一任任期。

数学教授[①],2011年,纯数学和数理统计学

数学教授职位只限于一任任期。

① 2011年6月1日起生效。

非住校教授选举人费用

1. 非住校教授选举人有权报销由于参加教授选举产生的差旅费用，报销额度不得超过选举人的常驻地或其他校务理事会财务委员会批准的地方至剑桥的往返火车票价格。此外选举人还可以获得一定数额的补贴，具体数额由财务委员会决定。

2. 旨在执行前文所述的规定，由学部总委员会根据章程D第十五章1(c)的授权任命，为其在选举教授时提供咨询的委员会应被视为选举人委员会。

副教授和副教授职位

1. 第4条规定的情况除外，

副教授任命

(a) 若副教授职位的研究领域在很大程度上属于某个学部总委员会监督下的学部、系或其他机构，除非《通讯》提议设立副教授职位并且组建了专门的任命机构，该副教授职位的任命应由该机构的任命委员会以及两名由学部总委员会专门任命的成员一同决定。

(b) 若副教授职位的研究领域在很大程度上不属于某个学部总委员会监督下的学部、系或其他机构，则该副教授职位的任命应由专门的任命机构决定，该任命机构成员包括：根据章程D第十七章第4条组建的任命委员会以及由学部总委员会专门任命的成员。

2. 根据第1条组建的任命机构中至少应包括一名非剑桥大学住校成员并且与剑桥大学没有正式关系。非剑桥大学住校成员有权报销由于参加教授选举产生的差旅费用，报销额度不得超过选举人的常驻地或其他校务理事会财务委员会批准的地方至剑桥的往返火车票价格。此外选举人还可以获得一定数额的补贴，具体数额由财务委员会决定。

3. 根据第1条和第2条进行副教授任命须保证至少选举机构三分之二多数(且不少于五名)成员出席并同意。

4. 若计划设立新的副教授职位并且任命某人为副教授，应向校方提交提案并推荐通过动议授权学部总委员会对其进行任命。

5. 副教授代表独立学院承担的教学工作量在未获得学部总委员会的批准下不得超过每周八学时，若副教授担任导师、财务总管、助理导师、助理财务总管或伙食管理员，则不得超过每周四学时。

除根据第4条为某些人或其他单一终身职位而设立的副教授职位外，大学还设立以下副教授席位：

威廉·当恩爵士生物化学副教授(1922年设立)，分配至生物化学系。

赫伯特·汤姆森埃及学副教授(1976 年设立),分配至考古学系。

细胞生物学副教授(2005 年设立),分配至病理学系。

理论计量经济学副教授(2005 年设立),分配至经济学学部。

经济学副教授(2006 年设立),分配至经济学学部。

经济学副教授(2006 年设立),分配至经济学学部。

教育学副教授(2006 年设立),分配至教育学系。

教育学副教授(2006 年设立),分配至教育学系。

物理学副教授(2006 年设立),分配至物理学系。

物理学副教授(2006 年设立),分配至物理学系。

纯数学副教授(2006 年设立),分配至纯数学和数理统计学系。

社会人类学副教授(2006 年设立),分配至社会人类学系。

社会学副教授(2006 年设立),分配至社会学系。

运筹学副教授(2007 年设立),分配至贾奇商学院。

2007 年 6 月 6 日第三号动议

剑桥大学高级讲师

剑桥大学高级讲师的任命和连任由相关学部、系或其他机构的任命委员会根据章程 D 第十七章第 3 条至第 7 条决定,晋升任命则由学部总委员会决定。

发展研究助理主任

1. 发展研究助理主任(大学职员职务[①])的人数由学部总委员会视情况决定。

2. 发展研究助理主任(大学职员职务)的任命和连任由包括以下成员的任命委员会决定:

(a) 校长(或一名就此事项任命的校长代理),担任任命委员会主席;

(b) 经济学学部委员会主席、社会人类学系系主任以及土地经济系系主任;

(c) 发展研究委员会主席;

(d) 由土地经济委员会任命的一人;

(e) 由以下学部委员会分别各自任命一人:考古学和人类学学部委员会、经济学学部委员会、社会与政治科学学部委员会;

① 该职位在章程的附录 J 中已经详细列出。

(f) 由学部总委员会任命的两人。

成员任命须在奇数年米迦勒学期中决定，任期两年。

3. 发展研究助理主任的职责由学部总委员会决定。

限制

4. 发展研究助理主任不应参与剑桥大学及下属独立学院之外的教学活动。除非获得学部总委员会的专门批准，发展研究助理主任承担的独立学院的教学工作量不得超过每周六学时。

助理研究主任和高级研究助理

任命

1. 助理研究主任（大学职员职务[①]）和高级研究助理（大学职员职务[②]）的任命和连任由相关学部或其他机构的任命委员会或其他专门的任命机构决定。

职责

2. 助理研究主任或高级研究助理的职责（动议专门规定的情况除外）应由学部总委员会在咨询学部委员会或其他负责机构后决定；职责一般须在完整学期期间履行，但是学部总委员会有权将假期工作视为在完整学期期间完成的工作量。

限制

3. 未获得学部总委员会批准的情况下，助理研究主任或高级研究助理不应参与剑桥大学及下属独立学院之外的教学活动。除非获得学部总委员会的专门批准，助理研究主任或高级研究助理承担的独立学院的教学工作量不得超过每周六学时。

附录J之外的职务

副讲师

副讲师须遵守学部委员会或其他相关机构制定的住校规定，该规定须获得学部总委员会的批准。

临床讲师

人数

1. 每个学部或系所设的临床讲师（大学职员职务）人数由学部总委员会在相关学部委员会或其他相关机构的推荐下视情况决定。

① 该职位在章程的附录J中已经详细列出。

② 同上注。

任命　2. 临床讲师(大学职员职务)的任命和连任应由一个专门的任命委员会决定,此任命委员会成员包括相关学部的任命委员会成员,以及两名由学部总委员会为此根据合适的健康机构或国民健康服务信托基金的提名任命的额外成员;若此项任命相关的学部并非临床医学学部,则专门的任命委员会中还应该包括两名由学部总委员会根据临床医学学部委员会的提名任命的成员。

任期　3. 临床讲师第一届任期四年;临床讲师可以连任,上限六年,其中不包括经学部总委员会根据章程D第二章6(b)规定批准的为从事研究而申请的不超过三年的无薪假。

资格　4. 临床讲师应具有医疗委员会登记的医师资格,并且在国民健康服务中担任荣誉职务。

职责　5. 临床讲师的职责包括教学、研究以及临床工作,具体由学部委员会或其他相关单位决定,并须获得学部总委员会的批准。临床讲师须全年(每学年六星期的假期除外)履行规定的职责。若临床讲师被分配至某系,则须就此征求系主任的同意;若被分配至临床医学学部,则须征求钦定医学教授的同意。

住宿　6. 临床讲师须遵守学部委员会或其他相关机构制定的住校规定,该规定须获得学部总委员会的批准。

限制　7. 临床教师不应担任独立学院的导师、助理导师、伙食管理员、财务主管、助理财务主管,并且不应承担剑桥大学、独立学院以及剑桥大学国民健康服务基金会之外的教学活动或临时讲座。临床教师承担的独立学院的教学工作量不得超过每周六学时。

主要计算机职员、高级计算机职员和计算机职员

职务和津贴　1. 设立以下大学职员职务:主要计算机职员、高级计算机职员、计算机职员(一级、二级、三级、四级)。主要计算机职员、高级计算机职员、各级计算机职员(属于大学办公室的职位除外)的岗位津贴须由校务理事会在取得学部总委员会的同意下规定。

设立和职责　2. 机构中主要计算机职员、高级计算机职员和计算机职员职位的设立和职责由校务理事会或学部总委员会根据相关负责机构推荐视情况而定。

任命和连任　3. 主要计算机职员、高级计算机职员、计算机职员(一级、二级、三级、四级)的任命和连任须由具有相关权限的负责机构安排决定。

高级语言教学职员

人数　1. 高级语言教学职员(大学职员职务)的具体人数由学部总委员会根据

相关学部委员会的推荐决定。

2. 高级语言教学职员的任命和连任由相关学部委员会的任命委员会决定。 任命

3. 高级语言教学职员的职责由相关学部委员会决定，并须获得学部总委员会的批准。 职责

4. 高级语言教学职员不得参与剑桥大学及其下属独立学院之外的教学活动，高级语言教学职员代表独立学院承担的教学工作量不得超过每周六学时。 限制

语言教学职员

1. 每个学部的语言教学职员（大学职员职务）人数由学部委员会决定（若学部由系组成，则每个系的语言教学职员人数由学部委员会根据系主任的推荐决定），并须获得学部总委员会的批准。 人数

2. 语言教学职员的任命和连任由相关学部委员会决定（若学部由系组成，则由学部委员会根据系主任的推荐决定），并须获得学部总委员会的批准。 任命

3. 语言教学职员的职责由相关学部委员会决定，并须获得学部总委员会的批准。 职责

4. 语言教学职员不得参与剑桥大学及其下属独立学院之外的教学活动，语言教学职员代表独立学院承担的教学工作量不得超过每周六学时。 限制

语 言 讲 师

1. 语言讲师（大学职员职务）的人数由学部总委员会决定。 人数

2. 若学部由系组成，则语言讲师的任命和连任由相关系的系主任决定，否则由学部委员会决定。 任命

3. 语言讲师的第一届任期为一或两年，由任命机构在任命时决定。在获得学部总委员会的批准下语言讲师的任期可以延长一年，但是总任期不得超过五年。 任期

4. 语言讲师的津贴不可用于领取退休金，具体由学部总委员会决定，并须获得学部总委员会的批准。 津贴

5. 语言讲师须完成以下教学工作：(a) 若学部由系组成，则由系主任决定工作，并须获得学部委员会的批准；(b) 若学部并非由系组成，则由学部委员会决定工作。在未获得学部委员会批准的情况下，语言讲师在完整学期期间不得承担支付报酬的教学活动。 职责

特定学部、系和其他机构的图书馆馆长

任命

1. 本规定附录一、附录二、附录三中列出的学部、系以及其他机构的图书馆馆长的任命和连任须由具有相应权限的负责机构安排决定。

馆长:三级津贴

2. 图书馆馆长职务分为三个级别:A级、B级和C级,某一图书馆馆长的级别由学部总委员会在咨询学部委员会或其他相关机构的管理机构后决定。图书馆馆长的薪级应与剑桥大学图书馆职员的薪级对应,具体如下表所示:

附录中所列职务的薪级	剑桥大学图书馆职务的薪级
A级	副馆长
B级	助理副馆长
C级	助理图书馆员

职责

3. 学部、系或其他机构图书馆馆长的职务由学部总委员会在咨询学部委员会或其他相关机构的管理机构后决定,职责中可以包括代表剑桥大学图书馆承担的一年不超过二十小时的讲座或其他教学工作。

学部成员

4. 学部、系或科室所属的图书馆馆长须符合章程C第三章3(b)的规定,为学部的成员。

5. 若有专门规定要求特定大学职员职务的任命和连任须由图书馆馆长任命委员会决定,则上述规定同样适用于该职务职员,但是该职务的专门规定中可以对具体条款作一定修改。

6. 学部总委员会有权在其认为合适的情况下修改附录中所列的学部、系以及其他机构的名单。

附　录　一

亚洲与中东研究学部

古典学学部

神学学部

经济学学部(马歇尔图书馆)

教育学学部

英语学部

历史学学部(西利图书馆)

现代与中世纪语言学部

音乐学部(彭德尔伯里图书馆)

哲学学部

社会与政治科学学部

附　录　二

考古学和人类学学部

建筑学和艺术史学部

附　录　三

犯罪学研究所

工程学系

地理学系

科学史和科学哲学系

语言中心

贾奇管理学研究所

斯考特极地研究所

南亚研究中心

学部总委员会监督下的学部、系和其他机构的秘书和督察

任命和连任

1. 本规定附录一、附录二中列出的职位的任命和连任须由具有相应权限的负责机构安排决定。

2. 秘书分为五级：A 级、B 级、C* 级、C 级和 D 级。秘书级别由学部总委员会在咨询学部委员会或其他负责机构后决定。

津贴

3. 学部、系或其他机构秘书职务的津贴薪级由学部总委员会决定。

4. 附录二中所列职务的津贴薪级由学部总委员会在咨询学部委员会或其他相关类似机构后决定，但是打星号的职务薪级应与五级秘书中的某一级相同。

职责

5. 附录一中所列秘书职务以及附录二中所列所有职务的职责（法规规定的职责除外）由学部总委员会在咨询学部委员会或其他相关类似机构后决定。

学部成员

6. 附录一或附录二中所列职务的大学职员须符合章程 C 第三章 3(b)的规定，为学部的成员。

7. 学部总委员会有权在其认为合适的情况下修改附录中所列的学部、

系以及其他机构的名单。

附　录　一

学部、系或其他机构的秘书(大学职员职务)

根据 2008 年 2 月 13 日第一号动议修订

应用数学和理论物理学	地理学
考古学	科学史和科学哲学
天文学	贾奇管理学研究所
化学工程和生物技术	语言实验室
化学	材料科学和冶金学
计算机科学	病理学
地球科学	药理学
经济学	物理学
教育学	生理学、发育和神经科学
工程学(行政和人事)	纯数学和数理统计学
工程学(财务)	兽医学
实验心理学	

附　录　二

适用于本规定的其他大学职员职务

经公示修订(2007—2008 学年《通讯》,第 527 页)

技术学院助理秘书

教育学系助理秘书

工程学系助理秘书

化学系助理秘书

物理学系助理秘书

兽医学系助理秘书

天文学研究所助理秘书

剑桥大学计算服务部助理秘书(财务和收费服务)

生物化学实验室督察

病理学系助理督察

* 工程学系研究主任(行政和发展)[1]

临床学院行政官

贾奇管理学研究所行政官(教育服务经理)

临床学院助理行政官

公共健康和基本护理系公共健康总行政官

高级技术职员

1. 每个学部、系或其他机构设有高级技术职员(大学职员)职务，具体人数由具有相应权限的负责机构决定。 名称和人数

2. 某个高级技术职员的特别称谓在本规定所附的附录一中列出。 特别称谓

3. 高级技术职员的任命和连任须由具有相应权限的负责机构安排决定。 任命和连任

4. 高级技术职员的职责须由具有相应权限的负责机构咨询学部委员会或其他相关机构后决定。 职责

5. 高级技术职员在未获得具有相应权限的负责机构同意的情况下不得在完整学期期间从事非剑桥大学及其下属独立学院的有偿教学或讲座活动。高级技术职员代表独立学院承担的教学工作量不得超过每周六学时。 限制

6. 高级技术职员根据章程C第三章3(b)的规定，应为学部的成员，除非其职务被取代。 学部成员

附　录　一

特定高级技术职员的特别称谓

解剖员(解剖学)

技 术 职 员

1. 每个学部、系或其他机构设有技术职员(大学职员)职务，具体人数由具有相应权限的负责机构决定。 人数

2. 技术职员的任命和连任须由具有相应权限的负责机构安排决定。 任命

3. 技术职员的职责须由学部委员会或其他相关机构决定，并须获得学 职责

[1] 参见第4条。

部总委员会的批准。

限制

4. 技术职员不得从事非剑桥大学及其下属独立学院的教学或讲座活动。技术职员代表独立学院承担的教学工作量不得超过每周六学时。

称谓授予

附属讲师

1. 每个学部委员会或类似负责机构有权在获得学部总委员会批准的情况下,授予任何根据章程 C 第四章 9(c)受学部或其他机构的邀请,前来参与教学活动的个人以附属讲师称谓。

2. 被授予附属讲师称谓的个人每次保有此称谓不得超过两年。在期限末尾,他/她可以被再次授予该称谓,再次授予称谓一次不得超过两年。